Pretterebner

Das Netzwerk der Macht

Hans Pretterebner

Das Netzwerk der Macht

Anatomie
der Bewältigung eines
Skandals

Pretterebner
Verlagsgesellschaft
Wien

1. Auflage April 1993

1. bis 30. Tausend

ISBN 3-900710-02-3

INHALT

5

III. DIE LUCONA IST GAR NICHT GESUNKEN

IV. SAUBERMANN VRANITZKY

ANHANG

Vorwort

Berechtigte Empörung löste der italienische Star-Regisseur Franco Zefirelli aus, als er jüngst für korrupte Politiker die Todesstrafe forderte.

Tatsächlich wird Italien zur Zeit von einer unvorstellbaren Skandalwelle erfaßt, die den Staat und das gesamte demokratische System zu sprengen droht.

Schon an die tausend Politiker, Beamte, Manager und Parteifunktionäre sind in Haft. Gegen weitere rund 50.000 Verdächtige wird ermittelt. Das Land versinkt in Korruption. Aber auch in Frankreich und in Deutschland bahnen sich ähnliche Entwicklungen an.

In Österreich, schrieb eine Zeitung, sei eine Forderung wie jene Zefirellis unvorstellbar.

Zwar stünden zur Zeit auch bei uns mit Bundeskanzler Sinowatz und den Ministern Gratz und Blecha drei ehemalige Politiker von höchstem Rang vor Gericht, doch niemand wisse eigentlich so recht, warum.

In Italien würde kein Mensch auch nur ein Wort über »Noricum« und ähnliches, was unseren Politkern vorgeworfen wird, verlieren. Man wäre dort sehr froh, wenn es nur um so harmlose »Skandale« ginge.

Das stimmt natürlich nicht. Wahr ist vielmehr: Genau die gleichen Mißstände, die dort zu dieser unvorstellbaren Verhaftungswelle führen, haben selbstverständlich auch bei uns seit Jahren und Jahrzehnten Tradition.

In Österreich werden Skandale in der Regel nur nicht aufgedeckt. Und wenn es jemand versucht, egal ob Beamter, Journalist oder Oppositionspolitiker, so zieht er sich augenblicklich

7

den Haß der gesamten Kaste der Korruptionsnutznießer zu. Wird bekämpft, ausgegrenzt und zum Paria abgestempelt.

Die Allmacht der politischen Parteien, die in Österreich den Staat, die Gesellschaft, die Wirtschaft, die Medien und die Justiz in ihrem Spinnennetz gefangenhält, läßt eine wirkungsvolle Korruptionsbekämpfung schon von vorneherein gar nicht zu. Konsequenzen zieht man praktisch nie. Und die Bevölkerung ist abgestumpft. Man nimmt mittlerweile fast schon jede Lüge widerspruchslos hin.

Hätte ein Staatsanwalt oder Untersuchungsrichter in Österreich die Befugnis, wie Antonio di Pietro in Italien zu agieren, so würden sich zweifellos auch hierzulande die Parteizentralen, Regierungsgebäude und das Parlament genauso wie die Landtags-Sitzungssäle und Gemeindestuben sehr rasch leeren.

Dafür müßten Sinowatz, Gratz und Blecha vermutlich jetzt nicht vor dem Richter stehen, denn sie hätten schon zu jener Zeit, als »Noricum« passierte, keine Gelegenheit mehr gehabt, mögliche Amtsmißbräuche zu begehen.

Einer der spektakulärsten Skandale in der Geschichte Österreichs war wohl »Lucona«. Man erinnert sich kaum noch daran. – Dabei ist selbst diese Affäre in Wirklichkeit noch lange nicht zu Ende.

Gut: Udo Proksch wurde als einziger »Sündenbock« rechtskräftig wegen sechsfachen Mordes verurteilt. Jetzt sitzt er seine lebenslange Haftstrafe ab und kommentiert von der Strafanstalt in Graz-Karlau aus die österreichische Innenpolitik.

Mit Gratz-Nachfolger Heinz Fischer als Nationalratspräsident ist Udo Proksch zufrieden. Dessen Zusammenarbeit mit Frau Heide Schmidt hat ihn, sagt er, begeistert: »Das war sehr gescheit, weil damit ein Bundeskanzler Jörg Haider für Österreich verhindert werden kann«.

Vielleicht ist das einer der Gründe dafür, daß Generalprokurator Otto F. Müller seit Jahresbeginn 1993 erneut mit der Proksch-Verteidigung konspiriert, und eine Nichtigkeitsbeschwerde zur Wahrung des Gesetzes überlegt wird, um eine Wiederaufnahme des »Lucona«-Verfahrens zu erreichen.

8

Wahr ist, daß der Prozeß in Kiel gegen Hans Peter Daimler dazu benützt werden soll, die Affäre noch einmal neu aufzurollen. Man ist sich in Kiel nur noch nicht ganz einig, wie es wirklich war:

Sank die »Lucona« doch nur zufällig, weil sie auf eine Seemine auffuhr?

– Im Jänner 1993 haben deutsche Gutachter festgestellt, daß das Wrack mehr als hundertfünfzig Splittereinschläge aufweist, die nur durch eine Außensprengung entstehen konnten. Demzufolge wurden die österreichischen Geschworenen von Richter Leiningen-Westerburg und den Wiener Gerichtssachverständigen »bewußt und vorsätzlich getäuscht«.

Oder wurden Proksch und Daimler in Wahrheit selbst Opfer eines Verbrechens, das die Reederei beging?

– Ein überlebendes Besatzungsmitglied sagt in Kiel als Zeuge jedenfalls aus: Der Mann, der die »Lucona« gesprengt hat, kam in Port Said an Bord. Und der Kapitän wußte über die Sprengladung im Laderaum Bescheid.

Oder handelte Proksch tatsächlich im Auftrag des DDR-Ministeriums für Staatssicherheit und wurde danach in die Machinationen einander bekämpfender Geheimdienste verstrickt?

– Neue Hinweise gibt es auch für diese Version: Es ist in der Zwischenzeit bekannt, daß für die »Stasi« organisierter Versicherungsbetrug als Mittel zur Devisenbeschaffung diente.

Ein diesbezüglicher Briefwechsel zwischen Alexander Schalck-Golodkowski und dem DDR-Politbüro-Mitglied Hermann Matern aus der Zeit, bevor Proksch die »Lucona« auf die Reise schickte, liegt dem Autor dieses Buches vor.

Welchen Erfolg Hans Peter Daimlers deutsche Starverteidiger und Prokschs immer noch aktiven österreichischen Kohorten haben werden, wird sich zeigen.

Im vorliegenden Buch geht es dem Autor jedoch um die – demokratiepolitisch – viel entscheidendere Frage, wie insbesondere in Österreich die Mechanismen der Vertuschung von Skandalen funktionieren.

Auch das hat der »Fall Lucona« in exemplarischer Weise an

den Tag gebracht. Als das gleichnamige Buch um die Jahreswende 1987/1988 erschien, war jedermann der Meinung, daß die darin geschilderten Vorkommnisse durch nichts mehr überboten werden könnten.

Doch in Wahrheit war der »Fall Lucona« nur eine »harmlose« Ouvertüre. Der wirkliche Skandal begann erst dann.

Unter Zuhilfenahme einer Unzahl von geheimen Dokumenten in- und ausländischer Behörden, Telefon-Abhörprotokollen, Stapo-, Polizei-, Gerichts- und Geheimdienstakten deckt der Autor unter anderem auch am Fallbeispiel »Lucona« die Methodik auf, mit der die Machthaber bei der »Bewältigung« eines Skandals vorgehen, wenn dessen Existenz nicht mehr vertuscht werden kann.

Viele Ereignisse werden vom Autor, der sich während der letzten Jahre selbst inmitten des beschriebenen Netzwerks der Macht befand, auch aus einer sehr persönlichen Sicht dargestellt.

Wien, im April 1993

I.

ALLE MASSNAHMEN SIND ERGRIFFEN

Leben wir in einem Gaunerstaat?
Ist Österreich dabei, den Bananenrepubliken
den Rang abzulaufen?
Was ist kaputt im Hause Österreich,
daß der Zerfall so rapid vor sich geht?

Und wo bleibt der Aufschrei des Bundeskanzlers,
des Vizekanzlers, der Minister?

Karl Heinz Ritschel

»Das wäre Mord gewesen . . .«

Zwei Tage bin ich jetzt schon in Venedig, aber erreicht habe ich noch nicht sehr viel.

Mein Ziel ist es, herauszufinden, welche Rolle die ehrenwerten Herren Giulio Meotto, Amorino Scarpa und der Proksch-Freund Renzo Vianello, dessen Bruder angeblich der Bischof von Venedig ist, im »Fall Lucona« wirklich spielen.

Am dritten Tag treffe ich mich zum Frühstück in Chioggia mit einem Herrn von einer italienischen Behörde. Ein paar Informationen hat er mir mitgebracht.

Anschließend suche ich den Palazzo oder die Wohnung, die Udo Proksch eine Zeitlang in Venedig auch zur Benützung für seinen Freund Leopold Gratz unterhielt, und fahre anschließend zurück nach Mestre in mein kleines, billiges Hotel.

Als ich den Portier um meinen Zimmerschlüssel bitte, wird der Mann plötzlich nervös und überschüttet mich mit einem Redeschwall, von dem ich so gut wie nichts verstehe. Nur soviel bekomme ich mit: Ich habe hier kein Zimmer mehr.

Plötzlich sehe ich mich auch schon von drei ebenso gut gekleideten wie kräftigen südländisch aussehenden Herren umringt. Einer hat Gepäck bei sich, von dem ich rasch erkenne, daß es meines ist.

Mit einem schnellen festen Griff nehmen mich die beiden anderen in die Mitte und führen mich wortlos auf die Straße, wo mein Auto steht.

Erst jetzt fällt das erste Wort: »Autoschlüssel!«

Ich fühle mich, als ob ich in Trance wäre, und gehorche. Der »Kofferträger« sperrt den Wagen auf und wirft mein Gepäck hinein. Mit sanfter Gewalt drücken mich die beiden anderen auf den Fahrersitz.

13

Das alles geht so schnell vor sich, daß mir nicht einmal die Zeit bleibt, mich zu wundern. Auch der Gedanke kommt mir nicht, zu fragen: Hallo, was soll das? Wer sind Sie und was wollen Sie von mir?

Inzwischen hat es sich erübrigt, denn der Anführer des Trios erklärt es mir soeben in einem Tonfall, der keinen Widerspruch zu dulden scheint:

»Sie fahren jetzt sofort wieder nach Hause. Sie machen keine Umwege und bleiben nicht stehen, bevor Sie an der Grenze sind. Und kommen Sie nie mehr hierher zurück! Prego! Italien ist nicht interessant für Sie! – Haben Sie uns verstanden?«

Weil meine Kehle völlig ausgetrocknet ist, kann ich nur nicken. Und da ich kein Held sein will, starte ich auch sofort und fahre los.

Zum erstenmal im Verlauf meiner Recherchen habe ich Angst und frage mich, in welche Sache ich da eigentlich hineingeraten bin?

Meine Ermittlungen zum »Fall Lucona« sind zu diesem Zeitpunkt – Ende April 1987 – Gott sei Dank schon fast zur Gänze abgeschlossen. Der Fall ist in allen wesentlichen Punkten für mich sonnenklar.

Trotzdem habe ich den Ehrgeiz, auch noch den letzten ungeklärten Facetten der Geschichte auf den Grund zu gehen. Drei Aspekte sind es, die mir keine Ruhe lassen.

Der erste Punkt war der, weshalb ich nach Venedig reise. Da ich jedoch dort nicht erwünscht bin, muß ich hier vorläufig passen.

Zweitens: Wem gehörte die »Lucona« wirklich, als sie am 23. Jänner 1977 auf ihrer letzten Fahrt von Chioggia nach Hongkong im Indischen Ozean von einer schweren Explosion zerrissen wurde und innerhalb von weniger als zwei Minuten mitsamt der Hälfte der Besatzung sank?

Ich weiß bis jetzt nur soviel: Der letzte bekannte Aktionär der panamaischen Briefkastenfirma »Lumin«, die als Eigentümerin des Schiffes figuriert, ist der holländische Steuerflüchtling Jo-

14

hannes Vrolijk, der seine undurchsichtigen Geschäfte nun von Belgien aus betreibt.

Als ich ihn in Heide-Kalmhout nahe Antwerpen treffe, muß ich freilich mit Erstaunen feststellen, daß der Mann auch Udo Proksch persönlich kennt.

Und drittens: Wie entscheidend ist die Rolle, die der österreichische Bundesheer-Major und Sprengspezialist Hans Edelmaier bei der Versenkung der »Lucona« spielte?

Daß er der Sprengstofflieferant ist, davon bin ich bereits im Jahre 1987 überzeugt. Vom Bundesheer wird Edelmaier zu der Zeit freilich noch mit Samthandschuhen angefaßt. Erst ein Jahr später wird ihn Bernd Feldmann vom Heeres-Abwehramt so lange in die Zange nehmen, bis er am 12. Oktober 1988 vor Untersuchungsrichter Tandinger teilweise gesteht.

Wenn Edelmaier aber auch an der Schiffssprengung direkt mitgewirkt haben sollte, dann mußte er die Konstruktionspläne der »Lucona« kennen.

Der Frachter wurde im Jahr 1965 von der Bremer Zweigstelle Maierform Ges. m. b. H. des in Genf domizilierten Schiffsbau-Konstruktionsbüros des österreichischen Generalkonsuls Bernhard Maier-Thurnwald konstruiert.

Am 22. Oktober 1988, genau zehn Tage nach dem ersten Teilgeständnis Edelmaiers, wird die Schweizer Polizei 26 Meter unter einer Autobahnbrücke zwischen Genf und Lausanne Maier-Thurnwalds Leiche finden. Die mysteriösen Begleitumstände, die zum Tod des »Lucona«-Konstrukteurs führten, sind bis heute noch nicht restlos aufgeklärt.

Es ist dies aber nicht der erste seltsame Todesfall, von dem im Zusammenhang mit dem »Fall Lucona« immer wieder gesprochen wird.

Am 27. Mai 1973 starb Hans Neuffer, ein Wiener Künstler, Freund von Proksch und CIA-Agent nach einem mysteriösen Verkehrsunfall in der Nähe von Baden bei Wien. Proksch soll die Nachricht vom Ableben seines Freundes mit den Worten »Ist es also tot, das Schwein!« quittiert haben.

Mit dem »Fall Lucona« hat Neuffers Tod trotzdem in Wahrheit

15

Zl. P 4200-SK/VII/81

Betr.: Sicherstellung einer Schußwaffe *) —
von Tatortmunition *)

Im Wege der Bundespolizeidirektion ____
Kriminaltechn. Untersuchungsstelle

SP. 3 *

An das

Bundesministerium für Inneres
Kriminaltechn. Zentralstelle *

Roßauer Lände 1
Wien IX

1. Straftat: **Selbstmord**

2. Tag der Straftat — der Entdeckung: 9.19.1981

3. Tatort bzw. Fundstelle: **Schwarzau/geb.**

4. Zeit der Sicherstellung der Waffe *) — der Tatortmunition *) 9.1o.1981 **]**

5. Täter: **LÜTGENDORF Karl 15.1o.1914 Brünn**
(Familienname[n], Vorname, Geburtsdatum, -ort)
Min.a.D.,Landwirt Schwarzau/Geb. Gegend 23
(Beruf) (wohnhaft)

6. Komplicen:

Auszufüllen bei Sicherstellung einer

Schußwaffe

1. Eigentümer der Waffe — Besitzer: **Karl LÜTGENDORF**

2. Beschreibung der Waffe: a) Art: **Revolver** b) Modell: **Smith & Wesson, Mod. 19-4**

c) Kaliber: **.357 mag** d) Nummer: **26 K 9659** e) Anzahl der Magazine: -
o8150 22 Å

f) Zugehörige Patronen: **5** Stk. im Patronenlager *) — in der Trommel *)
1 Hülse in der Trommel
Stk. im eingeführten Magazin der Waffe

- Stk. in weiteren zur Waffe gehörenden Magazinen

- Stk. sonstige Patronen:

g) Äußere Beschaffenheit der Waffe: xxxxxxxxxxxx—neu *)

h) Vorhandene Fingerabdruckspuren: ja— nein xxxxxxxxxxxxxxxxxxxxx

i) Sonstige Spuren an der Waffe, insbesondere Blutspuren: **Ja, Lauf und in Patronenkammern und auf Patronen**

j) Bei Sicherstellung war derWaffexxxxxxxxxxxxxxxxxxxxxxx der xxxxxxxx (Hahn) gxxxxxx— nicht gespannt *).

Kurze zusammenfassende Schilderung der Tatausführung bzw. der Auffindung:

In den Nachmittagstunden des 9.1o.1981 wurde Min.a.D. Karl LÜTGENDORF im Waldgebiet in der Nähe seines Anwesens in Schwarzenau tot aufgefunden. Lütgendorf sass in seinem Jagdwagen - Lada Taiga - am Lenkersitz und blutete aus Mund,Nase und Ohren. Zwischen seinen Händen - etwas auf Oberschenkel und Wagensitz aufliegend - fand sich ein Revolver der umseits beschriebenen Marke, eine Patrone war abgefeuert.
Nach den vorhandenen Spuren und der Situation am Tatort muss Selbstmord durch Erschiessen mit der gegenst. Waffe angenommen werden. Die Projektilteile wurden am 1o.1o.1981 bei der Obduktion aus der Leiche gesichert. Demnach hat sich Lütgendorf durch einen Schuss in den Mund getötet. Das Projektil - ein Hollow-Point-Geschoss - hat sich geteilt und wurden zwei Bleiteile im Mundraum und die restlichen Geschossstücke nahe des 1. und 2. Halswirbels gefunden. Auch der Gerichtsmediziner hat Selbstmord festgestellt. Um geeignete krim.techn. Untersuchung der Waffe und der Geschosteile sowie der Blutspuren wird ersucht.

Für den Sicherheitsdirektor:

[Unterschrift]

Nur von der KTU.-Stelle auszufüllen:

Wien , am 13.10. 1981

16

G U T A C H T E N :

Karl L ü t g e n d o r f ist infolge Schußbruches der oberen
Halswirbelsäule mit Zertrümmerung des Rückenmarkes aus gewalt-
samer Ursache gestorben.

Nach dem Ergebnis der Leichenöffnung im Zusammenhalt mit den
weiteren Feststellungen (Sachverhaltsmappe) hat sich Lütgendorf
die Schußverletzung nach Einführen der vorliegenden Tatwaffe in
den Mund beigebracht. Der Einschuß fand sich im Bereiche der
Rachenhinterwand, der anschließende Schußkanal verlief von hier
ausgehend bis in die Nackenweichteile. Anteile des zersplitterten
Projektils fanden sich in der Mundhöhle, insbesondere aber am Ende
des Schußkanales. Die Schußverletzung hat einerseits zu einem
Trümmerbruch des 1. und 2. Halswirbels mit vollständiger Zertrümmerung und Abquetschung des entsprechenden Anteiles vom
Rückenmark, andererseits zu Brüchen des Gesichts- und Hirnschädels
mit Gehirnquetschung, geführt. Verletzungsfolge ist die allgemeine
Blutarmut der Organe, die Bluteinatmung in die Lunge sowie die
mikroskopisch nachgewiesene geringe Fettembolie der Lunge.

Die Leichenöffnung ergab im weiteren einen dem Lebensalter entsprechenden unauffälligen Organbefund.

Nach dem beiliegenden Befund des Institotes für gerichtliche Medizin
der Universität Wien war im Blut kein Alkohol nachzuweisen.

Die Schußverletzung hat ihrer allgemeien Natur nach zum Tode
geführt, dessen Eintritt auch bei sofortiger und sachgemäßer
ärztlicher Hilfeleistung nicht hätte abgewendet werden können.

In Würdigung aller Umstände des Falles handelt es sich um einen
Selbstmord.

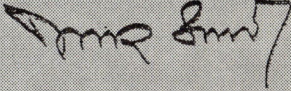

17

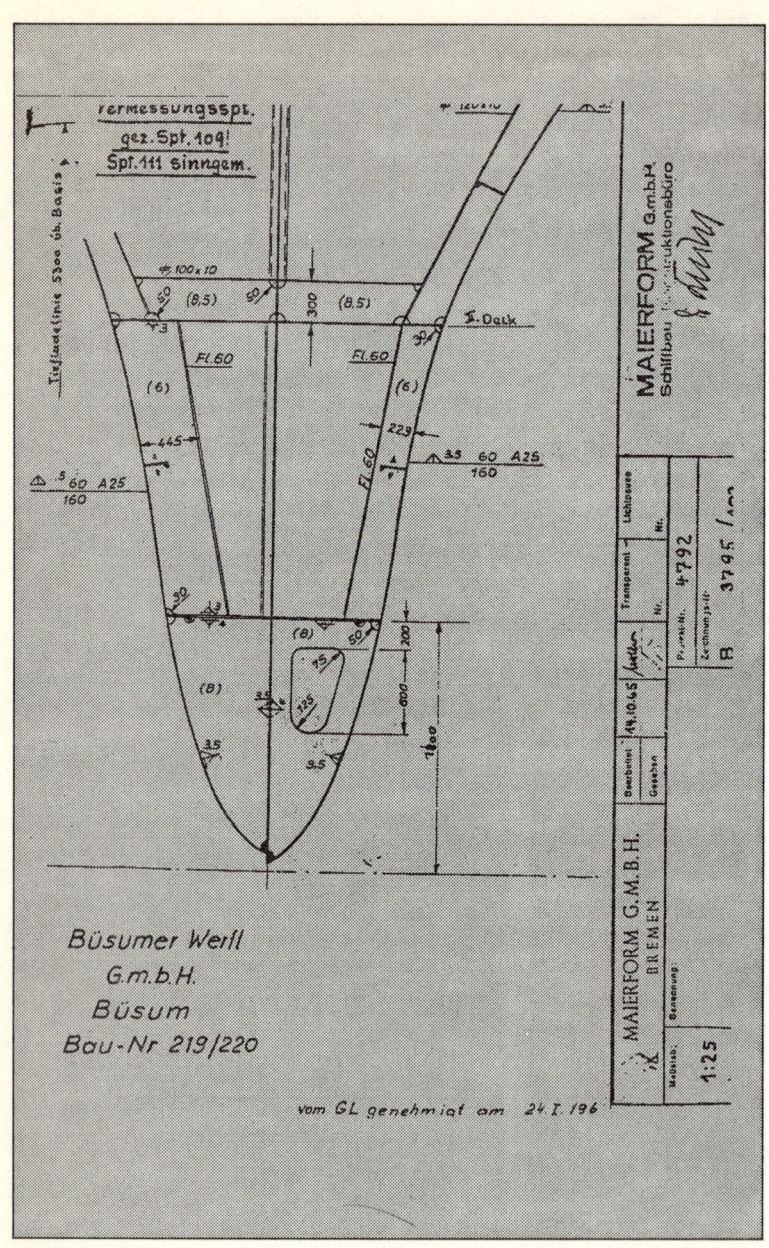

Büsumer Werfl
G.m.b.H.
Büsum
Bau-Nr 219/220

vom GL genehmigt am 24.I.196

18

nichts zu tun. Vielmehr wurde Neuffer von Proksch nur deshalb in die Affäre involviert, weil er schon tot war.

Genauso verhält es sich mit dem zweiten angeblichen »Lucona-Toten«, dem in Hongkong lebenden Briten Richard John Parker, der laut Proksch der einzige Verbindungmann zum Endabnehmer seiner »Uranerz-Aufbereitungsanlage« gewesen sei und der am 17. Juni 1977 im Alter von 34 Jahren in Sidney starb.

Der erste mysteriöse Todesfall, der tatsächlich mit dem »Fall Lucona« auch in einem direkten Zusammenhang gestanden sein könnte, ist der des österreichischen Verteidigungsministers Karl Freiherr von Lütgendorf, dessen Leiche man am 9. Oktober 1981 vor seinem Jagdhaus in Schwarzau im Gebirge fand. Der Minister war nachweislich Aktionär der Zapata AG – und Lütgendorf hatte zuletzt im Demel Hausverbot. Dreimal wurde der Tod des Ministers im Verlaufe von zehn Jahren untersucht. Einige berechtigte Zweifel an der offiziellen Selbstmordversion sind dennoch noch immer nicht ganz ausgeräumt. Als Täter eines möglichen Mordanschlages kommen freilich viele Gruppen in Betracht, zumal der Ex-Minister im internationalen Waffenhandel engagiert war.

Am 7. September 1984 starb der kerngesunde Wiener Zolldeklarant Otto Kölbl in seinem Wochenendhaus in Pottenbrunn an einem plötzlichen Herzinfarkt.

Knapp zuvor hatte er gestanden, Prokschs »Lucona«-Fracht über Ersuchen von Hans Peter Daimler falsch deklariert zu haben. Proksch zitierte ihn zu sich in den Club 45 und verlangte, daß er sein Geständnis widerrufe. Am Abend desselben Tages war Otto Kölbl tot.

Ich glaube aber nicht, daß Kölbl tatsächlich getötet worden ist. Ganz sicher nicht im Auftrag Udo Prokschs.

Ich bin übrigens überzeugt davon, daß Proksch niemals in der Lage wäre, jemanden zu töten, den er persönlich kennt.

Bei der »Lucona«-Schiffsbesatzung ist das etwas anderes. Das ist so ähnlich wie im Krieg. Und daß Proksch zum Kriegspielen immer schon eine spezielle Neigung hatte, ist bekannt.

Auch ich selbst habe mich vor Udo Proksch niemals gefürchtet,

Zur Tarnung dieses Waffengeschäftes wurde noricum-intern, aber auch im Fernschreibverkehr mit dem Iran, für die gegenständlichen Verhandlungen die Bezeichnung "Tross 130" gewählt.(siehe FS, Band 48, S. 281).

Dkfm. Apfalter war mit dem Verhandlungsergebnis einverstanden und äußerte sich, daß er am nächsten Tag mit Minister Dkfm. Lacina nach Moskau fliegen und diese Angelegenheit mit ihm besprechen werde. "Lacina müsse am Donnerstag ohnehin nach Hause zurückkommen und werde dort mit Sinowatz und Blecha die Angelegenheit besprechen". Ca. eine Woche danach erklärte Dkfm. Apfalter, er habe "das Okay aus Wien bekommen" und der Auftrag sei, wenn er hereinzubringen ist, durchzuziehen (BV Ing. Ellmer, ON 913, S. 386). Auch gegenüber Dipl. Ing. Eisenburger verwies Dkfm. Apfalter darauf, daß dieses Geschäft politisch abgesichert sei (BV Dipl. Ing. Eisenburger, ON 39, S. 81 p verso).

Tatsächlich fand vom 24.11. bis 27.11.1984 - Samstag bis Dienstag - eine Reise des damaligen Bundeskanzlers Dr. Fred Sinowatz, des damaligen Außenministers Mag. Leopold Gratz und des damaligen Verstaatlichtenministers Dkfm. Ferdinand Lacina und von Dkfm. Apfalter sowie Dr. Androsch aus Anlaß der Eröffnung des Stahlwerkes Schlobin in die UDSSR statt (Band 131, ON 1023, S. 475 ff). Die genannten Politiker haben gegenüber den Medien die von Dkfm. Apfalter aufgestellten Behauptungen energisch bestritten. Dkfm. Apfalter ist am 26.8.1987 gestorben.

132232 pbred a
1370-900b bk a
kanzleramt wien   fs.nr.84   28. maerz 1985

herrn
hans pretterebner

ich beziehe mich auf Ihr telex vom 27.3.1985 und teile ihnen auftrags des herrn bundeskanzlers mit, dass ihre den herrn bundeskanzler betreffenden behauptungen insgesamt falsch sind und sich eine beantwortung ihrer fragen daher eruebrigt.

der herr bundeskanzler war an dem von ihnen behaupteten 23. november weder in der konditorei demel noch hat er herrn proksch inner- oder ausserhalb des demel gesprochen. der herr bundeskanzler hat obwohl er es gelegentlich schon auch verstand, einem einen leichten Schrecken einzujagen.

Im November 1984 traf ich Proksch einmal aus Anlaß einer Verhandlung im Zivilgerichtsstreit seiner Zapata AG gegen die Versicherung im Wiener Justizpalast.

Bei dieser Gelegenheit eröffnete ich ihm erstmals, daß ich ein Buch über den Untergang seiner »Lucona« schreiben würde, und bat ihn um ein Interview. Er war sich nicht sicher und fragte bei seinen Anwälten und Freunden nach, ob er mit mir über den Fall sprechen soll.

Sein Rechtsanwalt Karl Zerner sah keine Probleme. »Aber ja«, meinte er, »mit dem Pretterebner kann man immer reden, man muß nur dafür sorgen, daß er nichts schreibt!«

Nachdem schließlich, wie ich glaubte, alle anderen schon gegangen waren, blieb ich allein zurück. Ich lehnte an der Brüstung im letzten Stockwerk des Justizpalastes und dachte nach. Plötzlich spüre ich hinter mir eine Bewegung. Ich will mich umdrehen, aber es ist schon zu spät. Zwei kräftige Männerarme haben mich an den Oberschenkeln gepackt, hochgehoben und mit einem Ruck über die Brüstung gedreht, sodaß mein Oberkörper – mit dem Kopf nach unten – rund fünfzehn Meter über dem Boden hängt.

Über mir erkenne ich das feiste, grinsende Gesicht von Udo Proksch:

»Jetzt mußt du schwören, daß du über mich nichts Schlechtes schreibst, sonst laß ich aus!«

»In dieser Lage schwöre ich alles.«

Proksch stellt mich wieder auf die Beine, klopft meinen Anzug ab, tätschelt mein Gesicht und fragt:

»Sind Sie in Ordnung? – Ich hab' nur Spaß gemacht!«

Ich dürfte ziemlich blaß gewesen sein. Aber ich sagte: »Ja, ich weiß!«

Eine leichte Gänsehaut ob dieses Vorfalls überkam mich erst ein paar Wochen später. Ich wollte mit Proksch wieder einmal über seine Schiffsgeschichte sprechen, und er lud mich zu diesem Zweck wie immer in den Club 45 ein.

21

Er ist freundlich, höflich und auskunftsbereit. Erst als ich ihn auf den Tod von Kölbl anspreche, verliert er plötzlich die Beherrschung. Er springt auf, wirft dabei seinen Sessel um, und schreit: »Ich weiß, ihr glaubt, ich habe ihn umgebracht. Aber ich habe es nicht getan!«

Nach einer Pause setzt er, etwas ruhiger, fort: »Kölbl war ein Freund. Ich bin an seinem Grab gestanden, habe um ihn geweint. Und seiner Witwe habe ich Geld gegeben.«

Dann geht Proksch langsam um den Tisch herum, beugt sich ganz nah zu meinem Gesicht herunter und fragt lauernd: »Erinnern Sie sich noch an den Justizpalast? – Ich hätte nur auslassen müssen. Das wäre dann Mord gewesen! – Und niemand hätte es gesehen. Gestolpert wären Sie halt. So einfach ist das, sehen Sie?«

*

Zwei weitere Personen, die in diesen Jahren ebenfalls an mysteriösen Herzinfarkten starben (am 11. Juli 1985 Österreichs Botschafter in Athen Herbert Amry und am 25. August 1987 Ex-VOEST-Generaldirektor Heribert Apfalter), haben mit dem »Fall Lucona« ebenfalls nichts zu tun.

Aber mit »Noricum«, wobei wir freilich mittlerweile wissen, daß Udo Proksch auch in diese österreichische Affäre um die illegalen Kanonenlieferungen in den kriegführenden Iran insofern verwickelt war, als er eine Vermittlerrolle zu Monzer-al-Kassar spielte, der mit der Besorgung gefälschter End-user-Zertifikate zur Verschleierung der Lieferungen beauftragt wurde.

22

». . . dann breche ich Ihnen das Genick!«

Ich weiß, daß ich mit meinen Recherche-Ergebnissen im August 1987 eine Bombe in der Hand habe, die soviel Sprengstoff enthält, daß sie – wenn ich sie durch die Veröffentlichung des »Lucona«-Buches detonieren lasse – einige innenpolitische Erschütterungen auslösen wird.

In der Öffentlichkeit ist zu dieser Zeit der Fall, der zuvor zwei Jahre lang heftigen Medienstaub aufwirbelte, bereits vollkommen vergessen.

Den letzten Medienbericht finde ich im Jänner 1987 in einer Illustrierten, die als Neujahrs-Prophezeiung die Auffassung vertritt, im Laufe dieses Jahres werde Udo Proksch endgültig rehabilitiert. Ganz so sicher ist das allerdings doch nicht. Drei Männer sind es, die mit allen Mitteln zu verhindern trachten, daß die seit vier Jahren nur auf Sparflamme geführten Vorerhebungen gegen Proksch und Daimler mit einem plötzlichen Einstellungsbeschluß beendet werden: Untersuchungsrichter Wilhelm Tandinger, »Inspektor Columbo« Franz Reitter von der Kripo Niederösterreich und der umtriebige »Bundesländer«-Anwalt Werner Masser, ohne den selbst die milden Vorerhebungen niemals in Gang gekommen wären.

Andererseits werden hinter Massers Rücken immer wieder, und zuletzt im Sommer 1987, von Abgesandten der Versicherungsanstalt mit der Schweizer Proksch- und Daimler-Firma Zapata AG heimlich Vergleichsverhandlungen geführt.

Zapata-Rechtsanwalt Heinz Damian bestätigt: Es wäre kein Problem gewesen, mit dem neuen Management der »Bundesländer« eine Einigung zu erzielen. Unsicher war nur, ob sich selbst mit Hilfe der Versicherung das Strafverfahren wirklich stoppen ließe.

23

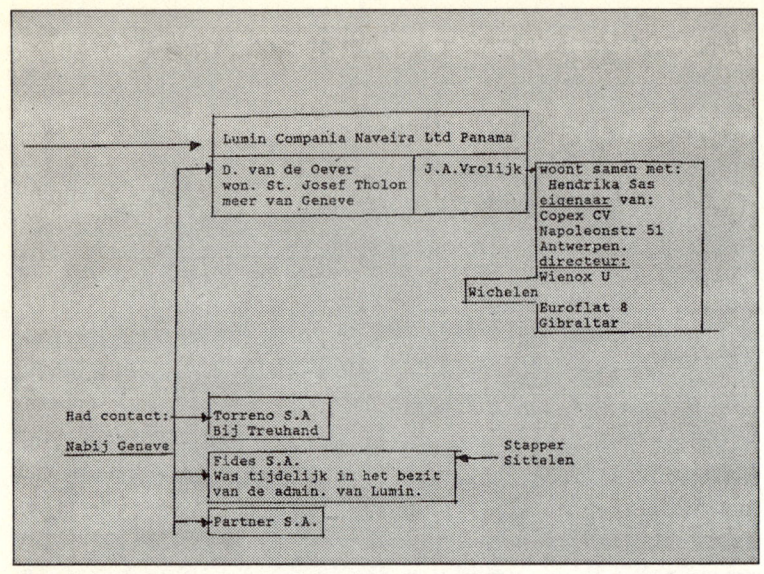

Lumin Compania Naveira Ltd Panama

D. van de Oever won. St. Josef Tholon meer van Geneve	J.A.Vrolijk

woont samen met:
Hendrika Sas
eigenaar van:
Copex CV
Napoleonstr 51
Antwerpen.
directeur:
Wienox U

Wichelen

Euroflat 8
Gibraltar

Had contact:

Nabij Geneve

Torreno S.A
Bij Treuhand

Fides S.A.
Was tijdelijk in het bezit
van de admin. van Lumin.

Partner S.A.

Stapper
Sittelen

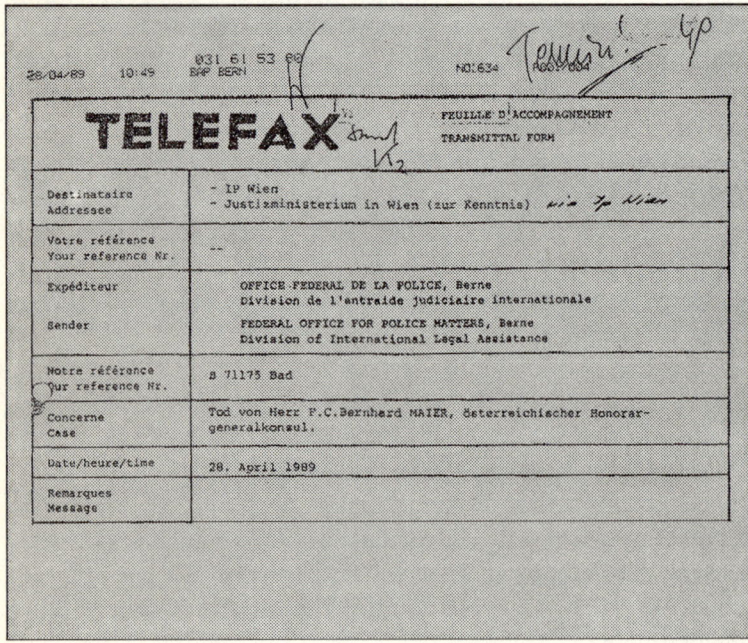

28/04/89   10:49   031 61 53 00
BAP BERN   NO:634

TELEFAX

FEUILLE D'ACCOMPAGNEMENT
TRANSMITTAL FORM

Destinataire Addressee	- IP Wien - Justizministerium in Wien (zur Kenntnis)
Votre référence Your reference Nr.	--
Expéditeur Sender	OFFICE-FEDERAL DE LA POLICE, Berne Division de l'entraide judiciaire internationale FEDERAL OFFICE FOR POLICE MATTERS, Berne Division of International Legal Assistance
Notre référence Our reference Nr.	B 71175 Bad
Concerne Case	Tod von Herr F.C.Bernhard MAIER, österreichischer Honorar- generalkonsul.
Date/heure/time	28. April 1989
Remarques Message	

24

Staatsanwalt Wolfgang Mühlbacher, der schon seit Jahren über dem Akt brütet, entwickelt sich im Laufe der Zeit in Sachen »Lucona« zu einer Art gespaltener Persönlichkeit.

Einmal ist er voller Tatendrang und überzeugt davon, daß seine Ermittlungen zumindest für eine Betrugsanklage reichen werden. Dann verfällt er wieder und meint gar, daß alles so im Dunkeln liege, weshalb ein Nachweis einer Schuld wohl niemals zu erbringen sei.

Gelegentlich erhält der Staatsanwalt Besuch. Einmal sind es die Proksch-Anwälte Amhof, Damian und Gabriel Lansky, die Entlastungsmaterialien überbringen, dann sind wieder Werner Masser oder dessen Partner Eduard Klingsbigl mit neuer Munition zur Stelle, um eine allfällige Anklage voranzutreiben.

Wenn Masser Glück hat und er trifft den Staatsanwalt gerade in einer optimistischen Phase an, dann eilt der Versicherungsanwalt sogleich in seine Kanzlei zurück und diktiert ein »Tagebuch«, in dem die gute Nachricht von seiner Sekretärin festgehalten wird. Darin steht dann, daß der Staatsanwalt bald wieder einen Antrag auf Genehmigung einer gerichtlichen Voruntersuchung stellen werde, und: »Er glaubt, daß dieses Vorhaben genehmigt wird. Er meint, daß lediglich noch die Wiener Landtagswahl abgewartet wird, und daß dann die Genehmigung des Vorhabens erfolgt.«

Als wenig später Gabriel Lansky ebenfalls bei Wolfgang Mühlbacher vorspricht, ist dieser offenbar schon wieder pessimistischer gestimmt, was dem Proksch-Anwalt die Möglichkeit gibt, ebenfalls in seine Kanzlei zurückzukehren und dort einen Aktenvermerk anzulegen: »Nach einem ausführlichen Gespräch mit Staatsanwalt Mühlbacher kann damit gerechnet werden, daß das Verfahren spätestens bis Jahresende eingestellt sein wird.«

Mit Erstaunen stelle beim Studium von Gerichtsakten und Kopien von Aktenvermerken verschiedener Anwälte, die auf irgendeinem Weg zufällig bei mir landen, im übrigen auch fest, daß offenbar halb Wien mein Buch bereits gelesen hat, obwohl es noch gar nicht fertig geschrieben ist.

25

International Maritime Bureau

Maritime House 1 Linton Road Barking Essex IG11 8HG United Kingdom
Telephone: 01-591 3000 Telex: 8956492 Fax: 01-594 2833

9 March 1988

m.v. "LUCONA"

The sinking of the m.v. Lucona in January 1977 is
generally known, (and is briefly described in appendix
A). However, one finds that the Austrian Authorities'
investigation of a probable cargo insurance fraud, and
multiple murder of seamen, to be sadly lacking. Further
than that, one must also point out that the Austrian
Judicial Authorities seem to be very reluctant to take
any action in this matter!

5.   Leopold Graz's connection, through Udo Proksch's,
     to Monza Alkassar of Marbella S. Spain, now in
     Brazil. Alkassar is a notorious arms and drugs
     trafficker with companies in Spain and Austria.

Referring to point 3 above, may we point out that no
investigation whatsoever has been made by the Austrian
Authorities into the ownership of the Lucona. Dutch
sources have revealed to us that they include:

A. Douwe Van Den Oever - A convicted fraudster and
                          disbarred Dutch lawyer, who was
                          killed in a car accident in
                          Sept. 87.

B. Max Moser   - A Geneva lawyer, who fronted
                          two banks, actively involved
                          with the American Mafia and
                          fraud, in the 1960s in
                          Switzerland.

If one adds to the above that the Lumin S.A. Shipping
Company lost another vessel in 1978, the "Annemieke",

So freut sich etwa schon im August 1987 der Kriminalbeamte Franz Reitter darauf,»daß in der Öffentlichkeit klargestellt wird, wie die Sache läuft«, während Staatsanwalt Mühlbacher eine ganz andere Auffassung vertritt. Er findet,»daß das Buch sehr tendenziös geschrieben ist. Er hält das Buch für schädlich und meint, es würde eine Verpolitisierung eintreten, die für die Sache schädlich ist.«

Dem Gerichtsakt wiederum ist zu entnehmen, daß schon Monate davor die Proksch-Anwältin Monika Pitzlberger Untersuchungsrichter Tandinger verspricht,»am nächsten Tag ein Exemplar des Buches vorzulegen«.

Daß unter diesen Umständen auch Udo Proksch natürlich im Besitz des Manuskriptes sein wird, ist für mich in diesem Augenblick schon ziemlich klar. Vielleicht hat da auch schon irgend jemand mit der Vervielfältigung der Druckfahnen ein Geschäft gemacht.

Immerhin fand schon vor Monaten in meinem Büro ein Einbruch statt. Laut Erkenntnis der Polizei war es ein Profi, der keinerlei Spuren hinterließ. Gefehlt hat nichts. Trotzdem könnte etwas gestohlen worden sein. Ein Duplikat einer Text-Diskette, auf der das Manuskript gespeichert ist, ist rasch gezogen.

Im Oktober 1987 vernimmt die Amsterdamer Polizei im Auftrag von Interpol den»Lucona«-Eigentümer Johannes Vrolijk. Doch der behauptet plötzlich, nur der Geschäftsführer der Reederei»Lumin« gewesen zu sein. Als Eigentümer gibt er schließlich einen Holländer namens Douwe van den Oever preis, der in Frankreich und in Spanien über Wohnsitze verfügt.

Das International Maritime Bureau in London ermittelt in der Folge, daß Douwe van den Oever ein von der Anwaltsliste wegen Korruption gestrichener holländischer Jurist und abgeurteilter Betrüger ist.

Die Geschäftsführung der»Lucona«-Reederei lag eine Zeitlang auch in den Händen der Genfer Treuhandfirma Fides SA des Rechtsanwaltes Max Moser, der ebenfalls kein unbeschriebenes Blatt ist. Schon in den sechziger Jahren war er als Strohmann

Distrikt IV
Kommissariat Recherche Rivierpolitie
Protokollnummer 90.016/1988

Betrifft: Untersuchung auf Ersuchen der Interpol
Wien, vom 8.Oktober 1986, Nr.6.803.0/721 FRC vom
8-4-1986
Rundstempel: Polizeipräsident-Rotterdam

PRO JUSTITIA   103

P R O T O K O L L

Auf Veranlassung des Ersuchens der Interpol Wien,
getätigt im Schreiben vom 8.Oktober 1986 in der
Sache Nummer 6.803.0/721 FRC vom 8.April 1986,
wurde von uns,
Floris Kooiman,
Gerard Nienoord und
Sijbrandus Stefanus Jozef van Vellinga,
alle Oberkriminalbeamte der Gemeindepolizei Rotterdam, nach dem dazu eingelangten Auftrag eine ein-
gehende Untersuchung eingeleitet.
Am Donnerstag, 29.Oktober 1987, sprachen wir,
die Protokollanten Kooiman und Nienoord, einen
Mann, der uns seinen Namen angab; als:

Zeuge Van den Oever | Douwe van den Oever jr.,
geboren am 17.Januar 1959 in 's-Gravenhage,
ohne festen Wohnsitz oder Aufenthaltsort in
den Niederlanden, p.a. Postbus 10216 in 2501
HE 's-Gravenhage. Nachdem ich ihm mitgeteilt
hatte, worüber ich ihn zu sprechen wünschte,
erklärte er:

Aussage | "Es ist richtig, daß mein Vater, genannt Douwe
van den Oever, vor kurzem und zwar am 18.Sep-
tember 1987, in Taragona in Spanien, bei einem
Autounfall ums Leben gekommen ist. Hinsichtlich seiner geschäftlichen Tätigkeiten kann
ich Ihnen jedoch nichts mitteilen, auch nicht,
ob er jemals Eigentümer der Reederei "Lumin
Compania Naviera" S.A. gewesen ist. Ich bin
über sein Geschäftsleben überhaupt nicht informiert. Den Namen Vrolijk, ein Mann aus Belgien, habe ich schon einmal gehört, mit dem
hat er schon zu tun gehabt. Weiter weiß ich
nichts."

zweier Schweizer Banken aufgetreten, die für die US-amerikanische Mafia Geldwäscherei im großen Stil betrieben.

Douwe van den Oever wiederum ist laut Polizeierkenntnissen auch als Mitglied eines spanisch-südfranzösischen Waffen- und Drogenhandels-Syndikats bekannt.

Befragen kann man Douwe van den Oever im Oktober 1987 allerdings nicht mehr. Er war bereits am 9. September in der spanischen Stadt Taragona in einen Verkehrsunfall mit Fahrerflucht verwickelt und verstarb.

Für mich ist der »Fall Lucona« damit endgültig erledigt. Das Buch kommt auf den Markt, so wie es ist. Man kann nicht jede der vor allem auch ins Ausland reichenden Facetten eines Falles klären.

Nur eine Aufgabe habe ich noch vor mir. Das letzte Interview mit Udo Proksch im Beisein seiner Anwälte. Das hatten wir ausgemacht.

Als es soweit ist, läßt sich Udo Proksch verleugnen. Als ich endlich seine Direktnummer finde und ihn anrufe, ist er unwirsch, böse und gereizt.

Nach dem, was er bis jetzt von meinem Buch gelesen habe, sei es sinnlos, überhaupt noch ein Gespräch mit mir zu führen.

»Gut«, sage ich, »dann wird das Buch erscheinen, ohne daß es Ihre Gegendarstellung enthält.«

Proksch schweigt eine Zeitlang. Dann preßt er, ehe er den Hörer ohne Gruß auflegt, hervor: »Wenn Sie das veröffentlichen, breche ich Ihnen das Genick!«

»Jetzt müss'ma den Pretterebner verhaften!«

Donnerstag, 17. Dezember 1987. Ich habe es geschafft. Seit gestern nachmittag laufen die Druckmaschinen.
Für morgen ist der Postversand der ersten zehntausend Buchexemplare geplant. Und ab Samstag wird »Der Fall Lucona« auch in den Buchhandlungen erhältlich sein.
Wir frühstücken im Büro und sehen uns die ersten fertigen Exemplare an, die ein Bote soeben aus der Druckerei gebracht hat.
Daß zur selben Zeit Udo Prokschs Anwalt Gabriel Lansky ebenfalls schon ein Exemplar in der Hand hat, ahnen wir nicht. Wir erfahren es allerdings bald.
Ein Anruf für mich. Die Dame, die von einer Telefonzelle aus spricht, will ihren Namen nicht nennen, aber es würde mich ganz sicher interessieren, was sie zu erzählen habe.
Und ob es das tut. Ich erfahre, daß in der Proksch-Anwaltskanzlei schon seit zwei Wochen ein mit 4. Dezember datierter »Antrag auf Beschlagnahme und Verfall sämtlicher in der Druckerei Ueberreuter befindlicher Exemplare des Buches ›Der Fall Lucona‹« aufliegt.
Dieser Antrag werde noch heute an die Bezirkshauptmannschaft Korneuburg, wo die Druckerei ihren Sitz hat, übermittelt. Noch vor der Auslieferung soll auf diesem Weg die gesamte Auflage kassiert werden. Kein Exemplar meines Buches werde laut Meinung von Gabriel Lansky die Druckerei verlassen.
Erstaunlicherweise zieht es Udo Proksch allerdings vor, nicht etwa den im Buch erhobenen Vorwurf zu inkriminieren, ein Betrüger und sechsfacher Mörder zu sein. Nein, er möchte vielmehr, daß die Behörde das Buch wegen angeblicher Verletzung der Impressumsvorschriften einzieht.

31

RECHTSANWALT

DR.GABRIEL LANSKY   A-1020 Wien, Leopoldsgasse 51
                                     Tel. 33-41-93, 33-41-98
                                     Telex 132734

                                     An die
                                     Bezirkshauptmannschaft
                                     z.Hd.d.Herrn Bezirkshauptmannes
Dr.L/B   Dr.Kurt Suchanek
Wien, am 4.Dezember 1987

                                     Bankmannring 5
                                     2100 Korneuburg

    Betrifft: Anzeige gem. § 27 Mediengesetz

    Sehr geehrter Herr Bezirkshauptmann!

    Am 17.12. ist das Buch "Der Fall Lucona" von Herrn Hans
    Pretterebner erschienen. Ich übermittle in der Beilage das
    Impressum dieses Buches.

                                     An die
                                     Carl Ueberreuter
                                     Druckerei Gesellschaft m.b.H.
Dr.L/dn
Wien, am 18.Dezember 1987
                                     Industriestr.1
                                     2100 Korneuburg

ZUR ERLEDIGUNG
Erledigt
für
Eingang 2 1. DEZ. 987
KOPIE ZUR INFORMATION
an

    Sehr geehrte Damen und Herren!

    Mir liegt das offensichtlich gestern erschienene Medien-
    werk, das Buch von Herrn Pretterebener, der Fall Lucona,
    vor.

    Ich habe mit heutigem Tag die Ihnen in Fotokopie beigelegte
    Anzeige an die Bezirkshauptmannschaft Korneuburg gerichtet.

    Ich habe Sie daher namens meines Mandanten, Herrn Udo R.
    Proksch aufzufordern jegliche weitere Verbreitung des ge-
    nannten Buches zu unterlassen.

    Im Hinblick darauf, daß dieses Buch in die Rechtssphären
    zahlreicher Personen massiv eingreift würden Sie für den
    Fall der Weiterverbreitung mit gesonderten rechtlichen Kon-
    sequenzen zu rechnen haben.

                        Mit vorzüglicher Hochachtung

32

Es ist also so weit. In fieberhafter Eile überlegen wir, was wir tun können, um die Absichten des Anwalts sicherheitshalber zu vereiteln.

Unser Plan steht bald fest: Wir müssen die gesamte Auflage – fünfundzwanzigtausend Bücher – sofort aus der Druckerei schaffen, ohne uns dabei der druckereieigenen Lieferwagen zu bedienen, denn ein Beschlagnahme- und Durchsuchungsbeschluß für die Druckerei würde vermutlich auch deren Transportmittel einschließen.

Während Herwig Popelka, mein Kollege, Mitarbeiter und Freund, mit Mietwagenunternehmungen telefoniert, um drei Lastkraftwagen und drei verläßliche Fahrer zu organisieren, versuche ich, einen Platz zum Verstecken der Bücher zu finden.

Kurz nach Mittag geht es los. Ein Bekannter hat uns eine Halle in seinem Gewerbebetrieb in Langenzersdorf, am Stadtrand von Wien, zur Verfügung gestellt. Der Abtransport aus der Druckerei kann beginnen.

Fünfundzwanzig Tonnen Bücher werden im Verlauf der nächsten Stunden mit Hilfe der privat angemieteten Lastkraftwagen von Korneuburg nach Langenzersdorf geschafft. Von dort aus erfolgt schon am Nachmittag auch der Bücherversand.

Rund fünfzig Studenten sind als Verpacker im Einsatz. Vorwiegend Ausländer: Ägypter, Araber, Iraner, Afrikaner.

Eine erste Gruppe hat uns die Österreichische Hochschülerschaft als Aushilfskräfte vermittelt, alle anderen werden auf dem Gelände der Universität und vor Studentenheimen buchstäblich von der Straße aufgelesen und für diesen Spezialjob engagiert. Taxis verfrachten sie gruppenweise zu ihrem Einsatzort.

Die Arbeit macht ihnen Spaß. Fast jeder möchte am Ende auch noch ein Buch zur Erinnerung – und ich bekomme Gelegenheit, meine ersten Autogramme zu geben: »Für Mohammed Ali – mit Dank für die Hilfe – von Hans.«

Die Nacht wird durchgearbeitet. Bei uns ebenso wie in der Druckerei. Am Freitag in der Früh verläßt unser LKW mit dem letzten Rest der soeben fertiggestellten Bücher das Gelände der Druckerei.

Wir haben es gerade noch geschafft, denn zur selben Stunde langt im Büro des Korneuburger Bezirkshauptmannes Kurt Suchanek auch schon per Boten Udo Prokschs »dringender Antrag« auf »unverzüglichen Ausspruch des Verfalls« ein.

Dem Antrag sei sofort zu entsprechen, »zumal durch das genannte Medienwerk zahlreiche Personen in ihrem Rechtsgut der Ehre verletzt« worden seien.

Eine Entscheidung darüber konnte freilich an diesem Tag sowieso nicht mehr fallen, denn glücklicherweise hatte der Bezirkshauptmann schon am Morgen spontan den Entschluß gefaßt, kurzfristig auf Urlaub zu gehen.

Auch ein zur gleichen Zeit in der Druckerei einlangender Drohbrief des Proksch-Anwaltes, jegliche Verbreitung des Buches zu unterlassen, widrigenfalls mit gesonderten rechtlichen Konsequenzen zu rechnen sei, mußte seine Wirkung ebenfalls verfehlen, denn die Druckerei war nun guten Gewissens imstande, Herrn Lansky bedauernd ein Telex zu schicken: »Zu spät!«

Am Nachmittag werden die letzten Bücher zur Post gebracht und ein kleinerer, für den Buchhandel bestimmter Teil, unserer Auslieferungsfirma übergeben. Ab Samstag früh soll »Der Fall Lucona« in jeder Buchhandlungs-Auslage stehen.

Nicht gerechnet habe ich allerdings mit dem fatalen Umstand, daß ausgerechnet der Inhaber einer renommierten Wiener City-Buchhandlung, die ihre Lieferung noch am Freitag knapp vor Geschäftsschluß erhält, ebenfalls zum illustren Mitgliederkreis des Club 45 zählt – und Udo Proksch auf diese Weise natürlich sofort in den Besitz einer größeren Anzahl von »Beweisstücken« gelangt.

Noch in den Abendstunden kommt es zur ersten Krisensitzung im Demel-Haus. Alle Freunde werden zusammengetrommelt. Anwälte lesen und suchen in fieberhafter Eile nach inkriminierbaren Textstellen.

Auch der Vizepräsident des Wiener Landesgerichtes, Alfred Fleck, ein Mann, der Proksch immer gewogen war, wird kontaktiert. Er weiß auch sofort, was getan werden muß: »Jetzt müss'ma den Pretterebner verhaften!«

34

Die Republik ist in Gefahr

Daß es in den nächsten Tagen nicht unbedingt lustig für mich werden wird, ist mir klar. Aber ich habe Vertrauen in die Justiz. Immerhin bemühte man sich bereits mehr als fünf Jahre lang vergeblich, gegen Udo Proksch und Hans Peter Daimler eine gerichtliche Voruntersuchung zu erwirken.

Ich sollte indes bald die Feststellung machen müssen, daß die österreichische Justiz durchaus nicht grundsätzlich langsam arbeitet.

In meinem Fall geht vielmehr alles blitzschnell. Die Initiative ergreift der zweite Mann im Staat, Nationalratspräsident Leopold Gratz. Noch am Freitag schickt er ein Exemplar meines soeben erschienenen Buches in die SPÖ-Repräsentanz im Justizpalast.

Ein Mann namens Eduard Schneider, Nachfolger des legendären Otto F. Müller als Leiter der Wiener Oberstaatsanwaltschaft, nimmt es entgegen.

Nur dem nahenden Dienstschluß und dem Umstand, daß der Mann schon sein Wochenende geplant hat, verdanke ich, daß nicht schon am Freitag abend zugeschlagen wird.

Dafür wird am Samstag FPÖ-Abgeordneter und Ex-Justizminister Harald Ofner aktiv.

Da er selbst jedoch nicht dem unmittelbaren Proksch-Freundeskreis angehört, der mit Gratisexemplaren bedacht wird, muß er sich erst in eine Buchhandlung bemühen und für das schändliche Werk zu seinem Leidwesen auch noch 398 Schilling auslegen.

Ofners Anwaltskollege Peter Schmautzer hat über keinen Mangel an Beschäftigung zu klagen. Unter anderem ist er auch mit der rechtsfreundlichen Vertretung des wohl prominentesten

Wien, 20.12.1987

An die
Staatsanwaltschaft Wien
Landesgerichtsstraße 11
1080 W i e n

EINSCHREITER: Bundesminister a.D.
Abg.z.NR. Dr. Harald O f n e r
Schuhmeierplatz 14, 1160 Wien,

vertreten durch   Dr. Peter SCHMAUTZER
                       Rechtsanwalt
                       Lerchenfelderstr. 39,
                       1070 WIEN
Vollmacht beigelegt
gegen: Hans P r e t t e r e b n e r ,

wegen des Verdachtes nach § 297 StGB.

Seit einigen Tagen befindet sich aus der Feder von
Hans Pretterebner und gedruckt bei der Carl Ueberreuter Druckerei Ges.m.b.H., Korneuburg, ein Buch mit
dem Titel "Der Fall Lucona" und den Untertiteln "Ost-
Spionage, Korruption und Mord im Dunstkreis der Regierungsspitze" und "Ein Sittenbild der Zweiten Republik"
auf dem Markt. Das Buch beschäftigt sich vor allem mit
dem Leben des und mit dem Strafverfahren gegen Udo Proksch.

In diesem Buch wird der Einschreiter offen des Mißbrauches
der Amtsgewalt bezichtigt. Er wird damit einer von amts-
wegen zu verfolgenden mit Strafe bedrohten Handlung bzw.
der Verletzung einer Amtspflicht fälschlich verdächtigt.

36

Und weiter, wieder dem bereits erwähnten Staatsanwalt in
den Mund gelegt: "Der Minister hatte offenbar aus politischen Gründen auf den sozialistischen Koalitionspartner
Rücksicht zu nehmen." (S. 610) "Dem weisungsgebundenen
Staatsanwalt waren die Hände gebunden, weil der Justizminister "auf den sozialistischen Koalitionspartner Rücksicht zu nehmen" hatte und daher jede zielführende Untersuchung verbot.

Alle diese Behauptungen, die dem Einschreiter Amtsmißbrauch aus politischen Gründen vorwerfen, sind, wie viele
andere Passagen in dem gegenständlichen Buche auch, akten-
kundig unrichtig, was Hans Pretterebner aufgrund seiner
detaillierten Recherchen klar sein hat müssen.

BEWEIS: der Akt des Bundesministeriums für Justiz in der
        Strafsache gegen Udo Proksch.

Der angeführte Sachverhalt wird sohin der Staatsanwaltschaft Wien zur Kenntnis gebracht und

    S T R A F A N Z E I G E

gegen Hans Pretterebner wegen Verdachtes gem. § 297 StGB
erstattet.

Gleichzeitig wird angeregt, hinsichtlich des Buches "Der
Fall Lucona", das sozusagen das Werkzeug der Hans Pretterebner vorgeworfenen strafbaren Handlung darstellt, gemäß
§ 143 StPO mit Beschlagnahme vorzugehen. Hierzu wird bemerkt,
daß eine Abwägung der Interessen nach dieser Gesetzesstelle
wohl nicht stattzufinden hat. Hätte sie doch Platz zu
greifen, dann könnte sie nur zugunsten der Beschlagnahme
ausgehen. Dies deshalb, weil das Werk ganz offensichtlich - aus welchen finanziellen Quellen immer - lediglich
gestaltet und auf den Markt gebracht worden ist, um die
Medien, die Öffentlichkeit und damit auch das Gericht,
wobei dieses Vorhaben im letzteren Fall einen untauglichen Versuch darstellt, unzutreffend zu informieren und
damit zu beeinflussen. Das Interesse, bei Nichtbeschlag-
nahme weiter in dieser Richtung wirken zu können, kann
nicht schwerer wiegen als das Interesse der Personen, die
in dem Buch in einer Art und Weise, die dringenden Verdacht im Sinne des § 297 StGB rechtfertigt, /daran, daß
                        bezichtigt werden,
Hans Pretterebner nicht weiter in der beschriebenen Art
und Weise vorgehen kann.

                        Dr. Harald OFNER

Klienten der Kanzleigemeinschaft Ofner-Schmautzer befaßt – des als »Pate des Terrors« zu internationaler Bekanntschaft gekommenen syrischen Waffen- und Drogenhändlers Monzer-al-Kassar, der zur Zeit in Spanien unter dem Verdacht der Beteiligung am Lockerbie-Attentat inhaftiert ist.

Dennoch muß Schmautzer seine Arbeit sofort unterbrechen, um noch am Sonntag gegen mich die Anzeige bei der Staatsanwaltschaft wegen des Verbrechens der Verleumdung zu erstatten.

»In diesem Buch wird der Einschreiter offen des Mißbrauchs der Amtsgewalt bezichtigt«, schließt der Ex-Justizminster in seiner Strafanzeige messerscharf und beantragt die Beschlagnahme durch das Gericht.

Als erster setzt sich Ofner auch mit dem in dem Buch gegen Udo Proksch und Hans Peter Daimler erhobenen Vorwurf des sechsfachen Mordes auseinander, von dessen Haltlosigkeit er augenscheinlich überzeugt ist.

Das Buch, so Ofner, sei »ganz offensichtlich lediglich gestaltet und auf den Markt gebracht worden, um die Medien, die Öffentlichkeit und damit auch das Gericht . . . unzutreffend zu informieren und damit zu beeinflussen«.

Als nächster ist Hans Peter Daimlers Anwalt Georg Zanger an der Reihe. Auch Daimler hütet sich jedoch davor, den publizistischen Mordvorwurf inkriminieren zu lassen.

Zanger erstattet vielmehr im Vollmachtsnamen eines Wiener Pressefotografen Strafanzeige gegen mich und stellt den Beschlagnahmeantrag wegen einer angeblichen Verletzung des Urheberrechtsgesetzes.

Noch fixer ist lediglich ein karrierebewußter Wiener Jungadvokat namens Andreas Steiger, der im Auftrag von Wolfgang Höllrigl aktiv wird, eines Journalistenkollegen mit einstmals exzellenten Beziehungen zu Udo Proksch, der zwar nur eine Randfigur darstellte, dessen Wirken aber einer ebenso kurzen wie kritischen Würdigung in meinem Buch unterzogen worden war.

Andreas Steiger hatte mit dem »Fall Lucona« schon vorher zu

REPUBLIK ÖSTERREICH
Oberstaatsanwaltschaft Wien

Wien, am 21. Dezember 1987

Museumstraße 12
A-1016 Wien

Staatsanwaltschaft Wien
OStA 15130/87 Eing. am 21. DEZ. 1987 Uhr Min.
Fach, Beilg. Akten
Halbschrift

Briefanschrift
A-1016, Postfach 51

Telefon
0 22 2/96 22–0"

An die
Staatsanwaltschaft

Sachbearbeiter

Klappe   (DW)

W i e n

1St 82787/87/2

   In der Anlage wird eine Ablichtung des Druckwerkes
"Der Fall Lucona" gemäß § 84 StPO zur Kenntnisnahme und weiteren
Veranlassung (Vorerhebungen gegen Hans PRETTEREBNER wegen
§§ 297 Abs. 1 sowie 12, 310 Abs. 1 StGB und gegen u.T. wegen
§ 310 Abs. 1 StGB - Verleumdung des Präsidenten des Nationalrates
Mag. Leopold Gratz, des seinerzeitigen Bundesministers für Justiz
Dr. Harald Ofner, des damaligen Leitenden Oberstaatsanwaltes
Dr. Müller, des seinerzeitigen Oberstaatsanwaltes Dr. Wasserbauer
und andere Personen) übermittelt.
   Ferner wird ersucht
   1. die Sachlage auch in Richtung auf eine Antragstellung
nach § 36 Abs. 1 MedienG (im Hinblick auf eine allfällige Ein-
ziehung nach § 33 Abs. 1 leg.cit.) zu prüfen,
   2. beim zuständigen Untersuchungsrichter die Beischaffung
eines vollständigen Belegexemplars im Wege der Bundespolizeidirektion Wien (Büro für Vereins- und Presserechtsangelegenheiten)
zu beantragen und
   3. über das Veranlaßte umgehend (allenfalls telefonisch)
zu berichten.
   Die Ablichtung eines Belegexemplars ist angeschlossen.
1 Beilage

          Der Leiter der Oberstaatsanwaltschaft:
          D r . S c h n e i d e r
          Für die Richtigkeit der Ausfertigung
          der Leiter der Geschäftsabteilung:

tun – als Vertreter der Angehörigen eines der Opfer, der bei der durch Proksch bewirkten Versenkung des Schiffes getöteten Holländerin Beatrix van der Hoeven.

Diesen Job hatte der Anwalt der Bundesländer-Versicherung als engagierter CV-Aktivist dem ebenfalls dem CV angehörigen jungen Kollegen verschafft. Selbst den Zeitungszaren Kurt Falk durfte Steiger gelegentlich über Vermittlung von Rechtsanwalt Werner Masser in Medienrechtssachen vertreten.

Offenbar um nicht in den Verdacht politischer Einseitigkeit zu geraten, bemühte sich der mit der zur optimalen Karriereplanung erforderlichen Flexibilität ausgestattete junge Mann zur selben Zeit freilich ebenso heftig darum, auch im Dunstkreis des Club 45 als Anwalt Anerkennung zu finden.

Wie ein Berserker arbeitet Andreas Steiger denn auch an diesem Wochenende daran, Unterlassungs-, Kreditschädigungs- und Privatanklagen gegen mich zu verfassen.

Vergeblich versucht er jedoch, partout noch am Sonntag beim Journalrichter des Wiener Landesgerichtes einen Beschlagnahmebeschluß gegen das Buch zu erwirken.

Nur ein Thema gibt es am Montag auch bei der Wiener Staatsanwaltschaft.

Die Frage, die diskutiert wird: Sind die Veröffentlichungen in dem Buch über offenkundige Amtsmißbräuche im Bereich des Innen-, Außen-, Justiz- und Verteidigungsministeriums als Anzeigen im Sinne der Strafprozeßordnung zu werten? Und kann, soll oder muß der Staatsanwalt sogar gegen die in dem Buch Beschuldigten strafrechtliche Erhebungen einleiten lassen?

Die Diskussionen erübrigen sich jedoch bald, denn in dem ein paar hundert Meter entfernten Justizpalast tritt nun der Leiter der Oberstaatsanwaltschaft seinen Dienst an. Ab diesem Zeitpunkt geht es Schlag auf Schlag.

Als erstes legt Eduard Schneider unter der Aktenzahl OStA 15.130/87 einen Aktenvermerk an: »Der Präsident des Nationalrates Mag. Leopold Gratz übermittelt am 18. Dezember 1987 durch Boten das eben erschienene Buch ›Der Fall Lu-

1 St 82.781/87-6

D r i n g e n d

An die

Oberstaatsanwaltschaft W i e n

Betrifft: Strafsache gegen Hans PRETTERBMER wegen §§ 111,
117, 297; 12, 31o StGB und UT wegen § 31o StGB
(an Mag. Leopold Gretz, Dr. Herald Ofner, Dr. Otto
F. Müller, Dr. Werner Wasserbauer){.

Bezug: OStA 13.13o/87;

Berichtsverfasser: Staatsanwalt Dr. Wilhelm Böhm.

Auftragsgemäß wird berichtet, daß
zunächst durch die Bundespolizeidirektion
Wien, Büro für Vereins- und Presserechtsangelegenheiten eine Originalausgabe des
Druckwerkes "Der Fall Lucona" beigeschafft
wurde.

Wie den vorliegenden Anzeigen zu
entnehmen ist, wird dem Abgeordneten zum
Nationalrat und seinerzeitigen Bundesminister
für Justiz Dr. Herald Ofner, dem Generalprokurator Dr. Otto F. Müller und Generalanwalt Dr. Werner Wasserbauer, beide
seinerzeit Beamte der Oberstaatsanwaltschaft
Wien, Amtsmißbrauch durch "Abwürgen" oder
mindestens Verschleppen des Strafverfahrens
gegen Udo Proksch vorgeworfen. Weiters wird
in zahlreichen Textstellen dem Präsidenten

41

Im Hinblick auf die in dem vorliegenden Druckwerk
enthaltenen Kopien teilweise lediglich amtsinterner Berichte,
teilweise infolge des Vorverfahrens lediglich parteiöffent-
licher Aktenauszüge erscheint der Vorwurf gegen Pretterebner
in Richtung Beteiligung an der Verletzung des Amtsgeheimnisses
im Sinne der 3. Alternative des § 12 zu § 310 StGB oder sogar
der vorsätzlichen Bestimmung im Sinne der 2. Alternative
des § 12 StGB vorerst subjektiv und objektiv begründet,
wenngleich ohne Ausforschung des weitergebenden Geheimnisträgers der Tatbeitrag Pretterebners eher schwierig wird
nachzuweisen sein. Obdies läßt sich schon aus den
erschließbaren Recherchen Pretterebners doch eine gewisse
journalistische Sorgfaltsaufwendung erahnen (wenn sie auch
offensichtlich zu objektiv unrichtigen Schlüssen führte),
sodaß die Wissentlichkeit im Sinne des § 5 Absatz 3 StGB
bei Betrachtung der inneren Tatseite des § 297 StGB, aber
auch die Gefahr der behördlichen Verfolgung im Sinne der
äußeren Tatseite dieses Tatbildes a priori eher problematisch
erscheinen muß.

Aus den dargelegten Gründen sowie bei Prüfung der
Interessensabwegung und der Verhältnismäßigkeit im Sinne
des § 36 Absatz 1 MedienG scheint doch ein gewisser Überhang
des Informationsinteresses der Öffentlichkeit hinsichtlich
der nicht inkriminierbaren Textstellen gegeben zu sein,
insbesondere aber auch, weil das Druckwerk schon einige
Zeit auf dem Markt ist, wurde eine Beschlagnahme im Sinne
der § 36 Absatz 1 (§ 33 Absatz 1) MedienG nicht beantragt,
jedoch die subsidiäre vorläufige Maßnahme der Veröffentlichung
einer Mitteilung über die Einleitung des strafgerichtlichen
Verfahrens gemäß § 37 Absatz 1 MedienG in jenen Zeitungen
beantragt, die sich mit dem Erscheinen des vorliegenden

Nach Vorliegen der Verantwortung Pretterebners ist
beabsichtigt, die involvierten Personen als Zeugen vernehmen
zu lassen.

Über den Fortgang des Verfahrens wird berichtet
werden.

Staatsanwaltschaft Wien
am 22.12.1987

42

cona‹ von Hans Pretterebner mit dem Ersuchen um strafrechtliche Prüfung . . . Gez. Schneider.«

Anschließend führt der Leiter der Oberstaatsanwaltschaft ein kurzes Telefonat mit dem Bundesministerium für Justiz, um kurz darauf per Boten der Wiener Staatsanwaltschaft die schriftliche Weisung zuzustellen, wonach diese sofort mit gerichtlichen Vorerhebungen nicht gegen Gratz, Ofner, Blecha & Co., sondern gegen mich vorzugehen habe:

Erstens wegen Verleumdung (Strafrahmen: bis zu 5 Jahre Haft) und zweitens wegen Beteiligung an der Verletzung des Amtsgeheimnisses (Strafrahmen: bis zu 3 Jahre Haft).

Für eine Prüfung des Sachverhalts nimmt sich der eilfertige Spitzenbeamte im Justizpalast keine Zeit. Auch daß das Gesetz ihm eigentlich vorschreibt, seine Weisung an die Staatsanwaltschaft zu begründen, läßt ihn kalt.

Während der Wiener Staatsanwalt Wilhelm Böhm die nun folgenden Stunden damit zubringt, auftrags- und weisungsgemäß die Einleitung des Strafverfahrens zu beantragen, die Polizei ausschwärmen und die Auflage meines Buches feststellen sowie vermutete Mittäter ausforschen zu lassen, jagt im Justizministerium eine Krisensitzung die andere.

Auch Ex-Minister Ofner, Generalprokurator Otto F. Müller als oberster Ankläger der Republik, Oberstaatsanwalt Werner Wasserbauer und Nationalratspräsident Gratz treffen mit dem Justizminister persönlich zur Besprechung der weiteren Vorgangsweise zusammen.

Unter dem Eindruck dieser geballten Ladung von juridischer und politischer Prominenz läßt sich Egmont Foregger bald überzeugen, daß durch dieses Buch, das auch er selbst schon nach kurzer Lektüre für eine »Raubersg'schichte« hält, die Republik in Gefahr ist.

Einziger Wermutstropfen: daß Staatsanwalt Böhm dem Beschlagnahmeersuchen der Oberstaatsanwaltschaft nicht nachkommen will, weil sich »zumindest erahnen« lasse, daß beim Verfassen des Buches »die journalistische Sorgfaltspflicht erfüllt« worden sei.

43

Erst nachdem der Staatsanwalt am Dienstag, dem 22. Dezember, unter der Aktenzahl 1 St 82.783/87 »dringend« nach oben berichtet, daß die Beschlagnahme des Buches voraussichtlich ohnehin über Betreiben eines der zahlreichen Privatankläger erfolgen werde, ist man im Justizministerium, in der Oberstaatsanwaltschaft und im Club 45 beruhigt.

»Unterstellungen, Lügen, Verleumdungen«

Im Wiener Landesgericht gerät Sand ins Getriebe. Nichts funktioniert wie geplant. Die Erledigung der Beschlagnahmeanträge zieht sich, und von der erhofften Verhängung der Untersuchungshaft über mich wegen Verleumdung kann schon gar keine Rede mehr sein.

Auch viele Richter und Staatsanwälte haben den »Fall Lucona« mittlerweile gelesen, und im Unterschied zum Justizminister sind sie durchaus nicht der Meinung, daß es eine »Raubersg'schichte« ist.

Viele fänden es sogar sehr schade, wenn die Österreicher auf Grund einer Beschlagnahme nicht in den Genuß der Lektüre des Buches kommen könnten.

Die Kapitel über die Oberstaatsanwaltschaft und dessen früheren Leiter Otto F. Müller werden besonders goutiert. »Sehr gut haben Sie ihn getroffen, den Müller!« raunt mir im Gerichtsgebäude ein Staatsanwalt im Vorbeigehen zu.

Und auch Untersuchungsrichter Wilhelm Tandinger, dessen amtsbekannter Sturheit und Dickköpfigkeit es allein zu verdanken ist, daß die Verfahren gegen Proksch und Daimler nicht schon lange endgültig eingestellt sind, huscht gelegentlich – hintergründig lächelnd – über die Gänge des Landesgerichts.

Er ist in diesen Tagen ein sehr gefragter Mann. Wer sonst, außer ihm, sollte besser beurteilen können, was in dem Buch denn nun stimmt – und was nicht.

Schon glaube ich, Udo und seine Freunde hätten ihr Pulver verschossen. Und ich bin vollauf damit beschäftigt, für die österreichweite Auslieferung meines Werkes zu sorgen.

Die Buchhandlungen werden buchstäblich gestürmt. Zehntausende haben den mit seinen fast siebenhundert Seiten an der

Grenze der Zumutbarkeit liegenden Wälzer schon ausgelesen. Viele in einer einzigen Nacht.

Die Folge ist helle Empörung und Aufregung über die Zustände in diesem Land. Selbst wenn nur die Hälfte, so der Tenor, in diesem Buch stimmen würde, es wäre entsetzlich.

Am vierten Verkaufstag bin ich kurz vor neun auf dem Weg in mein Büro. Ich gehe über die Kärntner Straße und den Graben und sehe, wie gerade die letzten Lucona-Bücher aus der Auslage einer Buchhandlung verschwinden.

Schon wieder ausverkauft, denke ich mir und bin erfreut. Doch dann realisiere ich plötzlich, wie der Verkäufer die Bücher in Schachteln verpackt. Natürlich will ich sogleich wissen, was los ist, und erfahre, daß es seit heute verboten sein soll, dieses Buch zu verkaufen.

Ich rase ins Büro, wo schon die Nachricht vorliegt, was passiert ist.

Es ist wiederum Georg Zanger, der sich diesmal eine ganz besondere Chuzpe einfallen ließ.

In sämtlichen 960 österreichischen Buchhandlungen war an demselben Morgen ein Rundschreiben des Daimler-Anwaltes eingelangt.

Es sei schon bisher verboten gewesen, dieses Buch zu verkaufen, behauptete dieser Mann in seinem Schreiben glatt. Nun fordere er aber auch im Namen seines Mandanten, des »Kurier«-Pressefotogafen Kristian Bissuti, jeden Buchhändler auf, ab sofort den Verkauf einzustellen.

Die Begründung: Das auf dem Buchumschlag abgebildete Foto von Udo Proksch in Napoleon-Uniform, dessen Urheber sein Mandant sei, sei ohne dessen Zustimmung veröffentlicht worden.

Er erwarte binnen drei Tagen eine schriftliche Verpflichtungserklärung, daß der Verkauf eingestellt worden sei, widrigenfalls er gegen jeden einzelnen Buchhändler mit einer Unterlassungsklage vorgehen werde.

Außerdem nötigte Zanger jeden Buchhändler auch gleich, sich zur Zahlung einer »Vertragsstrafe« in der Höhe von je 100.000

Rechtsanwälte

Dr. Jakob Zanger
Dr. Georg Zanger

1010 Wien, Neuer Markt 1
Telefon: 512 02 13, 512 02 14
Teletex:
3222476 AVOZANG
Bankverbindungen:
CA-BV 0960-32594/00
Z   405 310 004

Wien,den 1987.12.22

<u>Betrifft:</u> Kristian Bissuti

Sehr geehrte Damen und Herren!

Nach Information meines Mandanten halten Sie in Ihrer Buchhandlung Exemplare des obgenannten Buches vorrätig und bieten
sie Ihren Kunden zum Verkauf an.

Das gegenständliche Buch wurde in den Medien (Kurier, Profil,
etc.) unter Beifügung des Wortes "Beschlagnahmegefahr" beworben.
Sie hätten daher bereits wegen des Mangels der Bekanntgabe des
Herausgebers und Verlegers im Buch, dieses nicht führen dürfen.

angeboten und verkauft werden und die geforderte Erklärung nicht
binnen längstens 3 Tagen in meiner Kanzlei einlangt, beauftragt
bin. beim zuständigen Handelsgericht gegen Sie eine Klage mit dem
Urteilsbegehren auf Unterlassung nach dem UrhG. und Veröffentlichung des Urteilsspruches einzubringen.

Gleichzeitig fordere ich Sie auf, mir den Verlag zu nennen, von
dem Sie das oben genannte Buch bezogen haben.

Ich hoffe, daß Sie für das Verhalten meines Mandanten Verständnis
haben und ich verbleibe im übrigen mit dem Ausdruck meiner

vorzüglichen Hochachtung

2 Beilagen

47

E r k l ä r u n g :

1.) Ich (wir) verpflichte(n) mich (uns), ab sofort kein
weiteres, von Herrn Hans Pretterebner verfaßtes Buch
"Der Fall Lucona", in welchem auf dem Umschlag ein von
Kristian Bissuti produziertes Lichtbild "Proksch in Uniform"
und im Buch weitere, von Herrn Bissuti produzierte Lichtbilder
aufscheinen, anzubieten und zu verkaufen.

2.) Ich (wir) verpflichte(n) mich (uns), binnen längstens
drei Tagen den Verlag bekanntzugeben, von dem ich (wir)
das Buch "Der Fall Lucona" bezogen haben.

3.) Für den Fall des Zuwiderhandelns gegen diese Erklärung
verpflichte(n) ich (wir) mich (uns) zur Bezahlung eines
dem richterlichen Mäßigungsrecht nicht unterliegenden
pauschalen Geldbetrages von S 100.000,00 (in Worten: ein-
hunderttausend Schilling) als Vertragsstrafe ungeachtet
der darüber hinausgehenden Verpflichtung zum Schadenersatz.

4.) Ich (wir) verpflichte(n) mich (uns) zur Bezahlung der
aufgelaufenen Rechtsanwaltskosten in Höhe von S 2.220,10
(inkl.10 % USt. S 199,60).

Wien,den 1987.12.22

Schilling, zur Schadenersatzleistung im Fall des Zuwiderhandelns und zur Zahlung der Kosten seines Rundschreibens zu verpflichten. Ein starkes Stück.

Den Hintergrund kann ich rasch klären. Tatsächlich habe ich selbstverständlich das Recht zur Veröffentlichung dieses Fotos ordnungsgemäß vom »Kurier« erworben. Lediglich Kristian Bissuti wurde hievon versehentlich auf Grund interner Kommunikationsprobleme vom »Kurier« nicht informiert.

Aus diesem Grunde ist Bissuti nach Rücksprache mit der »Kurier«-Geschäftsführung natürlich auch sofort bereit, den in diesem Fall wohl schon am äußersten Rande der anwaltlichen Legalität agierenden Dr. Zanger einzubremsen.

Da verlangt der sympathische ehemalige KPÖ-Anwalt von seinem Mandanten allerdings einen runden Betrag in der Höhe von 300.000 Schilling, sozusagen als »Abstandshonorar« für die Aufgabe weiterer Aktivitäten.

Erst als der »Kurier« sich schließlich fairerweise seinem Mitarbeiter Bissuti gegenüber verpflichtet, für die Kosten der Zanger-Aktion aufzukommen, kann man den Anwalt endlich stoppen.

Noch in der Nacht vor dem Heiligen Abend bin ich schließlich in der Lage, mit Hilfe von Fernschreiben, Telegrammen und einem eigenen Rundschreiben den 960 österreichischen Buchhändlern wieder Entwarnung zu geben.

Inzwischen sind freilich auch die Buchhändler-Gremien in der Kammer der gewerblichen Wirtschaft erwacht.

Rasch erfassen die unternehmerische Zwangs-Interessenvertretung ebenso wie der Hauptverband des österreichischen Buchhandels in Gestalt von dessen beamtetem Generalsekretär Gerhard Prosser die Situation:

Da gibt es ein Buch, das zwar weder unanständige Texte enthält oder aus anderen Gründen mit einem gerichtlichen Verkaufsverbot belegt wurde, dessen Inhalt aber offenbar kontroversiell ist, und das sich noch dazu wie die sprichwörtlichen »warmen Semmeln« verkauft.

Nach dem offenkundigen Selbstverständnis derartiger sozial-

EDZ 262/88

1010 WIEN
JUSTIZPALAST

Jv 14/88

1o. Februar 1988

17. Feb. 1988

SEKTION IV
zur Kenntnis

2.5. mg

Eintrag
24.2.88;
Mayer

Herrn
Bundesminister für Justiz
Dr. Egmont F o r e g g e r

Palais Trautson
1o7o W i e n

Sehr geehrter Herr Bundesminister !

    Mit Bezugnahme auf unser Gespräch am 8. Februar 1988

erlaube ich mir, Dir eine Kopie meines Schreibens vom

1o. Februar 1988 an die Staatsanwaltschaft Wien mit der

Bitte um Kenntnisnahme zu übermitteln.

    Mit dem Ausdruck meiner vorzüglichsten Hochachtung

BUNDESMINISTERIUM FÜR JUSTIZ
eal. 2 3. FEB 1988
65.264/1-75-IV/2/88   fach.
Zahl   Blg.
                       Aktes

50

DER GENERALPROKURATOR   1o1o WIEN   1o. Februar 1988
BEIM OBERSTEN GERICHTSHOF   JUSTIZPALAST
Dr. Otto F. M ü l l e r   Jv 14/88

An die
Staatsanwaltschaft Wien
zH des Herrn Leitenden Staatsanwaltes
Hofrat Dr. Werner O l s c h e r
Landesgerichtsstraße 11
1o8o W i e n

Staatsanwaltschaft Wien
Eingel. am 17. FEB. 1988
...fach mit .... Halbschriften

zu 1 St 82.781/87 /28

Sehr geehrter Herr Hofrat !

    Mit Bezugnahme auf unser heutiges Telefonat teile
ich nach eingehender Besprechung mit dem Herrn Bundesminister
für Justiz Dr. Foregger auf die Anfrage der Staatsanwaltschaft
Wien vom 22. Dezember 1987 (ergänzt durch das Schreiben vom
22. Jänner 1988) mit, daß ich die Ermächtigung zur Strafverfolgung des Hans Pretterebner insbesondere deshalb <u>nicht</u> erteile, weil die im Buch "Der Fall Lucona" gegen mich erho-

Weisungen des Behördenleiters Dr. Müller nicht gesprochen
werden kann" und daher auch von den damit befaßten - zuständigen - Stellen des Bundesministeriums für Justiz kein Anlaß
zu einer dienstaufsichtsbehördlichen Maßnahme gegen mich
gefunden wurde. Die vom Buchautor erhobenen - neuerlichen
Vorwürfe sind daher nicht geeignet ernstlich für wahr gehalten zu werden und sohin belanglos.

    Der Bundesminister für Justiz Dr. Egmont Foregger
hat am 8. Februar 1988 meine Ausführungen zur Kenntnis genommen
und mir gegenüber unmißverständlich zum Ausdruck gebracht, er
ziehe aus dem Umstand, daß ich aus den dargelegten Gründen keine
Ermächtigung erteile, nicht den Schluß, daß die erhobenen Vorwürfe zu Recht bestehen.

    Mit vorzüglicher Hochachtung

51

partnerschaftlicher Institutionen scheint da ein rasches Einschreiten geradezu geboten zu sein.

Jedenfalls verbringt der oben erwähnte Generalsekretär in der Folge den Großteil seiner Zeit damit, den Mitgliedern seines Verbandes den freiwilligen Verzicht auf den Verkauf des umstrittenen Buches zu empfehlen.

Damit schafft er es immerhin mühelos, mich so lange mit den nötigen Gegenmaßnahmen zu beschäftigen, bis die Gruppe der Proksch-Freunde so weit ist, um eine zweite Welle von Beschlagnahmeanträgen starten zu können.

Rund ein Dutzend österreichischer Anwaltskanzleien scheint in diesen Tagen und Wochen mit nichts anderem mehr außer der Suche nach inkriminierbaren Textstellen in dem Buch beschäftigt zu sein.

Und in fast jedem Kapitel finden sich Betroffene, die behaupten, daß alles, was hier geschrieben wurde, nur »Lügen, Unterstellungen und Verleumdungen« seien.

Nur ein einziger prominenter Mann, Otto. F. Müller, kann sich auch nach wochenlangem Nachdenken nicht überwinden, dem Staatsanwalt eine Ermächtigung zur Strafverfolgung zu erteilen.

Die Rolle, die Otto F. Müller in seiner Eigenschaft als Leiter der Wiener Oberstaatsanwaltschaft bis zum Jahre 1986 nicht nur im Fall Lucona spielte, wurde zwar hinreichend dargestellt und – expressis verbis – als mehrfacher »Amtsmißbrauch« qualifiziert, dennoch ringt sich der inzwischen zum Leiter der Generalprokuratur avancierte höchste Ankläger der Republik zu einem bemerkenswerten Standpunkt durch:

»Die vom Buchautor erhobenen Vorwürfe«, begründet Otto F. Müller nach einem Gespräch mit dem Justizminister seinen interessanten Schritt, seien »nicht geeignet, ernstlich für wahr gehalten zu werden und sohin belanglos.«

Aber auch ohne die Verfolgung durch den Chefankläger werden innerhalb der nächsten Tage und Wochen insgesamt zweiundzwanzig Anträge auf gerichtliche Beschlagnahme bzw. Anträge auf Erlassung einstweiliger Verfügungen gegen das Buch »Der Fall Lucona« gestellt, und mehr als fünfzig Gerichtsverfahren

52

werden gegen den Verlag und gegen mich persönlich anhängig gemacht:

Beim Strafgericht. Bei verschiedenen Zivilgerichten. In Österreich. In Deutschland und in der Schweiz. Privatanklagen wegen »übler Nachrede« und »Mißbrauch von Tonbandaufnahmen«. Verleumdungsprozesse. Verfahren wegen »verbotener Veröffentlichung«. Gerichtliche Vorerhebungen wegen »Anstiftung zur Verletzung des Amtsgeheimnisses«. Unterlassungs- und Kreditschädigungsklagen. Und schließlich Schadenersatzklagen in der Größenordnung von insgesamt rund 30 Millionen Schilling.

Ich muß gestehen: Sehr gut schlafe ich während dieser Zeit nicht, und es ist auch noch durchaus nicht sicher, wer sich letztendlich ein Flugticket nach Manila wird besorgen müssen: Udo Proksch – oder ich.

Alle Maßnahmen sind ergriffen!

Fünf Wochen sind seit dem Erscheinen des Buches vergangen. Fünfunddreißigtausend Exeplare wurden verkauft. Schätzungsweise hunderttausend Österreicher haben das Buch bereits gelesen. Es ist längst Tagesgespräch.

Unsere Politiker sind freilich berüchtigt dafür, in der Regel keinerlei Ahnung davon zu haben, was im Land vorgeht und was die Bevölkerung wirklich berührt. Sie leben in ihren Elfenbeintürmen und sind an nichts anderem als am Erhalt ihrer Machtpositionen interessiert.

Nur den Abgeordneten der oppositionellen Freiheitlichen Partei fällt offenbar auf, daß es bei politischen Debatten im ganzen Land in dieser Zeit nur noch ein Thema gibt: »Der Fall Lucona«.

So ist es denn auch Jörg Haider, der am 22. Jänner 1988 eine Pressekonferenz anberaumt und eine Dringliche Anfrage der FPÖ im Parlament ankündigt, obwohl mit Harald Ofner sogar ein Funktionär der eigenen Partei in den Fall Lucona involviert ist.

Die Welle der Empörung, die er mit seiner Absicht lostritt, kommt dem »Jörg, der sich was traut«, offenbar nicht sofort zu Bewußtsein.

Aber für einen raschen Rückzieher, den er in diesem Moment sicher gerne gemacht hätte, ist es zu spät, denn schon erhebt sich der Präsident des Nationalrates und macht eine Staatsaffäre aus der »Ungeheuerlichkeit, daß ein Abgeordneter das verleumderische Buch des Herrn Pretterebner zur Grundlage einer Dringlichen Anfrage macht, und daß schwerwiegende Beschuldigungen und Verleumdungen Pretterebners durch wörtliches Zitieren immunisiert und der Verfolgung entzogen werden«.

Auch neuerliche hektische Aktivitäten im Bundesministerium für Justiz sind die Folge. Der für meine Strafverfolgung zuständige Staatsanwalt wird zur Berichterstattung ins Palais Trautson zitiert, und selbstverständlich kommt auch wieder der Leitende Oberstaatsanwalt Schneider zu Wort. Als der Vertreter der Staatsanwaltschaft Wien ohnehin nur ganz schüchtern anfragt, ob nicht angesichts der Entwicklung der Dinge die Einleitung von Verfahren gegen die in dem Buch »verdächtigten« Politiker zu erwägen wären, stellt Schneider freilich sofort klar: Daran sei »angesichts der gegebenen Sach- und Rechtslage« gar nicht zu denken (AV der StA Wien vom 22. 1. 1988).

Am selben Tag bringen die FPÖ-Abgeordneten Dr. Dillersberger und Dr. Haider im Parlament die geplante Dringliche Anfrage an den Bundesminister für Justiz und den Bundesminister für Innere Angelegenheiten ein.

Die GRÜNEN schließen sich der Anfrage der Freiheitlichen an, in der es wörtlich heißt:

»In seinem kürzlich erschienenen Buch ›Der Fall Lucona – Ost-Spionage, Korruption und Mord im Dunstkreis der Regierungsspitze‹ erhebt der Autor schwerwiegende Vorwürfe gegen hochrangige österreichische Politiker und Beamte. So zum Beispiel:

›Befangene Richter entscheiden‹ (Seite 468)

›Das Innenministerium stoppt die Polizei‹ (Seite 542)

›Der Telefonanruf eines dubiosen Schrott- und Waffenhändlers genügte dem Innenminister – und die Wünsche des Zapata-Syndikats wurden augenblicklich erfüllt . . .‹ (Seite 548)

›. . . hatte Karl Blecha nicht einmal Hemmungen, eine gesetz- und rechtswidrige Weisung zu erteilen, um die ihm unterstellten Sicherheitsbehörden bei der Verfolgung von Udo Proksch und dessen des Mordes und Millionenbetruges mitverdächtigen Komplizen zu behindern.‹ (Seite 548)

›Die Oberstaatsanwaltschaft begeht Amtsmißbrauch‹ (S. 549)

›. . . wobei dem Minister insbesondere ein Mann zur Hand ging, dessen serienweise rechtswidrigen Weisungen bereits Legende sind: Otto F. Müller.‹ (Seite 550)

OZ	Tag des Einlangens	Gegenstand	Verfügung

16a

AV vom 21.1.1988: *Rü.*

BM für Justiz, ~~Magisterialrat~~ Dr. Veit,
ersucht den gef. Ref. um sofortige Vorsprache im
BMfJ samt Tgb. zur Beantwortung einer dringlichen
mündl. parlamentarischen Anfrage an den Herrn
BMfJ seitens der Abgeordneten zum Nationalrat
Dillersberger und Genossen im Zusammenhang mit
dem vorliegenden Buch, zwar im wesentlichen,
welche Anzeigen bisher die Betroffenen eingebracht
und welche Reaktion die StA Wien in Form ihrer Anträge
ge~~tätigt~~ hat. Der Leitende Oberstaatsanwalt
Dr. Schneider wurde von mir persönlich über den
Auftrag des BMfJ in Kenntnis gesetzt. Anschließend
fand im BMJ unter Beisein des Herrn Sektionschefs
Dr. Fleisch und Frau Ministerialrat Dr. Veit eine
Sitzung statt, bei der die Beantwortung der
parlamentarischen Anfrage für den BMfJ ausgearbeitet
wurde. Als wesentlichste Grundlage hiefür diente
der seinerzeit erstattete OStA-Bericht in dieser
Strafsache. Ausführlich besprochen wurden noch die
bei genauer Durchsicht des Druckwerkes aufgestoßenen
Beleidigungen des BMfI Blecha, des Nationalratspräsidenten Gratz und der Rechtsmittelrichter des
OLG Wien im Zivilverfahren. Weiters angedeutet
wurden die die OStA Wien als Behörde betreffenden
beleidigenden Äußerungen. Schließlich nahm das
BMJ zur Kenntnis, daß nunmehr auch bei den zuletzt
genannten Personen und Dienststellen um Erteilung
der Ermächtigung angefragt werde.

Vom Ergebnis der Besprechungen im BMfJ habe
ich neuerlich Herrn Leitenden OStA Dr. Schneider
in Kenntnis gesetzt, der mich ersucht hat, die
Beantwortung der OZ 15 (Erlaß des BMfJ seitens
Sektionschef Dr. Fleisch) im Wege der OStA Wien
vornehmen zu wollen. Die übrigen Beantwortungen *s. Aufrage*
mögen direkt erfolgen. An die Einleitung eines
Verfahrens gg. die verleumdeten Beamten sei bei
der gegebenen Sach- und Rechtslage nicht zu denken.

StPOForm. StA 2 (Tagbuch im Strafverfahren, Einlagebogen)

57

›. . . fassungslos, daß sich nun auch Justizminister Ofner ohne
Rücksicht auf die Aktenlage der politischen Notwendigkeit ge-
beugt (hat)‹ (Seite 560)
›Sämtliche Beamte, . . . wurden nicht nur durch Disziplinaran-
zeigen eingeschüchtert, . . .‹ (Seite 561)
›Das Außenministerium im Dienste des Syndikats‹ (Seite 569)
›Und Gratz selbst würde natürlich etwas zugeben können, ohne
damit erstens vor allem seine Parteifreunde Fred Sinowatz, Karl
Blecha und sogar Kanzler Vranitzky schwer mitzubelasten und
zweitens auch sein eigenes Todesurteil zu fällen.‹ (Seite 633)
Der Inhalt des erwähnten Buches steht in lebhafter Diskussion.
Es erscheint den unterfertigten Abgeordneten daher von öffentlichem Interesse, zu erfahren, wer bisher welche Schritte gegen
die darin aufgestellten Behauptungen unternommen hat bzw.
welchen Niederschlag der Inhalt des Buches im Bereich der Justiz mittlerweile gefunden hat.«
Vier Stunden lang wird die anschließende hitzige Diskussion im
Parlament dauern, an der sich erstaunlicherweise allerdings fast
nur Abgeordnete der Regierungspartei SPÖ auf der einen, und
Mandatare der FPÖ und der GRÜNEN auf der anderen Seite
beteiligen.
Die ÖVP verhält sich – mit Ausnahme einer Wortmeldung des
tapferen Tiroler Abgeordneten Andreas Khol – mucksmäus-
chenstill und ist erkennbar peinlich von der Tatsache berührt,
daß jetzt ihr Koalitionspartner wegen Lucona und Udo Proksch
attackiert wird.
Schon einen Monat zuvor freilich – unmittelbar nach Erscheinen des Buches, und um diesem sogleich den Wind aus den Segeln zu nehmen – hatte derselbe Abgeordnete Khol eine schriftliche parlamentarische Anfrage einbringen wollen, in der
ohnehin nur die schon seit Jahren bekannten Taten auch von
Gratz und Blecha einer duchaus höflich-kritischen Würdigung
unterzogen worden wären.
Khols Anfragetext vermochte allerdings die innerparteiliche
Zensurstelle der ÖVP nicht zu passieren.
Der Text wurde umformuliert, um den Koalitionspartner nicht

zu vergrämen. In der später tatsächlich eingebrachten Anfrage war von einer möglichen Involvierung von Blecha und Gratz keine Rede mehr, ja nicht einmal deren Namen wurden im Zusammenhang mit der Affäre erwähnt.

Natürlich bleibt die für die ÖVP peinliche Sache nicht geheim, und Kopien des zensurierten ÖVP-Entwurfs zirkulieren im Plenum, als die Debatte um die Dringliche Anfrage beginnt.

Kein Wunder, daß die Opposition in der offenen ÖVP-Wunde genüßlich zu bohren anfängt und es sich schließlich die GRÜNEN nicht nehmen lassen, die ursprüngliche Anfrage des Abgeordneten Khol, die dieser nicht einbringen durfte, zu stellen.

Anstatt den Vorfall jedoch als gerechte Strafe und als Lehre anzusehen und beschämt zu schweigen, wird die ÖVP nach ihrer Entlarvung fuchsteufelswild: »Mistkübelstierler« und »Watergate« brüllt es wütend aus den hinteren Bänken.

Das ist aber wirklich nicht wahr. Ich allein bin vielmehr daran schuld, ich gebe es zu: Ich habe den zensurierten Entwurf ein paar Freiheitlichen und den GRÜNEN zu deren Erheiterung vor Beginn der Sitzung überlassen.

Die eigentliche Debatte wird nun mit ungeheuren Emotionen geführt. Den Anfang macht gleich einmal Innenminister Karl Blecha, damit klar ist, worum es hier geht:

»Wir haben bis heute nicht gewußt«, donnert das Mitglied des Club 45 von der Regierungsbank aus in den Saal, »daß die FPÖ zum Helfershelfer eines Herrn Pretterebner abgesunken ist, dessen Eskapaden und Rufschädigungen seit vielen Jahren die österreichischen Gerichte beschäftigen (lang anhaltender Beifall bei der SPÖ) . . . Wir sind, Hohes Haus, für Klarheit, und wir sind für die strenge Beachtung der Prinzipien des Rechtsstaates, aber gegen die Propagierung eines umstrittenen Druckwerkes und gegen die Immunisierung wichtiger Textstellen . . ., wie sie heute mit einer Leichtfertigkeit sondergleichen vorgenommen wurde . . . Das Buch Pretterebners, zu dessen Qualität und rechtlicher Relevanz ich von der Regierungsbank aus nicht Stellung nehmen möchte, habe ich nicht gelesen.«

59

Zwischenruf des Abgeordneten Haider: »Eine Bunkerstimmung ist das!«

Als wenig später der SPÖ-Abgeordnete Sepp Rieder ans Rednerpult tritt, wird es ruhiger. Immerhin ist er der Justizsprecher seiner Partei und er weiß, so scheint es, mehr als alle anderen über den Fall Lucona Bescheid.

»Es ist kein Zufall, meine sehr geehrten Damen und Herren«, mutmaßt Rieder zunächst, »daß das Skandalbuch Pretterebners gerade jetzt auf den Markt kommt, und es ist genau so wenig ein Zufall, daß Sie sich, Herr Kollege Haider, gerade jetzt der Sache annehmen.«

Es ist klar, worauf Rieder anspielt. Demnächst soll die letzte Entscheidung darüber fallen, ob die Ermittlungen gegen Udo Proksch endgültig eingestellt werden – oder vielleicht doch nicht.

Er fühle sich, beschwört der Abgeordnete das Hohe Haus, an die schrecklichen Zeiten des Nationalsozialismus erinnert, wo auch immer wieder versucht worden sei, mittels »Medienjustiz« Anklagen gegen Unschuldige zu erzwingen.

»Ich möchte mit allem Nachdruck eines hier feststellen«, setzt der SPÖ-Justizsprecher danach in erhobener Stimmlage fort: »Alle Behauptungen und Unterstellungen . . . haben sich letztlich bei jeder ernsthaften Nachprüfung als haltlos erwiesen . . . Man kann natürlich immer wieder beliebig neue Anschuldigungen erheben oder bereits erhobene Anschuldigungen wiederholen, aber sie erhalten dadurch nicht ein Mehr an Beweiskraft. Sie bleiben, was sie sind: Es sind unbewiesene Unterstellungen und Verdächtigungen.«

Noch mehr Unterhaltungswert weist lediglich die nachfolgende Wortmeldung des (damaligen) SPÖ-Zentralsekretärs Heinrich Keller auf.

Braungebrannt, soeben von einem Mexiko- und Guatemala-Aufenthalt nach Wien zurückgekehrt, bekennt auch er sogleich, das Buch natürlich nicht gelesen zu haben. Er hat lediglich rasch im Personenregister nachgesehen, ob etwa auch er darin vorkommt. Das war nicht der Fall.

REPUBLIK ÖSTERREICH
Oberstaatsanwaltschaft Wien

Wien, am 26. Februar 1988

Museumstraße 12
A-1016 Wien

Briefanschrift
A-1016, Postfach 51

Telefon
0 22 2/96 22–0*

OStA 10857/88

Sachbearbeiter

Klappe   (DW)

An das

      Bundesministerium für Justiz
         Sektion IV

                   i n   W i e n

               Zur Strafanzeige gegen Mag. Leopold

               Gratz, Karl Blecha, Dr. Heinz

               Damian, Dr. Otto F. Müller, Dr. Richard

               Jäger und Dr. Karl-Heinz Demel wird

               der ha. Bericht vom 25. Februar 1988

               durch Anführung der Einstellungs-

               gründe, hinsichtlich welcher

Senatspräsident (nunmehr i.R.) Prof. Dr. Richard
Jäger und Dr. Karl-Heinz Demel wurden als Mitglieder
eines Senates des Oberlandesgerichtes Wien als
Berufungsgericht mit der Klage der Zapata AG gegen die
Bundesländer-Versicherung befaßt. Keinem der zitierten
Akten ist auch nur im entferntesten eine in Richtung des § 302
StGB oder eines anderen Deliktes zu überprüfende Handlung
zu entnehmen.
     Der Klagevertreter, Rechtsanwalt Dr. Heinz Damian,
hat die Klage auf Grund eines Versicherungsvertrages
und der Information seiner Vollmachtgeber eingebracht.
Auch ihm ist ein strafbares oder auch nur disziplinäres
Verhalten nicht vorzuwerfen.

61

Dr. Otto F. Müller handelte als Leiter der
Oberstaatsanwaltschaft Wien in keinem wesentlichen
Punkt ohne genehmigenden fernmündlichen oder schriftlichen
Erlaß des Bundeministeriums für Justiz. Dies ist insbe-
sondere den ha. Handakten in der Strafsache gegen Proksch
und Daimler eindeutig zu entnehmen. Es liegt kein
Verdacht einer strafbaren (oder auch nur disziplinären)
Handlung des Dr. Otto F. Müller bei Bearbeitung der in
Rede stehenden Strafsache vor.

Mag. Leopold Gratz wurde als Außenminister
tätig, indem er im diplomatischen Wege einen
ausländischen Akt für einen österreichischen Staatsbürger (Proksch) beischaffen ließ. Irgendeine strafbare
Handlung wurde in diesem Zusammenhang nicht gesetzt.
Da Mag. Gratz korrekt vorging, ist aus der Tatsache
seiner (privaten) Freundschaft zu Udo Proksch nichts Verdächtiges abzuleiten.

Die dem Innenminister Karl Blecha vorgeworfene
Behinderung von sicherheitsbehördlichen Erhebungen in
der mehrfach bezeichneten Strafsache gehen, wie sich aus den
zitierten Akten, insbesondere dem gerichtlichen Strafakt
und dem ha. Handakt (betreffend Proksch, Daimler u.a.)
mit Deutlichkeit ergibt, auf ein Mißverständnis eines
Beamten des Bundesministeriums für Inners zurück, das

Verzögerung oder gar Behinderung von sicherheitsbehördlichen Erhebungen) nicht gegeben war.

Für die versehentliche Unterlassung der Anführung
der Einstellungsgründe im ha. Bericht vom 25. Februar 1988
wird um Entschuldigung gebeten.

Der Leiter der Oberstaatsanwaltschaft:

Jörg Haider versucht mittels Zwischenruf Heinrich Kellers Enttäuschung zu mildern: »Warten Sie doch auf die nächste Auflage, da stehen Sie sicher drin!«
Nach diesem Geplänkel setzt der SPÖ-Zentralsekretär unbeirrt seine Verteidigungsrede für Udo Proksch fort. Und er weiß auch genau, daß es richtig ist, dies zu tun.
Weil nämlich, so Keller wörtlich, »der grundsätzliche Wahrheitsgehalt des Autors dieses Buches zumindest sehr, sehr zweifelhaft ist«.
Und weiter: »Er ist deswegen sehr, sehr zweifelhaft, weil es sich bei dem Herrn Pretterebner um einen mehrfach vorbestraften Absichtstäter handelt, der die Verleumdung zum Geschäft gemacht hat!«
Das Protokoll vermerkt später: Anhaltende, heftige Zwischenrufe von seiten der FPÖ und der GRÜNEN – Applaus bei der SPÖ.
Schließlich hat Justizminister Egmont Foregger Gelegenheit, auf die nachfolgenden – sinngemäß – an ihn gerichteten Fragen – wiederum sinngemäß – die entsprechenden Antworten zu geben.
Erstens: »Sind Ihnen die in dem Buch enthaltenen Vorwürfe gegen hochrangige Beamte und Politiker bekannt?«
Foregger: »Ja. Wir haben das Buch gelesen!«
Zweitens: »Was wurde bisher im Bereich der Justiz unternommen?«
Foregger: »Wir haben alle uns zu Gebote stehenden Maßnahmen gegen den Autor ergriffen!«

Verräter gesucht

Waschkorbweise langt im Jänner 1988 Post von besorgten österreichischen Bürgern im Justizministerium ein. Egmont Foregger ist im Unterschied zu seinen Vorgängern äußerst beliebt.

Die Bevölkerung hatte im Verlauf des ersten Jahres seiner Amtszeit nicht zu Unrecht den Eindruck gewonnen, unter ihm als einzigem parteiunabhängigem Regierungsmitglied wären die Praktiken insbesondere seines Vorvorgängers Christian Broda im Justizbereich ein für allemal vorbei.

Aber es ist nicht nur Fanpost, die der Minister in diesen Tagen erhält. Der Tenor der meisten Briefe, die sich nach der Veröffentlichung des Lucona-Buches auf Foreggers Schreibtisch stapeln, ist vielmehr: »Tun Sie doch endlich etwas, um diese skandalösen Zustände zu beenden!«

Unter den Menschen, die um den Fortbestand der Rechtsstaatlichkeit in Österreich fürchten, ist beispielsweise auch der Präsident der österreichischen Laienrichter-Vereinigung, Walter Lammel.

Auch er sieht, wie er dem Minister brieflich mitteilt, das Ansehen der Republik schwerstens gefährdet und beklagt sich, daß offenbar nichts geschähe, um die Gesellschaft vor solchen zwielichtigen Personen zu schützen.

Das Buch »Der Fall Lucona«, schließt der Laienrichter-Präsident, dürfe nicht einfach ohne Reaktion bleiben.

Umgehend läßt Justizminister Foregger dem Briefschreiber daraufhin mitteilen, welche Strafverfahren gegen den Buchautor bereits eingeleitet worden seien.

»Ich hoffe«, schließt der Minister mit leichtem Zynismus sein Antwortschreiben, »die von Ihnen geäußerten Befürchtungen,

BUNDESMINISTERIUM FÜR JUSTIZ

Eingl. 1 8. ... 1988

65.264/162-IV 2/88

fach.
Blg.
Akten

Vereinigung
der fachmännischen Laienrichter
Österreichs

707   73/88

Wien,   1988 01 11   Dr. L/e

1. Eschenbachgasse 11
Tel. 57/36 33 / Kl. 02

DER PRÄSIDENT

Herrn Bundesminister für Justiz

Dr. Egmont FOREGGER

Museumstr. 7
1070 WIEN

Abz. IV 2
udE um Entwurf
eines Antwortschreibens f. den BM
14. JAN. 1988

Betr.: Publikation " DER FALL LUCONA "

Hochverehrter Herr Bundesminister !

Ich hatte über die Weihnachtsfeiertage die Gelegenheit das eben erschienene Buch " DER FALL LUCONA ..." zu lesen.

Nach sorgfältiger Prüfung des Inhaltes und insbesonders anbetrachts des Buchuntertitels " OSTSPIONAGE, KORRUPTION UND MORD IM DUNSTKREIS DER REGIERUNGSSPITZE " muß ich sagen, dass die in diesem Buch als Fakten dargestellten Ausführungen von so ungeheurer Tragweite sind und geeignet erscheinen das Ansehen unserer Republik und einer Anzahl seiner profiliertesten Repräsentanten in einem Maße in Frage zu stellen, dass das Buch nicht ohne Reaktion bleiben kann.

Als demokratisch und frei gewählter Repräsentant der Fachmännischen Laienrichter, deren Vertreter beim Obergericht ebenfalls in diesem Buch Erwähnung finden und im unerschütterten Glauben an die besondere Verantwortung eines zivilisierten Rechtsstaates als den ich trotz all dem unser Land bezeichnen möchte, müssen solche Anwürfe wie in diesem Buch Anlaß für ein öffentliches Agieren werden.

Bundesministerium für Justiz

Geschäftszahl	Vorzahl		Genehmigungs-, Dringlichkeits- und Verschlußvermerk
65.264 162-IV 2/88	-161-88		
	Nachzahlen		
Miterledigte Zahlen			
	Bezugszahlen		FZ 324/88
	FDZ 73/88		25. 31. 88
			FZ 476/88
Gegenstand Strafsache gegen Udo PROKSCH u.a. -		Frist	Zu betreiben am
(Schreiben des Kommerzialrates Dr. Walter LAMMEL			
betreffend die Veröffentlichung des Buches			Neue Frist
"Der Fall Lucona" von Hans Pretterebner)			

haltenen Enthüllungen und Anwürfe Stellung. Er erhebt die Forderung,
daß dieses Buch nicht ohne Reaktion bleiben dürfe und stellt ab-
schließend die Frage, was der BM für Justiz zu unternehmen gedenke,
um das Ansehen und den Ruf unseres Landes und dessen Justiz zu schützen.

Das Sekretariat des Bundesministers ersucht um Entwurf eines
Antwortschreibens.

Es hätte zu ergehen:

- - - - - - -

Pers. Schreiben des BM   Wien, am 25. Jänner 1988
                                          (Datum, Unterschrift)

Sehr geehrter Herr Kommerzialrat!

Ich bestätige den Eingang Ihres geschätzten Schreibens
vom 11.1.1988 betreffend das von Hans Pretterebner verfaßte Buch
"Der Fall Lucona".

Ich kann Ihnen hiezu versichern, daß dieses Druckwerk unmittelbar nach seinem Erscheinen, noch vor Weihnachten 1987, die Aufmerksamkeit der zuständigen Anklagebehörde und des BM für Justiz
gefunden und Anlaß zu einem sofortigen Einschreiten gegeben hat. Selbstverständ-

Vorwürfe von Amts wegen zu verfolgender strafbarer Handlungen erhoben wurden, sind entsprechende Anträge auch in Richtung der Verwirklichung des Verleumdungstatbestandes oder des Vergehens der Verletzung des Amtsgeheimnisses von der Anklagebehörde bereits gestellt
worden. Ich darf hiezu etwa auf die Wochenendausgabe der Tageszeitung "Die Presse" vom 16./17.1.1988 hinweisen, in welcher auf
Seite 4, gestützt auf § 37 MedienG die Mitteilung über die Einleitung von Vorerhebungen gegen Hans Pretterebner im Zusammenhang
mit den gegen meinen Amtsvorgänger gerichteten Anschuldigungen veröffentlicht wurde. Soweit von ehrenrührigen Anwürfen Privatpersonen
betroffen sind, die nicht zu dem gemäß § 117 Abs. 2 StGB vom öffentlichen Ankläger zu vertretenden Personenkreis gehören, ist es jedem
einzelnen unbenommen, gegen Hans Pretterebner Privatanklage zu erheben. Derartige Aktivitäten bleiben abzuwarten.

Ich hoffe, mit diesen Mitteilungen die von Ihnen, sehr
geehrter Herr Kommerzialrat, geäußerten Befürchtungen, das zitierte
Buch könnte ohne Reaktion bleiben, zerstreut zu haben und bleibe

mit freundlichen Grüßen

BM eh.

das zitierte Buch könnte ohne Reaktion bleiben, damit zerstreut zu haben und bleibe mit freundlichen Grüßen – Ihr Foregger.«

Aber es wäre unfair, behaupten zu wollen, man habe sich mit dem Inhalt des Buches überhaupt nicht auseinandergesetzt. Im Gegenteil.

Seite für Seite muß »Der Fall Lucona« ab Jänner 1988 in allen wichtigen staatlichen Institutionen jeweils von einem Heer von Beamten studiert werden, um so rasch wie möglich herauszufinden, welche Amtsgeheimnisse durch die Veröffentlichung verletzt worden sind.

Dies ist umso wichtiger, als schließlich auch Proksch-Anwalt Gabriel Lansky bereits eine geharnischte Beschwerde an die Europäische Kommission für Menschenrechte in Straßburg formuliert.

»Der Buchautor«, beklagt sich Proksch darin, »hatte offensichtlich Zugang zu Privatarchiven der Staatspolizei, Kenntnis von nichtöffentlichen Anzeigen der Generaldirektion für die öffentliche Sicherheit des Bundesministeriums für Inneres an die Staatsanwaltschaft Wien, Kenntnisse von Akten Schweizer Gerichte, sowie insbesondere Kenntnis von Kommunikationen zwischen der Oberstaatsanwaltschaft Wien und dem Bundesministerium für Justiz.«

Zunächst prüft die Staatsanwaltschaft die Rechtslage und berichtet weisungsgemäß an die Oberstaatsanwaltschaft:

»Im Hinblick auf die in dem vorliegenden Druckwerk enthaltenen Kopien amtsinterner Berichte erscheint der Vorwurf gegen Pretterebner in Richtung Beteiligung an der Verletzung des Amtsgeheimnisses oder sogar der vorsätzlichen Bestimmung hiezu vorerst subjektiv und objektiv begründet, wenngleich ohne Ausforschung des weitergebenden Geheimnisträgers der Tatbeitrag Pretterebners eher schwierig nachzuweisen sein wird.«

Nun kann die Verrätersuche beginnen: Im Justizministerium selbst und bei der Oberstaatsanwaltschaft. Im Innenministerium. Im Außenministerium. Im Rechnungshof. Im Verteidi-

REPUBLIK ÖSTERREICH
BUNDESMINISTERIUM FÜR INNERES
GENERALDIREKTION
FÜR DIE ÖFFENTLICHE SICHERHEIT

153.343/4-II/7/88

Betr.: Buch von Hans PRETTEREBNER
"Der Fall Lucona";
Anzeige gegen unbekannte Täter
wegen Verdachtes der Verletzung
des Amtsgeheimnisses.

An die

       Staatsanwaltschaft Wien
       zu Handen des Herrn Leiters
       Dr. Werner OLSCHER

                         Landesgerichtsstraße
                         1080   W i e n

Das Bundesministerium für Inneres weist darauf hin, daß im Buch
von Hans PRETTEREBNER, "Der Fall Lucona", mehrere interne
Schriftstücke aus dem Bereich des ho. Ressorts (siehe die in
Ablichtung beigeschlossenen Seiten 142, 147 und 153) abgedruckt
sind.

Bezüglich der Feststellung des Verantwortlichen für die widerrechtliche Weitergabe der besagten Schriftstücke an den Buchautor
oder an eine andere Stelle bzw. Person wurden über ho. Auftrag
seitens der Bundespolizeidirektion Wien wie auch intern im
Ressort selbst Ermittlungen durchgeführt, die allerdings insgesamt
negativ verliefen.

Seitens des Bundesministeriums für Inneres wird hiermit
Anzeige wegen des Verdachtes der Verletzung des Amtsgeheimnisses gegen unbekannte Täter erstattet.

Beilage

          Wien, am 26. Februar 1988
          Für den Bundesminister:
          Min.Rat Dr. SCHULZ

Für die Richtigkeit
der Ausfertigung:

REPUBLIK ÖSTERREICH
Oberstaatsanwaltschaft Wien

OStA 10.365~~Staatsanwaltschaft Wien~~
Eingel. am 2 9. JAN. 1988 ...Uhr....Min.
An die ✓fach, mit ...Beilg.✓.....Akten
Staatsanwaltschaft ....Halbschriften ✓

W i e n

– S –

Wien, am 28. Jänner 1988

Museumstraße 12
A-1016 Wien

Briefanschrift
A-1016, Postfach 51

Telefon
0 22 2/96 22–0*

Sachbearbeiter

Klappe   (DW)

DRINGEND

zu 1 St 82781/87

Das Bundesministerium für Justiz hat mit Erlaß
vom 26. Jänner 1988, GZ 65.264/166-IV 2/88, zum do. Bericht
vom 22. Dezember 1987 zur Berücksichtigung im Zuge der
von der Staatsanwaltschaft Wien im Zusammenhang mit der
Veröffentlichung des Buches "Der Fall Lucona" beantragten
Erhebungen gegen Hans PRETTEREBNER wegen §§ 12, 310 StGB
folgenden aus den Akten des Bundesministeriums für Justiz
ersichtlichen Sachverhalt eröffnet:
"Auf den Seiten 560 und 580 des Buches "Der Fall
Lucona" von Hans Pretterebner wird je ein andas Bundesministerium für Justiz gerichteter Bericht, und zwar
vom 30. November 1984, OStA 14.765/84, 14.430/84, und
vom 27. Februar 1985, OStA 10.862/85, wiedergegeben.
Während die auszugsweise Kopie des erstgenannten Geschäftsstückes nur den maschinschriftlichen Text der Oberstaatsanwaltschaft Wien wiedergibt, enthält die Kopie des Berichtes
vom 27. Februar 1985 die Einlaufstampiglie und kanzleimäßige Vermerke des Bundesministeriums für Justiz und
einen von Sektionschef Dr. Fleisch verfaßten handschriftlichen Amtsvermerk sowie eine Einlegeverfügung der Sachbearbeiterin. Der gegen Beamte des Bundesministeriums für
Justiz bestehende Verdacht der Weitergabe dieses Berichtes

Der Leiter der Oberstaatsanwaltschaft:
D r . S c h n e i d e r
Für die Richtigkeit der Ausfertigung
der Leiter   der Geschäftsabteilung:

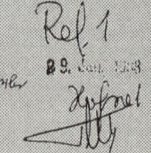

70

gungsministerium. Bei der Staatspolizei und im Heeres-Abwehramt.

Mit rührender kriminalistischer Akribie geht man hiebei im Justizministerium ans Werk:

»Auf den Seiten 560 und 580 des Buches ›Der Fall Lucona‹ von Hans Pretterebner wird je ein an das Bundesministerium für Justiz gerichteter Bericht ... wiedergegeben.

Während die auszugsweise Kopie des erstgenannten Geschäftsstückes nur den maschinschriftlichen Text der Oberstaatsanwaltschaft Wien wiedergibt, enthält die Kopie des Berichtes vom 27. Februar 1985 die Einlaufstampiglie und kanzleimäßige Vermerke des Bundesministeriums für Justiz und einen von Sektionschef Dr. Fleisch verfaßten handschriftlichen Amtsvermerk sowie eine Einlegeverfügung der Sachbearbeiterin. Der gegen Beamte des Bundesministeriums für Justiz bestehende Verdacht der Weitergabe dieses Berichtes ...«

Völlig erfolglos hingegen bleibt die Verrätersuche im Innenministerium:

»Das Bundesministerium für Inneres weist darauf hin, daß im Buch von Hans Pretterebner, ›Der Fall Lucona‹, mehrere interne Schriftstücke aus dem Bereich des ho. Ressorts... abgedruckt sind. Bezüglich der Feststellung des Verantwortlichen für die widerrechtliche Weitergabe der besagten Schriftstücke an den Buchautor oder an eine andere Stelle bzw. Person wurden über ho. Auftrag seitens der Bundespolizeidirektion Wien wie auch intern im Ressort selbst Ermittlungen durchgeführt, die allerdings insgesamt negativ verliefen.

Seitens des Bundesministeriums für Inneres wird hiemit Anzeige wegen des Verdachtes der Verletzung des Amtsgeheimnisses gegen unbekannte Täter erstattet.«

Zu besonderer Aktivität sehen sich auch die Nachrichtendienstler im Bereich der Staatspolizei verpflichtet (Bericht des Staatspolizeilichen Büros betreffend ›Der Fall Lucona‹, Buch von Hans Pretterebner, Zahl I-1401/31/88 res):

»Bezugnehmend auf vorliegenden Auftrag wird darauf hingewiesen, daß die beigefügten Aktenteile in Ablichtung betreffend

71

Bundespolizeidirektion Wien
Staatspolizeiliches Büro

================================

Zahl : I -   ....   Wien, am 16.02.1988

Betr.: DER FALL LUCONA -
       Buch von Hans PRETTEREBNER;
       hier: Erhebungen,
             Seite 156 ff.

                  B e r i c h t

        Aufgrund eines im Buch von Hans PRETTEREBNER
auf Seite 156 und den folgenden Seiten abgedruckten
Wortlautes, betreffend eines über Auftrag des
ehemaligen Innenministers LANC, an den damaligen
Leiter der Abteilung I in der Bundespolizeidirektion
Wien, Hofrat Dr. HEJKRLIK, erstellten Berichtes
über Wolfgang WEIN, wurden auftragsgemäß Erhebungen
durchgeführt.

        In der hieramtlichen Kartei konnte dabei
ein Aktenvorgang zur Zahl I-1071/79 res und
I-1211/80 res, "DDR - ND" FLEISSNER Peter u.a.m.
(2 Bände) über Wolfgang WEIN festgestellt werden.

Bundespolizeidirektion Wien
Staatspolizeiliches Büro

================================

Zahl : I - 1401/31/88 res   Wien, am 29.04.1988

        Der Erstbericht zum Buch von Hans PRETTEREBNER
"Der Fall Lucona" wurde auftragsgemäß zu Beginn des
Monats Februar verfaßt. In diesem Bericht wurde über
den sogenannten "5er-Zettel" geschrieben und im
Anschluß daran dem Herrn Abteilungsleiter vorgelegt.
Dieser Bericht wurde dann in weiterer Folge im Original
vom Leitenden Beamten auftragsgemäß dem Leiter der
Gruppe C im BMfI. übergeben.

‚Wein' aus dem Akt zur Zahl I-1211/80 res ›DDR-ND‹ Fleissner Peter u. a. stammen . . .«

Mit militärischer Präzision geht man im Verteidigungsministerium an die Sache heran. Zunächst hat das Generaltruppeninspektorat das Wort:

»In dem Buch ›Der Fall Lucona‹ von Hans Pretterebner werden Dienststellen des BMLV, einzelne Bedienstete und Geschäftszahlen (zum Teil Verschluß!) zitiert. Demnach hätte das österreichische Bundesheer rege Geschäftsbeziehungen mit Herrn Udo Proksch bzw. mit Unternehmungen, die mit dem Demel-Chef assoziiert sind, gepflegt und dabei verschiedene Gesetze verletzt. Einzelne dieser Unternehmungen seien Filialen östlicher Nachrichtendienste gewesen; z. B. die Firma Rudolf Sacher Ges. m. b. H.

Die in dem Buch erhobenen Fakten sind aus ho. Sicht derart bedeutend, daß wesentliche Teile kopiert wurden (Beilagen):

84-Verschl-HBeschA/76 (Buch Seite 16)

Das KGB läßt grüßen (Seite 34 – 40)

Die Nachrichtendienst Ges. m. b. H. (Seite 45 – 47)

Ein Fall für die Psychiatrie (Seite 52 – 55)

Spionagezentrum Österreich (Seite 93 – 99)

Die Techno-Bandits und der ›Wiener Ring‹ (Seite 100 – 104)

Udo Proksch ist kein Spion (Seite 105 – 109)

Die Stasi-Dependance in Wien (Seite 114 – 119)

Silicon Valley: Der Filialbetrieb (Seite 120 – 148)

Deckname: ›Prokurist‹ (Seite 149 – 155)

›Diese Nachrichtendienste gehören vernichtet‹ (S. 156 – 161)

Teddy Podgorski: ›A b'soffene G'schicht!‹ (Seite 189 – 196)

Das Bundesheer als Gebrauchsschrott-Lieferant (S. 273 – 280)

Die Fracht, die nirgendwo ankommen durfte (Seite 281 – 283)

›Detonationsmechanische Übungen‹ (Seite 305 – 310)

Der ›Entlastungszeuge‹ Günther Voglstätter (Seite 537 – 539)

Das Innenministerium stoppt die Polizei (Seite 542 – 547)

Die in dem Buch aufgestellten Behauptungen stellen eine Belastung für das Ansehen und die Glaubwürdigkeit der Landesverteidigung dar. Darüber hinaus entsteht der Eindruck, daß we-

Bundesministerium
für Landesverteidigung
Generaltruppeninspektorat

Bitte
TERMIN
beachten!

Datum: -2 APR. 1988

BEARBEITUNGSBLATT Nr.: *145/88*   *A1 a alle SL*

Zahl: *57.080/460-4.11/88*

Kzl:

Gegenstand: *"Der Fall LUCONA"*
Antrag auf Prüfung

!gR!

T: *31.5.*
020588

	GenGrpA	GenGrpB	InspGrp	Abt	GStb	GStb/Auf e.b	KoostA	Abw.	HNbA	HVA	LVbk
zur Kenntnisnahme							*13.4*				
zur Erledigung Veranlassung											
zur Stellungnahme Information an GTI											
zur Erstellung GTI-Info für BM GTI-Stellungnahme											
zum Vortrag zur Rücksprache bei GTI											
Federführung						GStb					
einvernehmlich mit						GStb					
	S I		S II		S III/AK		S IV				

Vorlage und Briefe unter Verwertung der im Auftrag
GTI durch Abt Erhebung

Im Auftrag des GTI:

BUDIK, Bgdr

GTI könnte bei Vorliegen o.a. Unterlagen sodann, sofern die Interessen der
nd-Abwehr überwiegen, das Abwehramt oder die Mitwirkung desselben anordnen und den Herrn Bundesminister ergänzend informieren.

Die entsprechende Befassung der Sektionen wird aufgrund der inliegenden
Einsichtsbemerkung des Herrn Bundesministers durch GTI wahrgenommen.

15. April 1988

Tauschitz

(TAUSCHITZ, Gen)

BUNDESMINISTERIUM FÜR
LANDESVERTEIDIGUNG
Presse- und Informationsdienst
Dr. Klaus Sartorius, MinR
Dampfschiffstr. 2, 1030 Wien

                              Herrn
                              Bgdr Kurt DIGLAS
                              Leiter AbwA
                              Hetzgasse 2
                              1030 W i e n

Sehr geehrter Herr Brigadier!

Ich komme auf unser Gespräch vom 26.1.88 zurück und darf dazu
mitteilen:

1. Herr Gino Mario ... , genannt im Buch DER FALL LUCONA
    von Hans PRETTEREBNER, hat sich bei mir bislang nicht
    mehr gemeldet, sodaß die vereinbarte Sprachregelung im
    Gegenstand nicht zur Anwendung gelangen mußte.

2. Herr PRETTEREBNER ist mir seit vielen Jahren als freier
    Journalist, Autor und Herausgeber der "Politischen
    Briefe" bekannt. Es bestand allerdings nur ein loser
    Kontakt, da die Themen seines Pressedienstes nur selten
    militärische Belange berührten.

    Im (meiner Erinnerung nach) Spätsommer des Jahres 1987,
    jedenfalls aber vor Erscheinen seines Buches, richtete
    Herr PRETTEREBNER an mich die Frage, welche Verbindungen
    zwischen dem österreichischen Bundesheer und Udo PROKSCH
    in der Vergangenheit bestanden hätten. PRETTEREBNER
    verschleierte hiebei nicht, daß er eine Buchveröffentli-
    chung plane.

    In diversen Datailfragen bezog sich PRETTEREBNER auf:

            angebliche Sprengversuche auf TÜPl des Bundesheeres

            angebliche Hilfeleistungen des BH durch Beistellung
            von Material und Personal bei derartigen und ähn-
            lichen Versuchen

    Im Zuge des Gesprächs mußte ich erkennen, daß
    PRETTEREBNER ganz offensichtlich über eine lückenlose
    Medienauswertung im Gegenstand verfügte. Tatsächlich
    waren ihm auch Namen handelnder Personen, so z.B. jener
    von Obst KALTNER und anderer Militärpersonen bekannt. Im
    übrigen drängte mich PRETTEREBNER weder zu weitergehenden
    Aussagen noch konnte ich seinen Äußerungen einen Vorwurf
    gegenüber dem Ressort erkennen.

    Ob PRETTEREBNER die Absicht hatte, sich zur Gewinnung
    weiterer Informationen an weitere Heeresangehörige zu
    wenden, konnte ich aus dem Gespräch nicht erkennen. Ich
    habe bei Gelegenheit dieses Gesprächs jedenfalls an
    niemanden weiterverwiesen, noch wurde bei mir bzw. beim
    PID damals bzw. später eine Genehmigung zur Auskunfts-
    leistung an PRETTEREBNER beantragt.

sentliche Infrastrukturbestandteile des Österreichischen Bundesheeres ausgespäht wurden.

Der gesamte Komplex sollte daher im Interesse der Landesverteidigung einer ressortinternen Überprüfung unterzogen werden, um auf Grund des Ergebnisses die erforderlichen Schritte in sicherheitspolitischer, organisatorischer und öffentlichkeitswirksamer Hinsicht setzen zu können.«

In welche Richtung die Prüfung allerdings zielen soll, darüber gehen die Ansichten auch im Verteidigungsministerium auseinander. Während die eine Gruppe plant, den Tatbeitrag von Heeresangehörigen bei der Versenkung der »Lucona« zu erforschen – und dies später mit Erfolg auch tut –, geht es einer anderen Gruppe in erster Linie ebenfalls nur um die Verrätersuche.

Penibel listet zunächst die Sektion I alle Sachverhalte fein säuberlich auf, die den Tatbestand der Verletzung von Amtsgeheimnissen erfüllen könnten:

»Weitergabe von Informationen über Tätigkeiten des HNa betreffend CUM (vergleiche Buch P., Seite 105);

Weitergabe von Inhalten nachstehender Akte: Zl. 380.122-Zentr/71; Zl. 302.944-FM/72; Zl. 305.117-FM/72 und Zl. 325.125-FM/71 Verschl (vergleiche Buch P., Seite 121);

Weitergabe der Tatsache, daß die vom HNa angelegten Geheimakten an die Staatsanwaltschaft Wien übermittelt wurden (vergleiche Buch P., Seite 151);

Weitergabe des Inhaltes einer Ministerweisung des Bundesministers Rösch sowie die daraufhin erfolgten Maßnahmen im HNa (vergleiche Buch P., Seite 160);

Weitergabe der Inhalte des Erlasses Zl. 465.430-LEFM/74 (vergleiche Buch P., Seite 193);

Weitergabe der Inhalte des Erlasses Zl. 57.220/254-4.11/84 (vergleiche Buch P., Seite 194 und 279).

Auch in diesem Fall wäre zu prüfen, ob die betreffenden Organe des Bundes zu diesen Tätigkeiten verleitet wurden. Im positiven Fall hätte der Verleitende den Tatbestand der Verleitung zur Pflichtwidrigkeit erfüllt . . .«

Nun schlägt das Abwehramt zu. Es wird überprüft, wer, wann

76

"Der Fall LUCONA"

Bundesministerium für
Landesverteidigung
Generaltruppeninspektorat

Dampfschiffstraße 2
1030 WIEN

I n f o r m a t i o n
für den Herrn Generaltruppeninspektor

Zum Bearbeitungsblatt vom 07 04 88, Nr. 145/88 wird vorgeschlagen:

1. Die Sektionen des BMLV sollten jene aus dem Buch "Der Fall LUCONA" von Hans
   PRETTEREBNER ersichtlichen Sachverhalte, welche in ihrem Wirkungsbereich
   disziplinäre Verfehlungen nicht ausschließen oder gar den Verdacht der
   Verletzung von Gesetzen aufkommen lassen festlegen und gehörig untersuchen,
   sofern nicht allenfalls schwebende Verfahren dagegen sprechen.

2. Sollte es sich um Sachverhalte handeln, welche nachrichtendienstliche
   Hintergründe erkennen oder vermuten lassen, wäre das AbwA einzuschalten
   bzw. beizuziehen.

3. Die Ergebnisse der in ihrem Wirkungsbereich erfolgten Untersuchungen
   sollten die Sektionen mit ihren Vorschlägen für die weitere Vorgangsweise
   sodann dem Herrn Generaltruppeninspektor zum Zwecke der umfassenden
   Information des Herrn Bundesministers zur Verfügung stellen.

4. Der Herr Generaltruppeninspektor könnte bei Vorliegen o.a. Unterlagen
   sodann, sofern die Interessen der nd-Abwehr überwiegen, das AbwA mit der
   Erstellung der umfassenden Information für den Herrn Bundesminister
   beauftragen oder die Mitwirkung des AbwA bei der Erstellung anordnen.

5. Die vom Herrn Generaltruppeninspektor angeordneten Erhebungen durch das
   AbwA in konkreter Angelegenheit sollten zunächst gesondert behandelt werden.

Der Leiter:

(DIGLAS, Bgdr)

und zu welchem Zweck vor Erscheinen des Buches Kontakte zu mir unterhielt.

Ministerialrat Klaus Sartorius etwa muß sich gegenüber dem Leiter der Abwehrabteilung, Brigadier Kurt Diglas, schriftlich rechtfertigen:

»Herr Pretterebner ist mir seit vielen Jahren bekannt ... Im (meiner Erinnerung nach) Spätsommer des Jahres 1987 ... richtete Herr Pretterebner an mich die Frage, welche Verbindungen zwischen dem österreichischen Bundesheer und Udo Proksch in der Vergangenheit bestanden hätten.

Pretterebner verschleierte hiebei nicht, daß er eine Buchveröffentlichung plane ... In diversen Detailfragen bezog sich Pretterebner auf angebliche Sprengversuche auf TÜPl des Bundesheeres ...

Tatsächlich waren ihm auch Namen handelnder Personen, so z. B. jener von Oberst Kaltner und anderer Militärpersonen bekannt. Im übrigen drängte mich Pretterebner weder zu weitergehenden Aussagen noch konnte ich seinen Äußerungen einen Vorwurf gegenüber dem Ressort erkennen.

Ob Pretterebner die Absicht hatte, sich zur Gewinnung weiterer Informationen an weitere Heeresangehörige zu wenden, konnte ich aus dem Gespräch nicht erkennen ...«

Da habe ich aber noch einmal Glück gehabt: Ein drohendes weiteres Strafverfahren wegen »Ausspähung militärischer Geheimnisse« bleibt mir erspart.

»Die skrupellose Medienjustiz«

Zweiundzwanzig Seiten umfaßt ein persönliches Schreiben, das Rudolf Proksch, Udos in Salzburg lebender achtzigjähriger Vater, zu Jahresbeginn 1988 an Justizminister Egmont Foregger richtet. Verständlicherweise sind die Worte, die er über mich findet, nicht sehr freundlich:

»Herr Pretterebner hat mit seinem Buch ›Der Fall Lucona‹ den Höhepunkt einer skrupellosen Medienjustiz erreicht, einer Medienjustiz, die immer wieder Vorverurteilungen publiziert und damit Eingriffe in schwebende Rechtsverfahren, bisher ungestraft, vornehmen durfte.

Bei Durchsicht seines Buches stellt sich Herr Pretterebner als ein gewissenloser, durchaus unseriöser Mensch, als ein Meister der Unterstellungen, der ungeprüften Übernahme von ›Legenden‹ und damit als permanenter Lügner dar.«

Hätte Rudolf Proksch anders reagiert, man müßte sich fragen, was für ein Vater er ist.

Dennoch muß man ihm in einem Punkt, um der Wahrheit die Ehre zu geben, ganz entschieden widersprechen: Die behauptete »skrupellose Medienjustiz« war selbst nichts anderes als eine von Udos Freunden geschickt in die Welt gesetzte Legende. Tatsächlich hat es sie niemals gegeben.

Die »Lucona« wurde am 23. Jänner 1977 versenkt. Lange Zeit nahmen die Medien davon überhaupt keine Notiz.

Erst als Udo Proksch erkennen mußte, daß er nicht so einfach und rasch wie geplant an die Versicherungssumme herankam, war er es, der die ersten Berichte über den Fall in verschiedenen Medien – von der »Kronen-Zeitung« über »profil« bis zum »Spiegel« – in seinem Sinn und mit dem Zweck zu lancieren begann, die »zahlungsunwillige« Bundesländer-Versicherung

79

zu diskreditieren und die jeweils bevorstehenden Entscheidungen der Zivilgerichte zu beeinflussen.

Ein eigenes Magazin, Harald Irnbergers »Extrablatt«, das sich für Proksch in den Beeinflussungskampf stürzen sollte, wurde vom Demel-Chef zu einem Gutteil finanziert, und einzelne Journalisten wie etwa Wolfgang Maier (»Trans-Atlantik«) ließen sich von Proksch für das Verfassen der von ihm selbst dann auch endredigierten Geschichten sogar direkt bezahlen.

Erst nachdem im Jahr 1983 – sechs Jahre nach dem Verbrechen und ohne Einverständnis und Zutun der geschädigten Versicherung – die Polizei von dem Vorfall Kenntnis erlangte, versuchten erstmals auch der Versicherungsanwalt Werner Masser und der von ihm beauftragte berühmt-berüchtigte Privatdetektiv Dietmar Guggenbichler, sich der Medien zu bedienen.

Sie scheiterten freilich kläglich und standen am Ende selbst reichlich bekleckert da, nachdem Innenminister Karl Blecha dem Salzburger Kriminalbeamten Werner Mayer alle weiteren Ermittlungen gegen Proksch und Daimler per Weisung verbot. Sämtliche Medien waren damals mit dem »Kurier«-Berichterstatter Wolfgang Höllrigl einer Meinung, wonach der ehrbare Demel-Besitzer Udo Proksch ohne jeden Anlaß in ein schiefes Licht gebracht worden sei. Und die »Kronen-Zeitung« wußte gar zu berichten:

»Eine Woche nach den sensationellen, aber haltlosen Enthüllungen um einen Schiffsuntergang im Indischen Ozean ermittelt das Innenministerium gegen einen Mann aus den eigenen Reihen. Die Kernfrage dabei: Was veranlaßt einen Salzburger Gendarmen, einen Wiener Geschäftsmann als Sechsfachmörder anzuzeigen, dann aber jeden Beweis schuldig zu bleiben? – Mittlerweile entpuppten sich die Anschuldigungen als haltlos.«

Zugegeben: Zwei Jahre später – nachdem Untersuchungsrichter Wilhelm Tandinger Udo Proksch erstmals in Untersuchungshaft nehmen ließ und Außenminister Leopold Gratz seinen Freund durch die Herbeischaffung der vom rumänischen Geheimdienst gefälschten Entlastungspapiere und mit Hilfe einer falschen Zeugenaussage wieder aus der Haft zu befreien ver-

RUDOLF PROKSCH
(geb. 1908)

15. Feber 1988

Herrn
Minister
Dr. Egmont F o r e g g e r
Justizministerium
Museumsstraße   7
A - 1070   W i e n

16. Feb. 1988

Hochgeschätzter Herr Minister Dr. Foregger !

Es ist mir klar,daß meine Bitte,die beigefügten "Richtigstellungen"
zu Herrn Pretterebners Buch: "Der Fall Lucona",zu lesen,eine persönliche
und zeitliche Zumutung ist!

Dennoch spreche ich diese Bitte aus !
Als Vater von Udo Proksch -Serge Kirchhofer,und auch in eigener Sache,
da Herr Pretterebner auch mich in die "Causa Lucona",mit der ihm
eigenen Lust an Verleumdungen,einbezog.

Da das Buch nicht verboten wurde,wählte ich diese Form der Richtig=
stellungen. Sie waren zuerst nur für die Herrn Rechtsanwälte meines
Sohnes und für meinen Freund,Rechtsanwalt Dr. Hans Friedrich Freyborn
gedacht. Ich entschloß mich aber dann,diese Stellungnahmen auch Ihnen
zur Kenntnis zu geben.

Ich habe in diesen 20 Seiten nur zu jenen Anschuldigungen Pretterebners
Stellung genommen,die mich selbst betroffen haben,oder über jene An=
schuldigungen gegen unseren Sohn Udo Proksch,deren Wahrheitsgehalt
ich überprüfen konnte. Zur " Causa Lucona " habe ich nichts ausgesagt.

Unser Sohn Udo wurde nun schon seit Jahren durch eine Medienjustiz
und durch permanente Vorverurteilungen öffentlich diffamiert,als
Verbrecher und Mörder hingestellt,ohne daß es eine Stelle in unserem
Staat gibt,die solchem Tun Einhalt bietet und die dem Grundsatz zum
Durchbruch verhilft: Schuldig ist,wer von ordentlichen Gerichten tatsäch=
lich schuldig gesprochen wurde!

Ich glaube,Sie haben Verständnis dafür,daß die Eltern ihren Sohn für
unschuldig halten,zumal ich die Hintergründe,die zu dieser "Causa"
geführt haben,zu kennen glaube.
Ich gebe diese "Stellungnahmen" vertrauensvoll in Ihre Hände,nicht um
Sie zu beeinflußen,wohl aber,um ein wenig dazu beizutragen,diese Art
von Medienjustiz deutlicher zu machen,durchsichtiger vielleicht!

In hoher persönlicher Achtung und Vertrauen ! I h r

81

RUDOLF PROKSCH
OBERALM

den 12. Feber 1988

R I C H T I G S T E L L U N G E N

In dem Buch von Hans Pretterebner
" DER FALL L U C O N A " - Ostspionage,Korruption und
Mord im Dunstkreis der Regierungsspitze",
finden sich,soweit es sich um die Kinder= und Jugendjahre von
U d o   P r o k s c h -Serge Kirchhofer und um mich selbst (Rudolf
Proksch sen.) handelt,zahlreiche falsche Angaben,d.h. Lügen!
Ich versuche im Nachfolgenden eine Gegenüberstellung mit den wahren
Tatsachen.
Zuvor aber noch eine Bemerkung:
In seinem Vorwort zu dem Buch "DER FALL LUCONA" schreibt Herr
Pretterebner!
        " Keine der handelnden Personen,kein Dialog und kein
        Geschehnis sind erfunden.Berichtet wird nur,was beweisbar
        und-durch Dokumente abgesichert -unwiderlegbar nachvoll=
        ziehbar ist".
Bereits hier lügt Herr Pretterebner.Und er lügt weiter !

                    + + +

Pretterebner/Seite 17:
        "... Viermal hatte Udo Proksch bisher geheiratet....Viermal
        folgte die Scheidung der Verehelung auf dem Fuß..."
Tatsache ist:
Die Ehe mit der Burgschauspielerin Erika Pluhar dauerte rund sechs
Jahre.Sie wurde auf Wunsch der Erika Pluhar,geschieden. Bei den Dreh=
arbeiten zu dem Film "BEL AMI" in Stuttgart,hatte Erika Pluhar den
Filmschauspieler Helmut Griem als Partner.Sie war der Überzeugung,
dieser sei nun der rechte Mann für sie.
Da mit der Scheidung auch die Tochter Anna Proksch bei der Mutter
blieb,verkraftete U d o diese neue Situation kaum. Die Zeit,in der
zu Trinken begann,hat hier ihre Ursache.

Pretterebner/ Seite 25 :
        " Geboren wurde ...als schlichter Rudolf Proksch,der sich
        jedoch alsbald,weil ihm Rudolf zu gewöhnlich galt,kurz
        U d o rufen ließ.."
Tatsache ist :
Udo wurde nach seiner Geburt "Stups" genannt. Unsere Familie zog
1938 von Berlin nach München. U d o war damals vier Jahre alt.Um
ihm im Münchner Kindergarten und später in der Schule den Namen
"Stups" zu ersparen,nannte ihn meine Frau ab diesem Zeitpunkt: U D O !

Mein Verhältnis zu dem ehemaligen Landeshauptmann und späteren
Bundeskanzler Dr. Josef Klaus wurde am Anfang von meiner Dankbarkeit
für das mir entgegengebrachte Vertrauen bestimmt.In den folgenden
Jahren waren unsere Beziehungen von gegenseitiger Achtung und Wert=
schätzung bestimmt. Im Laufe der Jahre entstand dann eine echte
Freundschaft,die ihren Nährboden in einer geistigen Welt,außerhalb
parteipolitischer Begrenzungen,fand.Das "Du-Wort",mir von Dr. Klaus,
mir vor Jahren angeboten,vertiefte zuletzt nur mehr diese Freundschaft.

Friedhelm Frischenschlager kommt aus der Salzburger FPÖ.Ich kannte ihn
also schon, ehe er Verteitigungsminister wurde.Ex-Justizminister
Harald Ofner kenne ich selbstverständlich,jedoch ohne näheren,persön=
lichen xxxxxxx Kontakt.

Ich entsinne mich nicht,jemals etwas " ausdrücklich betont" zu haben,
was Kontakte mit sozialistischen Regierungsmitgliedern oder Landes=
politiker betraf.
Es ist nicht meine Art,über persönliche Kontakte zu Dritten zu sprechen,
die sich im Laufe der Jahre ergeben haben,so zu Sepp Wille,einst wie
ich Metallarbeiter Betriebsrat (Hallein),oder zu Karl Pranta,ein
Kollege aus der Gewerkschaftspresse,oder zu Minister Karl Blecha.
Meine Freundschaft zu Leopold Gratz ist rein privater Natur,ähnlich
jener auf der anderen Seite des österr.politischen Spektrums,zu Dr.
Sixtus Lanner.Unterstreichen möchte ich meine Hochachtung zu Min.a.D.
Dr. Herbert Moritz.
Meine " freundschaftlichen und persönlichen Kontakte",die ich auch
zu Bundeskanzler Franz Vranitzky unterhalte,gehören in die Schachtel :
"Pretterebners Lügensammlung"!!
Ich habe am 3o. Mai 1985,anläßlich einer Veranstaltung des "Salzburger
Presseklubs",in der Salzburger Raiffeisenbank,bei der der damalige
Finanzminister Franz Vranitzky einen Vortrag hielt,diesen das erste
Mal in meinem Leben gesehen und sprechen gehört.Neben vielen anderen
Kollegen hatte auch ich an diesem Abend Gelegenheit,Dr. Vranitzky wenige
Minuten zu sprechen. Den späteren Bundeskanzler Dr. Vranitzky habe
ich nie persönlich gesprochen,in seiner neuen Funktion nie gesehen!!
Ich habe daher weder "freundschaftliche" noch "persönliche Kontakte"
zu dem Herrn Bundeskanzler,wenn ich auch persönlich der Meinung bin,
daß Dr. Vranitzky ein außergewöhnlicher Glücksfall für Österreich ist.

Der Kern der Sache : Udo Proksch-Serge Kirchhofer war <u>kein Agent</u>
der K G B. Vielmehr war er bemüht ,der Firma ANGER OHG/Traun,zu
helfen,mit den Russen"ins Geschäft zu kommen"!!
Der Osthandel begann damals als eine Chance für die österreichische
Wirtscahft gesehen zu werden. Was von Seiten der B R D die Herrn

Baitz und Wolff v. A m e r u n g e n als ganz normale Geschäftsver=
bindungen in die Wege leiteten,wurde in Österreich gern als "Ost=
spionage " verdächtigt. Daß die U d S S R auch ein ernstzunehmender
Wirtschaftspartner werden könnte,dies hat Udo P r o k s c h /SK
schon sehr früh begriffen - mit anderen österreichischen Wirtschafts=
treibenden,die bisher außerhalb der Schußlinie des Herrn Pretterebner
standen.

Herr Pretterebner
~~XXXXXXXXXXXXXXXXXXXXXXXXXXXXXXX~~ hat mit seinem Buch "<u>Der Fall Lucona</u>",
<u>den Höhepunkt einer skrupelosen Medienjustitz</u> erreicht,einer Medien=
justitz,die nun schon durch mehrere Jahre hindurch ,in den Medien
"Wochenpresse","Kurier" und "Profil",gegen UDO PROKSCH=alias SERGE
KIRCHHOFER im Gange ist,immer wieder Vorverurteilungen publizert
und damit Eingriffe in schwebende Rechtsverfahren und damit in die
bestehende österreichische Rechtsordnung,bisher unbestraft,vornehmen
durfte.
Bei der Durchsicht seines Buches "DER FALL LUCONA",stellt sich Herr
Pretterebner als ein gewissenloser,durchaus unseriöser Mensch,als ein
Meister der Unterstellungen,der ungeprüften Übernahme von "Legenden"
und damit als permanenter Lügner dar.
Sein Buch ist ein "Fleckerlteppich" von Lügen,Unterstellungen,Annahmen
und Teilwahrheiten,entsprechend interpretiert und für die Zwecke der
Auftraggeber "aufbereitet"!
Die "Bundesländer -Versicherung" und die ihr nahestehenden Kreise
dürfen auf Herrn Pretterebner stolz sein.Da sein Buch nicht verboten
wurde,ist ihm obendrein der Nachweis geglückt,daß in der "Zweiten
Republik " jede Persönlichkeit der "Medienjustiz" ausgeliefert ist,
und es dagegen <u>keine Macht in diesem Staate gibt</u>,die sich zum Schutze
der Persönlichkeit bereit findet.
Ich frage mich nur,ob es je Richter geben kann,die sich dieser Meinungs=
bildung ,dieser "Vorverurteilung" durch die Medien,entziehen können
und überhaupt noch in der Lage sind,einen "gerechten Richterspruch" zu
verkünden!

Dennoch glaube ich noch an eine,um die Findung der Wahrheit bemühte
Rechtsprechung,an eine doch noch saubere österreichische Justiz-
auch in der Causa RUDO PROKSCH alias SERGE KIRCHHOFER !!

(Rudolf Proksch sen.geb. 1908)

84

mochte – setzte neuerlich eine heftige Welle der Berichterstattung über den Fall ein.

Insbesondere der ÖVP-Journalist Gerald Freihofner schlug regelmäßig in der damals noch als Nachrichtenmagazin existierenden »Wochenpresse« gegen »Proksch und seine SPÖ-Haberer« zu.

Die Wirkung blieb aus zwei Gründen gering. Erstens setzte sich im »roten Lager« bald die Meinung durch, die Berichterstattung dieser Zeitung sei ausschließlich parteipolitisch motiviert, und zweitens sorgte Proksch dafür, daß sich sehr rasch die Tatsache herumsprach, daß das CV-Mitglied Freihofner kaum selbst recherchierte, sondern das zu veröffentlichende Material vielmehr Woche für Woche vom Versicherungsanwalt, dem CVer Werner Masser, zugesteckt bekam.

Auf der anderen Seite konnte sich Proksch selbst freilich zumindest ebenso zahlreicher und ungleich wirkungsvollerer Gefälligkeitsberichte zu seinen Gunsten erfreuen.

So geißelte die »Kronen-Zeitung« auch weiterhin regelmäßig »die Hetzjagd auf Udo Proksch«:

»Manchmal ist ein Mensch schon öffentlich hingerichtet, wenn man ihn dann endlich freispricht. Hinter der Jagd auf Udo Proksch stehen nicht nur Geld und politische Rache ... Ein Schicksal, das jeden von uns ereilen kann ... Wenigstens der Außenminister hält nach wie vor zu ihm!«

Auch der ORF entzog sich niemals der selbst auferlegten Verpflichtung, dem Demel-Chef Gutes zu tun. Teddy Podgorski verdankte ihm immerhin seine steile Karriere in der Monopol-Fernsehanstalt, und Gerd Bacher gefiel es, Udo Proksch als einen der wenigen »Österreicher mit Weltniveau« anzusehen.

Nur das »profil« schaffte seit jeher das Kunststück, mit seiner ausgewogenen Berichterstattung abwechselnd beide Seiten zufriedenzustellen:

Einmal deckte der Ex-ÖVP-Abgeordnete Alfred Worm gewohnt schonungslos auf, was ihm von seiten der Versicherung berichtet worden war, dann kam wiederum einer der zahlreichen Proksch-Freunde aus dem Redaktionsteam zum Zug.

Oder der »profil«-Mitarbeiter Rainhard Tramontana stellte sich Udo Proksch als Ghostwriter zur Verfügung und schrieb unter dem Titel »Warum ich unschuldig bin«:

»Die Ereignisse, die dem Untergang der ›Lucona‹ vorausgingen, mögen verwirrend sein – verbrecherisch waren sie nicht!« Soviel zur »skrupellosen Medienjustiz« bis zum Spätherbst des Jahres 1986. Danach wurde es sowieso still.

Die Nationalratswahlen waren vorbei, und die ÖVP sollte ab Jahresbeginn 1987 eine Koalitionsregierung mit der SPÖ bilden. Als Architekt der neuen innenpolitischen Konstellation machte sich Leopold Gratz verdient.

Mit der Berichterstattung im Fall Lucona war es ab diesem Zeitpunkt so gut wie vorbei. Nur einer Monatsillustrierten war die Affäre in der Neujahrsausgabe 1987 noch zehn Zeilen wert: Im kommenden Jahr werde Udo Proksch, so konnte man es in dem »skrupellosen« Medium lesen, »endgültig rehabilitiert, weil er tatsächlich unschuldig ist«.

In diesem Klima erscheint genau ein Jahr danach mein Buch. Und so ist es denn auch kaum verwunderlich, daß die Medien zunächst beinahe ausnahmlos schweigen.

Nur die damals noch bei der »Kronen-Zeitung« beschäftigte Starkolumnistin Eva Deissen bittet als Reaktion auf das Erscheinen des Buches den Helden der Geschichte zu einem, wie sie es nennt, »bewegenden Zwiegespräch«, das sie locker mit folgenden Worten beginnt:

»Mittlerweile glauben nicht einmal mehr seine Todfeinde an die Gruselstory: Daß Udo Proksch, einst bunter Hund, heute armer Teufel, das Schiff ›Lucona‹ versenkt und damit sechs Menschen vom Leben zum Tode befördert hat.«

»Sie wollen mich umbringen, odrrr?«

Am Sonntag, dem 31. Jänner 1988, macht sich in Costa Rica der ehemalige »Lucona«-Kapitän Jacob Puister reisefertig. Miami. New York. London. Amsterdam. Rund 18 Stunden später trifft er am Schwechater Flughafen ein.

Er ist sehr froh, sagt er, daß ich noch lebe.

Der Holländer hat, obwohl er nicht sehr gut Deutsch kann, das Buch mittlerweile gelesen. Jetzt reicht es ihm, meint er zornig, und er wird etwas unternehmen. Das sei er als Kapitän des versenkten Schiffes seinen getöteten Kameraden schuldig.

Jacob Puister ist entschlossen, öffentlich Anklage wegen sechsfachen versuchten und sechsfachen vollbrachten Mordes gegen Udo Proksch, den Deutschen Hans Peter Daimler, den Italiener Renzo Vianello und die Schweizerin Greta Fischer zu erheben.

Die Chance, damit in Österreich eine qualifizierte Öffentlichkeit zu erreichen, erscheint freilich gering. Von ganz wenigen Ausnahmen abgesehen, schweigen die Medien noch immer.

Zwar sind inzwischen schon fast fünfzigtausend Exemplare des Buches verkauft, mehr als hunderttausend Menschen haben es innerhalb von acht Wochen gelesen, in den großen ausländischen Zeitungen erscheinen Serienberichte über den Fall, aber in Österreich entpuppt sich die Strategie Udo Prokschs und seiner Freunde, die offiziell die Parole ausgeben, dieses Buch sei es nicht wert, beachtet zu werden, als voller Erfolg.

Nur »profil« und »Wochenpresse« hatten bis jetzt das Proksch-Thema in der gewohnten Form wiederentdeckt, der »Kurier« berichtete einmal mit der Einschränkung »Wenn das alles wahr ist«, der »Fall Lucona« sei »die wahre Bedrohung für die Nachtruhe der Republik«, die »Presse« setzt zweimal –

LUDWIG A. MINELLI

lic.iur.
Rechtsanwalt
Postfach 10
CH-8127 Forch
Telefon national 01 980 04 54
international +41 1 980 04 54
Telex 828 508 mine ch

Einschreiben/Rückschein

Abs.: LUDWIG A. MINELLI, CH-8127 FORCH

Forch, den 2. Februar 1988

**Pressekonferenz Hans Pretterebner
zum «Fall Lucona» von Mittwoch, 3. Februar 1988**

Sehr geehrter Herr Chefredaktor,

Der österreichische Journalist Hans Pretterebner hat auf Mittwoch, 3. Februar 1988, 10.00 Uhr, zu einer Pressekonferenz in das Hotel «Storchen» in Zürich eingeladen, wo er sein Buch «Der Fall Lucona» vorstellen will. Gleichzeitig präsentiert er dort den Kapitän der «Lucona», Jacob Puister. In dem Buch wird behauptet, im Fall Lucona sei versucht worden, die «Bundesländer Versicherung» in Wien um rund 31 Mio sFr. zu betrügen; das Schiff sei im Rahmen dieses Planes mittels Sprengstoffexplosion versenkt worden. Als Täter bezichtigt Herr Pretterebner den Geschäftsführer der Wiener Konditorei Demel, Herrn Udo Rudolf Proksch.

Herr Proksch hat mich mit der Wahrung seiner Interessen gegen Herrn Pretterebner im Gebiete der Schweiz beauftragt.

In Ausführung dieses Mandates lasse ich Ihnen in der Beilage einige Unterlagen zugehen, die es Ihnen gestatten werden, den Vorgang Pretterebner besser einzuordnen. Gleichzeitig mache ich darauf aufmerksam, dass beim Bezirksgericht Zürich ein Strafverfahren wegen Verleumdung gegen den Chefredaktor einer schweizerischen Publikation im Gange ist, welcher die Behauptungen Pretterebners ungeprüft weiterverbreitet hat. Ich rufe Ihnen auch die Rechtsprechung des Bundesgerichtes in Bezug auf die Sorg-

Das Sie offenbar den Vertrieb dieses Buches übernommen haben, nachdem die Geschäftsleitung des Schweizer Buchzentrums auf den Vertrieb aus rechtlichen Gründen verzichtet hat, mache ich Sie darauf aufmerksam, dass Sie sich ebenfalls der Ehrverletzung schuldig machen, wenn Sie diesen Vertrieb aufrecht erhalten. Ich bin beauftragt, Sie deswegen zivil- und strafrechtlich zu verfolgen (Art. 173 ff. StGB; AArt. 28 ff. ZGB).

Sofern Sie mir bis zum Dienstag, 1. März 1988, hier eintreffend, mitteilen, dass Sie den Vertrieb dieses Werkes eingestellt haben, kann ich auf rechtliche Massnahmen Ihnen gegenüber verzichten.

Mit freundlichen Grüssen

Ludwig A. Minelli

schaumgebremst – zur Berichterstattung an, und die Grazer
»Kleine Zeitung« wußte immerhin:
»Seit knapp vier Wochen liegt in Österreichs Buchläden ein fast
700 Seiten dicker Wälzer auf, der, wenn stimmt, was er enthält,
geeignet wäre, in der Innenpolitik einiges auf den Kopf zu stellen . . .«
Ansonsten herrscht jedoch Schweigen im Wald. In fast jeder
Zeitungsredaktion sitzt mindestens ein mehr oder minder einflußreicher Mann, der jeweils zumindest einen der Angegriffenen zum Freund hat.
Im staatlichen Monopol-Rundfunk und -Fernsehen existiert
zeitweilig sogar das ausdrückliche Verbot, den Titel dieses Buches oder meinen Namen auch nur zu erwähnen.
Jacob Puister fühlt sich in Wien auch noch aus anderen Gründen nicht sehr wohl: Er weiß, welche Schlüsselrolle er in dem
Fall nunmehr spielt. Er sieht, daß Udo Proksch nach wie vor
tun und lassen kann, was er will. Er realisiert, daß Karl Blecha,
dessen Rolle er aus dem Buch kennt, noch immer als Innenminister fungiert, und er fürchtet sich schlicht davor, plötzlich irgendwie zu verschwinden.
Natürlich versuche ich, dem seit Jahren in Costa Rica lebenden
Holländer zu erklären, daß Österreich trotz allem keine Bananenrepublik sei, in der sich die Opfer eines Kapitalverbrechens
der Gefahr aussetzten, daß man sie anstatt der Täter in Haft
nimmt. Aber ich bin nicht ganz sicher, daß er mir in diesem
Punkt vertraut.
So entschließen wir uns, in die Schweiz zu gehen. In Zürich berufen Jacob Puister und ich für den 3. Februar 1988 eine internationale Pressekonferenz ein.
Am Morgen desselben Tages werden wir schon in aller Herrgottsfrühe geweckt und erfahren, daß noch in der Nacht zwei
der in den Fall Lucona verwickelten Italiener, Giulio Meotto
und Amorino Scarpa, in Begleitung bewaffneter Leibwächter in
Zürich eingetroffen seien. Und auch Hans Peter Daimler befinde sich – zusammen mit einem Troß von Rechtsanwälten aus
Österreich, Italien und der Schweiz – in der Stadt.

Dr. iur. Paul Zbinden
lic. iur. Elmar Perler
Dr. iur. Reinold Raemy

ZBINDEN · PERLER · RAEMY

Rechtsanwälte – Avocats

Postfach – Case postale 960
CCP 17-5794-9   ℡ 037/22 66 66
Telefax   037/23 19 73

Remundgasse – Rue de Romont 22
1701 FREIBURG – FRIBOURG

Freiburg, 15. Februar 1988 EP/JW

Sehr geehrte Herren,

Angesichts der neu entfachten Pressekampagnie in der Angelegenheit
"Lucona" sehen sich die unterzeichneten Anwälte von Frau Fischer bzw.
Erwin Egger veranlasst, Ihnen das beiliegende Communiqué zur Veröf-
fentlichung zuzustellen. Angesichts der schwerwiegenden Anschuldigungen

3. Die Angelegenheit ist sachverhältlich äusserst kompliziert. Viele
    Tatsachen sind unklar und bestritten. Aussagen sind widersprüchlich,
    ein verschwundener Schiffskapitän taucht wieder auf ... vermischt
    mit einer Portion Phantasie, Stoff genug für einen Kriminalroman.

    In seinem 670 Seiten dicken Buch löst der Buchautor den Fall aus
    seine Art und fällt auch gleich das Vor(urteil).

4. In dem von Unwahrheiten und Ungenauigkeiten strotzenden Buch
    finden sich auch mehrere Abbildungen von Einvernahme, Protokollen
    der Untersuchungsbehörden sowie Textzitate und Hinweise aus den
    geheimen Untersuchungsakten des Richteramtes Tafers.

    Wie wann und wo diese geheimen Gerichtsakten in die Hände des
    Journalisten kämen, ist zur Zeit unbekannt.

5. Im Fall Lucona werden die Grundrechte und Prinzipien eines rechts-
    staatlichen Verfahrens mit Füssen getreten. Bevor die gerichtliche
    Untersuchung überhaupt abgeschlossen ist, geschweige denn Anklage
    gegen die betroffenen Bürger erhoben ist, urteilen und verurteilen
    die Massenmedien ohne jeden Skrupel und äussern sich, der Geheim-
    haltung verpflichtete Amtspersonen öffentlich. Wie soll solch einer
    Hetzkampagnie die Unabhängigkeit und Unvoreingenommenheit des
    Strafrichters noch Platz finden?

Elmar Perler

90

Während wir noch überlegen, ob wir Polizeischutz für unsere Pressekonferenz anfordern sollen, werden die ersten der am Vortag mit schweizerischen Zeitungen vereinbarten Interviewtermine telefonisch storniert, und das deutschsprachige Schweizer Fernsehen zieht seine schon fixierte Teilnahme an der Pressekonferenz wieder zurück.

Das Café Litteraire im Zürcher Hotel Storchen ist drei Stunden später dennoch bis auf den letzten Platz besetzt. Selbst aus Österreich sind plötzlich einige Kollegen eingetroffen, und der ORF ist erstaunlicherweise gleich doppelt vertreten: mit einem Kamerateam für den Inlandsreport und einem weiteren für den Aktuellen Dienst.

Rund um den Tisch, an dem Puister und ich sitzen sollten, haben sich die venezianischen Abgesandten mit ihren finster dreinblickenden Leibwächtern sowie Hans Peter Daimler und seine Begleitung postiert: Gabriel Lansky, Monika Pitzlberger, der wortgewaltige Schweizer Proksch-Anwalt Ludwig Minelli und einige andere Herren.

Kaum treten Puister und ich in den Raum, stürmt auch schon ein großer, schwerer, rotgesichtiger, schwitzender Mann auf mich zu, faßt mich am Rockaufschlag und brüllt: »Sie wollen mich umbringen, odrrr?«

Erst nach einer Weile realisiere ich, wer der Mann überhaupt ist: Heinz Egli, hoher Stabsoffizier in der Schweizer Armee, daneben Finanz- und Vermögensberater, Lehrbeauftragter für Wirtschaftskriminalität an der Universität Zürich und – Rechtsberater des illegalen Waffenhändlers und Schweizer Proksch-Partners Erwin Egger.

In dieser Eigenschaft hatte Egli denn auch eine Schlüsselrolle bei der Vorlage der unter der Mitwirkung des ehemaligen Schweizer Residenten des rumänischen Geheimdienstes »Securitate« gefälschten Entlastungspapiere für Udo Proksch im Schweizer Lucona-Verfahren gespielt, und ich hatte darüber natürlich berichtet.

Während mich Egli deshalb noch mit einer wahren Suada schwerer verbaler Angriffe überschüttet, geht auch schon der

BEZIRKSGERICHT ZÜRICH
2. Abteilung

Prozess-Nr. 01-1365/1988   BR Leuenberger

Mitwirkende: Vizepräsident Dr. Zweifel als Vorsitzender;
die Bezirksrichter lic.iur. Jucker und lic.iur. Leuenberger
sowie Gerichtssekretärin lic.iur. Weisshaupt.

Beschluss vom 24. August 1990

In Sachen

Heinz Egli, Dr. iur. Rechtsanwalt,
geboren 28. Mai 1937, von Zürich und Münchwilen/TG,
Stallikerstrasse 51, 8142 Uitikon,

Kläger,

gegen

1. Hans Pretterebner,
   Seilergasse 14, A-1010 Wien,

2. Hans Pretterebner Verlagsgesellschaft m.b.H. & Co. KG,
   Seilergasse 14, A-1010 Wien,

Beklagte,

Behauptungen erhoben:

1. Der Kläger sei (dabei sowohl auf dem Mediensektor
   als auch bei internationalen Waffengeschäften
   engagiert (S. 585/586).

2. Der Kläger habe einen Besuch bei palästinensischen
   Terroristen gemacht und habe in seiner Jugend in
   Beirut und Damaskus im Gefängnis gesessen (S. 585/
   586).

3. Der Kläger wolle als international tätiger Geschäftsmann von höchster Glaubwürdigkeit und Reputation
   bezeichnet werden und pflege jedes Medium, das es
   wagt, sich mit seiner Person zu befassen, mit Per-
   sönlichkeitsverletzungs- und Kreditschädigungsklagen
   zu bedrohen (S. 586).

Diese Darstellung mit den aus dem Zusammenhang ge-
rissenen Einzelfakten, die mit Falschbehauptungen
kombiniert würden, würden Assoziationen wecken wie
"Egli ist Waffenhändler, arbeitet mit arabischen und
palästinensischen Terroristen und war wegen seiner
'dunklen Geschäfte' im Gefängnis". Dem unbefangenen
Leser werde zudem das Bild eines zwielichtigen Ge-
schäftsmannes und eines scheinheiligen, mit Drohungen
operierenden Rechtsanwalts vermittelt.

Durch die Bezeichnung als Waffenhändler oder Kolla-
borateur von Terroristen werde er in seiner Persönlichkeit schwer verletzt. Dies wiege umso schwerer, als
er als unbescholtener Schweizerbürger, international
tätiger Rechtsanwalt, Verwaltungsrat diverser Schweizer-
firmen, Dozent und Prüfungsexperte beim Europäischen
Institut für Aussenhandel, Lehrbeauftragter der Universität Zürich für das Gebiet der Wirtschaftskriminalität und hoher Stabsoffizier unter den Rufschädigungen zu leiden habe. Die Behauptungen des Beklagten
seien wider besseres Wissen erfolgt, ohne dass dieser
dafür einen Rechtfertigungsgrund habe. Der Schwere der
Verletzung der persönlichen Verhältnisse sei eine Ge-
nugtuung von Fr. 3'000.-- angemessen (act. 3).

Das Gericht beschliesst:

1. Auf die Klage wird nicht eingetreten.

2. Die Gerichtsgebühr wird festgesetzt auf
   Fr. 500.--; die weiteren Kosten betragen:
   Fr. —   Vorladungsgebühr
   Fr. 377.—   Schreibgebühr
   Fr. 164.—   Zustellungsgebühr
   Fr.   Barauslagen

3. Die Kosten werden dem Kläger auferlegt.

4. Der Beklagte wird verpflichtet, die Beklagten mit
   Fr. 2'500.-- zu entschädigen.

30. AUG. 1996   Die Gerichtssekretärin:

                     lic.iur. Weisshaupt

93

von Udo Proksch »mit der Wahrung seiner Interessen im Gebiete der Schweiz« beauftragte Ludwig Minelli von Tisch zu Tisch und drückt jedem Journalisten erstens ein Papier über die angeblich wahren »Hintergründe zur Kampagne gegen Udo Proksch in Sachen ›Lucona‹« und zweitens ein mich persönlich schwer diskreditierendes Dossier in die Hand.

Der von Proksch ins Feld geschickte Minelli war, bevor er sich als Rechtsanwalt etablierte, selbst Journalist, Schweizer »Spiegel«-Korrespondent und sogar Präsident eines der Schweizer Journalistenverbände. Als er seinen Beruf wechselte, bot er auch gleich das im Eigentum des »Spiegel« stehende Archiv zum privaten Verkauf an, was ihm bei Schweizer Zeitungsherausgebern in der Folge den Spitznamen »Ludwig Kriminelli« eintrug.

Aber immerhin weiß der Mann, wie man mit Journalisten umgeht. Wie aus einem Maschinengewehr dringen die Worte aus seinem Mund und er warnt alle anwesenden Berichterstatter eindringlich davor, über den Inhalt meines Buches zu berichten. Jede Zeitung, droht Minelli, werde im Falle einer Weiterverbreitung unserer Aussagen von ihm sofort wegen Verleumdung geklagt.

Dabei scheint es, als hätten Puister und ich ohnehin keine Chance, auch nur einmal das Wort zu ergreifen. Die Absicht der Verbalterroristen ist klar: Man will unsere Pressekonferenz ganz einfach sprengen.

Nur mit Mühe gelingt es mir, unsere ungebetenen Gäste schließlich doch noch kurzzeitig zum Schweigen zu bringen, worauf sich der betagte Chefredaktor einer angesehenen Luzerner Tageszeitung erhebt und sich »im Namen der Schweizer Presse« mit aller Entschiedenheit gegen den »unerhörten Versuch der Einschüchterung, der Nötigung und der Bevormundung« durch den Proksch-Anwalt verwahrt.

Er habe, erklärt er weiter, dieses Buch erst vor wenigen Tagen – und zwar mit sehr kritischen Augen – gelesen, weil er es für unmöglich hielt, daß die darin beschriebenen Vorkommnisse rund um den Fall Lucona tatsächlich der Wahrheit entsprechen.

Nach dem heutigen Anschauungsunterricht sei er jedoch von der Richtigkeit des Buchinhaltes schon fast überzeugt.

Es gelingt uns schließlich, die Pressekonferenz halbwegs in Ruhe zu Ende zu führen. Danach scheint der Bann endgültig gebrochen zu sein.

Nur in Österreich werden noch einige publizistische Rückzugsgefechte geführt.

So weiß die »Kronen-Zeitung« zu berichten, daß der Lucona-Kapitän vermutlich ein »bezahlter Märchenerzähler« sei; das »profil« will in Zürich »allerlei Skurriles« geortet haben, Puister habe »halb deutsch, halb holländisch ein paar Sätze genuschelt«; der ORF versucht ihn in seiner aktuellen Fernsehberichterstattung mit Hilfe schlimmster Manipulation der Lächerlichkeit preiszugeben, und die »Salzburger Nachrichten« tadeln in aller Schärfe den Buchautor, der »gewagte Schlüsse zieht, schwerwiegende Tatbestände ausspricht und Schuldzuweisungen trifft«, weil dies »einem Journalisten untersagt ist«.

International setzt ab diesem Zeitpunkt eine so gewaltige Welle der Berichterstattung über den Fall ein, daß schließlich auch Österreichs Medien nachziehen müssen, worauf innerhalb kürzester Zeit die Stimmung in der Bevölkerung kippt.

»Fluchthilfe« durch die Oberstaats-
anwaltschaft

In den Abendstunden des 4. Februar 1988 setzt sich Peter Michael Lingens an die Schreibmaschine und verfaßt den Leitartikel für die kommende Ausgabe des »profil«, dessen Herausgeber er zu dieser Zeit noch ist.
»Ist auch Mord bereits ein Kavaliersdelikt?« fragt Lingens schon im Titel, und setzt danach fort:
»Wenn dieser Artikel erscheint, ist hoffentlich zweierlei bereits im Gange: die Ermittlungen der Staatsanwaltschaft gegen den Autor des Buches ›Der Fall Lucona‹, Hans Pretterebner, wegen Verleumdung werden eingestellt. Und sie eröffnet die Voruntersuchung gegen Udo Proksch und Genossen wegen Verdachtes des Versicherungsbetruges und des sechsfachen vollbrachten und sechsfachen versuchten Mordes.
In diesem zweiten Punkt stellte jede andere Handlungsweise der Staatsanwaltschaft das Verbrechen des Amtsmißbrauches dar . . .
Ich neige an sich nicht zu nebulosen Verdächtigungen, aber wenn die Anklageerhebung in Sachen Proksch weiterhin, der Strafprozeßordnung hohnsprechend, unterbleibt, dann kann man nur annehmen, daß die SPÖ sich vor dem Wissen eines in die Enge gedrängten Udo Proksch geradezu panisch fürchtet.«
Der Zufall will es, daß just noch am selben Abend der Leiter der Oberstaatsanwaltschaft, Eduard Schneider, in einer vom Österreichischen Fernsehen ausgestrahlten Erklärung öffentlich bekanntgibt, daß die endgültige Entscheidung über die weitere Vorgangsweise im Fall Lucona bis spätestens Ende des Monats fallen wird.
Jedem Kind ist damit klar, daß der Oberstaatsanwaltschaft angesichts der inzwischen erfolgten Eskalation der Affäre gar

REPUBLIK ÖSTERREICH
Oberstaatsanwaltschaft Wien

Wien, am   5. Februar 1988

Museumstraße 12
A-1016 Wien

OStA 14486/87

Briefanschrift
A-1016, Postfach 51

Telefon
0 22 2/96 22-0*

Sachbearbeiter Dr. Kirchbacher

Klappe   (DW)

An das

Bundesministerium für Justiz

in W i e n

zu JMZl. 65.264 - IV 2/86

---

a) ergänzende Vernehmung der Beschuldigten Udo PROKSCH
und Hans Peter DAIMLER, insbesondere unter Vorhalt
des Vorgutachtens des Sachverständigen Dipl.-Ing.
Thomas Wimpissinger und des Gutachtens des Germani-
schen Lloyd;

3. die Haftgründe des § 180 Abs. 2 StPO liegen hinsichtlich der Beschuldigten Udo PROKSCH und Hans Peter
DAIMLER nicht vor (siehe auch die Entscheidungen der
Ratskammer des Landesgerichtes für Strafsachen Wien
vom 17. Oktober 1986, ON 700 und 701/XXXIII);

---

9. umgehende Aktenübermittlung an die Staatsanwaltschaft
Wien zur weiteren Antragstellung (§ 112 Abs. 1 StPO);
nach Entsprechung der vorstehenden Anträge.

Der Leiter der Oberstaatsanwaltschaft:

Schneider

98

keine andere Wahl bleibt, als nun endlich dem schon vor fünf Jahren zum erstenmal und seither bereits mehrmals gestellten Antrag der Staatsanwaltschaft beizutreten und die Einleitung der Voruntersuchung zu empfehlen.

Nicht einmal der korrupteste Chef einer Anklagebehörde irgendeines zentralafrikanischen Zwergstaates hätte es in einer vergleichbaren Situation vermutlich gewagt, einen Schützling der Machthaber noch länger dem Gericht zu entziehen.

Wie jeder Österreicher weiß in diesem Augenblick natürlich auch Udo Proksch, daß es jetzt ernst wird für ihn.

Grünes Licht seitens der Oberstaatsanwaltschaft bedeutet in der Praxis natürlich auch grünes Licht seitens des Bundesministeriums für Justiz. Und es ist evident, daß es, wenn erst der Justizminister grünes Licht gibt, nur noch eine Frage von ein paar Tagen sein wird, bis Proksch und sein Partner Daimler wegen des dringenden Verdachtes der vorsätzlichen Versenkung der ›Lucona‹ unter Anklage stehen.

Jetzt bleibt nur noch die Hoffnung, daß Udo Proksch rechtzeitig flüchtet, bevor Untersuchungsrichter Tandinger neuerlich auf die Idee kommt, einen Haftbefehl auszustellen.

Schon am nächsten Tag, dem 5. Februar 1988, bittet daher Oberstaatsanwalt Schneider das Justizministerium, mittels der ausdrücklich abzugebenden Erklärung, daß auch im Falle der Genehmigung einer Voruntersuchung kein Haftgrund gegen Proksch und Daimler vorliege, den Untersuchungsrichter vorsorglich an die Kandare zu nehmen.

Damit hat Proksch noch ein paar Tage Zeit.

Am 6. und 7. Februar hält er zum letzten Mal Hof in seinem Schloß Paasdorf und empfängt eine Anzahl ausgewählter Freunde. Alle bestürmen ihn: »Jetzt mußt du flüchten!«

Am Montag, dem 8. Februar, ordnet Proksch seine Angelegenheiten im Wiener Demel-Haus, wo er, in seinem im vierten Stock über dem Club 45 gelegenen Appartement, auch die letzte Nacht vor seiner Flucht zu verbringen gedenkt.

Rechtsanwältin Monika Pitzlberger, zugleich Mutter eines von Udo Prokschs zahllosen unehelichen Kindern, gibt am Abend

1.) Vermerk:

LOStA Dr. Schneider ersucht, den zuständigen Referenten
bei der StA Wien, Dr. Robert Schindler, anzuweisen, gegen
Udo PROKSCH und H.P. DAIMLER, sollten diese der Ladung
des UR für den 9.3.1988 Folge leisten, die Einleitung der
VU wegen §§ 15,146,12,173 ff StGB zu beantragen, jedoch
dzt. keinen Haftantrag zustellen.

Im übrigen wäre der Inhalt des Erlasses des BMfJ, der
Anfang nächste Woche ha. einlangen wird, abzuwarten.

StA Dr. Robert Schindler wird vom Gefertigten in diesem
Sinne informiert.

Im Auftrag des LOStA Dr. Schneider wird auch StA Dr.
Kirchbacher gebeten, sich nächste Woche für die Weiter-
leitung des Erlasses des BMfJ an die StA Wien bereit
zu halten, da sich der Gefertigte zu dieser Zeit auf
Urlaub befindet.

2.) dem Herrn LOStA zur Einsicht vorlegen

3.) Kal. 15.3 präzise

W., 9.3.1988

Gesehen
- 9. März 1988

ein Schreiben an Untersuchungsrichter Tandinger zur Post, in dem sie vorsorglich mitteilt, daß der Demel-Herr eine Auslandsreise nach Japan angetreten habe und deshalb in nächster Zeit für eine allfällige gerichtliche Einvernahme nicht zur Verfügung stünde.

Kurz nach Mitternacht ruft Proksch noch eine seiner Gespielinnen an. Er bittet die junge Angelika Hutter zu sich.

Doch diese liegt – in einer von Udos Zweitwohnungen in der Unteren Weißgerberstraße – schon im Bett. Nein, sagt sie, es sei ihr zu mühsam, um diese Zeit noch einmal aufzustehen und ins Demel-Haus zu fahren: »Komm' doch du zu mir!«

Aber Udo überlegt es sich, kommt nicht und verläßt noch in derselben Nacht die Stadt.

Den nächsten Tag verbringt Proksch mit seinem Sohn Ben, der in London ein Internat besucht, benützt in der britischen Hauptstadt zum letzten Mal seine American-Express-Kreditkarte und kauft sich ein Ticket für den Flug BA 217 J von London über Washington und San Francisco nach Tokio und steigt am späten Vormittag des 12. Februar 1988 in aller Ruhe in die Maschine der British Airways, mit der er bis Washington fliegt. In der amerikanischen Hauptstadt verläßt Proksch das Flugzeug, läßt den Rest seines Tickets unbenützt und taucht unter. In Tokio, wo er angeblich eine Demel-Filiale eröffnen wollte, kommt er niemals an.

Hans Peter Daimler wirft die Nerven noch nicht so rasch weg. Er wartet noch ab, bis ein von Untersuchungsrichter Tandinger in Auftrag gegebenes Gerichtsgutachten nach einem am 15. Februar in der Wiener Schiffsbautechnischen Versuchsanstalt durchgeführten Sinkversuch mit einem Modell die Richtigkeit der Aussagen der überlebenden Augenzeugen des Lucona-Unterganges zweifelsfrei bestätigt und beweist, daß das Schiff nur nach einer vorsätzlichen Sprengung – durch Zündung einer Bombe im Laderaum – zum Sinken gebracht worden sein kann.

Daimler beobachtet sogar noch eine weitere Reise von Jacob Puister und des Lucona-Steuermannes Jaap van Beckum nach Wien, wo diese nun gemeinsam am 18. Februar offiziell Straf-

Fernschreibstelle

~~nommen durch~~ am ___ Mai 1988 um _11.40_

~~~~ mit Nr. _1754_ am ___ um _12.20_

Fernschrift Nr. _____

Abgegeben:	Aufgenommen:	Bestätigung der Dienstnotwendigkeit durch den Vorgesetzten:
am _____ 19 __	am _____ 19 __	
um _____ Uhr,	um _____ Uhr,	
durch: _____	durch: _____	Dr. ROBERT KÖCK (Min. Rat)

An _____

das BM.f. A.A.

(Wortlaut im Telegrammstil)   in _____

zu Zl. 91 213/54-A4.1/88 vom 6.5.1988 betr. österr.
StA. PROKSCH Udo Rudolf, 29.5.1934 Rostock geb.,
u.a., internat. Fahndung:

Zu Punkt 4) des dortigen FS vom 6.5.1988 wird
folgendes mitgeteilt:

lit a: PROKSCH buchte mit seiner Kreditkarte am
11.2.1988 bei der Fluggesellschaft British Airways
auf dem Flughafen London, Terminal 4 ein Ticket
für einen Flug London-Washington-San Francisco-Tokio.
Ticket Nr. 125 4485452492. PROKSCH flog unter Verwendung
dieses Tickets am 12.2.1988 vormittags mit dem Flug
BA 217 J von London nach Washington. Über seinen Weiterflug nach San Francisco bzw. Tokio konnte nichts in
Erfahrung gebracht werden, weil nach Auskunft von
British Airways beide Flüge noch offen sind.

BRITISH AIRWAYS AUDIT COUPON

anzeige gegen Proksch und Daimler wegen Mordes erstatten.

Erst am 21. Februar setzt sich auch Daimler aus Österreich ab, nächtigt zum letzten Mal unter Angabe seines richtigen Namens in Udine, um bald darauf – raffinierterweise – in seinem Heimatstaat Deutschland unterzutauchen.

Anfang März 1988 ist Udo Proksch nach einem kurzen Zwischenstopp bei der Familie Marcos auf Hawaii längst in der philippinischen Hauptstadt Manila gelandet und hat bereits den ersten Teil seiner Gesichtsoperation hinter sich.

Vorsorglich erteilt Oberstaatsanwalt Eduard Schneider dem Wiener Staatsanwalt Robert Schindler, der Prokschs Japanreise-Trick natürlich längst durchschaut hat, noch am 9. März 1988 ein weiteres Mal die telefonische Weisung, nur ja keinen Haftantrag zu stellen.

Am 10. März 1988 gibt Justizminister Foregger dem ORF-Mittagsjournal ein Interview und teilt mit, daß sich der Verdacht gegen die beiden Beschuldigten nunmehr doch so sehr erhärtet habe, daß der Fall »einem unabhängigen Gericht zur Überprüfung unterbreitet werden muß«.

Nein, von Verzögerungen oder gar dem Versuch einer Einflußnahme auf die Entscheidungen der Justiz habe er, Foregger, »nie etwas bemerkt«.

Nachdem am 15. März 1988 den Fall Lucona – mehr als 11 Jahre nach dem Schiffsuntergang – erstmals ein unabhängiges Gericht in die Hand nehmen darf, geht es nun Schlag auf Schlag:

Am 17. März erläßt Untersuchungsrichter Tandinger internationale Haftbefehle gegen Proksch und Daimler und schließt die Voruntersuchung ab – und eine Woche später erhebt Staatsanwalt Schindler auch schon die Anklage.

Vergeblich hatte Proksch zuvor sogar noch von Manila aus diese Entscheidung hinauszuzögern versucht, indem er seinen Helfern in der Wiener Regierung und in der Oberstaatsanwaltschaft durch befreundete Journalisten, die er – nach erfolgter Gesichtsoperation – auf den Philippinen empfing, per Zeitungs-

SICHERHEITSDIREKTION
FÜR DAS BUNDESLAND
NIEDERÖSTERREICH
1032 Wien, Oberzellergasse 1
Tel. 73 35 81

GZ P 6583/83-SK/5   Wien, am 15. März 1988

PROKSCH Udo Rudolf ua,
Verdacht des Betruges

Hausdurchsuchung in
Paasdorf - Schloßgebäude

B e r i c h t
=============

Am 15.3.1988 wurde aufgrund eines Hausdurchsuchungsbefehles
des Landesgerichtes für Strafsachen Wien, Zl. 21b Vr 8024/84
vom 14.3.1988, eine Hausdurchsuchung im Objekt Paasdorf Nr. 2
(Schloßgebäude), Bez. Mistelbach, vorgenommen.

Mit Beschlagnahmebestätigung Nr. 051830, Blatt 18, wurden
folgende Unterlagen sichergestellt:

6	1 Broschüre 'Das III. Reich' 2/74, handschriftliche Aufzeichnungen - Tel.Nr.
7	1 Blatt Blankogeschäftspapier PINOSA, Gekritzel
8	1 Blatt mit unleserlichen handschr. Aufzeichnungen (Bleistift)
9	2 Zettel 'von Dagobert Lindlau' mit handschriftlichen Aufzeichnungen
10	1 Kuvert mit handschriftlichen Aufzeichnungen - Tel.Nr.
11	1 Zettel mit handschriftlichen Aufzeichnungen unleserlich 'Tätige Reue'
12	1 Folie mit Zeitungsartikel Profil 2/88, LINGENS, betr. Simon Wiesenthal in Ablichtung mit Hervorhebungen und handschriftlichen Aufzeichnungen, weiters Ablichtung Zeitungsartikel der Wiener Zeitung betr. Neujahrsansprache des Bundespräsidenten Dr. Kurt WALDHEIM, sowie 1 maschinengeschriebenes Blatt 'Kardinal KÖNIG, Altbundeskanzler Dr. KREISKY, LINGENS, DEIX, SCHLIESSER etc.'

Vom Lagerraum für die Heizkessel führt ein schmaler Gang
unterirdisch über mehrere Kellergewölbe ins Freie -
Schacht etwa 30 m vor dem Schloßgebäude als 2. Zugang.
In den Kellergewölben wurden Grabungsstellen wahrgenommen,
die den Anschein erweckten, als sei dort etwas ausgegraben
worden. Das ausgehobene Erdreich lag aber bestimmt schon
länger als einige Wochen.

                        (FITZINGER, GrInsp)

                        (SULZER, BezInsp)

                        (SCHALHAAS, RevInsp)

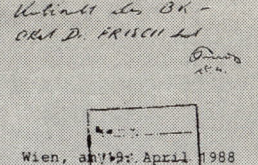

*Urschrift des BK -
ORA D. FRISCH...*

Zl.: 71127/1-BM/83

Wien, am 19. April 1988
BM/Kr

zuständigen Fachabteilung meines Ressorts sofort die
internationale Fahndung im Bereich aller Mitglieds-
staaten der Internationalen Kriminalpolizeilichen
Organisation (INTERPOL) veranlaßt wurde.

Ich darf Ihnen versichern, daß in der Folge alle Mittel
und Wege ausgeschöpft wurden bzw. auch in Zukunft alle
Maßnahmen ergriffen werden, um die erlassenen Haftbefehle zu realisieren.

Ich hoffe, Ihnen mit dieser Mitteilung gedient zu haben
und verbleibe

mit besten Grüßen

Ihr

Karl Blecha

Bu...
Ge...   AV

Zl. 1 153 381/13-81/013 (....)
STA Dr.Schindler teilt soeben fernmündlich mit, daß nach einem
eingegangen sicheren Hinweis sich PROKSCH Udo morgen den 25.3.1988
um 14.00 Ortszeit im RAMADA-CENTER, Manila, Pedro Gil.Street
Zimmer 2105 mit einem Journalisten aus Wien treffen wird.

Wien, am 24.März 1988
Reg.Rat. PAYER

105

```
zczc amss vienne 014 230488 0845 tokyo  016 230488 0842
rr vienne
..

ip manila  nr 259  w 100  22/0630 gmt

ip vienna

ncb/359/88/mnl/3f stop
this ncb received confidential information that one udo proksch
alias serge kirchofer, born 29 may 1934 is wanted by your
government for alleged premeditated murder of six sailors
committed in january 1977 and attempted insurance fraud amounting
to several million swiss franks for sinking a commercial
vessel somewhere in indian ocean with use of explosive device,
and is allegedly in hiding in the philippines stop
please inform us if subject is indeed wanted in your country stop
affirmatively, please furnish us with a brief summary of his
 case and provide us his photograph, fingerprints and passport
no. stop  end
ip manila

nnnnjjjj:
ŵ
55521 oeq

55510 fsb
```

REGUB IN ÖSTERREICH 2 5 APR. 1988 Ausdruck

ÜBERSETZUNG

IP Manila   FT 259   22.4.88
                              (eing. 23.4.)

IP Wien

NCB/359/88/MNL/3F

Unser LZB erhielt vertrauliche Informationen, daß
ein Udo PROKSCH, alias Serge KIRCHHOFER, geb. 29.5.34,
von Ihren Behörden gesucht wird wegen angebl. vorsätzlichen Mordes an 6 Seeleuten, begangen im Jan. 77,
sowie wegen versuchten Versicherungsbetruges über
mehrere Millionen Schweizer Franken durch Versenken eines
Frachtschiffes irgendwo im Indischen Ozean mittels
Sprengvorrichtung, und daß er sich angebl. auf den
Philippinen verborgen halten soll.

Teilen Sie uns bitte mit, ob Genannter in Ihrem Land
wirklich gesucht wird.
Zutreffendenfalls kurzer Sachverhalt, ED-Material
und paß-Nr. erbeten.
Ende

IP Manila

interview ausrichten ließ, er sei schwer krank, im Augenblick nicht transportfähig und deshalb an seiner Rückkehr gehindert, aber keineswegs sei er geflüchtet, wer das behaupte, sei ein Lügner.

Auch für den 25. März, 14 Uhr Ortszeit, ist in Manila wieder eine Zusammenkunft Udo Prokschs mit einem österreichischen Journalisten geplant. Ort der Begegnung: das Zimmer 2105 im Ramada-Center in Manila.

Staatsanwalt Robert Schindler ist Zeitpunkt und Ort des vereinbarten Treffens schon zwei Tage vorher bekannt. Jetzt müßte, so meinte der Staatsanwalt, nur noch ein Kriminalbeamter nach Manila entsandt werden – und Proksch wäre in Zusammenarbeit mit der philippinischen Polizei relativ leicht zu verhaften. Aber wieder ist es der leitende Oberstaatsanwalt Schneider, der per Weisung ebenso wie das Innenministerium die Entsendung eines Beamten nach Manila untersagt und damit eine mögliche Festnahme und Auslieferung des flüchtigen Udo Proksch verhindert.

Kurze Zeit später entdeckt ein Beamter der Bayerischen Grenzpolizei, der sich auf den Philippinen auf Urlaub befindet, zufällig wieder eine Spur des Geflüchteten. Kostenlos gibt der bayerische Grenzer dem österreichischen Innenministerium danach ein paar Tips.

Es sei völlig aussichtslos, meint der Mann, der die philippinischen Verhältnisse kennt, auf eine Festnahme oder gar Auslieferung Udo Prokschs auf dem üblichen Interpol-Weg zu hoffen, da dort jeder Polizeibeamte leicht bestochen werden könne.

Für 2,80 DM pro Mann könne man sich auf den Philippinen Soldaten zum persönlichen Schutz anmieten, die jeweiligen Inselkommandanten üben das Recht nach eigenem Ermessen aus und bestreiten ihren Lebensunterhalt vorwiegend aus Schmiergeldern.

Diese Mitteilung ermuntert Innenminister Blecha gleich, seine Fahndungsmaßnahmen über Interpol rasch zu intensivieren und einen Bericht über die Intensität und Effizienz der von ihm eingeleiteten Maßnahmen zu verfassen. Darin stellt Karl Blecha fest, daß die Fahndung nach Udo Proksch über das Interpol-Funknetz schon seit Wochen mit höchster Dringleichkeitsstufe erfolge. Permanent werde insbesondere Interpol Manila über alle vorliegenden Erkenntnisse informiert. Dieses Schreiben unterzeichnet der Innenminister am 19. April.

Exakt vier Tage später stolpert im Innenministerium ein Beamter über ein soeben von Interpol Manila eingelangtes Fernschreiben, in dem es wörtlich heißt:

»An Interpol Wien. Unser Landeszentralbüro erhielt eine vertrauliche Information, wonach ein gewisser Udo Proksch alias Serge Kirchhofer, geboren am 29. 5. 1934, wegen vorsätzlichen Mordes an 6 Seeleuten, begangen im Jänner 1977 . . . irgendwo im Indischen Ozean, von Ihren Behörden angeblich gesucht wird. Angeblich soll er sich auf den Philippinen verborgen halten.

Bitte teilen Sie uns mit, ob der Genannte in Ihrem Land wirklich gesucht wird.

Zutreffendenfalls kurzer Sachverhalt, Foto, Fingerabdrücke und Paß-Nummer erbeten. Ende. Interpol Manila.«

II.

DIE HELDEN SIND MÜDE

*Wir haben das Privileg gehabt, das Innere
der Macht in Österreich zu studieren.
Und was wir da gesehen haben,
hat die allerschlimmsten Beschreibungen
über die Zustände in diesem Land
übertroffen.
Das war ein Bild, wo jeder von jedem
abhängig ist, wo jeder jedem dienstbar ist,
wo der Oberstaatsanwalt für den Minister,
der Minister für den Staatspolizisten
und der Staatspolizist für den
Versicherungsbetrüger da ist.*

Peter Pilz

Die Stapo hat Hochbetrieb

In der Öffentlichkeit wird es bald nach Udo Prokschs Flucht wieder still um den »Fall Lucona«. Die Medien beruhigen sich rasch.

Es scheint so, als wären nicht nur sehr viele Politiker, sondern auch manche einflußreiche Medienmacher froh, daß der Stein des Anstoßes rechtzeitig verschwand. Das beruhigt das Gewissen.

Schließlich hat man ja auch vor allem von Seiten der Journalistik den »kreativen Tausendsassa« so lange hofiert und seine Einfälle beklatscht, bis dieser glaubte, tatsächlich der Größte zu sein.

Über die beiden Hauptangeklagten in der Affäre um die »Bundesländer-Versicherung« wird im Juni 1988 das Urteil gesprochen. Ex-Generaldirektor Kurt Ruso erhält sieben Jahre Haft, der Versicherungsangestellte Walter Bachmayer wird zu acht Jahren verurteilt.

In den Sommermonaten wird Hans Peter Daimler in Deutschland gelegentlich von Bekannten gesehen.

Am 18. August 1988 ersucht das Justizministerium die deutschen Behörden um die Übernahme von Daimlers Strafverfolgung, zieht dasselbe Ersuchen über Weisung des Ministers zwei Wochen später jedoch wieder zurück.

Offiziell bleibt der Proksch-Kompagnon ebenso unauffindbar wie der Hauptheld der Affäre, obzwar die Fahndung vom Innenministerium unter der Führung Karl Blechas natürlich »mit höchster Dringlichkeitsstufe« weitergeführt wird.

Sogar Eduard Zimmermann fahndet Anfang September in seiner Fernsehsendung »Aktenzeichen XY ungelöst« nach Udo Proksch. Auf dem für die Sendung vom österreichischen Innenministerium zur Verfügung gestellten Foto wird Udo Proksch allerdings nicht einmal von seiner eigenen Mutter wiedererkannt.

Ich selbst bin seit Monaten in ganz Österreich unterwegs und ziehe, einem Wanderprediger gleich, von Ort zu Ort, um Abend für Abend einer mit der Zeit immer größer werdenden Zuhörerschar die wahren Hintergründe des »Falles Lucona« zu schildern.

Nach Ablauf eines Jahres werden es genau 256 Vortrags- und Diskussionsveranstaltungen – mit insgesamt rund 150.000 Zuhörern aus allen Schichten der Bevölkerung – sein, die ich in ganz Österreich absolviere:

Festspielhaus Bregenz, Stadthalle Dornbirn, Stadthalle Feldkirch, Kongreßhaus Innsbruck, Kongreßhaus Salzburg, Kongreßhaus Villach, Konzerthaus Klagenfurt . . .

Und obwohl von den Veranstaltern in der Regel ein durchaus nicht geringer Eintrittspreis verlangt wird, sind die größten Veranstaltungssäle zumeist bis auf den letzten Platz besetzt, wenn ich erzähle, warum man Proksch und Daimler flüchten ließ. Zuhörerzahlen von tausend und mehr pro Abend sind keine Seltenheit.

Selbst in Pfarrsälen und Gasthäusern kleiner Dörfer kommen oft mehrere Hundert Menschen zusammen, um ihr Informationsbedürfnis in Sachen »Lucona« zu stillen, und alle diese Veranstaltungen haben einen einzigen Sinn:

Ich will erreichen, daß ein parlamentarischer Untersuchungsausschuß installiert wird, der das Fehlverhalten der Behörden in dieser beispiellosen Affäre nachweisen und das Ausmaß der Verwicklung von Politikern bloßlegen soll.

Daß diese »subversive« Tätigkeit freilich nicht von allen Vertretern der Staatsmacht goutiert wird, ist zu verstehen. Trotzdem denke ich mir zuerst nichts dabei, wenn ich gelegentlich merke, daß ein unauffälliges Auto hinter mir herfährt, von dem ich glaube, daß es mich auch schon am Vortag verfolgte.

Mit der Zeit fallen mir jedoch bei einigen meiner Auftritte jeweils immer wieder dieselben Gesichter im Publikum auf, und es sind leider – ich bedaure es sehr – keine Groupies, die mir vor lauter Begeisterung ob meiner Vortragskunst von Ort zu Ort nachfolgen, sondern meistens zwei auffällig unauffällig aussehende Männer, die beständig nervös um sich blicken, als ob sie ein schlechtes Gewissen hätten, während sie reichlich ungeschickt mit ihren kleinen Tonbandgeräten hantieren.

Damit ist es klar: Ich wurde zu einem Fall für die geheime Staatspolizei, die ab Februar 1988 offenbar jeden meiner Schritte überwacht und mich möglicherweise rund um die Uhr observiert.

Später werde ich freilich erfahren, daß meine Befürchtung jeder Grundlage entbehrte: Ich wurde niemals »observiert« und schon gar nicht »bespitzelt«, in Wahrheit ist vielmehr lediglich die »staatspolizeiliche Wahrnehmung« aller meiner Aktivitäten erfolgt – im Auftrag und über ausdrückliche Weisung des Herrn Innenministers persönlich.

Da ich ohnedies nichts zu verbergen habe, ist mir die »Wahrnehmung« meiner Aktivitäten durch die Staatspolizei in der Folge nicht weiter unangenehm.

Im Gegenteil: Ich fühle mich dadurch sogar in gewisser Weise beschützt, denn die mit meiner »Beobachtung« betraute Abteilung II/7 des Staatspolizeilichen Dienstes (Gruppe C) im Bundesministerium für Inneres, deren Aufgabe die »Wahrnehmung staatsfeindlicher Vorgänge, Koordination und Lenkung der Maßnahmen zur Aufrechterhaltung der staatlichen Sicherheit« ist, nimmt ihre Arbeit sehr ernst.

Daß sie sich bei dieser im Interesse der Staatssicherheit so bedeutenden Aufgabe natürlich auch der jeweiligen Sicherheitsdirektionen für jedes Bundesland und der Staatspolizeilichen Abteilungen aller Bundespolizeidirektionen bedient, ist selbstverständlich.

Allerdings bringen die Befassung so vieler Dienststellen einerseits und die Dringlichkeit der Erledigung andererseits auch einige Nachteile mit sich.

So lautet ein Auftrag zum Beispiel, den Inhalt aller meiner Vorträge »unter Verwendung von Tonbandgeräten möglichst detailliert festzuhalten« und darüber auf dem geheimen Meldeweg, wie das so hübsch heißt, an die Abteilung II/7 zu berichten.

Von dort ist dann jeder Bericht an das Kabinett des Herrn Bundesministers weiterzuleiten, wobei das Problem darin liegt, daß »das Ministerbüro immer alles am gleichen Tag haben möchte«, wie sich ein mit meiner Observierung befaßter Staatspolizist in einem Aktenvermerk wegen des großen Arbeitsanfalls ausdrücklich beklagt.

Wegen des dringenden Informationsbedürfnisses des Herrn Blecha sind die armen Staatspolizisten allerdings auch immer zu nächtlichen Überstunden gezwungen.

So heißt es etwa am Ende sehr vieler Berichte: »Dienstantritt: 18.30 Uhr – Dienstende: 23.30 Uhr – Dienstende nach Bericht: 03.15 Uhr.« Immerhin werden von manchen meiner Vorträge bis zu 20seitige Niederschriften verfaßt.

Und Pannen passieren bei dieser Hektik zu allem Überfluß auch noch. So kommt es gelegentlich vor, daß einer der staatspolizeilichen Überwachungsberichte von irgendeinem der mit der weiteren Bearbeitung befaßten Beamten in der Eile falsch adressiert wird – und ich selbst finde am nächsten Tag in meinem Briefkasten eine Kopie vor.

Das versetzt mich wenigstens gleich in die Lage, mir ein Urteil über die geleistete Arbeit der Stapo-Beamten zu bilden, die – mit Verlaub – sehr unterschiedlich ist.

Während in manchen Bundesländern meine Überwachung wirklich bestens funktioniert, herrschen in anderen Unaufmerksamkeit und Schlamperei vor.

Zum Beispiel in Oberösterreich: Hier gibt es offenbar Beamte im staatspolizeilichen Dienst, die ihre Aufgabe entweder nicht ernst genug nehmen oder schlicht überfordert sind.

Ein gutes Dutzend meiner Auftritte in Oberösterreich werden von der Stapo glatt übersehen, worauf man bei der Abteilung II/7 in Wien verständlicherweise zu rotieren beginnt und Rechenschaft verlangt.

Gleich mit vollen drei Tagen Verspätung schickt etwa die BPD Wels ein Fernschreiben nach Wien, das sofort dem »Herrn

114

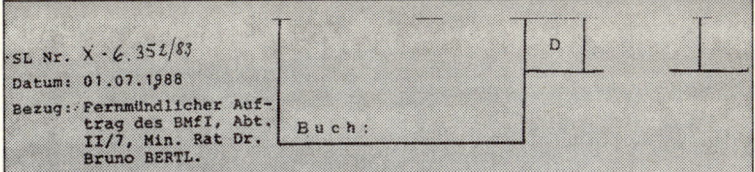

·SL Nr. X - 6.35 2/83
Datum: 01.07.1988
Bezug: Fernmündlicher Auf-
       trag des BMfI, Abt.
       II/7, Min. Rat Dr.   B u c h :
       Bruno BERTL.

D

Gegenstand:

PRETTEREBNER Hans,

Vortrag im Kongreßhaus in Salzburg zum Thema
"DER FALL LUCONA-EIN SITTENBILD DER ZWEITEN REPUBLIK".

Sachverhalt:

Am Mittwoch, den 29.06.1988, in der Zeit von 20.00 bis
23.15 Uhr, fand im Europa-Saal des Kongreßhauses in Salzburg,
ein Vortrag durch Hans PRETTEREBNER zum Thema "DER FALL LUCONA-
EIN SITTENBILD DER ZWEITEN REPUBLIK" statt. Der Vortrag wurde
von ca. 900 bis 1000 Personen besucht. Seitens der Sicherheitsdirektion für das Bundesland Salzburg wurde über Weisung des
BMfI, Abteilung II/7, ein Kriminalbeamter zur stp. Überwachung
der Veranstaltung dienstkommandiert.

Ermittelt wurde:

Nach erfolgter Begrüßung der Zuhörer durch Hans PRETTEREBNER,
stellte dieser den zum Vortrag erschienenen Personen sein Buch
vor und machte für dieses in geeigneter Form Reklame. Sodann
kam er auf das angekündigte Thema zu sprechen und gab im Großen
und Ganzen den Inhalt seines Buches in gekürzter Form wieder.
Er schilderte den Lebenslauf von Udo PROKSCH, seine Verbindungen
zu östlichen Nachrichtendiensten, seine Rolle beim Technologietransfer, seine enge Verbindung zu SPÖ-Spitzenfunktionären,
seine Mitgliedschaft und Führerrolle im Club 45, den er mit
der italienischen Freimaurerloge P 2 verglich und wies dabei
Ablichtungen amtlicher Dokumente als Beweis vor. Er erwähnte die
Rolle des Heeresnachrichtenamtes und der österr. Staatspolizei
in dieser Affäre und las die Mitgliederliste des Club 45 vor.
Während seines Vortrages richtete PRETTEREBNER heftige Angriffe
gegen Nationalratspräsident Leopold GRATZ, Innenminister Karl
BLECHA, den Salzburger Sicherheitsdirektor Hofrat Dr. Günther
THALLER, den Leiter der Abt. I der Salzburger Sicherheitsdirektio
OR. Mag. Karl STÜRZENBAUM und den 1. Staatsanwalt beim LG Salzburg

versendet am :	REF.	LB
	videat	KANZLEI
	Chef	Pos. EA. Block
	EVIDENZ ausw.	einlegen Frist

115

⊕
410 minn

+eee powe nr 422 150488 1530=

01 wien bmi (abt 2/7)=

zum auftrag des bmfi, abt. roem 2/7, dr. bertl, vom 15.041988,
wird mitgeteilt, dass der autor des buches '' der fall lucona''
hans p r e t t e r e b n e r, ueber einladung der oevp - bez.
leitung wels und der buchhandlung kellner, wels etabl., am 12.04.
1988 um 19.00 uhr im theatersaal des hotel greif in wels einen vortrag ueber sein buch gehalten.
pretterebner zitierte ausschnitte des buches und diente der vortrag im allgemeinen als werbeveranstaltung fuer sein buch, welches
dann in fojer des theatersaales an die zuhoerer verkauft wurde.
an der veranstaltung haben ca. 600 personen teilgenommen. soweit
hier bekannt ist, hat pretterebner auch in grieskirchen oder ried/i
one eine derartige veranstaltung abgehalten.=

bpd wels
zahl: roem 1 - 450/88
gez.: dr. schweiger, rat+

+1540 powe nr 422⊕
410 minn

+eee soli nr 1555 |190488| 1345=

01 wien bmi (grp 2/c)=

betr.: anruf v. minrat dr. b e r t l bezgl. veranstaltungen
       von p r e t t e r e b n e r hinsichtlich des buches
       ''a f f a e r e l u c o n a'' im ho. ueberwachungsbereich

wie beim gok ried i. i. in erfahrung gebracht werden konnte, fand
am 24031988 in riedbergnfarrsaal/ried i.i., ein vortrag bzw.
praesentation des buches ''a f f a e r e l u c o n a'' durch
p r e t t e r e b n e r statt.
veranstalter war der akademikerbund und es nahmen ca. 400 personen
daran teil. dem gok grieskirchen war eine derartige veranstaltung
in ihrem bereich nicht bekannt./

BUNDESPOLIZEIDIREKTION LINZ
Staatspolizeiliche Abteilung

Linz, den .... 30. Mai 1988

Dienstbuch
vorgemerkt: .*3f.*.*V*. .*?.^.*....
D I E N S T : *B3.LAHG*......
....

Betreff: Vortrag im
Kaufm.-Vereinshaus des
Autors Hans PRETTEREBNER
über sein Buch
"Der Fall Lucona".

I N F O R M A T I O N

Der Autor und Herausgeber des Buches "Der Fall Lucona",
Hans P r e t t e r e b n e r, veranstaltet am

31. Mai 1988 um 19.30 Uhr

im Festsaal des Kaufmännischen Vereinshauses in Linz, Landstraße Nr.4
einen Vortrag mit anschließender Diskussion über das in seinem Buch
"Der Fall Lucona" behandelte Thema. Für den Vortrag sind folgende
Themenkreise angekündigt:

- Warum man Proksch und Daimler flüchten ließ
- Die wahren Hintergründe
- Der aktuelle Stand
- Politische Konsequenzen
- Diskussion

Der Eintritt ist frei, der Festsaal des KV umfaßt 686 Sitzplätze.
Über die zu erwartende Besucheranzahl liegen noch keine Informationen
vor.

Lang

Zahl:	Bundespolizeidirektion Linz Abtlg. I
	Eing.am 3 0. MAI 1988
	Zl. I- 4561/16/88

Leiter Abt. I.	
Polizeidirektor	
Journalbeamter	
Zl. d. SW	
Abt. III.	
Bericht an :	

PDL 357

117

Wien, am 11.4.1988

I -Pn 5050/IV/43/88

Betreff: Veranstaltung im NIG
        am 15.4.1988

A k t e n v e r m e r k

Auf einer Litfaß-Säule vor dem Juridicum, Wien 1.,
nahm ich ein Plakat der "Jes - Studenteninitiative" mit folgendem Text wahr:

"Club 45 - Gefahr für Österreich? Es spricht Hans
Pretterebner, Bestseller-Autor zum Thema: 'Lucona Affäre -

REPUBLIK ÖSTERREICH
Bundesministerium f. Inneres
Kabinett des Bundesministers
Eingel. 1 8. APR. 1988
Zahl 71122/1 Blg.

Information für den Herrn Bundesminister

Am 13. April 1988 teilte Oberkommisär Mag.
Schabenböck, Sekretariat des Herrn Polizei-
präsidenten, in Entsprechung des ho. Ersuchens
mit, daß der Autor des Buches "Der Fall Lucona",
Hans Pretterebner, am 15. April 1988, um 19.30 h,
im NIG, Hörsaal 1, einen Vortrag zum Thema:
"Club 45 - Gefahr für Österreich" halten wird.
Von der Abteilung I. der Bundespolizeidirektion
Wien werden 2 Kriminalbeamte entsendet werden.

Ergeht nachrichtlich an den Leiter des Büros für
Öffentlichkeitsarbeit, Herrn Dr. Karl Newole.

13. April 1988

(ORat. Mag. Bernkopf)

118

BUNDESPOLIZEIDIREKTION WIEN
Staatspolizeiliches Büro   Wien, am 16.4.1988

Zahl: I - 1401/30/88 res

Betreff: PRETTEREBNER Hans;
             Vortrag und Podiumsdiskussion
             zum Thema "Lucona Affaire-Ostspionage"
             im NIG der Universität Wien.

                    B e r i c h t
             ================================

Am 15.4.1988, in der Zeit von 19.45 bis 22.30 Uhr, fand im
Neuen Institutsgebäude, Hörsaal 1, ein von der "Jes- Studenteninitiative" initiierter Vortrag des Journalisten Hans
PRETTEREBNER zum Thema " Lucona Affaire-Ostspionage " statt.
Es waren ca. 450 Personen anwesend. Es handelte sich hierbei
vorwiegend um Studenten. Aus der dem Vortrag folgenden
Diskussion war ersichtlich, daß Vertreter aller politischen
Lager anwesend waren. Aus dem äußeren Erscheinungsbild und
den fallweise in fremdländischen Sprachen geführten Gesprächen
mehrerer Zuhörer kann geschlossen werden, daß diese Angehörige
von Staaten des Ostblocks waren. Mitglieder von diplomatischen
Vertretungen konnten nicht erkannt werden.

Um 22.30 Uhr mußte der Hörsaal 1 im NIG geräumt werden, da der
Veranstalter auf die Einhaltung der Schließungszeit des Gebäudes
bestand.
Vor dem NIG wurde in kleinen Personengruppen bis 23.10 Uhr
weiterdiskutiert, wobei auch PRETTEREBNER anwesend war.

Dienstantritt: 18.30 Uhr
Dienstende: 23.15 Uhr
Dienstende nach Bericht: 03.30 Uhr

                    Herbert Bründl;   Hannes Gschwendt,
                    BzI.   BzI.

BUNDESPOLIZEIDIREKTION WIEN
Staatspolizeiliches Büro   Wien, am 26.5.1988

27. MAI 1988

Zahl: I - 140./32/88 ~

Betr.:   PRETTEREBNER Hans;
          Buchpräsentation zum Thema:
          "Der Fall LUCONA" im Palais
          Rasumofsky.

                    B e r i c h t   27. Mai 1988

Am 26.5.1988, in der Zeit von 19.45 Uhr bis 23.00 Uhr, fand
im Palais Rasumofsky, in Wien 3., Rasumofskygasse 23-25, ein

- - -

Befragt, ob sich PRETTEREBNER vorstellen könne, daß sich
aufgrund seines Buches etwas in der Politik ändern würde,
gab dieser an, daß SINOWATZ bereits sein Amt verloren hat.
Ferner erklärte er, daß Nationalratspräsident GRATZ zwar
noch im Amt sei, dies jedoch nicht mehr lange sein dürfte.
In jedem anderen Land, so sagte er, wäre dies ein Ding der
Unmöglichkeit. Er erwähnte ferner, daß auch der Bundesminister für Inneres zurücktreten sollte bzw. müßte.
Diese Skandale sollten endlich aufhören, damit man sich
als Österreicher im Ausland nicht für sein Land schämen
müße.

Die Diskussion wurde um 22.30 Uhr beendet und wurden anschließend Erfrischungen gereicht. Weiters wurden noch
im kleinen Rahmen einige Fragen an den Buchautor gestellt.

Um 23.00 Uhr wurde der Vortragsabend für beendet erklärt.

Dienstantritt: 18.30 Uhr.
Dienstende: 23.30 Uhr.
Dienstende nach Bericht: 03.15 Uhr.

                              Winter, BzI.   Zehetmayr, BzI.

120

Bundesminister mit der Bitte um Kenntnisnahme« vorgelegt wird, und berichtet:
»Zum Auftrag des BMfI, Abt. II/7, Dr. Bertl. vom 15. 04. 1988, wird mitgeteilt, daß der Autor des Buches ›Der Fall Lucona‹, Hans Pretterebner, über Einladung der ÖVP-Bezirksleitung Wels und der Buchhandlung Kellner am 12. 04. 1988 um 19.00 Uhr im Theatersaal des Hotel Greif in Wels ... An der Veranstaltung haben ca. 600 Personen teilgenommen. Soweit hier bekannt ist, hat Pretterebner auch in Grieskirchen eine derartige Veranstaltung abgehalten ...
Eine weitere Veranstaltung fand am 24. 3. 1988 in Ried/I. statt – FS der SD OÖ folgt. Die SD OÖ wird versuchen festzustellen, ob auch noch in anderen Orten in OÖ Veranstaltungen abgehalten wurden.«

Nach einem Urgenz-Anruf aus dem Innenministerium »bezüglich Veranstaltungen von Pretterebner im ho. Überwachungsbereich« geht noch am selben Tag ein weiteres Fernschreiben mit der Erfolgsmeldung ab:
»Wie beim GPK Ried i. I. in Erfahrung gebracht werden konnte, fand am 24. 03. 1988 im Riedberg-Pfarrsaal ein Vortrag ... durch Pretterebner statt. Veranstalter war der Akademikerbund und es nahmen ca. 400 Personen daran teil. Dem GPK Grieskirchen war eine derartige Veranstaltung in ihrem Bereich nicht bekannt.
Betreffend eventueller weiterer derartiger Veranstaltungen im ho. Bereich werden entsprechende Erhebungen geführt und in der Folge berichtet.«

Prompt stellt sich nach wochenlangen weiteren Ermittlungen heraus, daß ich doch auch – ohne Wissen meiner »Beschatter« – in Grieskirchen gewesen sein muß.
Die Vollzugsmeldung wird am 22. 4. per Fernschreiben erstattet: »Bezug: Weisung der do. Abt. II/7 vom 19. 04. 88. Zum oa Bezug wird berichtet, daß am 17. 03. 88 mit Beginn um 20.00 Uhr im Gasthaus ›Zum weißen Kreuz‹ (Inhaber: Alois Zweimüller), Grieskirchen, Stadtplatz 4, eine Veranstaltung stattfand, an der ca. 350 geladene Personen teilnahmen.«

»Unter den Teilnehmern«, so konnte die Stapo schlußendlich gottseidank doch noch ermitteln, »befanden sich Mitglieder des Rotarier-Clubs, des Lions-Clubs und örtliche politische Prominenz ...«

Solche Unachtsamkeiten wie in Oberösterreich können in Wien nicht passieren, denn hier wissen auch hochrangige Staatspolizisten noch, daß man die Augen selbst in der Freizeit nicht schließen darf, wenn es den Staatsfeind zu beobachten gilt.

So setzt sich am 11. April 1988 der Leiter der Pressepolizei, Hofrat Dr. Berger, nachdem er bei einem Spaziergang durch die Stadt eine alarmierende Beobachtung gemacht hat, höchstpersönlich an die Schreibmaschine, um eine sowohl für den Generaldirektor für die öffentliche Sicherheit als auch für das Kabinett des Herrn Bundesministers bestimmte Mitteilung zu verfassen:

»Auf einer Litfaßsäule vor dem Juridicum, Wien 1«, berichtet er atemlos, »nahm ich ein Plakat der ›Jes-Studenteninitiative‹ mit folgendem Text wahr: ›Club 45 – Gefahr für Österreich?‹ – Es spricht Hans Pretterebner, Bestseller-Autor ... am 15. April 1988, 19.30 Uhr, im Neuen Institutsgebäude (NIG), Hörsaal 1.«

Sofort läßt daraufhin Minister Blecha durch seinen Sekretär Bernkopf den Wiener Polizeipräsidenten benachrichtigen. Dieser verständigt die Staatspolizeiliche Abteilung der Bundespolizeidirektion, erstattet Rückmeldung an das Ministerbüro, und am 13. April kann Blechas Sekretär beruhigt eine »Information für den Herrn Bundesminister« anlegen, daß »in Entsprechung des ho. Ersuchens« die Stapo am 15. April zwei Beamte zur Überwachung und »Wahrnehmung« meiner Aussagen ins NIG schicken wird.

Der Minister ist zufrieden und malt wie immer sein »Bl« auf den Aktenvermerk.

Auch aus Kärnten sind in bezug auf Engagement und Tatkraft bei der »Wahrnehmung« meiner Aufenthalte keine nennenswerten Versäumnisse zu vermelden.

Lediglich einmal – in Wolfsberg – kann mir mein Stapo-Schat-

Salzburg, am 30.06.1988

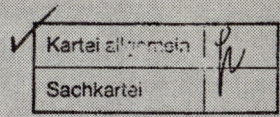
AKTENVERMERK

Bei der stp. Überwachung des Vortrages von H. PRETTEREBNER
am 29.06.1988 im Kongreßhaus in Salzburg, der unter dem Motto
"Der Fall Lucona" lief und in der Zeit von 20.00 bis 23.30 Uhr,
einschließlich Diskussion, stattfand, mußte beim mitgeführten
Aufnahmegerät das Tonband gewechselt werden. Während dieser
Zeit fielen mehrere wichtige, die ho. SID betreffende Aussagen.
Außerdem konnte auf Grund der langen Dauer des Vortrages und
anderweitigen Umständen nicht der gesamte Vortrag mittels
Aufnahmegerät aufgenommen werden. Um die fehlenden Passagen
einfügen zu können, wurde mit dem Redakteur des ORF, Dr. WEG-
SCHEIDER, der ebenfalls Ausschnitte des Vortrages aufnahm,
Rücksprache gehalten und erklärte sich dieser, im Falle der
Zustimmung seiner Vorgesetzten bereit, daß diesbezügliche Ton-
band am 01.07.1988 der ho. Stelle zur Verfügung zu stellen.
Aus den angeführten Gründen kommt es zu einer Verzögerung
der Berichterstattung.

Grat.

1.) SD z.K.
2.) zurück zu Grat.
32.6.

123

ten offenkundig nicht rechtzeitig folgen, sodaß die »inhaltliche Erfassung« des an diesem Abend gehaltenen Vortrages unterbleibt, worauf die Stapo-Zentrale in Wien auf dem »geheimen Meldeweg« nachfragt:

»Aus dem do. FS vom 21. 6. 1988 geht hervor, daß Obgenannter am 20. 6. 1988 in Wolfsberg einen Vortrag zum Thema ›Der Fall Lucona‹ hielt. Es wird gebeten, über den Inhalt des Vortrages zu berichten.«

Jetzt ist guter Rat teuer. Eine Anfrage der Sicherheitsdirektion beim Gendarmerieposten ergibt, daß nicht einmal zufällig ein Gendarm dabei war, und auch der Bezirkshauptmann muß passen, er war mit meinem Auftritt nicht befaßt.

Der Kärntner Stapo bleibt schließlich nichts anderes übrig, als nach Wien zu berichten:

»Über den von Hans Pretterebner in Wolfsberg gehaltenen Vortrag ›Der Fall Lucona‹ liegen ha. keine Erkenntnisse auf.

Am 16. 6. 1988 mit dem Beginn um 20.00 Uhr hielt der Obgenannte jedoch einen Vortrag in Klagenfurt, an dem ca. 1.000 Personen aus allen Bevölkerungsschichten teilnahmen.

Nach der Begrüßung der Zuhörerschaft begrüßte Hans Pretterebner besonders die anwesenden ›Staatspolizisten‹, die er in private Zuhörer und solche, die dazu abkommandiert wurden, trennte.

Ganz besonders begrüßte er jene, die ihm Innenminister Karl Blecha ›von Stadt zu Stadt nachschickt‹ . . .«

Die Tatsache, daß ich mich in aller Öffentlichkeit über die Stapo-Einsätze mokiere, ärgert den Kärntner Sicherheitsdirektor Dr. Pichler offenbar. Persönlich ordnet er daher die Intensivierung meiner Überwachung an.

Das einzige Problem, das sich daraus ergibt: die Arbeitsgeräte der Stapo-Beamten halten mit der Zeit offenbar den übermäßigen Einsatz nicht mehr aus.

So endet die schon zwei Tage zuvor dem Innenministerium voller Zuversicht angekündigte »inhaltliche Erfassung« meines geplanten Vortrages in Hermagor eher kläglich, was sich in einem »internen Krb-Bericht« folgendermaßen anhört:

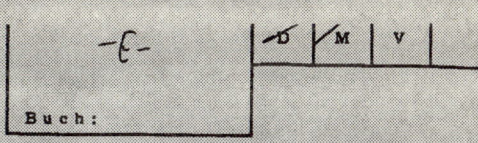

Buch:

KT - *17?/88*

Datu m: 2o. 7. 1988
Bezug: Z-D-9o.1?+78 vom 27. 6. 1988;

C
A

Gegenstand: PRETTEREBNER Hans;
hier: Vortrag zum Thema "Der Fall Lucona".

✓Über den von Hans PRETTEREBNER in Wolfsberg am 2o. 6. 1988
gehaltenen Vortrag "Der Fall Lucona" liegen ha. k e i n e
Erkenntnisse auf.
Am 16. 6. 1988 mit dem Beginn um 2ooo Uhr hielt der Obgenannte
jedoch einen Vortrag in Klagenfurt, an dem ca. 1,ooo Personen
als allen Bevölkerungsschichten teilnehmen.
Nach der Begrüßung der Zuhörerschaft begrüßte Hans PRETTEREBNER
besonders die anwesenden "Staatspolizisten", die er in private
Zuhörer und solche, die dazu abkommandiert wurden, trennte.
Gan. besonders er jene, die ihm Innenminister Karl BLECHA
"von Stadt zu Stadt nachschicke", in der Hoffnung, daß er sich doch
einmal "verplappere" und Namen nenne oder Hinweise liefere, die
Rückschlüsse auf seine geheimen Informanten zu seinem Buch zulassen würden;

In seinem Vortrag hielt sich PRETTEREBNER genau an die in seinem
Buch niedergeschriebenen Reihenfolge seiner Recherchen und der
Aufdeckung des Kriminalfalles "Lukona". Seine Ausführungen
waren lediglich Streifungen des Inhaltes seines Buch in ver-
kürzter Form. Der Vortrag selbst dauerte bis gegen 2145 Uhr.

./..

versendet am :	REF.	LB
	videat	KANZLEI
	Chef	Pos.
		EA. Block
	EVIDENZ ausw.	einlegen
		Frist

125

Interner Krb-Bericht

Zahl: I-515/88
Datum: 17.11.1988
DA.Nr.: 3/11 -I/D.

Betrifft: Lions-Club-Hermagor;
Vortragsabend von Hans
PRETTEREBNER über den
" Fall Lucona "

Am 17.11.1988, um 20.00 Uhr, begann im Rathaussaal in
Hermagor ein vom Lions-Club Hermagor veranstalteter Vortragsabend mit dem Autor des bekannten Buches "Der Fall Lucona"
vor ca. 300 Zuhörern. Auftragsgemäß hätte der Vortrag auf
Tonband aufgezeichnet werden sollen, doch war dies aus technischen Gründen nicht möglich. Abgesehen davon, daß das hier
zur Verfügung stehende UHER-Tonbandgerät dzt. defekt ist, bestand auch keine Möglichkeit zum geeigneten   Aufstellen im
Saal. Das eigene Kleintonbandaufnahmegerät des Unterfertigten
lief zwar etwa eine halbe Stunde mit, jedoch war ebenfalls
wegen eines technischen Defektes keine Wiedergabe vorhanden.
Der Vortrag von Hans P r e t t e r e b n e r beschränkte
sich jedoch ohnehin nur auf die bereits in seinem Buch "Der
Fall Lucona" beschriebenen Passagen. Einsichtlich der Person
des Bundesministers für Inneres, Karl B l e c h a , erwähnte
er jene angeblich von diesem über MR. Köck erteilte seiner
Meinung rechtswidrige Weisung, wonach den Sicherheitsbehörden
in Salzburg, bzw. Niederösterreich, jede weitere Ermittlungen
gegen Udo P r o k s c h und D a i m l e r untersagt worden
sei. Auch diese Aussagen sind in seinem Buch ausführlich beschrieben.
Interessant war jedoch die Forderung Pretterebeners, sowohl
der Innenminister Karl Blecha, als auch der Nationalratspräsident Leopold G r a t z sollten sich für die Dauer der Tätig-

Die allgemeine Reaktion des Publikums auf den Vortrag war heftige
Empörung über die im Vortrag angesprochenen Politiker.
Die Veranstaltung endete um ca. 23.30 Uhr ohne Zwischenfälle.

I/D.

REPUBLIK ÖSTERREICH
SICHERHEITSDIREKTION
für das Bundesland Kärnten

9010 KLAGENFURT, am 18. 1.1989
Postfach 373

Sachbearbeiter:

Zahl: I-515/89

Vortragstätigkeit des Buchautors
Hans PRETTERERNER;   *G*

fernmündlicher Vorausbericht vom 17. 1.1989.

p e r   T e l e k o p i e r e r

s o f o r t   v o r l e g e n

Bundesministerium für Inneres
Generaldirektion für die öffentl. Sicherheit
-- Gruppe C --
z.Hd.d. Gruppenleiters MR Dr. SCHULZ

Wie bereits fernmündlich berichtet, richtete der

3.) Die Berichterstattung an das Bundesministerium für
Inneres über diese Vorträge erfolgte wegen dessen kom-
petenzmäßiger Zuständigkeit für Delikte, die im Zusammenhang mit der Gefährdung der Staatssicherheit stehen. Diese

geartete Registrierung von Teilnehmern erfolgte.
Eine schriftlich Beantwortung des Schreibens von Dr. HOFER
halte ich nicht mehr erforderlich.

Anlagen: Sicherheitsdirektor
Artikel aus der Neuen
Kronen Zeitung vom 18.1.1989
ha. KPB Bericht v. 12.12.1988
ha. Veranstaltungsvorschau   (Dr. Pichler, Hofrat)
vom 12.12.1988
ha. Tagesbericht vom 13.12.1988
Schreiben des Abgeordneten
Dr. HOFER an den Gefertigten
vom 15.1.1989
Inserat (Neue Kronen Zeitung v. 18.1.1989)

127

»Am 17. 11. 1988, um 20.00 Uhr, begann im Rathaussaal in Hermagor ein vom Lions-Club veranstalteter Vortragsabend mit dem Autor des bekannten Buches . . .

Auftragsgemäß hätte der Vortrag auf Tonband aufgezeichnet werden sollen, doch war dies aus technischen Gründen nicht möglich. Abgesehen davon, daß das hier zur Verfügung stehende UHER-Tonbandgerät dzt. defekt ist, bestand auch keine Möglichkeit zum geeigneten Aufstellen im Saal.

Das eigene Kleintonbandaufnahmegerät des Unterfertigten lief zwar etwa eine halbe Stunde mit, jedoch war ebenfalls wegen eines technischen Defektes keine Wiedergabe vorhanden.«

Der inhaltliche Bericht fällt daher zwangsläufig relativ kurz aus. Immerhin aber faßt der Mann seinen Eindruck am Ende durchaus richtig zusammen, wenn er schreibt:

»Die allgemeine Reaktion des Publikums auf den Vortrag war heftige Empörung über die im Vortrag angesprochenen Politiker.«

Zwei Tage später, am Einsatzort »Kurhaus Seeboden«, ist das staatspolizeiliche Überwachungsgerät ärgerlicherweise noch immer defekt.

Aber da greift mein Beschatter zur Selbsthilfe. Kurz entschlossen läutet er den Haumeister des Gemeindeamtes Seeboden heraus, weist sich ordnungsgemäß als Organ des »staatspolizeilichen Überwachungs- und Informationsdienstes« aus, requiriert ein gemeindeeigenes Tonbandgerät Marke Philips, Type N 4415, um seines Amtes auftragsgemäß walten zu können.

Diesmal geht es tatsächlich gut, und schon kurze Zeit danach hat Innenminister Blecha drei Tonbandkassetten mit der Aufzeichnung meines Vortrags in Seeboden prompt auf dem Tisch.

»Solche Briefe bekomme ich jeden Tag!«

Sehr genau, ja beinahe penibel wird meine Stapo-Überwachung im Bereich des Bundeslandes Salzburg durchgeführt.
»Bezug: Fernmündlicher Auftrag des BMfI, Abt. II/7, Min. Rat Dr. Bruno Bertl«, heißt es da in einem der Berichte. Danach wird jedes Detail meiner staatsfeindlichen Umtriebe in der Mozartstadt beschrieben, und das liest sich so:
»Gegenstand: Pretterebner Hans... Sachverhalt: Am Mittwoch, den 29. 06. 1988, in der Zeit von 20.00 bis 23.15 Uhr, fand im Europa-Saal des Kongreßhauses in Salzburg ein Vortrag durch Hans Pretterebner zum Thema ›Der Fall Lucona – Ein Sittenbild der Zweiten Republik‹ statt.
Der Vortrag wurde von ca. 900 bis 1.000 Personen besucht. Seitens der Sicherheitsdirektion für das Bundesland Salzburg wurde über Weisung des BMfI, Abteilung II/7, ein Kriminalbeamter zur stp. Überwachung der Veranstaltung dienstkommandiert.
Ermittelt wurde: Nach erfolgter Begrüßung der Zuhörer durch Hans Pretterebner stellte dieser den zum Vortrag erschienenen Personen sein Buch vor und machte für dieses in geeigneter Form Reklame. Sodann kam er auf das angekündigte Thema zu sprechen und gab im großen und ganzen den Inhalt seines Buches in gekürzter Form wieder.
Er schilderte den Lebenslauf von Udo Proksch, seine Verbindungen zu östlichen Nachrichtendiensten, seine Rolle beim Technologietransfer, seine enge Verbindung zu SPÖ-Spitzenfunktionären, seine Mitgliedschaft und Führerrolle im Club 45, den er mit der italienischen Freimaurerloge P 2 verglich, und wies dabei Ablichtungen amtlicher Dokumente als Beweis vor. Er erwähnte die Rolle des Heeres-Nachrichtenamtes und der

österreichischen Staatspolizei in dieser Affäre und las die Mitgliederliste des Club 45 vor.

Während seines Vortrages richtete Pretterebner heftige Angriffe gegen Nationalratspräsident Leopold Gratz, Innenminister Karl Blecha, den Salzburger Sicherheitsdirektor Hofrat Dr. Günther Thaller, den Leiter der Abt. I der Salzburger Sicherheitsdirektion, OR Mag. Karl Stürzenbaum, und den Ersten Staatsanwalt beim LG Salzburg, EStA Dr. Heinrich Steinsky . . .«

Dreizehn Seiten umfaßt die staatspolizeiliche Kurz-Nacherzählung meiner Aussagen. Auffallenderweise fehlen in dem Bericht dann allerdings gerade die heftigsten Angriffe gegen den Innenminister. Ich verstehe zuerst nicht, warum. Gerade um diese zu dokumentieren, wurde der Mann doch dorthin abkommandiert.

Des Rätsels Lösung ergibt sich erst am Schluß, wo es dann kryptisch heißt: »Auf Grund des teilweise starken Applauses während des Vortrages sowie durch das verschiedentlich starke Gelächter der Zuhörer konnten verschiedene Abschnitte des Vortrages nur beschränkt mitgehört werden . . .«

Dennoch bringt mir die Veranstaltung in Salzburg beinahe ein weiteres Strafverfahren wegen »indirekter« Beleidigung des Salzburger Ersten Staatsanwaltes Heinrich Steinsky ein.

Dabei hat dieser Mann mit dem »Fall Lucona« direkt nicht einmal etwas zu tun, abgesehen davon, daß er in der Vergangenheit ein wenig mit den Anwälten von Proksch und Daimler konspirierte und bei der Gelegenheit dem Salzburger »Lucona«-Anzeigerstatter Dietmar Guggenbichler – der allerdings ein Fall für sich ist – ins Gehege kam.

Was mich nun dazu treibt, mich in Salzburg extra mit Herrn Heinrich Steinsky zu befassen, ist ein abenteuerliches Schreiben, das der Erste Staatsanwalt kurz vorher nicht etwa persönlich, sondern offiziell über die staatsanwaltschaftliche Dienstpost – also quasi als »offenen Brief«, den in der Folge Dutzende Personen lesen können – von besagtem Dietmar Guggenbichler zugeschickt erhielt.

»Sie sind das dümmste Stück Scheiße, das sich jemals erblö-

dete, den Beruf eines Juristen auszuüben«, heißt es in dem Brief. Und in der gleichen Tonart geht es weiter:
»Sie sind korrupt, manipuliert und sich Ihres Geistesdefizites voll bewußt ...
Daß Sie klein von Gestalt sind, dafür können Sie nichts, daß es in Ihrer Familie erbliche Geisteskrankheiten anscheinend gegeben hat, dafür kann man Sie auch nicht haftbar machen ...
Sie selbst sind einfach nur ein Arschloch. Sie haben nun bei mir zugegebenermaßen den Nerv getroffen. Und dafür werden Sie bezahlen.
Sie sind nämlich so dämlich, daß Sie aus Luft eine Anklage konstruieren ... Ihre Anklageschrift wimmelt wie immer von Vermutungen und Hypothesen, die tatsächlich nur einem geisteskranken Hirn entsprungen sein können.
Sie sind schlicht und einfach eine Schande für Ihren Berufsstand und eine Ohrfeige ins Gesicht aller um das Recht bemühter Staatsanwälte und Richter in Österreich.
Wenn Sie schon auf irgendwelche Damen mit der Flasche losgehen, dann sollten Sie sich auch über die Folgen bewußt sein ...
Sie Dreckschwein haben bereits im ›Fall Kaufmann‹ mit Aspöck Absprache gehalten wegen Nachtragsanzeige usw. ...
Sie, Herr Steinsky, sind ein Schwein und die letzte Dreckscheiße, die in Salzburg rumläuft, respektive ich habe kein größeres Stück Mist in Österreich bisher kennengelernt.
Sie, sehr verehrter Steinsky, leben absolut gefährlich, aber Gottes Mühlen mahlen langsam, und für mich sind Sie nur eine Gans, für die sicherlich auch der Martinstag eines Tages kommen wird.«
Mag sein, daß ich humorlos bin, wenn ich es schlicht entsetzlich finde, daß jemand einem Ersten Staatsanwalt in Österreich ein derartiges Schreiben wie im vorliegenden Fall vollkommen konsequenzlos übermitteln kann.
Vielleicht, so denke ich mir, als ich in Salzburg einen Teil des Briefinhaltes wiedergebe, bin ich bloß nicht fähig, die weise Taktik zu durchschauen, die hinter Steinskys konsequenter

REPUBLIK ÖSTERREICH
Der Leiter
der Staatsanwaltschaft Salzburg
jv 445 - 1/88

Salzburg, am 7. Juli 1988

Rudolfsplatz 2
A-5020 Salzburg

Briefanschrift
A-5010 Salzburg, Postfach 522

An die
Oberstaatsanwaltschaft

Telefon
0 66 2/84 25 31-0*
84 55 51-0*

Fernschreiber 33 69 82

L i n z
im Dienstweg

Sachbearbeiter

Oberstaatsanwaltschaft Linz   Klappe 470   (DW)

Eingel. am 1 1. JULI 1988 ___Uhr
___fach, mit ___ Beilagen ___Akt

Betrifft : Vortrag des Hans PRETTERESNER am 29.6.1988
          in Salzburg, Ehrenbeleidigungen gegen den
          Gefertigten

Anlage : Mitteilung der Sicherheitsdirektion für das
         Bundesland Salzburg mit Tonbandmitschrift vom
         5.7.1988
         Brief des Dietmar K. Guggenbichler an die Staats-
         anwaltschaft Salzburg "zHd.Herrn Steinsky" vom
         1.12.1987, je in Ablichtung

          Der Gefertigte legt in der Anlage die bezeichne-
ten Ablichtungen mit dem Ersuchen vor, im Hinblick auf
das öffentliche Interesse und die breite Öffentlichkeit

Dietmar K. Guggenbichler   Privatdetektiv

Ermittlungen weltweit

Holwiesenstrasse 6
CH-8630 Rüti ZH
Telefon 055/31 35 73

Staatsanwaltschaft Salzburg
zHd. Herrn Steinsky

Landesgericht

A-5020 *Salzburg*

8630 Rüti, *1. Dezember 1987*

Ihre übliche dämliche Anklageschrift habe ich nun erhalten. Sie sind das
dümmste Stück Scheisse, das sich jemals erblödete, den Beruf eines Juristen
auszuüben. Sie sind korrupt, manipuliert und sich Ihres Geistesdefizites voll

132

bewusst, aber nichts desto trotz, sind Sie nur in der Lage Ihre Frustration und Ihr absolutes Nichtskönnen dadurch zu kompensieren, dass Sie unliebsame Leute mit dämlichen Strafanzeigen verfolgen, um irgendwelchen korrupten und versauten Politikern Handlangerdienste zu leisten. Dass Sie klein von Gestalt sind, dafür können Sie nichts, dass es in Ihrer Familie erbliche Geisteskrankheiten anscheinend gegeben hat, dafür kann man Sie auch nicht haftbar machen - ich denke dabei unter anderem an Ihren Bruder - oder war es Ihre Mama? Sie selbst sind einfach nur ein Arschloch. Sie haben nun bei mir zugegebenermassen den Nerv getroffen. Und dafür werden Sie bezahlen.

Sie sind nämlich so dämlich, dass Sie aus Luft eine Anklage konstruieren, sich aber beim Prozess Kaufmann von sämtliche Lügen und Falschaussagen von Kaufmann erweichen liessen und absichtlich und bewusst NICHTS dagegen unternommen haben.

Dass dieser ständig besoffene Thaller und Stürzenbaum falsche Aussagen tätigten, falsche Akten einreichten, die auf Weisung von Proksch, dem Minister und andere weitere Idioten, sprich Beamten gehandelt haben und noch immer handeln, das scheint Sie als Staatsanwalt nicht weiter zu stören. Ihre Anklageschrift wimmelt wie immer von Vermutungen und Hypothesen, die tatsächlich nur einem geisteskranken Hirn entsprungen sein können.

Sie sind schlicht und einfach eine Schande für Ihren Berufsstand und eine Ohrfeige ins Gesicht aller um das Recht bemühter Staatsanwälte und Richter in Oesterreich.

Wenn Sie schon auf irgendwelche Damen mit der Flasche losgehen, dann sollten Sie sich auch über die Folgen bewusst sein. Sie haben mich jetzt durch Ihre Unfähigkeit und Dummheit herausgefordert und es ist nur bedauerlich, dass Ihre vorgesetzte Dienststelle noch immer nicht bemerkt hat, welche totale Null und welchen Parasiten sie an ihrer Brust nährt.

Zusammenhalt im Bereich einer Gesellschaftschicht ist zwar wünschenswert und durchaus in Ordnung, aber es soll doch nicht so weit gehen, dass man Leute wie Sie - entgegen besseres Wissen - noch stützt und hält.

Sie Dreckschwein haben bereits im Fall Kaufmann mit Aspöck Absprache gehalten, wegen Nachtragsanzeige etc. Die Briefe sind in meinem Besitz. Sie, Herr Steinsky sind ein Schwein und die letzte Dreckscheisse, die in Salzburg rumläuft, respektive ich habe kein grösseres Stück Mist in Oesterreich bisher kennengelernt.

Sie, sehr verehrter Steinsky, leben absolut gefährlich, aber Gottes Mühlen mahlen langsam und für mich sind Sie nur eine Gans, für die sicherlich auch der Martinstag eines Tages kommen wird.

D. K. Guggenbichler

133

Nichtbeachtung der Verunglimpfungen durch Dietmar Guggenbichler steckt.

In meiner Verwirrung frage ich den Ersten Staatsanwalt persönlich, worauf der mir in bemerkenswerter Offenheit zur Antwort
gibt: »Ach wissen Sie, das nehme ich hin. Solche Briefe erhalte
ich fast jeden Tag.«

ÖVP: »Bitte helfen Sie uns!«

Unter der Oberfläche brodelt es zwar immer heftiger und die Empörung unter der Bevölkerung über die unhaltbaren Zustände in unserem Land nimmt von Woche zu Woche größere Ausmaße an, dennoch scheint der »Fall Lucona« politisch auf Grund der Ortsabwesenheit seiner Protagonisten zunächst schon im Sommer 1988 ausgestanden zu sein.

Umso überraschter bin ich, als sich plötzlich ein Herr Doktor Kneifel aus der ÖVP-Zentrale bei mir meldet und »im Auftrag des Herrn Vizekanzlers und ÖVP-Bundesparteiobmannes« artig um einen Gesprächstermin nachsucht.

»Der Herr Vizekanzler läßt Sie herzlich bitten, ob Sie uns helfen könnten? Wir haben ein Problem!« versucht der ÖVP-Abgesandte gleich zum Kern der Sache zu kommen, als wir uns ein paar Tage später gegenübersitzen.

»Nur eines?« frage ich sanft.

Aber der Mann ist, scheint es, nicht zum Scherzen aufgelegt, also lasse ich mir »das Problem« kurz schildern.

Es sind meine Vorträge, wie sich bald herausstellen soll: Die Parteibasis sei beunruhigt. Die Funktionäre wüßten keine Antwort mehr.

Wenn die ÖVP nicht bald etwas im »Fall Lucona« unternehme, dann verliere sie ihre Glaubwürdigkeit. Vor allem aus den Bundesländern werde der Druck immer stärker.

Selbst eine Reihe von Abgeordneten hätte schon in der Bundesparteileitung angefragt, »ob der Pretterebner etwa gar recht hat mit seiner Behauptung, die ÖVP unternehme nur deshalb nichts im ›Fall Lucona‹, weil sie selbst mindestens ebenso viel Butter am Kopf hat wie die SPÖ?«

»Ja«, kann ich nicht umhin, ihm beizupflichten, »das werden

sich viele bisherige ÖVP-Wähler bald denken. Und die ÖVP wird bei den nächsten Wahlen möglicherweise mehr Stimmen verlieren als die SPÖ, obwohl sie am ›Fall Lucona‹ zufälligerweise keinerlei direkte Schuld trifft.«

Der kleine ÖVP-Sekretär ist erschüttert: »Und was müßten wir tun, damit diese Katastrophe nicht eintritt?«

Das sei ganz einfach, erwidere ich geduldig, »die ÖVP muß nur endlich – wie ich es seit Monaten Abend für Abend verlange – dafür sorgen, daß ein parlamentarischer Untersuchungsausschuß die politischen Verantwortlichkeiten für diesen Jahrhundertskandal untersucht!«

Und weil ich ein freundlicher Mensch bin, liefere ich auch noch das Rezept, wie die ÖVP argumentieren müßte, um die Zustimmung des Koalitionspartners zu erreichen, denn natürlich weiß ich, daß es diesbezüglich ein Koalitionsabkommen gibt, das einen Alleingang bei Untersuchungsausschüssen untersagt.

Der ÖVP-Abgesandte versteht und verabschiedet sich. Er werde dem Herrn Parteiobmann berichten.

Eine knappe Woche später werde ich telefonisch zu einer Fortsetzung des Gesprächs geladen. Es soll diesmal auf »neutralem« Boden stattfinden, worunter man in der ÖVP die Kanzlei des »Bundesländer«-Anwalts Werner Masser versteht.

Dort sitzt uns Ernst Streeruwitz, der Leiter der Abteilung »Politik« in der ÖVP-Bundesparteileitung, gegenüber. Natürlich plädiere ich erneut für den Untersuchungsausschuß.

»Dem würde die SPÖ niemals zustimmen!« wischt Streeruwitz meine Idee gleich vom Tisch.

Ich widerspreche behutsam und versuche zu erläutern, warum die SPÖ bald in der Situation sein wird, einem solchen Untersuchungsausschuß ihre Zustimmung geben zu müssen.

»Um Gottes Willen«, wendet sich der in der Wolle gefärbte ÖVP-Mann daraufhin ab – und das nackte Entsetzen spricht aus ihm:

»Das wäre ja noch schlimmer! Denn dann müßten womöglich auch wir unsere Zustimmung geben, wenn im Gegenzug ein

Untersuchungsausschuß zur Klärung beispielsweise des ›Bundesländer‹-Skandals verlangt würde.«

Sodann sehe ich sofort, daß dieser Mann ein politischer Profi ist. Er leugnet nicht einmal, daß es der ÖVP keineswegs um die tatsächliche Aufklärung der skandalösen Vorfälle, sondern nur um eine Alibi-Aktion zur Beruhigung der eigenen Wählerschaft geht.

»Wir haben uns entschieden«, kürzt Streeruwitz die Diskussion schließlich ab, »und uns entschlossen, einige scharf formulierte parlamentarische Anfragen zu stellen.« Darüber könnte einerseits die SPÖ nicht verstimmt sein, und es sollte andererseits wohl genügen, um den Wählern zu zeigen, daß die ÖVP tatsächlich keineswegs untätig sei.

Für mich ist damit der Zeitpunkt gekommen, diese gespenstische Unterhaltung sehr rasch zu beenden. Fröstelnd verlasse ich den Ort des Geschehens.

Am 19. September entschließe ich mich kurzerhand, FPÖ-Obmann Jörg Haider anzurufen: Ich hätte gehört, daß er einen Antrag auf Einsetzung eines Untersuchungsausschusses zur Klärung des »Bundesländer«-Skandals plane.

Haider bejaht.

»Und«, frage ich, »was ist mit ›Lucona‹? Darauf werden Sie doch nicht vergessen wollen, nur weil da auch Ihr Parteifreund Ofner ein bißchen involviert ist?«

Die Schrecksekunde dauert nicht lang. Der FPÖ-Obmann weiß natürlich selbst längst, welche politische Sprengkraft im »Fall Lucona« steckt. Schließlich stehen in Niederösterreich Landtagswahlen vor der Tür, und er sieht sich tagtäglich mit der wachsenden Empörung der Bevölkerung konfrontiert.

»Könnte man denn einen Untersuchungsausschuß zur Klärung beider Skandale beantragen?« fragt der FPÖ-Obmann.

»Na, und ob!« sage ich, »die hängen doch auch in Wirklichkeit eng miteinander zusammen.«

Am nächsten Tag sitzt Jörg Haider bei mir im Büro, wir gehen den Fall kurz durch und ich überlasse ihm ein paar meiner Recherche-Unterlagen.

Am 27. September bringen die Abgeodneten Dr. Haider und Dr. Helene Partik-Pablé den Antrag auf Einsetzung eines Untersuchungsausschusses zur Aufklärung dieser beiden Affären tatsächlich ein.

In der Debatte, die dem Antrag im Parlament folgt, zeigt sich die ÖVP-Fraktion erbost:

»Untersuchungsausschüsse werden eingesetzt zur Kontrolle der Vollziehung«, donnert der ÖVP-Abgeordnete Khol in den Sitzungssaal, »Untersuchungsausschüsse kontrollieren die Regierung, kontrollieren aber nicht die Gerichte.

Wir halten an unserer Linie fest: Wenn Vorwürfe von Gerichten abgehandelt und wenn sich im Zuge dieser gerichtlichen Verfahren Hinweise auf politische Verantwortlichkeiten ergeben, nur dann stimmen wir einem Untersuchungsausschuß zu!

Wir sind für Untersuchungsausschüsse, aber wir sind nicht für politische Paralleljustiz.

Zwei Fragenkomplexe werden in diesem Antrag durcheinandergeworfen nach dem Motto: Paprika ist gut. Schlagrahm ist gut, wie gut muß erst Paprika mit Schlagrahm sein.

Wir stimmen einem Untersuchungsausschuß ... nicht zu, weil die Gerichte arbeiten.«

Daß die ÖVP diesen Antrag ablehnen würde, war natürlich von Anfang an klar.

Danach meldet sich Peter Pilz von den GRÜNEN zu Wort:

»Ganz Österreich glaubt heute, daß die Causa Bundesländer-Versicherung und die Causa Proksch-Lucona parteipolitisch zum Himmel stinken und daß sie in diesem Parlament untersucht werden müssen.

Es besteht in der Öffentlichkeit, in der öffentlichen Meinung kein Zweifel mehr an der Verbandelung von Bundesländer-Versicherung und ÖVP, von Lucona und SPÖ.

Immer mehr Leute glauben, daß es hier einen politischen Abtausch gegeben hat, einen Abtausch zwischen SPÖ und ÖVP.«

Dann ist die SPÖ-Fraktion an der Reihe.

Aber jetzt passiert etwas Erstaunliches: Die SPÖ lehnt den Antrag der Freiheitlichen nicht etwa auch ab, so wie es die ÖVP tut. Nein, sie will in dieser für sie politisch ohnehin schon kaum noch erträglichen Situation niemandem das Argument liefern, eine parlamentarische Klärung des »Falles Lucona« verhindern zu wollen – und gegen eine Untersuchung des »Bundesländer«-Skandals kann die SPÖ natürlich auch nicht gut sein, ohne auf völliges Unverständnis bei ihren eigenen Wählern zu stoßen.

Also zieht sie sich aus der Affäre, indem sich sämtliche SPÖ-Abgeordneten geschlossen der Abstimmung durch Verlassen des Sitzungssaales entziehen.

Mit dieser Stimmenthaltung ist die SPÖ Jörg Haider allerdings prompt ins offene Messer gelaufen, sie weiß es zu diesem Zeitpunkt nur noch nicht.

Der nächste Antrag, den die FPÖ, nach der Landtagswahl, stellen wird, liegt jetzt klar auf der Hand: ein Untersuchungsausschuß nur zur Klärung des Falles Lucona.

Die SPÖ würde sich wieder zumindest der Stimme enthalten müssen – oder riskieren, ihr Gesicht zu verlieren.

Aber wie wird die ÖVP reagieren? Würde die ÖVP einen Untersuchungsausschuß zur Klärung des »Falles Lucona« ablehnen können, wenn nicht einmal die SPÖ das tut? Selbst die treuesten ÖVP-Wähler würden ihr so eine Peinlichkeit wohl nie verzeihen.

Und so liegt es auf der Hand, daß SPÖ und ÖVP, um die Koalition zu retten, in Kürze schon die Flucht nach vorn antreten müssen – ob es ihnen angenehm ist oder nicht.

SPÖ: »Einen notorischen Lügner entlarven!«

Auch noch im Oktober 1988 reist Hans Peter Daimler trotz des gegen ihn erlassenen internationalen Steckbriefes ungehindert in Deutschland herum. Die deutschen Behörden sehen keinen Grund, etwas gegen ihn zu unternehmen.
Kein Wunder. Sie betrachten die Zurücknahme des Ersuchens um Strafverfolgung durch das österreichische Justizministerium als Ausdruck des schlechten Gewissens und wollen nicht päpstlicher sein als der Papst.
Einmal mehr ist es Lucona-Kapitän Jacob Puister, der in dieser Situation die Initiative ergreift, von Costa Rica nach Wiesbaden reist und gegen Daimler nun auch in Deutschland eine Strafanzeige wegen sechsfachen Mordes erstattet.
Eine Woche später tut sich plötzlich auch in Österreich wieder etwas: Untersuchungsrichter Tandinger leitet gegen den dem ÖB angehörigen Bundesheer-Major Hans Edelmaier eine gerichtliche Voruntersuchung ein, worauf dieser anläßlich eines Lokalaugenscheins auf dem Truppenübungsplatz Hochfilzen am 12. Oktober 1988 prompt ein Teilgeständnis ablegt und zugibt, Udo Proksch anläßlich der berühmten »detonationsmechanischen Übungen« vor dem Auslaufen der »Lucona« im Auftrag des damaligen Verteidigungsministers eine größere Menge Sprengstoff überlassen zu haben.
»In bezug auf den Truppenübungsplatz Bruckneudorf gebe ich an«, packt Major Edelmaier im Verlauf der fast zwölfstündigen Vernehmung weiter aus, »daß nach Abschluß der Filmarbeiten und der Sprengversuche Udo Proksch an mich herangetreten ist und sagte, er möchte eine Trichterladung, weil sie ihm so gut gefällt.«
Jetzt ist endgültig Feuer am Dach. An ein Aussitzen des Lu-

Die Anhörung des Mjr EDLMAIER, TÜPl HOCHFILZEN

Die Geschichte stimmt insofern, als glaub ich im Jahr 1976 so im
Detail erinnere ich mich nicht mehr, 'eine Sprengung für eine Firma'
deren Repräsentant der Otto PROKSCH war, im TÜPl HOCHFILZEN durchgeführt wurde. Ich bin damals als Sprengbefugter auf eine ministerielle Weisung unterstellt worden. Ich war damals noch in ST. JOHANN/

Frage: Und wie war es dann mit den Journalisten, Namens PRETTEREBNER?
Antwort: Dieser hat Kontakt mit mir aufgenommen und wollte wissen oder
hat behauptet, er hätte von mir Foto wo ich in Geogia auf der
Lokona zu sehen wäre, das muß falsch sein oder gefälscht,
Da ich überhaupt auf keinem Schiff stand. PRETTEREBNER wollte
näheres wissen in Richtung ob ich bei der Sprengerei des
Schiffes meine Hände im Spiel gehabt hätte. Er ist also davon
ausgegangen, daß das Schiff gesprengt worden wäre. PRETTEREBNER
war anschließend noch einmal bei meiner Frau und hat ihr ein
Foto gezeigt, fragte diese ob ich auf dem Schiff erkennbar sei,
was verneint wurde. PRETTEREBNER war auch am TÜPl HOCHFILZEN,
Obst KALTNER könnte da vielleicht noch das eine oder andere er-
gänzen.

MILITÄRKOMMANDO
S A L Z B U R G   SALZBURG, 21 10 86
S 2

A K T E N V E R M E R K

Obst WANNER kann sich über den Vorgang noch erinnern, weil er
damals mit TÜPl viel zu tun hatte.

Lü hat mit PROKSCH eine Fa. PLASTIK CORPORATION gegründet, welche
Plastiksärge und -unterstände (wurden mit Beton ausgespritzt)
erzeugte. Lü hat sich in einem solchen Sarg fotografieren lassen.
E. der damals nach W. bereits am TÜPl war, hat PROKSCH keine
Sprenger ausgebildet und mitgewirkt. Zuneigung E. und P., da
beide gleich orientiert und interessiert.

Ein Reporter (Hans PRETTEREBNER) war mehrmals am TÜPl, der über
die Angelegenheit einschließlich E. ein Buch schreiben wollte,
- 5. Band einer Serie - die er dann auch geschrieben hat, aber
offensichtlich keinen Anklang fand.

Über HS nichts bekannt.

(JANDA, Obst)

LANDESGERICHT FÜR STRAFSACHEN WIEN, am 12.10.1988, um
08.45 Uhr, Strafsache gegen Major Johann   E d e l -
m a i e r :

Ich erinnere mich nicht daran, daß wir Panzerminen ver-
sprengt haben. Ich halte es nicht für ausgeschlossen, daß
die Panzerminen in dieser Zeit, es dauerte etwa noch eine
halbe Stunde bis zu Abfahrt, ohne meine Zustimmung in den
PKW des   P r o k s c h   verladen wurden. Nachdem ich
die Trichterladung zum PKW des   P r o k s c h   getragen
habe bemerkte ich daß Sprengmittel fehlten. Auch durch die
Weisung des Ministers war ich verfassungsmäßig in einem
schlechten Zustand und habe nicht gefragt, wo die fehlenden
Sprengmittel sind. Ich wollte nur noch Schluß machen, machte
die Bestandsaufnahme und meldete die noch vorhandenen Sprengmittel zur Rückgabe. Vor HOCHFILZEN hatte ich ein Telefongespräch mit Minister   L ü t g e n d o r f ,   der mich
angerufen hat. Sinngemäß sagte er mir, daß Udo Rudolf
P r o k s c h   in ALLEM zu unterstützen sei. Diese Weisung
des Ministers faßte ich so auf, daß alles was Udo Rudolf
P r o k s c h   will geschehen muß. Die Stimme von Minister
L ü t g e n d o r f   war mir vom Fernsehen her bekannt.
Ich zweifelte daher nicht an der Richtigkeit seines Anrufes.
Da Udo Rudolf   P r o k s c h   zuvor in HOCHFILZEN von
mir etwa sechs Pfundladungen verlangte und ich ihm diese ausgefolgt habe, mußte ich in BRUCK/NEUDORF seinem Wunsche nachkommen. Vor den Sprengversuchen und Filmaufnahmen in HOCH-
FILZEN gab es einen Anruf rief mich der damalige Adjutant
des Ministers   L ü t g e n d o r f   Oberst   K a t o u -
s c h e k   an und sagte mir sinngemäß, das Projekt des
Udo Rudolf   P r o k s c h   habe größte Priorität; es ist
wirtschaftlich von größter Bedeutung und wenn der Minister
mir bereits mitteilte, das Projekt des Udo Rudolf
P r o k s c h   sei zu unterstützen, so sei das so auszu-
legen wie es der Minister gemeint hat, nämlich rückhaltlos
zu unterstützen. Ich kann mich heute nicht mehr daran erinnern,
nämlich exakt, warum ich Udo Rudolf   P r o k s c h   die
Pfundladungen gegeben habe. Im Hintergrund war mir die
Ministerweisung in Erinnerung und dachte ich, daß Udo Rudolf
P r o k s c h   anderswo noch Filmaufnahmen machen wolle.
Insbesondere hatte ich keine allzu große Bedenken, da ich
P r o k s c h   lediglich den EMT-Sprengstoff, jedoch keine
Zünder gab.

Unterbrochen um 09.30 Uhr

cona-Skandals ist unter diesen Umständen nicht mehr zu denken.

Bei der Landtagswahl am 16. Oktober verbucht zu allem Überfluß auch noch die FPÖ unerwartet hohe Stimmengewinne, während vor allem die ÖVP schmerzhafte Verluste hinnehmen muß. Für Bundeskanzler Vranitzky und seine Koalition besteht somit dringender »Handlungsbedarf«.

Nationalratspräsident Leopold Gratz persönlich führt in Absprache mit dem ÖVP-Klub die Entscheidung innerhalb weniger Stunden herbei: Die Regierungsparteien selbst werden nun, um dem für den 19. Oktober geplanten neuerlichen Verlangen der FPÖ den Wind aus den Segeln zu nehmen, die Einsetzung eines parlamentarischen Untersuchungsausschusses zur Klärung der Verantwortlichkeit von Politikern und Behörden in der Causa Lucona verlangen.

In der Parlamentsdebatte begründet der FPÖ-Abgeordnete Dillersberger, warum ein Untersuchungsausschuß nicht mehr abgelehnt werden kann:

»Es ist aber nun etwas eingetreten, was wir alle nicht für möglich gehalten hätten. Hätte irgend jemand von uns es für möglich gehalten, daß ein Major des österreichischen Bundesheeres, so wie es der Herr Pretterebner behauptet hat, Sprengstoff für Udo Proksch stiehlt oder daß man den Herrn Bundesminister Lütgendorf, was nun sogar der Innenminister für wahrscheinlich hält, umgebracht hat?«

Auch der parteilose Abgeordnete Buchner hat offenbar einen Lernprozeß durchgemacht:

»Mir war am 22. Jänner, als hier eine dringliche Anfrage über Udo Proksch und die Lucona-Affäre gelaufen ist, der Inhalt des Buches des Herrn Pretterebner überhaupt nicht bekannt. Ich habe es nachträglich gelesen. Ich gebe zu, am Anfang habe ich ihn für einen Wahnsinnigen und einen Erfinder von guten Geschichten gehalten. Nachdem man das Buch aber gelesen hat, weiß man, daß er praktisch für alles Beweise vorlegt.«

Und so begründet schließlich der SPÖ-Abgeordnete Rieder den Entschluß der Vranitzky-Partei:

»Das Strafverfahren in der Causa Lucona war immer schon ein besonderes Verfahren, auch deswegen, weil es umrankt war mit einer Fülle von Unterstellungen und Verdächtigungen. Es ist daher nur umso verständlicher, daß die Betroffenen, der Präsident des Nationalrates Gratz, ehemaliger Außenminister, und Innenminister Blecha, seit längerem schon in unseren Reihen darauf drängen, daß es zur Einsetzung eines Untersuchungsausschusses kommt, weil sie der Meinung sind, daß nur so die Möglichkeit besteht, daß die Haltlosigkeit dieser ständigen Unterstellungen . . . endlich einmal erwiesen wird.«

Damit ist schon vor Beginn der Beratungen klar, daß es die Aufgabe dieses Untersuchungsausschusses sein wird, »den fortdauernden Verleumdungen eines Buchautors endlich ein Ende zu setzen«.

Und der ÖVP-Klub wird den Antrag unterstützen, um Vranitzky, Gratz und Blecha zu helfen, so der ÖVP-Klubobmann wörtlich, »daß der Glaube an die Anständigkeit der Politik wieder hergestellt werden kann.«

Es gehe nicht an, gibt sich auch Innenminister Blecha selbst kämpferisch, »daß unser ganzes Staatssystem in Mißkredit gebracht wird«.

Und Nationalratspräsident Gratz umreißt den Zweck des Untersuchungsausschusses kurz, bündig und klar: »Er wird die Verleumdungen eines notorischen Lügners als solche entlarven!«

Die Versenkung der GRÜNEN

Viele der politischen Ideen, die manche GRÜNE vertreten, sind mir – um es ganz offen zu sagen – von Herzen zuwider. Dennoch zögere ich keinen Augenblick mit meiner Zustimmung, als mich unmittelbar nach der Konstituierung des Untersuchungsausschusses der »grüne« Abgeordnete und Staatsanwalt Walter Geyer einlädt, an den Sitzungen des Lucona-Ausschusses als Experte und Berater des »grünen« Parlamentsklubs teilzunehmen.

Ein paar Stunden später bittet mich die von der FPÖ in den Ausschuß entsandte Abgeordnete und Richterin Helene Partik-Pablé, dieselbe Funktion für den FPÖ-Klub auszuüben.

Zu spät. Ich kann nicht für zwei Fraktionen gleichzeitig als Experte und offizieller Berater fungieren. Aber ich verspreche, für Auskünfte, Tips und sachliche Hilfestellung dennoch jederzeit auch den Freiheitlichen zur Verfügung zu stehen.

Nur die Regierungsparteien haben kein Interesse, an meinem Hintergrundwissen im »Fall Lucona« zu partizipieren. Im Gegenteil. SPÖ und ÖVP sind sich einig: Man will den Lucona-Untersuchungsausschuß so rasch wie möglich hinter sich bringen.

Eine Gallup-Meinungsumfrage signalisiert eine große Skepsis der Bevölkerung bezüglich der Effizienz des geplanten Untersuchung. Nur vierunddreißig Prozent hoffen auf schonungslose Aufdeckung, während einundsechzig Prozent (durchaus mit Recht) befürchten, daß der Ausschuß eher zur Verschleierung der politischen Verantwortlichkeiten führen soll.

Dieser Erwartungshaltung der Bevölkerung glauben die Regierungsparteien Rechnung tragen zu müssen. Gemeinsam erstellen SPÖ und ÖVP eine kurze Zeugenliste und bereiten die »Struktur« vor, nach der die Befragung vor sich gehen soll.

Ich mache dasselbe. Das von mir erarbeitete Befragungsschema ist jedoch so strukturiert, daß dabei auch tatsächlich etwas herauskommen kann. Und meine Zeugenliste umfaßt exakt 165 Personen.

Ich gebe natürlich gerne zu, daß für mich die tatsächliche Aufklärung des Falles mit der Zeit auch zu einer ganz persönlichen Existenzfrage wird. Die Verleumdungsverfahren, die insbesondere Gratz und Blecha mit Hilfe des Oberstaatsanwaltes Schneider gegen mich führen, werden langsam unangenehm.

Anfang November wird es ernst. Es gelingt mir, als zweite Expertin für die GRÜNEN die bekannte Wiener Richterin Klothilde Eckbrecht-Dürckheim zu gewinnen.

Die FPÖ ist mit ihrem Experten Staatsanwalt Friedrich Matousek bereits bestens versorgt. Zusätzlich hat sich Helene Partik-Pablé als zweiten Berater den Journalisten Gerald Freihofner angelacht.

Im Parlamentsklub der GRÜNEN werden die Vorbereitungsarbeiten für den Ausschuß vom Abgeordneten Geyer und seinen Mitarbeitern mit Ernst und Begeisterung angegangen. Auch meine Anwesenheit wird allgemein akzeptiert.

Ich darf sogar rauchen, die Tatsache, daß ich eine Krawatte trage, wird zwar von einigen Klubmitarbeiterinnen mit staunendem Interesse, aber nicht erkennbar mißbilligend registriert, und niemand zwingt mich, mir beim Eintritt in den »grünen« Klub eine Latzhose anzuziehen.

Probleme ergeben sich auf einer gänzlich anderen Ebene: Auch der SPÖ bleibt die sich abzeichnende Kooperation der GRÜNEN mit mir im Untersuchungsausschuß nicht verborgen. Und das geht offenbar einigen SPÖ-Granden so sehr ins Gemüt, daß man sofort beginnt, die »grüne« Klubchefin Freda Meissner-Blau ein wenig unter Druck zu setzen und ihr anzuraten, daß diese »unheilige Allianz« rasch wieder beendet wird.

Freda Meissner-Blau, selbst ehemaliges prominentes sozialistisches Parteimitglied, wurde schon vorher von manchen verdächtigt, in Wahrheit das trojanische Pferd der SPÖ bei den GRÜNEN zu sein.

Tatsache ist jedenfalls, daß sich nun aus Anlaß des »Falles Lucona« ein seit geraumer Zeit schwelender Richtungsstreit innerhalb der GRÜNEN plötzlich zu entzünden beginnt und ein Ausmaß annimmt, das innerhalb weniger Tage beinahe zur Selbstauflösung der Partei führen wird.

Die Gruppe um die »grüne« Blau will ihre Mutterpartei SPÖ unter keinen Umständen verletzen, was bei einer Aufklärung des »Falles Lucona« unausweichlich sein würde.

Also ist sie auch dagegen, daß der Fall von den GRÜNEN so engagiert thematisiert wird. Jedenfalls müsse der Klub, meint sie, diese »degoutante« Zusammenarbeit mit mir beenden.

Doch ihre Meinung wird ignoriert, und die GRÜNEN legen sich – jetzt erst recht – fest:

Der Lucona-Untersuchungsausschuß werde ein demokratiepolitischer Schwerpunkt der Parlamentsarbeit der GRÜNEN sein, denn nur wenn dieser Ausschuß politische Verantwortung festmachen könne und Licht ins Dunkel dieses unglaublichen staatspolitischen Skandals bringe, könne auch die zunehmende Politikverdrossenheit der Bevölkerung wirksam bekämpft werden.

Aus diesem Grund würden die GRÜNEN auch darauf bestehen, daß erstmals bei einem Untersuchungsausschuß die Öffentlichkeit nicht ausgeschlossen bleiben dürfe.

Die Bevölkerung habe das Recht, nach zehn Jahren politischer Einflußnahme die ganze Wahrheit über diesen Sumpf zu erfahren. Und die GRÜNEN würden es jedenfalls auch zu verhindern wissen, daß der Untersuchungsausschuß zu einem Diskontladen für weiße Westen wird.

Für den 11. November 1988, 10.00 Uhr, kündigen die GRÜNEN schließlich ungeachtet des Widerstandes von Freda Meissner-Blau eine gemeinsame Pressekonferenz des Abgeordneten Walter Geyer mit den beiden designierten Experten, Richterin Eckbrecht und meiner Wenigkeit, an.

Thema: Die geplante Strategie und Vorgangsweise im Lucona-Untersuchungsausschuß sowie die Bekanntgabe der Namen der im Ausschuß einzuvernehmenden Zeugen.

Wenige Stunden später lädt plötzlich auch Meissner-Blau zu einer Pressekonferenz ein und gibt prompt und exakt zum selben Zeitpunkt (11. November 1988, 10.00 Uhr) ihren Rücktritt bekannt.

Bevor die Chefin der GRÜNEN zuläßt, daß der SPÖ ein politischer Schaden zugefügt wird, löst sie lieber die eigene Partei auf.

Mit den Lucona-Ausschußvorbereitungen ist es natürlich vorläufig vorbei. Drei Tage und Nächte lang tagen die GRÜNEN in Permanenz.

In der Nacht von Samstag auf Sonntag ruft mich Walter Geyer an und teilt mir mit, daß auch er seinen Rücktritt aus allen politischen Funktionen in den nächsten Stunden bekanntgeben wird.

»Leider: Beim Blecha ist nichts drin!«

Wenige Stunden nach Geyers Rücktritt eröffnet der ÖVP-Abgeordnete Botschafter Steiner die erste vorbereitende interne Sitzung des Lucona-Ausschusses.
Die GRÜNEN schaffen es gerade noch bis 7 Minuten nach Sitzungsbeginn, ihr neues Ausschußmitglied zu nominieren.
Unausgeschlafen, unrasiert, über den »Fall Lucona« kaum informiert und mit nichts anderem als mit der von mir für Walter Geyer zusammengestellten Zeugenliste bewaffnet, erscheint – Peter Pilz.
Zwar weiß er bei den wenigsten der auf der Liste stehenden 165 Namen, wer diese Menschen sind und welche Rolle sie im »Fall Lucona« spielen, die meisten sind ihm nicht einmal vom Hörensagen bekannt, aber dennoch kämpft Peter Pilz in den nächsten Stunden wie ein Löwe um deren Vorladung vor den Untersuchungsausschuß – und hat in den meisten Fällen auch Erfolg.
Die versuchte Auflösung der GRÜNEN war anscheinend überhaupt umsonst. Überraschenderweise bleibt auch Peter Pilz dabei: Er will mich als Experten im Ausschuß haben – auch wenn uns politisch-ideologisch Welten voneinander trennen.
Immerhin war Peter Pilz einst einer der radikalsten Vertreter der »Revolutionären Marxisten«, wurde und wird gern als »Ultralinker« wenn nicht gar als »Kryptokommunist« bezeichnet – und ich war mancherorts als »Rechtsradikaler« verschrieen.
Aber warum sollte man, wenn man in einer wichtigen Sachfrage einer Meinung ist, nicht trotzdem zusammenarbeiten?
Nur Richterin Klothilde Eckbrecht kann nicht über ihren Schatten springen und zieht ihre Zusage, als Expertin für die GRÜNEN zur Verfügung zu stehen, zurück, worauf Peter Pilz Mari-

151

anne Geyer, die Ehefrau des zurückgetretenen »grünen« Abgeordneten, nominiert.

Dem Antrag der GRÜNEN und der FPÖ auf Öffentlichkeit der Zeugenbefragungen stimmen die Regierungsparteien schließlich zu, »um die Gerüchte zum Verstummen zu bringen, wonach etwas vertuscht werden soll«. Nur in der Expertenfrage gibt es für Sepp Rieder, SPÖ-Fraktionsführer im Lucona-Ausschuß, keine Kompromisse.

Zwar sei es »die Sache des Herrn Doktor Pilz, mit wem er sich ins Bett legt«, aber »Pretterebner als Berater der GRÜNEN ist abzulehnen«. Der Lucona-Untersuchungsausschuß werde weder als »Schauprozeß von als Hobbyrichtern dilettierenden Abgeordneten«, noch »als Selbstbedienungsladen für Rufmörder fungieren«. Folgerichtig beschließt über Betreiben des SPÖ-Klubobmannes Heinz Fischer die Präsidialkonferenz des Österreichischen Nationalrates in ihrer Sitzung vom 2. Dezember, daß mir kein Zutritt zu den Ausschuß-Sitzungen gewährt werden kann, weil ich von der SPÖ als Zeuge nominiert worden sei. Aus. Basta. Die GRÜNEN und die Freiheitlichen protestieren. Die ÖVP ist folgsam und stimmt meinem Ausschluß zu.

Freilich: Beraten kann man jemanden auch, ohne bei den Ausschuß-Sitzungen persönlich anwesend zu sein. Das könnte nicht einmal der Papst verhindern.

Kurz vor Weihnachten trifft der Hauptteil der Lucona-Akten im Parlament ein. Jeder Klub bekommt von jedem Blatt jeweils eine Kopie, damit die Ausschußmitglieder genügend Zeit zur Vorbereitung haben.

Insgesamt handelt es sich um rund 160.000 Aktenseiten, die studiert werden müssen. Das Lesen einer Seite dauert durchschnittlich eine Minute. Das sind somit 160.000 Minuten. Oder 2.666 Stunden. Oder 111 Tage.

Spätestens nach einem knappen halben Jahr werden die Mitglieder des Untersuchungsausschusses demnach locker mit dem Lesen der Lucona-Akten fertig sein und sich somit einen ersten Überblick über den Untersuchungsgegenstand verschafft haben. Vorausgesetzt, sie entschließen sich, ab sofort ununterbrochen

I/BDM/3

DER SICHERHEITSDIREKTOR
FÜR DAS BUNDESLAND SALZBURG

Salzburg, am 5.1.1988

I/A

Betr: "Der Fall Lucona",
      Stellungnahme

Zu den nachfolgenden, auf den Seiten 490 ff von Hans
Pretterebner in seinem Buch "Der Fall Lucona" wieder-
gegebenen Darstellungen sehe ich mich zu folgender

STELLUNGNAHME

und nachstehenden Feststellungen veranlaßt:

1.) Zur Textstelle

"Innerhalb weniger Stunden gelang es Udo Proksch daraufhin,
den Innenminister zu mobilisieren, der dem Salzburger Sicherheitsdirektor, Günther Thaller, die ministerielle Weisung gab,
mit sofortiger Wirkung jede weitere Ermittlungstätigkeit der
Kriminalabteilung gegen den Demel-Chef und dessen Komplizen
einzustellen.
Sollte allenfalls, so lautete die Weisung des Ministers weiter, ein konkreter strafbarer Tatbestand vorliegen, der durch
die bisherigen Ermittlungen bereits bewiesen sei - womit natürlich niemand rechnete - , so sei der Fall unverzüglich an
die Staatsanwaltschaft abzugeben":

Ich habe weder vom Herrn Innenminister Blecha noch
von einem Beamten des Bundesministerium für Inneres
in der Causa LUCONA jemals irgendwelche Weisungen
erhalten.
Die obige Feststellung, es habe eine ministerielle
Weisung gegeben, mit sofortiger Wirkung jede weitere
Ermittlungstätigkeit der Kriminalabteilung gegen den
DEMEL-Chef und dessen Komplizen einzustellen, ist
wahrheitswidrig.

Der Sicherheitsdirektor

153

SEKTIONSCHEF
Dr. Armin HERMANN
Leiter der Sektion im
im Bundesministerium für Inneres

WIEN, am 22. Februar 1988
1014. HERRENGASSE 7
Telefon 14 XX

Sehr geehrter Herr Polizeidirektor !

Lieber Herr Kollege !

Erst vor wenigen Tagen ist mir die Stellungnahme des
Sicherheitsdirektors für das Bundesland Salzburg zum
Buch "Der Fall LUCONA" vom 5. 1. 1988 bekanntgeworden.
In dieser Stellungnahme führt der Sicherheitsdirektor
aus, er habe in der causa LUCONA weder vom Bundesminister
für Inneres, noch von einem Beamten des Bundesministeriums
für Inneres irgendwelche Weisungen erhalten, vielmehr
habe er von sich aus Gruppeninspektor MAYER von der
Kriminalabteilung anfangs August 1983 mündlich die
Weisung erteilt, unverzüglich das bisherige Ermittlungs-
ergebnis der Staatsanwaltschaft Salzburg anzuzeigen.

Diese Darstellung des Sicherheitsdirektors steht im
Widerspruch zu meiner Erinnerung:

Ich bin überzeugt, daß Sie Ihren damaligen Behörden-
leiter von dieser Weisung in Kenntnis gesetzt haben.
Dessen nunmehrige Feststellung in seiner eingangs erwähnten Stellungnahme vom 5. 1. 1988 ist mir daher
nicht verständlich.

Da eine eindeutige Klärung dieses Sachverhaltes von
Bedeutung ist, wäre ich Ihnen für Ihre Stellungnahme
sehr dankbar.

Mit den besten Grüßen

Ihr

154

REPUBLIK ÖSTERREICH
BUNDESPOLIZEIDIREKTION SALZBURG
Der Polizeidirektor

SALZBURG, am 24.2.1988
Alpenstraße 90
Postfach 9
5033 Salzburg
Telefon (0662) 5511-2000 Dw

I/A/6

Betr.: Weisung des Herrn Gruppenleiters der
Gruppe "C" an den Leiter der staatspolizeilichen Abteilung bei der
Sicherheitsdirektion für das Bundesland Salzburg;
betr. Fall "LUCONA"

Bezug: dto. Ersuchen vom 22.2.1988

Herrn
SektChef Dr. Armin HERMANN
Bundesministerium für Inneres
Sektion III

Herrengasse 7
1014 W i e n

Sehr geehrter Herr Sektionschef!

Zu Ihrem schriftlichen Ersuchen stelle ich mit aller Bestimmtheit fest, daß ich mich noch
genau daran erinnern kann, von Druck als damaligem Leiter der Staatspolizeilichen Abteilung
im Bundesministerium für Inneres fernmündlich den Auftrag bekommen zu haben, die eigen-
mächtigen Erhebungen des GrInsp Mayer der Kriminalabteilung des Landesgendarmeriekommandos
Salzburg zu stoppen, eine Kurzanzeige innerhalb einer vorgegebenen Frist und anschließend
eine Vollanzeige an die Staatsanwaltschaft Salzburg in der fraglichen Angelegenheit vorlegen zu lassen.

Ich persönlich dürfte mir darüber in einem Vormerk, der von jedem Leiter einer Staatspolizeilichen Abteilung über alle einschlägigen Gespräche geführt wird, einen Vermerk
angelegt haben. Derartige Vormerkungen werden jedoch bei Amtsübergabe wegen der strengen
Vertraulichkeit des Inhaltes der Vernichtung zugeführt.
Warum sich der Herr Sicherheitsdirektor an die meiner Meinung nach auch ihm bekanntgewordene Weisung der Gruppe C im Bundesministerium für Inneres nicht mehr erinnern kann,
ist mir nicht bekannt.

Mit freundschaftlichen Grüßen

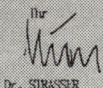

Ihr

Dr. STRASSER

155

zu lesen und nicht mehr zu schlafen, nicht mehr zu Essen und nicht mehr auf die Toilette zu gehen.

Das einzige Problem: Die Zeugenbefragungen beginnen bereits in drei Wochen – am 9. Jänner. So bin ich doch recht froh, durch meine ein paar Jahre währenden Recherchen schon einen gewissen Informationsvorsprung zu haben.

Immerhin geht es jetzt darum, für jeden der vorgeladenen Zeugen – unter Berücksichtigung des vorgelegten Aktenmaterials – eine Liste der zu stellenden Fragen zusammenzustellen.

Ein paar der Ausschußmitglieder und deren Helfer gehen in diesem Jahr vermutlich sogar am Heiligen Abend und zu Silvester mit Lucona-Akten ins Bett.

Als ich unmittelbar nach den Feiertagen wieder ins Parlament komme, sitzt die Mannschaft der GRÜNEN mit Peter Pilz an der Spitze schon zusammen. Alle sind im Bilde. Jeder hat eifrig die Akten studiert und sich über die einzuschlagende Vorgangsweise Gedanken gemacht. Jedermann hat einen Plan.

Er und seine Mitarbeiter seien zu dem Schluß gekommen, faßt Peter Pilz sogleich die klubinternen Überlegungen zusammen, daß »beim Blecha leider nichts drin (sei)«. Wir sollten uns daher von Anfang an gleich auf die Oberstaatsanwaltschaft und die übrigen Justizbereiche konzentrieren.

Ich glaube in diesem Augenblick, mich rührt der Schlag: Beim Innenminister soll »nichts drin« sein? Man werde ihm jedenfalls kaum etwas nachweisen können? Energisch beginne ich zu protestieren.

»Na gut«, sagt schließlich Peter Pilz fünf Tage vor Beginn des Untersuchungsausschusses, »dann zeigen Sie es uns!«

Also stürze ich mich in die Arbeit und liefere zwei Tage später eine Zusammenfassung meiner Erkenntnisse zu jenem Bereich ab, der als erster untersucht werden soll: Die Rolle des Innenministers Blecha am Beginn der polizeilichen Ermittlungen gegen Proksch und Daimler, die der Kriminalbeamte Werner Mayer vornahm, bis er über Weisung von Karl Blecha vom Salzburger Sicherheitsdirektor unter der Androhung eines Disziplinarverfahrens gestoppt worden war.

Mayer wird auch der erste – und damit wichtigste Zeuge – sein. Mit seiner und der Aussage seiner Salzburger Kollegen werden die Weichen für Erfolg oder Mißerfolg des gesamten Lucona-Ausschusses gestellt.

Die entscheidende Frage ist: Kann es sich ein Kriminalbeamter in Österreich leisten, die Wahrheit zu sagen, auch wenn er damit den Innenminister belastet?

Was Peter Pilz zu diesem Zeitpunkt noch nicht weiß: Der Innenminister und der Salzburger Sicherheitsdirektor Thaller haben unter der Regie des ehemaligen Stapo-Chefs Armin Hermann längst mit der »Vorbesprechung« ihrer Zeugenaussagen begonnen.

Das erste einschlägige Treffen hatte schon am 23. Dezember im Salzburger »Hotel Goldener Hirsch« stattgefunden. Weitere Kontakte waren in der Zwischenzeit erfolgt.

Natürlich ermunterten einander die drei hochgestellten Herren bei ihren Treffen jeweils nur, die Wahrheit – und nichts als die Wahrheit – sagen zu wollen.

Vor allem für den nicht nur weisungsgebundenen sondern auch schwer alkoholabhängigen Salzburger Sicherheitsdirektor ergab sich daraus allerdings ein sehr gravierendes Problem:

Die Wahrheit änderte sich im Verlauf der Akten-Vorbereitungen des Innenministeriums für den Lucona-Untersuchungsausschuß ständig, sodaß der arme Thaller am Schluß alles durcheinanderbrachte und tatsächlich nicht mehr wußte, was vor einem Jahr wahr war, wie die Wahrheit gerade im Augenblick aussah, und was schließlich wahr sein würde, wenn er endlich als Zeuge an die Reihe käme.

Am 6. Jänner fahre ich noch rasch nach Salzburg: Es gilt, noch einige Informationen über Blechas und des Stapo-Chefs »konspirative« Treffen mit dem Sicherheitsdirektor einzuholen.

Und zweitens habe ich auch noch eine sehr subtile Aufgabe vor mir, die für den Erfolg des Untersuchungsausschusses womöglich von ausschlaggebender Bedeutung ist: Das Problem heißt Peter Pilz.

Bekanntlich ist der Mann ein »rotes Tuch« für jeden Polizisten

157

– und nun wird ausgerechnet er es sein, der die entscheidenden Fragen stellt. Ein falsches Wort, ein Mißverständnis – und die Zeugen und der »grüne« Abgeordnete gerieten einander mit Bestimmtheit in die Haare und der Erfolg des Untersuchungsausschusses wäre im höchsten Maß gefährdet.

Die Salzburger Polizeibeamten müssen daher irgendwie erfahren, daß Peter Pilz im »Fall Lucona« ausnahmsweise zu den Guten zählt.

Zwei Tage später geht es los. Und innerhalb weniger Tage wird sich der »grüne« Abgeordnete als der unumstrittene »Star des Lucona-Ausschusses« profilieren, der von den Medien mit Recht gefeiert wird.

»Vielleicht hat der Alkohol
getrübt mein Hirn«

Montag, 9. Jänner 1989: Die erste öffentliche Sitzung des Lucona-Untersuchungsausschusses beginnt. Dreiunddreißig weitere Sitzungstage werden folgen, an denen insgesamt 94 Zeugen, manche davon mehrmals, einvernommen werden.
Dem parlamentarischen Tribunal gehören neben den beiden
Oppositionsabgeordneten Helene Partik-Pablé (FPÖ) und Peter Pilz (GRÜNE) weitere acht von den Regierungsparteien bestellte »Richter« an.
Den Vorsitz wird, durchaus mit Umsicht, der ÖVP-Abgeordnete Botschafter Ludwig Steiner führen. Außerdem schickt die
ÖVP die Abgeordneten Michael Graff, Prof. Felix Ermacora
und Gerfried Gaigg ins Rennen.
Die SPÖ vertritt der heutige Klubobmann Willi Fuhrmann
und Sepp Rieder, ferner Peter Schieder, von dem man weiß,
daß er sich gerne in Gesellschaft eines gewissen Udo Proksch
fotografieren läßt und seine Geburtstage gelegentlich im
Club 45 feiert.
Robert Elmecker, der vierte von der SPÖ in den Ausschuß entsandte Mann, ist zu dieser Zeit noch weithin unbekannt. Er
wird erst rund zwei Jahre später durch seine berühmte »Fact-
finding-Mission« in Bukarest – zusammen mit seinem ÖVP-
Kollegen Wendelin Ettmayer – schlagartig in ganz Österreich
an Popularität gewinnen.
Eine halbe Stunde Einvernahmezeit haben die Koalitionspar-
teien pro Zeugen vorgesehen. Die Reinwaschung von Gratz und
Blecha soll im Eilzugstempo vor sich gehen.
Aber schon am ersten Tag, beim ersten Zeugen, gerät der wunderschöne Fahrplan kräftig durcheinander. Mehr als fünf Stunden lang nimmt sich der Salzburger Kriminalbeamte Werner

Mayer kein Blatt vor den Mund, und einige seiner Kollegen, die nach ihm an der Reihe sind, tun es ihm gleich.

Schon nach dem ersten Sitzungstag, der – absolut unplangemäß – erst weit nach Mitternacht zu Ende geht, ist sonnenklar, was zu beweisen war: Das Innenministerium und der Minister selbst haben die Ermittlungen gegen Proksch und Daimler tatsächlich bereits von Anfang an massiv behindert.

Die Stunde der Wahrheit schlägt am nächsten Tag. Der Salzburger Sicherheitsdirektor Thaller ist als Zeuge an der Reihe. Er ist nervös wie eine Jungfrau vor dem ersten Rendezvous, obwohl er noch keine Ahnung davon hat, daß seine Einvernahme mehr als dreizehn Stunden dauern wird.

Von Beginn an zeigt vor allem die ÖVP an der Befragung dieses Zeugen nur geringes Interesse, was vielleicht damit zusammenhängt, daß Thaller Mitglied dieser Partei ist.

Dafür nimmt ihn die freiheitliche Fragestellerin Partik-Pablé gleich vom Start weg in die Zange. Der Sicherheitsdirektor kommt ins Schwitzen und kann sich erst wieder erholen, als ihm anschließend Sepp Rieder von der SPÖ in koalitionskollegialer Weise ein paar Hölzel wirft.

Danach ist endlich Peter Pilz am Zug und es entwickelt sich ein gleichermaßen spannendes wie amüsantes Zwiegespräch:

»Ich habe eine einleitende Frage an Sie, Herr Dr. Thaller . . .«

»Stehlen Sie uns nicht unsere Zeit!« fährt Graff da gleich dazwischen. Er scheint beinahe so nervös wie Thaller selbst zu sein, doch Pilz läßt sich nicht beirren. Ganz sanft stellt er seine erste Frage an den Sicherheitsdirektor noch einmal:

»Was war der Inhalt des Telefonats, das Sie vor wenigen Tagen mit Ministerialrat Hermann geführt haben?«

»Vor wenigen Tagen?«

»Vor wenigen Tagen.«

»Das ist, glaube ich, nicht Gegenstand dieser Untersuchung.«

»Das ist sehr wohl Gegenstand dieser Vernehmung. Sie haben sich nämlich über dieses Telefonat öffentlich geäußert. – Bitte!«

»Ich habe mich öffentlich geäußert?«

»Ich frage Sie jetzt nur: Was war der Inhalt dieses Telefonats?«

Thaller wendet sich hilfesuchend an den Vorsitzenden: »Bin ich verpflichtet, das zu sagen?«

Nach einer längeren Debatte wird die Sachlage geklärt und Pilz ist in der Lage, fortzufahren:

»Was haben Sie in diesem Telefonat mit Ministerialrat Dr. Hermann in bezug auf die gesamten Vorgänge, die wir hier besprechen, gesprochen?«

»Wir haben sicher darüber gesprochen und haben«, beginnt Thaller jetzt zu stottern, »und haben beiderseitig eigentlich gesagt, wir haben eigentlich nichts zu verabreden, wir sagen als Zeugen aus, wie es war.«

»Deshalb hat Sie der Herr Ministerialrat Hermann angerufen?« fragt Pilz ungläubig nach, worauf Thaller mit dem Fuß aufstampft und mit erkennbarer Erregung kontert: »Ich habe keine Verabredung oder irgend etwas verabredet mit ihm.«

Der Sicherheitsdirektor merkt noch gar nicht, in welchen Wirbel er sich schon geredet hat. Und als Pilz jetzt wissen will, bei welcher Gelegenheit denn dieser Anruf Hermanns stattgefunden habe, reagiert er zuerst trotzig, hält aber schließlich doch nicht durch:

»Weiß ich nimmer.«

»Hat es da eine Geburtstagsfeier gegeben?«

»Ja.«

»Welche Geburtstagsfeier war das?«

»Nein, da gebe ich keine Antwort mehr, da verweigere ich, die geht so ins Private.«

»Nein, es gibt möglicherweise Zeugen für dieses Gespräch . . . Sie haben gesagt, es hat eine Feier gegeben. Was für eine Feier war das?«

»Ich kann mich nicht erinnern.«

»Sie haben sich gerade erinnern können, daß es eine Geburtstagsfeier war.«

»Das haben Sie mir in den Mund gelegt. Das haben Sie gesagt.«

»War es eine NAST-Geburtstagsfeier?«

»Ist möglich.«

161

Jetzt meldet sich Helene Partik-Pablé zur Geschäftsordnung zu Wort und ersucht den Vorsitzenden um Belehrung des Zeugen, daß auch das Verschweigen eines Sachverhaltes eine falsche Zeugenaussage darstellt, worauf der Sicherheitsdirektor endlich zugibt:

»Ich war bei einer Geburtstagsfeier der NAST, bitte. Allerdings habe ich damals sehr viel getrunken, und ich bitte, mir das zu glauben.«

»Haben Sie sich dort vor vier Kollegen über dieses Telefonat mit Ministerialrat Hermann beschwert?«

»Mag sein, ja.«

»Worüber haben Sie sich geärgert?«

»Geärgert? Geärgert hat mich, es ärgert mich heute noch – jetzt derzeit noch viel mehr –, daß ich überhaupt da sitzen muß.«

Aber jetzt läßt Pilz natürlich nicht mehr locker:

»Worüber haben Sie sich dort konkret geärgert? Was hat Ministerialrat Hermann zu Ihnen gesagt in bezug auf diesen Ausschuß, daß Sie sich so geärgert haben und diesem Ärger vor Ihren Kollegen Ausdruck gegeben haben?«

Noch einmal versucht der Sicherheitsdirektor jetzt, zu retten, was zu retten ist, indem er behauptet:

»Ich kann mich beim besten Willen nicht erinnern. Vielleicht hat der Alkohol getrübt mein Hirn.«

»Haben Sie«, hilft Pilz ihm nunmehr auf die Sprünge, »vor diesen Kollegen gesagt, daß Sie es ungeheuerlich finden, daß Ministerialrat Hermann von Ihnen verlangt, daß Sie alles auf Ihre Kappe nehmen?«

Wenig glaubhaft verneint Thaller, aber schon prasseln die nächsten Fragen auf ihn nieder:

»Wann haben Sie das letztemal mit dem Innenminister gesprochen?«

»Gestern.«

»Welchen Inhalt hatte dieses Gespräch?«

»Wir haben nichts – wir sagen, wie es war. Punkt, aus.«

»Wer hat dieses Treffen angeregt?«

»Keiner von uns. Ich bin zum Herrn Ministerialrat Hermann, zum Herrn Sektionschef Hermann hingefahren, ich habe ihn vorher angerufen und habe gesagt: Ich bin hier, er hat gesagt: Kommen Sie, kommen Sie zu mir ins Büro ... und dann ist der Herr Minister plötzlich gekommen. Ganz kurz, wir haben uns kurz unterhalten.«

»Welchen Zweck hatte dieses Gespräch bei Ministerialrat Hermann?«

»Der ist jetzt Sektionschef. Wir haben eigentlich gesagt, das ist so alles zu sagen, wie es halt gelaufen ist.«

»Das heißt, Sie haben sich getroffen, um Ihre Aussage vor diesem Ausschuß in welcher Art auch immer zu besprechen? Der Zweck war im Zusammenhang mit diesem Ausschuß?«

»Sicher, ja.«

»Sie haben gesagt, zu diesem Gespräch zwischen Dr. Hermann und Ihnen ist dann der Innenminister hinzugekommen?«

»Kurz, ja.«

»Wann war das zirka?«

»Ich schätze so 14.30 Uhr, 15.00 Uhr.«

»Wann hat das Gespräch mit Dr. Hermann begonnen?«

»Na ja, so etwa 14.30 Uhr, 14.45 Uhr.«

»Das heißt, gleich am Anfang, wenn ich Sie richtig verstehe, ist der Innenminister dazugekommen?«

»Das Gespräch hat nicht sehr lang gedauert.«

»Was ist in Gegenwart des Innenministers besprochen worden?«

»Da sind nur diese zwei oder drei APA-Fernschreiben durchgegangen worden. Wir haben uns da ein paar Gedanken darüber gemacht, über die Aussagen des Herrn Mayer.«

»Sie haben sich also gemeinsam, der Innenminister, der Sektionschef und Sie! – Danke schön.«

Als wenig später Ausschußmitglied Ermacora das bisher Gehörte noch einmal zusammenfaßt und Thaller fragt, ob er, um den Innenminister zu schützen, falsche Aussagen gemacht habe, bricht der Sicherheitsdirektor zum erstenmal buchstäblich zusammen:

163

HR Dr. Günther Thaller
Sicherheitsdirektor für das
Bundesland Salzburg

[Auszug aus einem Brief vom 23.01.1989]

Sehr geehrter Herr Vorsitzender!

Aus meiner Sicht entsprechen jedenfalls zwei Punkte der
Zeugenaussage von Sektionschef Hermann nicht der Wahrheit
und zwar:

1) Auf Ihre Frage an Hermann, auf welche Veranlassung hin
   das gestrige Zusammentreffen (9.I.89) erfolgt ist,
   antwortete Hermann, daß die "Initiative von mir
   (Thaller) selbst ausgegangen sei". Dies ist unrichtig.
   Ich hatte nämlich von Sektionschef Hermann entweder
   am 23.XII.88 oder am 4.I.89 den Auftrag erhalten, mich
   mit ihm in Verbindung zu setzen, wenn ich zur Zeugenaussage in Wien eingelangt bin. Wie ich vor dem Ausschuß bereits aussagte, meldete ich mich bei der Ein-
   fahrt in das Ortsgebiet von Wien (zwischen Autobahn-
   ende und Schönbrunn) mittels Autotelefon bei ihm. Er
   sagte, ich solle in seinem Büro vorbeischauen. Auf
   meinen Einwand, ob dies im Hinblick auf die bevorstehende Zeugenaussage klug sei, antwortete Hermann, das
   sei in Ordnung, da wir ja nichts zu verbergen hätten.
   Erst auf Grund dieser Einladung des Sektionschefs entschloß ich mich - nach kurzem Besuch im Parlament und
   Einnahme eines Mittagessens im Parlamentsrestaurant -
   gegen 14.30 Uhr mit dem Dienstwagen BP 5000 und uni-
   formiertem Polizeifahrer in das Innenministerium zu
   fahren.

2) Auch die Zeugenaussage von Sektionschef Hermann, ich
   hätte anläßlich des Autotelefongespräches ihm gegenüber mitgeteilt, "ich hätte gehört, daß der Kriminalbeamte Mayer Aussagen gemacht hätte, die mir nicht
   ganz zusagen", ist wahrheitswidrig. (Tatsächlich habe
   ich bis zum Zeitpunkt der Durchsicht der APA-Fernschreiben im Büro von Hermann über den Inhalt der
   Aussage von GI Mayer keine Kenntnis gehabt). Ich habe

164

»Ich möchte jetzt wirklich sagen, ich bin total konfus, ich bin psychisch erschöpft, Sie können mir jetzt alles einreden, Sie können mich fragen und so weiter, ich bin psychisch erschöpft. Nicht zuletzt gestern durch den Streß, zwölf Stunden hier zu stehen, heute in Quarantäne, ich habe keine Sekunde schlafen können und so weiter, ich bewege mich in einem schweißtriefenden Hemd, das muß doch auch berücksichtigt werden, so wie hier ist nicht einmal ein Inquisitionsverfahren durchgeführt worden.«

Obmann Steiner will unter den gegebenen Umständen die Befragung abbrechen, doch Helene Partik-Pablé beantragt die sofortige Herbeiholung des Parlamentsarztes, um festzustellen, ob der Zeuge in der Lage ist, die Vernehmung fortzusetzen oder nicht.

Sicherheitsdirektor Thaller weigert sich, sich einer ärztlichen Untersuchung zuführen zu lassen, worauf die Sitzung unterbrochen wird.

»Der arme Leopold«

Die Untersuchungsausschuß-Mitglieder, zumindest jene, die sich wirklich ernsthaft um Aufklärung bemühen, stehen in diesen Tagen und Wochen unter mindestens demselben Streß wie Sicherheitsdirektor Thaller und andere Zeugen, die erst an die Reihe kommen werden.

Auch mir persönlich geht's nicht besser. Täglich um 7.00 Uhr früh habe ich »Dienstantritt« im Parlament. Wenn gegen 8.00 Uhr, 8.30 Uhr, Peter Pilz im »grünen« Klub eintrifft, muß er die »Lebensgeschichte« jedes Zeugen kennen, der an diesem Tag drankommen wird.

Während der Zeit der Sitzungen sind die Protokolle der Zeugeneinvernahmen vom Vortag zu studieren, in- und ausländische Journalisten brauchen Hintergrundinformationen, am Abend stehen jeweils Vorträge und Diskussionen irgendwo in Österreich auf dem Programm – Rückfahrt nach Wien zumeist erst weit nach Mitternacht.

Die Wochenenden bleiben für Helene Partik-Pablé und Staatsanwalt Friedrich Matousek, den Ausschußexperten der freiheitlichen Abgeordneten, reserviert.

In dieser Situation bin ich beinahe froh, daß wenigstens die Fahndungsmaßnahmen nach Proksch und Daimler auf Sparflamme gehalten werden.

Es ist natürlich allgemein bekannt, daß die beiden prominenten Flüchtigen nicht nur mit ihren in Österreich zurückgebliebenen Angehörigen, sondern auch mit einem weiteren guten Dutzend ranghoher Persönlichkeiten aus Politik, Kultur und Wirtschaft laufend sowohl telefonisch als auch teilweise persönlich in Kontakt stehen.

Eine gezielte Überwachung etwa ganz bestimmter Telefonan-

167

REPUBLIK ÖSTERREICH
Bu........ f. .....res
Gen. Str... .... II/10

A k t e n v e r m e r k

zu Zl. -1 153 381/16-II/10/B

Anläßlich eines Gespräches mit dem Leiter der KA des LGK f. NÖ,
Oberst Traninger, über die bisher durchgeführten Fahndungsmaßnahmen wurde vom Gefertigten auch die Frage gerichtet, ob eine
Telefonüberwachung der bekannten Kontaktpersonen des PROKSCH
Udo überlegt wurde, zumal auf Grund einer Pressemeldung auch
der Vater des Gesuchten wiederholt von seinem Sohn angerufen
werden soll. Oberst TRANINGER hat dazu angegeben, daß diese
Frage bei den wiederholten Gesprächen mit Herrn Staatsanwalt
Dr. SCHINDLER, U-Richter Mag. TANDINGER gleichfalls ventiliert
wurde. Die Staatsanwaltschaft habe aber bisher noch keinen
derartigen Antrag eingebracht. Man erwarte sich von der Telefonüberwachung insbes. deshalb keinen Erfolg, weil man der Meinung
sei, daß PROKSCH sicher nicht bei diesen Personen anrufen werde.

Da aus den ho. Akten keine klare Übersicht über die bisher
von der KA des LGK f. Nö durchgeführten Fahndungsmaßnahmen
gegeben war, hat der Gefertigte einen diesbezüglichen Bericht
angefördert, der mit FS Nr. 10 vom 19.10.1988 anher übermittelt
wurde. Da in diesem Bericht über eine mögliche Telefonüberwachung keine Angaben enthalten waren, teilte Oberst TRANINGER
auf Rückfrage ergänzend fernmündlich mit, daß vom LG Wien
bisher noch kein Antrag auf Telefonüberwachung gestellt wurde.

Da mit dem BM für Auswärtige Angelegenheiten bezüglich der
gegen PROKSCH getroffenen internationalen Fahndungsmaßnahmen
enger Kontakt besteht, wurde dem Gesandten Dr. PAMMER gegenüber
gesprächsweise auch erwähnt, daß von der für die Amtshandlung
zuständigen KA des LGK für NÖ mit der Staatsanwaltschaft Wien
bzw. dem U-Richter die Möglichkeit einer Telefonüberwachung
bereits mehrmals erörtert wurde.

. November 1988

REPUBLIK ÖSTERREICH
Bul - Gruppe D
eingel. 1 1. IV. 1988
z.
Vz. siehe APID.Ausdruck

schlüsse hätte freilich die Gefahr in sich geborgen, daß man der Verdächtigen womöglich habhaft wird.

Noch am 23. September 1988, nachdem also die Fahndung schon seit mehr als einem halben Jahr »auf Hochtouren« lief, sah sich beispielsweise auch Max Edelbacher als Vorstand des Wiener Sicherheitsbüros veranlaßt, in einem Aktenvermerk ausdrücklich festzuhalten, daß an Telefonüberwachungen »vorläufig nicht zu denken« sei.

Die Situation änderte sich erst nach der Konstituierung des parlamentarischen Untersuchungsausschusses, der unter anderem auch feststellen sollte, warum die Fahndung bis dahin ohne Erfolg geblieben war.

So wurden denn ab 14. Dezember 1988 mit richterlicher Genehmigung ein paar der in Betracht kommenden Telefonanschlüsse angezapft. Daß die entscheidenden Anschlüsse nicht darunter waren, wie beispielsweise der im Demel-Haus, über welchen die organisierte Fluchtbetreuung Prokschs durch dessen Brüder Roderich und Rüdiger lief, ist zweifellos nichts anderem als nur dem Zufall zuzuschreiben.

Aber wenigstens erfährt die Polizei ab diesem Zeitpunkt regelmäßig, wie es Proksch und Daimler in der Ferne geht.

An den Geschehnissen im Untersuchungsausschuß ist vor allem Daimler interessiert. Beinahe täglich ruft er seine Ehefrau Renate in Wien an und läßt sich das jeweils Neueste berichten.

Auch am 14. Jänner 1989 – die Einvernahmen des Salzburger Sicherheitsdirektors, des Innenministers und dessen ehemaligen Stapo-Chefs Hermann sind schon abgeschlossen – meldet sich Hans Peter Daimler wieder und wird von seiner Frau gleich mit der Hiobsbotschaft überfallen:

»Der Blecha muß wahrscheinlich zurücktreten«, berichtet sie ihm atemlos, weil »der hat den Sicherheitsdirektor, der vom Lucona-Ausschuß einvernommen wurde, vorher zu sich ins Ministerium kommen lassen und ist mit ihm die Fragen durchgegangen – und der hat das jetzt gestanden!«

»Und jetzt wollen s' alle«, weiß Renate Daimler außerdem,

»daß er zurücktritt«. Es sei wieder ein »Riesenskandal«, und alle Zeitungen würden schreiben: »Muß Blecha gehen?«

Den Flüchtigen läßt Blechas Schicksal aber ziemlich kalt. Er will nur, daß seine Frau alle Berichte sammelt, denn »das ist wichtig, gell!«

Am nächsten Tag steht Renate Daimler »extra« schon um 11.00 Uhr auf, weil der Innenminister Gast in der sonntäglichen Pressestunde ist. Am Abend meldet sich Hans Peter wieder, und seine Frau berichtet ihm voller Begeisterung:

»Also der Herr Blecha, des is' ein sehr g'scheiter Bursch! Der hat hervorragend geredet, eine Stunde, und er hat die Journalisten kaum zu Wort kommen lassen.«

Auch Renate Daimler läßt ihren Mann jetzt kaum zu Wort kommen und wiederholt ganz aufgeregt noch einmal die Vorgeschichte, wie der Salzburger Sicherheitsdirektor einvernommen worden und vorher »beim Blecha im Ministerium« gewesen sei, und »irgendwer soll ihm da Instruktionen gegeben haben«.

Hans Peter Daimler zeigt, daß er den Durchblick hat, indem er die Mitteilung mit einem knappen »Aha!« quittiert, worauf Renate ungebremst fortfährt:

»Der Blecha bestreitet des und sagt, er weiß gar nicht, warum der im Ministerium war, und sagt, er hätte ihn zufällig am Gang getroffen und hätte ihn nur begrüßt und ihm Mut zugesprochen, weil immerhin sei ja so eine Aussage vor einem Untersuchungsausschuß ..., wo jeder weiß, wie der Thaller labil sei, weil des ist ein bekannter Säufer ...«

»Ja, ja, i' weiß, i' kenn' den!« fällt ihr Hans Peter Daimler da ins Wort, ehe sie weiter berichten kann:

»Und der Blecha hat hervorragend geredet und gesagt, es gibt keinen Fall, wo soviele Lügen im Gang seien, und wenn man sich ... ob die Journalisten nicht merkwürdig finden ..., und dann hat er auswendig gelernt die ganzen Fakten, daß eine Versicherung abgeschlossen wird, deren General jetzt sitzt, weil er Petite gemacht hat!«

Jetzt greift die Begeisterung über »Herrn Blecha« endlich auch auf den Proksch-Partner über:

15.1.1989 o7.oo Uhr -
16.1.1989 o7.oo Uhr

15.1.1989   19.56 Uhr   Passivanruf von H.P. DAIMLER (H.P.)
                             zu DAIMLER Renate (D)

D: heute Morgen hab ich eine Pressestunde gehört, bin extra aufge
       standen
H.P: ja
D: weil der Herr BLECHA
H.P: ja?
D: des is ein sehr gscheiter Bursch
H.P: ja
D: der hat hervorragend geredet, eine Stunde und hat die Journa-
       listen kaum zu Wort kommen lassen

D: der BLECHA bestreitet des und sagt er weiß garnicht warum der
       in Ministerium war und hat gesagt, er hätte ihm zufällig am
       Gang getroffen und hätte ihn nur begrüßt und ihm Mut zuge-
       sprochen weil immerhin sei so eine Aussage vor einem Untersuchungs
       ausschuß, wo jeder weiß wie der THALLER labil sei, weil des
       ist ein bekannter Säufer
H.P: ja ja i weiß, i kenn den
D: und so weiter und der BLECHA hat hervorragend geredet und hat
       gesagt es gibt keinen Fall wo soviele Lügen im Gang seien und wenn
       man sich ... ob die Journalisten nicht merkwürdig finden...
       und dann hat er auswendig gelernt die ganzen Fakten, daß eine
       Versicherung abgeschlossen wird, deren General jetzt sitzt weil
     er Petite gemacht hat
H.P: naa, der Herr BLECHA sagt des selber auch schon?
D: selber, ja, daß die Bundesländer sich nicht gekümmert hat
     was auf dem Schiff geladen sei, daß sie sechs Jahre einen Zivil-
       prozess geführt hätten
H.P: du gibt es keine Bänder von dem
D: ja das will ich jetzt versuchen
H.P: des muß ma kriegen net, oder so
D: i werd versuchen, daß den Anwälten zukommen zu lassen, dem
       PFANNER (phonetisch) und so, denn wer weiß, ob di das gesehen
       haben. Auf jeden Fall will ich mich damit beschäftigen. Ich
       beschäftige mich morgen damit, wer das aller gesehen hat.
H.P: ja, ja
D: aber er war sehr gut, daß muß ich sagen, ich meine er hat
       sicher auch gelogen wie alle immer lügen an irgend einer
       Stelle
H.P: ja, ja

25.1.1989   2o.o2 Uhr   Passivanruf durch H.P! DAIMLER (H.P.)
                            bei DAIMLER Renate. (D)

D: Daimler
HP: ja endlich
D: Poldi GRATZ ist heute zurückgetreten
HP: isa!
D: und der VRANITZKY hat gestern im Fernsehen gsagt, daß es jetzt
    reicht und das jetzt endlich einmal die Involvierung der
    BUNDESLÄNDER geklärt werden muß, weil es sei nicht so, daß da
    nur die SPÖ involviert sei und es gehört jetzt einmal geklärt
    -ein riesen Skandal-weil der Guggenbichler den Poldi GRATZ
    bespitzelt hat, weil des derf er natürlich net, denn an Politiker
    bespitzln und angeblich im Auftrag vom MASSER-und der MASSER
    ist grad in Beschuß-der MASSA bestreitet aber, daß der GUGGEN=
    bichler jemals den Auftrag gegeben hätte, den Poldi GRATZ zu be=
    spitzeln
HP: ja aber.. (lacht)
D: und so gehts dahin, es geht irrsinnig zu
HP: ja ja, i hab schon ghört, von den andern Wochen a, des sickert
    ja bis weit nach Norden, gell.
D: und jetzt tuans halt, mein Gott, werdns wahrscheinlich die
    BUNDESLÄNDER hineinziehn und das find i eh höchste Zeit.

HP: interessant, wie lang soll der ganze Zauber rennen?
D: bis März auf jeden Fall
HP: ja guat, ja (lacht)
D: bis März aber sicher wird der Ausschuß seine Arbeit ver=
    längern.
HP: ja, naja da sans ja beschäftigt. Und er ist zurückgetreten
    aus diesen Gründen??oder was?
D: nein, erhat sgat er tritt zurück - erhat a sehr gute Rede ge=
    halten- gerade im Fernsehen, i hab mirs angschaut- und hat
    gsagt er tritt zurück, weil er nicht Nationalratspräsident
    sein kann und dem Volk dienen, weil er dauernd wegen was
    im Gespräch ist und sein Amt behindert würde. Mit nichten trete
    er zruück, auf Grund dieses Lukona-Ausschusses, weil es sei
    ihm nichts vorzuwerfen. Er trete zurück aus persönlichen
    Gründen und weil er diesen Posten da net ausfüllen will,
    wenn er keine Ruhe dabei hat. Eine sehr gute Rede.
HP: ja ja, hat er eh recht

»Naa! Der Blecha sagt des selber auch schon?« meint er ganz erstaunt, bevor Renate dazukommt, die Aussagen des Innenministers noch ein wenig zu relativieren:

»Ich meine, er hat sicher auch gelogen, wie alle immer lügen an irgendeiner Stelle!«

»Ja, ja!« – Hans Peter Daimler weiß Bescheid.

»Auf jeden Fall«, resümiert Renate schließlich, »scheint dieser Untersuchungsausschuß, weil die ja alle gegeneinander arbeiten ... Die werden sicher, wenn es dem Blecha an den Kragen geht, ... dann wird der die Bundesländer aufblattln! Als Rache, ganz sicher. Und ich glaub', dieser Untersuchungsausschuß wird wie eine Lawine ..., obwohl die es nicht wollen!«

Renate Daimler sollte Recht behalten: Die Ereignisse überstürzen sich in den nächsten Tagen und Karl Blecha geht es wirklich »an den Kragen«. Der Salzburger Sicherheitsdirektor wird pensioniert, und Innenminister Blecha tritt am 19. Jänner 1989 von seiner Funktion zurück.

Am Abend desselben Tages ruft der Ex-Radrennfahrer Georg Postl die Proksch-Freundin Gräfin Alexandra Colloredo-Mannsfeld an:

»Wui, du, es spielt sich ab, gell ...«

Die Gräfin weiß bereits Bescheid: »Ja, ja. Die spinnen alle miteinander!«

»Des ist wahnsinnig turbulent«, berichtet Postl weiter und wagt eine Prophezeiung: »Jetzt kummt a no der arme Leopold dran!«

Tatsächlich. Als Hans Peter Daimler eine knappe Woche später wieder seine Frau anruft, kann diese schon berichten:

»Der Poldi Gratz ist heute zurückgetreten!«

»Isa!?«

Hans Peter Daimler ist perplex. Aber Renate Daimler weiß noch mehr:

»Und der Vranitzky hat gesagt, daß es jetzt reicht, und daß endlich einmal die Involvierung der ›Bundesländer‹ geklärt werden muß, weil es sei nicht so, daß da nur die SPÖ involviert sei, und es gehört jetzt einmal ein Riesenskandal geklärt ... Weil der

Guggenbichler den Poldi Gratz bespitzelt hat, des derf er natürlich net, denn an Politiker bespitzeln – und angeblich im Auftrag vom Masser. Der Masser ist g'rad unter Beschuß. Der Masser bestreitet aber, daß er dem Guggenbichler jemals den Auftrag gegeben hätte, den Poldi Gratz zu bespitzeln ... Und so geht's dahin. Es geht irrsinnig zu!«

Hans Peter findet das alles sehr, sehr interessant. Vor allem aber will er wissen:

»Wie lang soll der ganze Zauber rennen?«

»Bis März auf jeden Fall.«

Da fängt Daimler herzlich zu lachen an: »Ja guat, ja!«

Und als Renate meint, der Ausschuß werde seine Arbeit aller Voraussicht nach sogar verlängern, zeigt er sich zufrieden: »Naja, da sans ja beschäftigt!«

»Kriminell, wahnsinnig oder krank«

Renate Daimler sollte recht behalten: Die Rache der Sozialisten folgt den Rücktritten von Gratz und Blecha auf dem Fuß.
Als schließlich auch noch der SPÖ-Multifunktionär und Gerichtspräsident Karlheinz Demel für kurze Zeit in Haft genommen wird, schlägt die sozialistische Fraktion des Untersuchungsausschusses, nachdem der Schock rasch überwunden ist, erbarmungslos zurück.
Jetzt sind die »Schwarzen« an der Reihe. Als Retourkutsche kommt der schon seit Jahren in seiner vollen Dimension unaufgedeckt gebliebene Skandal rund um die Bundesländer-Versicherung und die ÖVP-Parteifinanzierung an die Reihe.
Das schon seit Jahrzehnten immer wiederkehrende Ritual verfehlt auch diesmal seine Wirkung nicht: Nach einer ebenso heftigen wie kurzen Schlammschlacht kommen die beiden Großparteien, zumal im März 1989 gleich in drei Bundesländern Landtagswahlen vor der Tür stehen, sehr rasch wieder »zur Besinnung«.
Die gemeinsamen Bemühungen der Koalition, und nun mit Hinblick auf den Wahltermin auch noch der GRÜNEN, sind schließlich nur noch auf ein einziges Ziel ausgerichtet: Wie läßt es sich verhindern, daß Jörg Haider aus dem »Fall Lucona« bei den Wahlen Nutzen zieht?
Ab diesem Zeitpunkt sind alle ernsthaften Bemühungen um eine seriöse Aufarbeitung der Affäre endgültig gescheitert. Nur noch einmal kommt es danach zu einem neuerlichen kurzen Höhepunkt.
Als Zeuge tritt am 20. April 1989 Eduard Schneider in seiner Funktion als amtierender Leiter der Wiener Oberstaatsanwaltschaft auf. Es geht um Fragen, die an sich nicht sehr bedeutend

sind, sodaß zunächst sogar erwogen wird, auf seine Einvernahme zu verzichten.

Es gelingt dem Chef der höchsten Wiener Anklagebehörde in der Folge jedoch, einen tiefen und bemerkenswerten Einblick in das Innenleben der Justizbürokratie zu vermitteln. Des leitenden Oberstaatsanwaltes Zeugenauftritt ist es wert, daß einige Ausschnitte des Protokolls als eine Art »Zeitdokument« erhalten bleiben.

*

Helene Partik-Pablé: »Am 16. Februar 1988, Herr Oberstaatsanwalt, ist – ich entnehme das aus einer Tagebucheintragung der Staatsanwaltschaft – dem Tagebuch beigeheftet eine Einladung zur Pressekonferenz des Herrn Pretterebner am 18. 2. 1988. Und da regt der Herr Pretterebner an – ich lese das jetzt vor: In Österreich verlangt Buchautor Hans Pretterebner aufgrund der in seiner Dokumentation erhobenen Vorwürfe nunmehr von der Staatsanwaltschaft Wien wegen des Verdachtes des Mißbrauches der Amtsgewalt, des Verdachtes der Begünstigung von Tatverdächtigen sowie allenfalls auch des Verdachtes der Beteiligung am Versicherungsbetrug die Einleitung einer Untersuchung gegen Gratz, Blecha, Damian, Otto F. Müller, Jäger, Karlheinz Demel.

Dieses Ersuchen des Herrn Pretterebner um eine Untersuchung auf allfällige strafbare Handlungen hat dann beim zuständigen Staatsanwalt Dr. Schindler dazu geführt, daß er Anträge gestellt hat beim zuständigen Untersuchungsrichter, und zwar auf zeugenschaftliche Vernehmung des Herrn Pretterebner zur Konkretisierung dieser Verdachtsmomente. Sie haben davon erfahren, daß der Staatsanwalt Schindler diese Anträge gestellt hat, und Sie haben nun fernmündliche Weisung gegeben an den Staatsanwalt Dr. Schindler: Zurückziehung dieses Antrages auf Vernehmung des Herrn Pretterebner, und zweitens: sofortige Abgabe der Erklärung gemäß Par. 90 Abs. 1 StPO, das heißt Einstellung.

176

Wieso haben Sie eigentlich verhindert, daß der Herr Pretterebner vernommen wird, und wieso haben Sie ohne weitere Prüfung gleich die Einstellung des Verfahrens verfügt?«

Schneider: »Da muß ich sagen, das habe ich also sicher nicht getan. Also das habe ich nicht getan!«

Partik-Pablé: »Das steht aber da.«

Schneider: »Ja, man kann Amtsvermerke schreiben, soviel man will, da ist sicher keine Unterschrift von mir. Das möchte ich einmal als erstes sagen.«

Partik-Pablé: »Das hat Dr. Olscher hier im Tagebuch unterschrieben.«

Schneider: »Das kann jeder in Österreich und in der Welt geschrieben haben. Ich bestreite das, weil ich das mein ganzes Leben lang nicht gemacht habe. Da müßte eine Unterschrift von mir dort sein. Aber da ist keine von mir.«

Partik-Pablé: »Sie haben beim Staatsanwalt Olscher, beim Leiter der Staatsanwaltschaft Wien diese Weisung deponiert und er hat es unterschrieben.«

Schneider: »Nein, die habe ich nicht deponiert, und wenn Sie das so interessiert – das würde mich auch wirklich interessieren –, würde mich der Herr Kollege Olscher interessieren, denn, Frau Abgeordnete, ich darf doch eine Anzeige, wie Sie mir vorgelesen haben – Gratz, Blecha, das waren ja damals Herren in allerhöchsten Staatsfunktionen –, überhaupt nicht per Telefon einstellen! Da wäre ich ja ein Wahnsinniger! Ich meine, da würde ich ja sofort – sofort heute noch! – meines Amtes enthoben gehören! Bitte dann müßte ich, wenn daß passiert, pensioniert werden entweder als Krimineller oder als Kranker. Das sage ich hier in aller Deutlichkeit. So kann es unmöglich gewesen sein.«

Partik-Pablé: »Glauben Sie im Ernst, daß Herr Dr. Olscher etwas Falsches protokolliert, geschrieben hat?«

Schneider: »Ich glaube es Ihnen ja, Frau Abgeordnete! Ich habe das nicht geschrieben! Da kann man ja Märchen schreiben.«

Partik-Pablé: »Sie sagen, Dr. Olscher hat ein Märchen geschrieben.«

177

Schneider: »Es gibt keinen Nationalratspräsidenten und keinen Minister, gegen den ich ein Verfahren per Telefon einstellen kann. Das wäre ja nicht nur ein Amtsmißbrauch, sondern das wäre ja eine Wahnsinnshandlung! Das habe ich nicht gemacht, sicher nicht.«

Partik-Pablé: »Herr Oberstaatsanwalt! Was ist das dann, eine falsche Eintragung? Ist das eine falsche Eintragung?«

Schneider: »Na bitte, ich weiß es ja nicht. Ich habe das nicht gesagt, weil ich mein ganzes Leben noch kein Verfahren per Telefon überhaupt eingestellt habe, nicht einmal gegen einen siebenmal vorbestraften Einbrecher oder Räuber, aber gegen einen Nationalratspräsidenten oder einen Minister, das ist ja ausgeschlossen! Es tut mir leid, ich kann Ihnen hier nicht dienen, aber wenn Sie mir das nachweisen, dann gehe ich an diesem Tag in Pension, denn dann kann ich nicht mehr weiteragieren.«

Partik-Pablé: »Ich zeige Ihnen das sofort, Herr Dr. Schneider.«

Schneider: »Na, ich glaube ja, daß es dort steht, aber ich . . .«

Partik-Pablé: »Ich nehme zur Kenntnis, daß Sie annehmen, daß Dr. Olscher etwas Falsches da hingeschrieben hat.«

Schneider: »Nein, nein, bitte, unterschieben Sie mir nichts. Ich habe – ich habe – eine solche Weisung nicht gegeben: schriftlich, das haben Sie ja selbst gesagt, nicht, und fernmündlich schon überhaupt nicht. Und alles andere entzieht sich meiner Kenntnis.«

Partik-Pablé: »Ich habe Sie gefragt – ich habe gesagt, offen –, ob Sie sagen, daß Dr. Olscher etwas Falsches hingeschrieben hat . . .«

Schneider: »Nein, ich sage nichts, nein!«

Obmann Steiner: »Bitte, jetzt möchte ich folgendes sagen: Erstens einmal, Herr Zeuge, ich hoffe, Sie haben diese Äußerung, ›bei Ihnen möchte ich nicht angeklagt sein‹, nicht als Beleidigung gegenüber der Frau Abgeordneten, sondern als persönlichen Wunsch für sich selber gemeint.«

Schneider: »Richtig! Das ist vollkommen richtig.« (Heiterkeit.)

Obmann Steiner: »Alle Ihre wertvollen Äußerungen und die

der Frau Doktor sind völlig verloren für die Geschichte, wenn Sie zugleich reden. Das kann im Protokoll nicht aufscheinen. Das mag im Gericht üblich sein, hier im Ausschuß müssen wir leider damit rechnen, daß wir Protokolle machen, und da kann man nur aufnehmen, was einer sagt, und nicht, was zwei oder drei gleichzeitig sagen. Bitte sehr . . .«

Schneider: »Bitte, darf ich aber zu der Rüge schon etwas sagen.«

Obmann Steiner: »Herr Zeuge! Darf ich jetzt nur kurz einmal ausreden! Ich weiß nicht, wie Sie das bei Verhandlungen halten, aber bitte schön, lassen Sie auch mich ausreden, und auch die Frau Doktor und die Frau Doktor soll . . .«

Schneider: »Ich entschuldige mich, ich habe geglaubt, Sie sind fertig. Ich lasse Sie gerne ausreden.«

Obmann Steiner: »Jetzt wollte ich gerade noch einmal fertigreden, jetzt fangen Sie schon wieder an!«

Schneider: »Ich entschuldige mich natürlich.«

Obmann Steiner: »Gut. Also Schluß! Aber erst, wenn ich gerade fertiggeredet habe.«

»Frau Doktor, bitte fahren wir fort.«

Schneider: »Jetzt möchte ich aber schon etwas sagen.«

Obmann Steiner: »Bitte.«

Schneider: »Das sind ja, und das möchte ich auch Ihnen sagen, Herr Abgeordneter, enorme Unterstellungen! Sie tun, als ob wir vielleicht so reden, ob es vor drei Jahren an diesem Tag geregnet hat oder nicht, bitte, das sind ja Unterstellungen!« (Zwischenrufe.)

Obmann Steiner: »Herr Zeuge! Entschuldigen Sie, was ist das für eine Unterstellung: Ich sage Ihnen, Sie sollen nicht gleichzeitig reden!«

Schneider: »Nein, aber wenn die Frau Abgeordnete sagt, da gibt's Eintragungen, ich stelle ein Verfahren gegen einen Nationalratspräsidenten oder einen Minister per Telefon ein, das ist doch eine wahnsinnige Unterstellung! Gegen die, ich bitte um Entschuldigung, muß ich mich doch wehren dürfen!«

Obmann Steiner: »Ja, entschuldigen Sie, selbstverständlich dürfen Sie sich wehren. Was ich sage ist, Sie sollen nicht gleichzeitig reden, um Gottes willen!«

Graff (zur Geschäftsordnung): »Ich muß gestehen, mir sind die Aktenstücke, die die Frau Doktor dem Herrn Zeugen vorhält, fremd. Sollte ich die kennen oder gelesen haben, oder sind das besondere Akten? Darf ich Sie fragen, woher die sind?«

Partik-Pablé: »Zuerst möchte ich wirklich einmal sagen, daß der Vorwurf, ich unterstelle Ihnen etwas, Herr Oberstaatsanwalt, wirklich absolut falsch ist. Ich habe hier aus dem Tagebuch der Staatsanwaltschaft Wien zitiert. Ich habe überhaupt nur zitiert aus Aktenbestandteilen, die dem Untersuchungsausschuß zugekommen sind. Ich kann wirklich nichts dafür, wenn sich irgend jemand diese Akten nicht angeschaut hat. Ich – beziehungsweise mein Experte – habe sie mir Gott sei Dank angeschaut. Mir erscheint es wirklich sehr wesentlich, hier die Stellung und die Haltung des Oberstaatsanwaltes Dr. Schneider einmal zu durchleuchten.«

Graff: »Ich muß zunächst ein paar klärende Worte zu den anderen Kollegen sagen. Ich habe nämlich vorhin gesagt, daß ich nicht die Absicht habe, den Zeugen überhaupt zu fragen. Aber es ist für mich einiges wirklich substantiell Neues hervorgekommen. Daher habe ich schon ein paar Fragen.

Herr Leitender Oberstaatsanwalt! Dieses Verfahren gegen Gratz, Blecha, Damian, Müller, Jäger und so weiter, wo Sie diese telefonische Weisung erteilt haben . . .«

Schneider: »Sollen, sollen!«

Graff: »Na, nicht sollen. Das ist ja vom Olscher im Akt festgehalten, nicht wahr? Wollen Sie das auch in Zweifel ziehen? Sie schließen aus, daß Sie ohne schriftlichen Vorgang das gemacht haben?«

Schneider: »Bitte, was heißt schließen aus . . .«

Graff: »Sie haben vor kurzem gesagt: ›Da wäre ich wahnsinnig‹, glaube ich.«

Schneider: »Wenn ich das ohne schriftlichen Vorgang gemacht habe – ich werde das überprüfen –, dann erstatte ich gegen mich eine Disziplinaranzeige.«

Graff: »Na, lassen Sie das. Versprechen Sie uns das nicht!«

Schneider: »Dann habe ich den Par. 8 StAG, Herr Abgeordneter, in schärfster und extremer Weise verletzt.«

Graff: »Theatern Sie sich nicht in einen Wirbel hinein, Herr Oberstaatsanwalt! Sie haben ihn verletzt. Lassen Sie die schärfste Weise weg!«

Schneider: »Na, das ist disziplinär. Ich kann doch nicht gegen einen Nationalratspräsidenten ein Verfahren einstellen ohne Ministerium. Das gibt es nicht!«

Graff: »Also, Sie wären nach dem Staatsanwaltschaftsgesetz verpflichtet gewesen, das Ministerium zu befragen?«

Schneider: »Ja. Ich meine, da gibt es doch keinen Zweifel daran.«

Graff: »Das muß schriftlich gewesen sein?«

Schneider: »Ja.«

Graff: »Herr Oberstaatsanwalt! Ich habe das in früheren Stadien dieses Ausschusses bewiesen, ich bin nicht einer, der einen sich hineintheatern läßt, ohne ihn zu warnen, aber wenn Sie das so kategorisch sagen, muß ich Ihnen folgendes vorhalten: Dieser Akt ist am 19. Feber 1988 angefallen. Laut Aktenvermerk des Olscher haben Sie am 22. Februar die telefonische Weisung erteilt. Der 19. Februar 1988 war ein Freitag, Samstag war der 20., Sonntag war der 21., und Montag, den 22., war laut Olschers Aktenvermerk Ihre Weisung. Hat es da über das Wochenende einen Schriftverkehr mit dem Ministerium gegeben?«

Schneider: »Also, das kann ich jetzt ausschließen. Ja. Also, Samstag, Sonntag gibt es keinen Schriftverkehr mit dem Ministerium. Das ist richtig, ja.«

Graff: »Also wenn der Zeuge noch in derselben Einvernahme revoziert, dann ist das strafrechtlich noch nichts.«

Schneider: »Es gibt keinen Staatsanwalt, der so etwas macht. Ich meine, das ist doch ganz ausgeschlossen. Das wäre ja unmöglich.«

Graff: »Na gut, dann schauen Sie sich es jetzt bitte an.«

Schneider: »Ich habe es ja sicher nicht unterschrieben. Ich habe leider diesen Akt nicht hier.«

Graff: »Ich bin sehr überrascht, und, wie gesagt, ich hatte eigentlich gar nicht die Absicht, Sie zu fragen, aber dann werden wir wohl Schindler und Olscher brauchen und wahrscheinlich auch Sie, Herr Oberstaatsanwalt, noch einmal. Ich stelle diesen Antrag.«

In der 26. Sitzung des Untersuchungsausschusses, die am 25. April stattfindet, wird Schneiders zeugenschaftliche Vernehmung fortgesetzt:

Graff: »Herr Oberstaatsanwalt! Sie haben uns allen dankenswerterweise Kopien des Aktes gegeben über die seinerzeitige Geschichte mit der Pressekonferenz des Herrn Pretterebner. Ich muß Ihnen aber sagen: Sie haben in meinen Augen Ihre Situation damit nicht verbessert, sondern verschlechtert. Ich frage Sie konkret der Reihe nach jetzt durch in diesem Akt.

Am 17. Februar ist also als Anstoß ein Anruf des Präsidenten, des Büros des Präsidenten des Nationalrates bei Ihnen eingelangt, nicht?«

Schneider: »Jawohl! Das ist Seite 1.«

Graff: »Das ist die Seite 1, ja. Und da heißt es, daß Einladungen zu einer Pressekonferenz ausgesendet werden, in welcher mehreren Personen strafbare Handlungen vorgeworfen werden. (Schneider: Ja!) Und daraufhin haben Sie dem Büro des Nationalratspräsidenten empfohlen, im Falle einer Ermächtigungserteilung zur Strafverfolgung eine Ablichtung dieser Einladung der OStA zu übermitteln.«

Schneider: »Ja. Jawohl. Ja, Seite 3, und das ist dann gekommen, Seite 3a.«

Graff: »Das ist an sich schon ein beachtliches Service für den Präsidenten Gratz. Gut. Dann ist also diese Einladung gekommen. Und aufgrund dieser Einladung haben Sie dann ein Strafverfahren eingeleitet oder einleiten lassen gegen Herrn Pretterebner.«

Schneider: »Jawohl.«

Graff: »Wegen des letzten Satzes in dieser Einladung.«

Schneider: »Jawohl.«

Graff: »Und jetzt sagen Sie mir bitte: Was ist an dem eine strafbare Handlung? Ich lese den Satz vor: In Österreich verlangt Buchautor Hans Pretterebner aufgrund der in seiner Dokumentation erhobenen Vorwürfe nunmehr von der Staatsanwaltschaft Wien wegen des Verdachtes des Mißbrauchs der Amtsgewalt, des Verdachtes der Begünstigung von Tatverdächtigen sowie allenfalls auch des Verdachtes der Beteiligung am Versicherungsbetrug die Einleitung einer Untersuchung.

Also ich wiederhole: Er verlangt von der Staatsanwaltschaft Wien aufgrund der im Buch erhobenen Vorwürfe die Einleitung einer Untersuchung gegen Gratz, Blecha, Damian, Müller, Jäger und Demel. (Schneider: Ja!) Was soll da ein Delikt sein? Und wenn ja, welches?«

Schneider: »Ich möchte zunächst folgendes sagen: Ich bin hier Zeuge . . .«

Graff: »Ja.«

Schneider: ». . . und habe eine Situation hier nicht zu verbessern oder zu verschlechtern. Ich habe die Wahrheit darüber zu sagen, wie ich damals . . .«

Graff: »Ist schon gut. Beantworten Sie bitte meine Frage. Ich frage Sie, was das für ein Delikt ist.«

Schneider: »Nein, bitte, Herr Doktor, wenn Sie süffisant fragen, das sind ja keine Fragen nach der StPO.«

Graff: »Ja, ich bin hier ein Abgeordneter, und Sie sind Zeuge und müssen Antworten geben.«

Schneider: »Ja, und ich bin Zeuge, und ich lasse mich hier sicher von niemandem fertigmachen. (Graff: Hoffentlich nicht!) Ich habe mein Amt ordentlich ausgeübt, und dafür stehe ich ein.«

Graff: »Ja, würden Sie jetzt meine Frage beantworten!«

Schneider: »Aber jedenfalls will ich meine Situation nicht verbessern . . .«

Graff: »Nein, Sie brauchen nur die Wahrheit zu sagen.«

Schneider: ». . .nicht verschlechtern. Ich will nur die Wahrheit sagen.«

Graff: »Gut. Also was soll das für ein Delikt sein?«

Schneider: »Bitte, das Service für Gratz: Präsident Gratz ist zumindest – hoffentlich in den Augen aller – heute so wie damals Staatsbürger. Und ich bin für jeden Staatsbürger da.«

Graff: »Ja, ich frage Sie: Was soll das für ein Delikt sein?«

Schneider: »Ja, richtig. Na ja, das kann ich Ihnen gleich sagen, das kann man sofort feststellen, kann ich sofort feststellen.«

Graff: »Schauen Sie sich . . . Ich frage Sie jetzt um eine Subsumtion als Strafjurist, Schauen Sie sich die Einladung an.«

Schneider: »Verleumdung, bitte, das kann Verleumdung sein. Und das kann eventualiter Ehrenbeleidigung sein.«

Graff: »Wieso kann das eine Verleumdung sein, wenn der Herr Pretterebner verlangt von der Staatsanwaltschaft Wien eine Untersuchung wegen eines Verdachtes? Was soll da eine Verleumdung sein?«

Schneider: »Bitte, Herr Doktor, ich bin nicht bei einer juristischen Staatsprüfung.«

Graff: »Nein, ich frage Sie jetzt, wie Sie heute diesen Passus – liegt er Ihnen vor, die Einladung, der letzte Satz?«

Schneider: »Ja, freilich.«

Graff: »Wie Sie diesen Passus strafrechtlich beurteilen, frage ich Sie.«

Schneider: »Wir haben 297 Abs. 1. . .« (Graff: Das ist Verleumdung!) Graff: »Ich frage Sie aber noch einmal: Was soll, bitte, Verleumdung – ich bin kein Sympathisant vom Herrn Pretterebner, das hat sich inzwischen wohl herumgesprochen –, was kann da Verleumdung sein, wenn einer öffentlich verlangt, daß die Staatsanwaltschaft einen Verdacht untersucht? Ist doch unglaublich! Was soll da Verleumdung sein? Können Sie mir das erklären?«

Schneider: »Ja, bitte, wenn Sie mich im Akt nachschauen lassen. Meine Referenten haben Berichte gemacht.«

Graff: »Ich finde das wirklich unerhört! Sehen Sie das heute noch immer nicht ein?«

Schneider: »Nein, nein, nein. Sie lassen mich überhaupt nicht reden.«

Graff: »Aber ja, reden Sie! Sagen Sie uns mit eigenen Worte –
ich frage Sie schon zum fünften Mal: Was soll da eine Verleumdung sein?« (Zwischenruf Rieder.) »Seien Sie ruhig, Herr Dr.
Rieder.«

Schneider: »Es ist folgendes: Wenn, Herr Vorsitzender, der
Ausschuß die Zeit hat, kann ich ja das in aller Breite hier ...«

Graff: »Nein, ich möchte die Antwort, warum dieser Passus in
der Einladung eine Verleumdung ist. Ich will jetzt nicht eine
Geschichte über den Udo Proksch seit den Anfängen.« (Zwischenrufe.)

Schneider: »Bitte sehr. Wenn Sie auf den Umschlag des Aktes
schauen, der Ihnen vorliegt, steht, daß dieser Handakt – OStA
10 686/88 – einbezogen ist in 15 130/87. Der ist dort einbezogen, ja. Also daher gibt es auch schon einen älteren Akt zu diesem Thema.«

Graff: »Wie lange wollen Sie uns jetzt noch einen anderen Akt
erzählen? Ich habe Sie gefragt, warum dieser Passus in der Einladung eine Verleumdung sein soll?«

Schneider: »Ja, meine Hoffnung ist es noch immer – aber ich
kann sie ja aufgeben –, daß man die Aktenteile, die Sie mir
jetzt vorhalten, im Gefüge des Gesamtaktes besser versteht.
Also es ist, das wollte ich jetzt sagen, seit 21. Dezember
1987 ...«

Graff: »Nein, jetzt ist es mir genug. Danke.«

Partik-Pablé (zur Geschäftsordnung): »Ich würde den Herrn
Vorsitzenden bitten, den Zeugen aufmerksam zu machen, auf
gezielte Fragen auch gezielte Antworten zu geben. Denn mir ist
schon bei meiner letzten Einvernahme dieses Zeugen am Donnerstag aufgefallen, daß weitschweifig über Dinge geredet wird,
die eben nicht gefragt worden sind.«

Rieder (zur Geschäftsordnung): »Herr Vorsitzender! Ich ver-
wahre mich gegen den Vorwurf, irgend jemanden etwas in den
Mund zu legen. Aber wenn der Zeuge darauf hinweist, daß
diese Vorwürfe Gegenstand bereits eines anhängigen Verfahrens von Akten sind, und in diesem Blattl Papier auf diese Vorwürfe Bezug genommen wird, dann gehört es zur Sache, daß er

185

uns erklärt, daß eben wegen dieser Vorwürfe bereits eine anhängige Untersuchung stattfindet.«

Graff: »Herr Dr. Rieder! Sie haben dem Zeugen einen Bärendienst erwiesen, denn gerade die Tatsache, daß wegen der Vorwürfe selber, zu Recht oder zu Unrecht, schon ein Verfahren rennt, macht es umso ungerechtfertigter, eine zusätzliche Verleumdungstat darin zu erblicken, wenn der Herr Pretterebner jetzt wegen der Vorwürfe, wegen der er sogar schon ein Verfahren hat, eine staatsanwaltschaftliche Untersuchung verlangt. Noch einmal: Ich finde das unglaublich. Und jetzt gehe ich in der Sache weiter. Jetzt kommt also das Telefonat mit dem Leiter der Staatsanwaltschaft Wien, Hofrat Dr. Olscher, am 22. Februar.«

Schneider: »Jawohl.«

Graff: »Sie schreiben daraufhin weiter in Ihrem Aktenvermerk – ich zitiere: ›Ich habe daraufhin Hofrat Dr. Olscher fernmündlich angewiesen, den Antrag sofort zu widerrufen, hinsichtlich der vorstehend erwähnten Personen gemäß Par. 90, also mit Einstellung vorzugehen und darüber zu berichten.‹ Stimmt das?«

Schneider: »Ja. Aber Sie lesen ja nicht weiter.«

Graff: »Sie haben ihn fernmündlich angewiesen?«

Schneider: »Sie lesen ja nicht weiter.«

Graff: »Ich frage Sie, ob das stimmt!«

Schneider: »Ja, der Vermerk stimmt.«

Graff: »Gut. Also Sie haben den Hofrat Olscher fernmündlich angewiesen, . . .«

Schneider: »Jawohl.«

Graff: ». . . den Auftrag, den Pretterebner zu den Verdachtsgründen, zu widerrufen . . .«

Schneider: »Ja, habe ich.«

Graff: ». . . und mit Einstellung hinsichtlich Gratz, Blecha, Damian, Demel.«

Schneider: »Aber alles mit Genehmigung des Ministeriums.«

Graff: »Nein, das ist wahrheitswidrig, Herr Zeuge. Die Genehmigung ist nachträglich erfolgt.«

Schneider: »Bitte, muß ich mir den Vorwurf ›wahrheitswidrig‹ gefallen lassen?«

Graff: »Ja, das ist wahrheitswidrig. – Wann ist die Genehmigung erfolgt? Herr Zeuge! Wann ist die Genehmigung erfolgt? Vorher oder nachher?«

Schneider: »Die ist unmittelbar danach . . .«

Graff: »Jawohl, danach. Aber diese Weisung war draußen . . .«

Schneider: »Na ja, die war doch jederzeit . . .«

Graff: ». . . und zwar fernmündlich. Kennen Sie den Par. 29 Staatsanwaltschaftsgesetz?«

Schneider: »Ja, an sich sehr genau.«

Graff: »Was steht da drinnen?«

Schneider: »Vom Vorhabensbericht.«

Graff: »Nein, da steht von Weisungen.«

Schneider: »Ach so, von Weisungen, ja.«

Graff: »Wie sind denn die zu erteilen, die Weisungen?«

Schneider: »Aber nachher ist der Vorhabensbericht.«

Graff: »Wie sind denn die Weisungen vorgesetzter Behörden zu erteilen, in welcher Form?«

Schneider: »Nein, bitte, das ist doch überhaupt keine Zeugenvernehmung.«

Graff: »In welcher Form sind die Weisungen vorgesetzter Behörden zu erteilen?«

Schneider: »Schriftlich, mündlich mit Begründung.«

Graff: »Schriftlich, jawohl. Sie haben mündlich eine rechtswidrige Weisung erteilt, Herr Oberstaatsanwalt. Und wieder einmal nach alter Schule Müller-Wasserbauer. Ich habe gedacht, bei Ihnen wird es anders. Zugunsten des Herrn Proksch. Alles was Sie tun, ist zugunsten des Herrn Proksch. Es darf keiner nach Manila fahren – zugunsten des Herrn Proksch. Er darf nicht verhaftet werden – zugunsten des Herrn Proksch. Und jetzt wird hier ein mögliches Verfahren gegen den Pretterebner eingeleitet – wieder zugunsten des Herrn Proksch, und zwar in einer gesetzeswidrigen Weisung. Denn können Sie mir Gefahr im Verzuge hier etwa dartun, warum das mündlich, warum das telefonisch hätte erfolgen müssen?«

187

Schneider: »Ja bitte, wenn ich nicht reden darf.«

Graff: »Jetzt reden Sie!«

Schneider: »Na bitte, muß ich mir wirklich als Zeuge vorwerfen lassen, ich habe rechtswidrige Weisungen erteilt . . .«

Graff: »Ja.«

Schneider: ». . . wo ich in jedem Stück mit dem Ministerium in Kontakt bin? Ich habe damals, als das Pretterebner-Buch erschienen ist . . .«

Graff: »War die Weisung schriftlich oder fernmündlich?«

Schneider: »Ja, fernmündlich.«

Graff: »War Gefahr in Verzug?«

Schneider: »Nein.«

Graff: »Nein. Dann war sie rechtswidrig.«

Schneider: »Na bitte, das können Sie sagen, aber ich teile diese Meinung nicht.«

Graff: »Mein Vorhalt ist der, daß Sie gesetzwidrig eine telefonische Weisung erteilt haben, ohne daß Gefahr im Verzug oder sonstige besondere Gründe vorgelegen sind.«

Schneider: »Und das ist aber eine Ehrenbeleidigung, das mache ich Sie aufmerksam, gegen die ich mich allerdings nicht wehren kann, weil ich gegen einen Immunen wehrlos bin.«

Graff: »O ja, Sie können eine Zivilklage auf Feststellung, Widerruf, da werden Sie einfahren.«

Schneider: »Da werde ich mich hinstellen zum Bezirksgericht.«

Graff: »Jedenfalls haben Sie in diesem Bericht dann über eine bereits rechtswidrig und ohne Ministerium eigenmächtig erteilte Weisung, die nachher telefonisch dem Sektionschef Fleisch mitgeteilt und von diesem zur Kenntnis genommen wurde, die Einstellungsgründe berichtet, und die sind auch hoch interessant. Dr. Müller handelte als Leiter der OStA Wien immer im Einklang mit Erlässen. Daher gibt es also keine strafbare Handlung. Gratz wurde als Außenminister tätig, indem er im diplomatischen Wege einen ausländischen Akt für einen österreichischen Staatsbürger beschaffte. Irgendeine strafbare Handlung wurde in diesem Zusammenhang nicht gesetzt. Mag. Gratz – das kann ich nicht lesen . . .«

188

Schneider: »Da steht: Da Mag. Gratz korrekt vorging . . .«
Graff: »Da Mag. Gratz korrekt vorging, ist aus der Tatsache seiner privaten Freundschaft zu Udo Proksch nichts Verdächtiges
abzuleiten. – Okay. – Die dem Innenminister Blecha vorgeworfene Behinderung der sicherheitsbehördlichen Vernehmungen
geht auf ein Mißverständnis eines Beamten zurück, wurde noch
am selben Tag aufgeklärt. Und am Schluß: Ganz abgesehen davon, daß ein Vorsatz des Bundesministers Blecha auf Einflußnahme auf das Strafverfahren im Sinne einer Verzögerung oder
gar Behinderung von sicherheitsbehördlichen Erhebungen nicht
gegeben war.
Herr Zeuge! Unsere Erhebungen, die sicher gründlicher waren
als die Ihren – das gebe ich Ihnen schon zu –, haben gezeigt,
daß alle diese Thesen jedenfalls nicht uneingeschränkt haltbar
sind und massive Verdachtsgründe gegen alle diese Genannten
vorliegen. Ich frage Sie: Wo nehmen Sie die Kühnheit her, in
einem Bericht an das Ministerium so kategorisch bei einer doch
sehr diskutablen Aktenlage – das Pretterebner-Buch war bereits
heraußen: nicht alles, war drinnen steht, ist hundertprozentig
wahr, aber vieles stimmt sehr genau –, wo nehmen Sie die Stirn
her, so kategorisch zu behaupten, daß die alle unschuldig
sind?«
Schneider: »Bitte, da muß ich zwei Dinge sagen. Ich verweise
auf das Datum 26. Februar 1988. Daß Sie vielleicht heute
mehr wissen oder andere auch mehr wissen, ist eine andere
Frage.«
Graff: »Aber da war schon ziemlich viel bekannt, im Februar
1988.«
Schneider: »Bitte, ich bin kein Hellseher und kein Wahrsager.«
Graff: »Aber das Buch haben Sie schon gehabt?«
Schneider: »Ja, Moment, das Buch habe ich gelesen, natürlich,
ja, ja, da sind aber auch unrichtige Sachen drinnen.«
Graff: »Aber Sie schreiben wie ein Strafverteidiger kategorisch:
nicht gegeben war, nicht vorgelegen, nichts vorzuwerfen. Ich
frage Sie noch einmal: Wo nehmen Sie die Kühnheit her zu so
kategorischen Feststellungen angesichts des doch im Ganzen,

189

wenn auch mit Unrichtigkeiten, vernichtenden Pretterebner-Buches?«

Schneider: »Bitte, wenn Ihnen mein Stil nicht gefällt, Herr Doktor, dann tut mir das sehr leid. Aber wenn ich an mein vorgesetztes Ministerium einen Bericht erstatte, dann schreibe ich in klaren, deutlichen Worten meine Meinung nieder und nicht so gewunden: man könnte und allenfalls und selbst wenn. Das ist nicht mein Stil. Ich kann Ihnen nicht helfen, tut mir leid.«

Graff: »Nein, Sie haben mir nicht geholfen. Danke.«

Obmann Steiner: »Bitte, jetzt ist der Dr. Pilz am Wort.«

Pilz: »Herr Dr. Schneider! Es hat hier offensichtlich nicht nur eine rechtswidrige Weisung gegeben und eine zumindest sehr eigenartige Begründung der Einstellung der Pretterebner-Anzeige, sondern das Ganze ist auch so für mein Gefühl ungeheuer schlampig gemacht worden.«

Schneider: »Darf ich dazu etwas sagen?«

Pilz: »Jetzt . . .«

Schneider: »Na, wollen Sie eine Antwort oder nicht? Oder nur Statements abgeben?«

Pilz: »Herr Dr. Schneider! Mir geht es an und für sich um die . . .«

Schneider: »Na, ich möchte ja nur eine Antwort geben. Sie halten mir etwas vor, und Sie lassen mich nicht antworten!«

Pilz: »Sie können gern antworten. Bitte schön, tun wir da nicht hin und her schreien. Ich frage Sie ganz ruhig.«

Schneider: »Ich möchte gerne eine Antwort geben.«

Pilz: »Ja. Unterhalten wir uns ganz ruhig miteinander. Ich gebe Ihnen jederzeit die Zeit, daß Sie auf meine Fragen oder auch Vorhalte antworten. Bitte.«

Schneider: »Würde ich Sie sehr bitten. – Ich habe bereits auf diese Frage des Herrn Abgeordneten Dr. Graff zu diesem Passus ›für versehentliche Unterlassung wird um Entschuldigung gebeten‹ gesagt, daß das in dem Bericht vom 25. Februar 88 eben wirklich vergessen wurde.«

Pilz: »Herr Dr. Schneider! Dann möglicherweise zu einem anderen Vorwurf, zum Vorwurf des extremen Kurzzeitgedächtnisses, oder, sagen wir – ich glaube, wir können es schon sagen –, zum problematischen Umgang mit Wahrheit vor diesem Ausschuß. Ich frage Sie noch einmal konkret: Ist es richtig, daß Sie Ihr ganzes Leben noch kein Verfahren per Telefon eingestellt haben?«

Schneider: »Ohne Rücksprache mit dem Ministerium ...«

Pilz: »Nein, nein. Ist es – bitte beantworten Sie meine Frage in aller Ruhe – richtig, daß Sie Ihr ganzes Leben noch kein Verfahren per Telefon überhaupt eingestellt haben? Ist das richtig?«

Schneider: »Das ist insofern richtig, als ich es noch nie, wenn eine Berichtspflicht bestanden hat – und die hat hier bestanden –, ohne Rücksprache mit dem Ministerium gemacht habe.« (Zwischenruf Graff.)

Pilz: »Ich habe Sie überhaupt nicht gefragt über eine Rücksprache mit dem Ministerium, sondern ich habe Sie etwas gefragt, was man eindeutig mit Ja oder Nein beantworten kann. Ich frage Sie noch einmal: Haben Sie in Ihrem ganzen Leben noch überhaupt kein Verfahren per Telefon eingestellt, ja oder nein?«

Schneider: »Da muß ich Sie aber, bitte, schon darauf hinweisen, daß es Fragen gibt – überhaupt solche, wie hier gestellt werden –, die man einfach nicht mit Ja oder Nein beantworten kann, sondern nur aus dem Zusammenhang heraus.«

Pilz: »Meine Frage ist sehr einfach, klar und eindeutig: Haben Sie jemals ein Verfahren per Telefon eingestellt?«

Schneider: »Nein, in dem Zusammenhang gesehen nicht.«

Pilz: »Gut. (Partik-Pablé: Falsche Zeugenaussage!) Ich bin auch der Meinung, daß hier der Verdacht der falschen Beweisaussage besteht. Das werden wir gemeinsam im Ausschuß prüfen und notwendige Schritte möglicherweise bei der Staatsanwaltschaft unternehmen.«

Schneider: »Dem werde ich mit Gelassenheit entgegensehen.«

Pilz: »Vielleicht kommt das Ganze dann wieder zur Oberstaatsanwaltschaft. (Heiterkeit.) ... Letzte Frage, Herr Dr. Schneider: Sie haben dem Ausschuß im Zusammenhang mit der erstgenannten Weisung erklärt: ›Es tut mir leid, ich kann ihnen hier nicht dienen, aber wenn Sie mir das nachweisen, dann gehe ich an diesem Tag in Pension, denn dann kann ich nicht mehr weiter agieren.‹«

Schneider: »Ja, ja.«

Pilz: »Herr Dr. Schneider, haben Sie schon irgendwelche Schritte in bezug auf Ihre Pensionierung unternommen?«

Schneider: »Ich sehe bisher keinen Anlaß, kann Ihnen das aber gerne erklären. Gemeint war – und das muß jeder Gutwillige so hören, weil es so gemeint war –, wenn ich die Einstellung ohne Rücksprache mit dem Ministerium gegeben hätte. (Graff: Haben Sie doch!) Nein, wenn ich gleich angerufen habe. Das ist eine Geschmackssache. Daher habe ich wirklich keinen Grund, für mich selbst Konsequenzen zu ziehen. Ihnen überlasse ich sie gerne. Ich sehe dem mit größter Gelassenheit entgegen. Wirklich wahr.«

Pilz: »Wissen Sie, Herr Dr. Schneider, wenn Rechtswidrigkeiten im Bereich der Justiz einmal vom Leiter der Oberstaatsanwaltschaft zu Geschmacksfragen gemacht werden, dann schaut es wirklich ein bißchen triste aus.«

Schneider: »Das ist keine Geschmacksfrage.«

Pilz: »An eines möchte ich Sie nur erinnern – das ist das einzige, was mir heute noch gefehlt hat –: Einer Ihrer Vorgänger auf diesem Stuhl hat uns erklärt, daß alles das, was er in diesem Fall getan hat, zur Beschleunigung des Verfahrens gedient hat. – Das war der ehemalige Innenminister. Ich bin Ihnen dankbar, daß Sie uns wenigstens mit dieser Erklärung verschont haben. Danke schön.«

Partik-Pablé: »Herr Zeuge! Als ich Sie am Donnerstag konfrontiert habe mit der Tagebucheintragung des Dr. Olscher, aus der hervorgeht, daß Sie angerufen haben und den Antrag gestellt haben, daß die Verfahren gegen Gratz, Blecha und so weiter einzustellen sind, haben Sie gesagt:

›Ich habe eine solche Weisung nicht gegeben ... fernmündlich überhaupt nicht. – Ich bestreite das, weil ich das mein ganzes Leben lang nicht gemacht habe.‹ – ... Ich darf noch eine Anzeige, wie Sie mir da vorgelesen haben – Gratz, Blecha, das waren ja damals Herren in allerhöchsten Staatsfunktionen – ›überhaupt nicht per Telefon einstellen!‹ – ›...wenn das passiert, müßte ich pensioniert werden, entweder als Krimineller oder als Kranker. Das sage ich hier in aller Deutlichkeit. So kann es unmöglich gewesen sein.‹ – ›Es gibt keinen Nationalratspräsidenten und keinen Minister, gegen den ich ein Verfahren per Telefon einstellen kann. Das wäre ja . . . eine Wahnsinnshandlung! Das habe ich nicht gemacht, sicher nicht.‹ Deshalb habe ich auch heute von einer falschen Zeugenaussage gesprochen. Wieso haben Sie das derart dezidiert mit solchen krassen Worten damals gesagt, obwohl ich Ihnen schon das Tagebuch vorgelesen habe. Ich habe Ihnen sogar angeboten, ich lasse Sie hineinschauen in das Tagebuch; das haben Sie dann abgelehnt. Wieso kommt es dazu, daß Sie das so strikte abgelehnt haben?«

Schneider: »Ja bitte, ich sehe das halt anders, als Sie es sehen können oder wollen.«

Partik-Pablé: »Haben Sie eigentlich nie daran gedacht, daß es in der Strafprozeßordnung den Par. 3 gibt, wonach alle Behörden gezwungen sind, die materielle Wahrheit zu erforschen? Sie hätten doch auch in der Sachverhaltsbekanntgabe des Herrn Pretterebner erforschen müssen: Was ist jetzt eigentlich die materielle Wahrheit?«

Schneider: »Schauen Sie: Wenn man das Buch Pretterebners so genau gelesen hat, wie es ich lesen mußte, dann hat man halt zu einem Anzeiger Pretterebner – von meiner Warte her gesehen – nicht das allergrößte Vertrauen. Das ist halt so. – Da ist zum Beispiel eine Überschrift, wo gestanden ist – das hat nicht mich betroffen, sondern meinen Amtsvorgänger: Die Oberstaatsanwaltschaft Wien hat Amtsmißbrauch begangen.«

Partik-Pablé: »Herr Oberstaatsanwalt! Es waren also Vorurteile, die Sie veranlaßt haben, das Verfahren gegen Gratz, Blecha und so weiter einzustellen . . . und Pretterebner nicht die Gelegenheit zu bieten, als Zeuge vernommen zu werden. Es waren nicht sachliche und nicht rechtliche Gründe, die Sie veranlaßt haben, das Verfahren einzustellen und weitere Sachverhaltsdarstellungen zu gewinnen und Zeugen einzuvernehmen.«

Schneider: »Auf diese Frage sage ich: nein, wenn es eine Frage war. Das ist nicht richtig, was Sie mir gesagt haben.«

Partik-Pablé: »Herr Oberstaatsanwalt! Ich habe Sie bei der letzten Einvernahme gefragt wegen der Demel-Voruntersuchung, Demel-Hausdurchsuchung. – Auch hier bezüglich der Einstellung der Verfahren gegen Gratz und Blecha erkenne ich eine sehr große Empfindlichkeit gegenüber diesen Politikern und gegenüber Dr. Demel; aber diese Empfindlichkeit fehlt Ihnen völlig, wenn es um ein Rechtsschutzbedürfnis des Herrn Pretterebner geht. Der Herr Pretterebner muß doch auch die Möglichkeit haben, ihm strafrechtlich relevant erscheinende Sachverhalte anzuzeigen, auch das Verlangen zu stellen, daß die von ihm nominierten Personen auch vernommen werden. Gestehen Sie ihm das nicht zu?«

Schneider: »Nein. Ich bin ja bitte nicht das Vollzugsorgan irgendeines Buchautors, möge er auch Pretterebner heißen... (Graff: Sondern des Gratz!) Nein, auch nicht. Ich wollte gerade sagen, wessen. Schauen Sie: Sie nehmen das alle nicht zur Kenntnis, aber mir soll es recht sein. Was soll ich machen? Ich sage das jetzt wahrscheinlich zum achten Mal: Am 21. Dezember 1987 habe ich dem Ministerium berichtet, daß ich gegen Pretterebner vorzugehen beabsichtige. Das ist genehmigt worden. Damit steht für mich seit 21. Dezember 1987 die Richtung meines Agierens als Oberstaatsanwalt fest.« (Graff: Wieso ist das eine zusätzliche Verleumdung, wenn Pretterebner die Aufklärung der alten Vorwürfe verlangt?)

Schneider: »Das haben wir hier einbezogen.«

Partik-Pablé: »Da sind Sie überhaupt nicht empfindlich. – Das muß ich Ihnen noch einmal vorhalten: Sie sagen, Sie sind nicht das Vollzugsorgan eines Buchautors. Aber Ihre Aufgabe, die Wahrheit zu erforschen, die vernachlässigen Sie, und zwar nur deshalb, weil der Herr Pretterebner ein Buch geschrieben hat, dessen Inhalt Ihnen vielleicht nicht gefallen hat.«

Schneider: »Schauen Sie: Ich habe ja auch wiederholt abgelehnt, irgendwelche Ermächtigungen und Zustimmungen zur Verfolgung des Herrn Pretterebner wegen Ehrenbeleidigung zu geben. Das sehen Sie ja auch aus dem Akt. Ich habe hineingeschrieben: Ich wünsche mit dem Herrn Pretterebner auch nicht vor Gericht irgendeine Berührung, und woanders, glaube ich, habe ich geschrieben: nicht satisfaktionsfähig. Das war halt meine Einschätzung.«

Partik-Pablé: »Aber Sie haben sich überhaupt keine Mühe gemacht, zu überprüfen, ob nicht der Herr Pretterebner doch recht hat, was seine Verdächtigungen gegenüber Blecha, Gratz und so weiter betrifft. Zum Beispiel bei Gratz: Ja, wissen Sie, wie die Papiere eigentlich wirklich beigeschafft worden sind?«

Schneider: »Nein, weiß ich nicht.«

Partik-Pablé: »Sie haben ganz einfach den Gratz ...«

Schneider: »Nach dem Inhalt – das sage ich Ihnen hier auch, obwohl es vielleicht gar nicht populär ist – bin ich heute noch der Meinung, daß Präsident Gratz keine Ahnung davon hatte, daß er von einem ausländischen Geheimdienst gefälschte Papiere bekommt. Dieser Meinung bin ich heute noch.«

Partik-Pablé: »Das ist Ihre persönliche Meinung, aber es geht in einem Strafverfahren nicht um Ihre persönliche Meinung, sondern es geht darum, daß man die materielle Wahrheit erforscht. Das haben Sie aber nicht getan; Sie haben gar keine Zeugen einvernommen, weil Sie alles sofort eingestellt haben.«

Schneider: »Bitte alles mit Zustimmung des Ministeriums.«

Partik-Pablé: »Ja, nachträglich.«

Schneider: »Nein!«

Partik-Pablé: »Jetzt sagen Sie schon wieder nein.«

Schneider: »Nicht nachträglich ... 21. 12. 1987.«

Partik-Pablé: »Ich sage noch einmal: Offensichtlich ist bei Ihnen zwei und zwei fünf, und es ist wirklich sehr schwer ...«

Schneider: »Bitte, muß ich mir das alles als Zeuge gefallen lassen?« (Schieder: Das ist ein falscher Vorhalt! – Graff: 1:0 für Schieder! – Heiterkeit.)

Es bedarf keiner Erwähnung, daß der Leitende Oberstaatsanwalt in der Folge gar nicht daran denken wird, sich psychiatrieren oder pensionieren zu lassen. Auch zur Einleitung eines Disziplinarverfahrens kommt es nicht.

Im Verlauf der parlamentarischen Schlußdebatte über den »Lucona«-Ausschuß wird Peter Pilz am 28. Juni 1989 schärfste Konsequenzen fordern:

»In der Oberstaatsanwaltschaft, einem der wichtigsten Bollwerke sozialistischer Behördenmacht, in der Oberstaatsanwaltschaft Wien sind die Verfahren behindert worden, hat es rechtswidrige Weisungen gegeben, sind Gesetze bewußt verletzt worden, ist die Voruntersuchung behindert worden, ist die Befreiung Prokschs gemeinsam mit dem Außenminister vorbereitet worden und gibt es heute einen Leitenden Oberstaatsanwalt, der die Fahndung behindert hat, der Verfahren gegen Blecha, Gratz und andere niedergeschlagen hat und dafür Verfahren gegen Pretterebner führen hat lassen und zuallerletzt – und das wird Konsequenzen haben – den Untersuchungsausschuß in glatter und unverschämter Art und Weise belogen hat.«

Am 10. August 1989 wird die Staatsanwaltschaft Wien zwar eine gerichtliche Voruntersuchung gegen den amtierenden Leiter ihrer eigenen Oberbehörde wegen des Verdachtes des Amtsmißbrauchs und der falschen Beweisaussage beantragen, doch das Verfahren wird im Einvernehmen mit dem Bundesminister für Justiz bald wieder eingestellt.

Eduard Schneider bleibt weiterhin noch jahrelang im Amt, bis er – vor wenigen Monaten – den »wohlverdienten Ruhestand« antritt.

Bundesländer-Versicherung:
»Solche Untergriffe gehören zum Stil!«

Ich selbst bin als Zeuge im Untersuchungsausschuß am 12. Februar 1989 vorgeladen. Zum »Fall Lucona«, zu dem ich vielleicht etwas zu sagen gehabt hätte, darf man mir keine Fragen stellen, das haben SPÖ und ÖVP gemeinsam durchgesetzt.

Man hat an mich nur eine Frage – ob es stimmt, daß der Vorstand der Bundesländer-Versicherung bestrebt gewesen sei, das Erscheinen des Lucona-Buches mit Hilfe finanzieller Angebote zu verzögern oder gar ganz zu verhindern.

Mehr will man von mir nicht wissen. Im nachhinein betrachtet, muß ich sagen: Gott sei Dank! Denn schon die wahrheitsgemäße Beantwortung der einen Frage bringt mir prompt ein Strafverfahren wegen »falscher Zeugenaussage« und zwei Schadenersatzklagen auf zusammen nicht weniger als 15 Millionen Schilling ein.

Die »Wiener Städtische Versicherung« klagt über höchstpersönliches Betreiben des Wiener Bürgermeisters Helmut Zilk auf 10 Millionen Schilling Schadenersatz, weil ich in einem Nebensatz verraten habe, daß Udo Proksch schon einmal aus Mitteln der SPÖ-Assekuranz von deren Partner Nabil Kuzbari im Zusammenhang mit dem Bau des Wiener Hotels Plaza mehrere Millionen Schilling abkassierte.

Nachdem ich im Verlauf des folgenden Prozesses immerhin konkrete Unterlagen über den Deal vorzulegen in der Lage bin, ist die Versicherung dann aber doch sehr rasch zum Einlenken bereit.

Ich konzediere, daß sie nicht unbedingt gewußt haben muß, daß die Millionen Udo Proksch zuflossen, worauf die Wiener Städtische ihre Strafanzeige wegen falscher Zeugenaussage wieder zurückzieht und auf eine Weiterführung der Zehn-Millionen-Schilling-Schadenersatzklage gegen mich verzichtet.

Die Fünf-Millionen-Klage, mit der Vizegeneraldirektor Josef Buchinger von der Bundesländer-Versicherung auf meine Zeugenaussage reagiert, endet hingegen nicht so unspektakulär.

Die Vorgeschichte ist rasch erzählt: Ende Dezember 1985 ließ Udo Proksch den sogenannten Ruso-Skandal platzen, um damit die Bundesländer-Versicherung, die ihn vor allem durch den engagierten Anwalt Werner Masser im »Fall Lucona« mit Nachdruck verfolgen ließ, zu einem Arrangement zu zwingen.

Es hatte seit Jahren zu den Usancen des eigenen Managements der von der ÖVP beherrschten Versicherungsanstalt gehört, Schadensfälle zu fingieren, um auf diese Weise zu Geldbeträgen in der Höhe von weit über hundert Millionen Schilling zu gelangen und diese in der Folge »in bestimmte Richtungen lenken zu können« (Generaldirektor Kurt Ruso vor der Wirtschaftspolizei).

Am 19. Dezember 1985 wurde Ruso ausgewechselt und durch Generaldirektor Walter Petrak aus dem Hause Raiffeisen ersetzt.

Ab Ende Februar 1986 hatte es den Anschein, als sei der Skandal in seiner gesamten Dimension nicht mehr zu stoppen. Doch das Unmögliche gelang. Das neue Management der Versicherung sah sich lediglich gezwungen, sich von Ruso und von dessen engstem Mitarbeiter Walter Bachmayer zu trennen sowie einige Begünstigte zu opfern.

Wohl werden Ruso und ein paar andere private Nutznießer der fingierten Schadensmeldungen später verurteilt werden, von weiteren mehr als 80 Verdächtigen, gegen die Ermittlungen eingeleitet wurden, wird man jedoch nie mehr etwas hören.

Geldflüsse in der Größenordnung von Dutzenden Millionen Schilling blieben bis zum heutigen Tag unaufgeklärt.

So mancher Angeklagte, der die »Bundesländer«-Versicherung geschädigt hat, wird von derselben sogar die Kosten für seine Verteidigung bezahlt bekommen.

Walter Bachmayer wiederum wird zwar zu acht Jahren Haft ver-

Studio Proksch

BAUPLANUNGSGES. M. B. H. ARCHITEKTUR · PRODUKTE ENTWICKLUNG · FORMGEBUNG

Wien, am 4. April 1984

Betrifft: Beauftragung der Firma Quantum Associates Limited
lt. Vereinbarung vom 12. März 1984

All undersigned partner will carry the cost of the feasibility study
equaly or 25 % of the total cost will be born by each party.

~~told~~ amount of £ 9.500,-

Kuzbari - D.O.C. Suisse

Constructiva / Dir. Haas

Sheraton Management Corp.

Boeckl - Proksch

199

V E R E I N B A R U N G

geschlossen zwischen EINGEGANGEN - 2. Sep. 1985

Herrn Nabil R. KUZBARI, Unternehmer, Wien, einerseits
und
Herrn Leopold BÖCKEL, Architekt, Washington, andererseits.

1) Herr Kuzbari vertritt eine Gruppe von Persönlichkeiten
   bzw. Unternehmungen, die sich um das Zustandekommen des
   Hotelprojektes am Schottenring 11 in Wien durch jahrelange
   Vorarbeiten sehr verdient gemacht hat und entsprechend
   hohe Spesen getragen hat.

   Als Abgeltung dieser Vorarbeiten und Spesen wird voraussichtlich ein pauschaler Betrag von 5%, berechnet von
   den reinen Errichtungskosten, sohin Hotelprojekt exclusive
   Grund und exclusive Einrichtung u.dgl.m., an diese Gruppe
   im Zuge der Verwirklichung des Projektes und Errichtung
   des Gebäudes zur Auszahlung gelangen. Eine etappenweise
   Auszahlung ist vorgesehen.

2) Auch Herr Architekt Böckel hat im Laufe der vergangenen
   Jahre beachtliche Vorleistungen für das Projekt erbracht,
   diese teils allein, teils in Zusammenarbeit mit anderen
   Persönlichkeiten, vornehmlich aus Österreich.

   Herr Kuzbari ist bereit, von der ihm bzw. den von ihm
   vertretenen Unternehmungen zukommenden Vergütung die
   Hälfte, jedoch nicht mehr als 2,5% der reinen Baukosten
   des Projektes, an Herrn Böckel weiterzuzahlen. Diese
   Zusage gilt jedoch unter zwei Voraussetzungen:

   a) Herr Böckel deckt damit alle allfälligen Ansprüche
      anderer physischer oder juristischer Personen, vornehmlich
      aus Österreich, ab und hält sowohl Herrn Kuzbari,
      die von ihm vertretenen Persönlichkeiten und Unterneh-
      mungen als auch die zukünftige PLAZA Hotel am Schottenring
      Betriebsgesellschaft m.b.H. diesbezüglich vollkommen
      schad- und klaglos. Bezüglich einzelner Personen wird
      laut beiliegendem Muster zur Klarstellung eine aus-
      drückliche Verzichtserklärung beigebracht.

   b) Weitere Voraussetzung ist die tatsächliche Auszahlung
      der oben beschriebenen Vergütung an Herrn Kuzbari
      bzw. die von ihm vertretene Gruppe. Nach Maßgabe des
      Zufließens an ihn erfolgt die Weiterzahlung an Herrn
      Böckel.

Nabil Kuzbari

N. Kuzbari

WASH. DC
27. JUNE 85

Böckel

200

urteilt werden, doch braucht er diese Strafe niemals anzutreten, weil er, wie ihm durch medizinische Gutachten bescheinigt wird, »unter hohem Blutdruck, Übergewicht und Streß« leidet und daher haftunfähig ist.

Am 9. März 1986 erhängte sich der Organisationsleiter der Versicherungszentrale, Valentin Prapotnik, mit einem Nylonseil in einem Wald bei Klosterneuburg.

Am 18. März 1986 erschoß sich der burgenländische Landesdirektor Friedrich Preissegger, so wie dies zuvor bereits der steirische Landesdirektor Erich Klausner vor einem gerichtlichen Einvernahmetermin getan hatte. »Bevor ich einen Meineid schwöre, wähle ich diesen Ausweg!« stand in seinem Abschiedsbrief.

Tatsächlich gelang es rasch, das wahre Ausmaß der Versicherungsaffäre zu vertuschen.

Auffallend moderat war auch die Reaktion der SPÖ und der ihr nahestehenden Medien. Diese Milde hatte freilich ihren Preis. Ab sofort sollte die ÖVP auch über den »Fall Lucona« schweigen.

Am 11. März 1986 erteilte Generaldirektor Petrak seinem Direktor Herbert Weiser den Auftrag, mit mir Kontakt aufzunehmen und mich zu einem Gespräch in die Generaldirektion einzuladen.

Weiser läßt sich von »Bundesländer«-Anwalt Werner Masser, von dem er weiß, daß dieser mit mir schon Kontakte hatte, meine Telefonnummer geben, und ruft mich danach an, um namens und im Auftrag des Herrn Walter Petrak höflichst anzufragen, ob ich bereit sei, einer Einladung des »Bundesländer«-Generaldirektors nachzukommen.

Ich sage zu.

Wenig später will mich Werner Masser treffen. Neugierig, wie er ist, will der Versicherungsanwalt, der wie ein Berserker hinter Udo Proksch her ist, sich aber vom neuen »Bundesländer«-Vorstand in seinen Aktivitäten schon behindert fühlt, von mir nun unbedingt erfahren, weshalb Weiser mich im Auftrag Petraks gesucht habe! Ich sage es ihm.

Der Grund, warum Dr.Ruso mich als Mittäter angegeben hat, liegt
vor allem darin, daß Dr.Ruso verhindern wollte, daß die tatsächlichen Geldempfänger, nämlich ÖVP-Politiker bekannt werden.
Hätte Ruso die tatsächlich Mitwirkenden und zwar Nikischer und
Stanek, die teilweise als zuständige Referenten die Auszahlungen
gegenzeichnen mußten, als Mittäter belastet, so wäre die Gefahr
groß gewesen, daß diese, in Haft genommen, die betreffenden

Geldempfänger namentlich nennen würden. Der Einzige, der die
Geldempfänger nicht kannte, war ich, da ich auch in der
beruflichen Tätigkeit mit diesen Personen keinen Kontakt
hatte, sodaß die Belastung meiner Person von der Warte des
Dr.Ruso - im Hinblick auf die erfolgte Parteienfinanzierung
- ungefährlich schien. Dazu kommt, daß Dr.Ruso auch von der
klagenden Partei Solidarität erwarten konnte. Die klagende
Partei ist keineswegs daran interessiert, daß im Zuge des
Strafverfahrens gegen Dr.Ruso der wahre Sachverhalt, nämlich
der Empfang von Millionenbeträgen durch ÖVP-Politiker zu
Tage tritt. Die neue Leitung des Unternehmens der klagenden
Partei hat es sich zur wesentlichen Aufgaben gesetzt, nach
Möglichkeit das Aufdecken des wahren Sachverhaltes zu
verhindern und dafür Sorge zu tragen, daß die Parteienfinanzierung nicht sichtbar wird. Dr.Ruso kann somit in jedem
Fall für sein Schweigen insbesondere durch Nichtnennung der
wahren Geldnehmer, entsprechende Vorteile erwarten, sobald
er wieder entlassen ist. Damit rechnet Dr.Ruso zweifellos

Unmittelbar vor meiner Verhaftung am 9.3.1986 rief Direktor
Koller, der als regelmäßiger Schriftführer an den Aufsichts-
ratsitzungen teilnimmt, bei mir zu Hause an und sagte mir am
Telefon wörtlich, daß er nun genug habe, er sei selbst Zeuge
gewesen, wie Niederl und andere ÖVP-Aufsichtsräte unmittelbar
vor jeder Aufsichtsratsitzung und außerhalb der Sitzungen
█████████, ████ u.a. Pakete von Geldbeträgen von Ruso über-
reicht bekommen hätten und er sich nur wundern könne, daß
nunmehr alles verschleiert wird.

Immerhin soll Dr.Rudolf Gruber, Generaldirektor der NEWAG,
Bundesfinanzreferent der ÖVP, der von Dr.Ruso als "graue
Eminenz" bezeichnet wurde, jeden Monat öfters bei Dr.Ruso,
gewesen sein, um Geld abzuholen. Im Übrigen war Dr.Ruso mit
Gruber auch persönlich befreundet, beide wohnen in Baden in
unmittelbarer Nähe.

Wien, den 1986.06.09/jhä   Walter Bachmayer

Nach einer kurzen Schrecksekunde explodiert er förmlich:

»Tun Sie das nicht! Gehen Sie da ja nicht hin!«

»Natürlich werde ich hingehen!« sage ich verwundert.

»Da dürfen Sie nicht hingehen! Glauben Sie mir!«

»Warum sollte ich nicht?«

»Die wollen verhindern, daß Ihr Buch erscheint! Die werden Ihnen Geld anbieten! Die kaufen Ihnen Ihr Buch ab, Sie werden es schon sehen!«

»Wenn das so ist«, sage ich, »dann muß ich ja erst recht hingehen.«

Zum vereinbarten Termin am 21. März 1986 sitze ich, mit einem Mikrofon im Knopfloch und meinem kleinen Tonbandgerät in der Tasche, dem Generaldirektor der Bundesländer-Versicherung in dessen feudalem Besprechungszimmer gegenüber.

Neben Walter Petrak sind überraschenderweise auch noch Vizegeneraldirektor Josef Buchinger und Finanzdirektor Walter Ramberger anwesend. Der Vorstand der Versicherung ist komplett vertreten.

Am nachfolgenden Gespräch nimmt auch Direktor Weiser teil, und Anwalt Masser sollte recht behalten:

Es geht den Herren tatsächlich darum, »die Lucona-Geschichte ruhigzustellen«, um damit »das Haus Bundesländer« so rasch wie möglich wieder aus den Schlagzeilen der Medien zu bringen.

Nach dem Platzen der Ruso-Affäre sei die Versicherung »darauf angewiesen, mit den Politikern, die an der Macht sind, zu kooperieren«, und da käme es, wie Buchinger sich ausdrückt, »einer Katastrophe« gleich, »wenn jetzt auch noch Ihr Buch erscheint«.

Zum Schluß werde ich eingeladen, auszurechnen und bekanntzugeben, wieviel ich in das Buchprojekt schon investiert habe.

Der Vizegeneraldirektor schlägt schließlich ein zweites Treffen vor, das gleich in meiner Bank stattfinden soll – dem Wiener Bankhaus Krentschker, dessen Direktor Alfred Kruspel zufälligerweise eine private Freundschaft mit den Herren Petrak und

Buchinger verbindet, und wo auch die Bundesländer-Versicherung einige Konten unterhält.

Das Treffen in der Bank findet am 1. April 1986 statt. Vollendet wird Buchingers Plan aber nicht. Sein Freund, der Bankdirektor, der auch mich gut kennt, hat ihn gewarnt:

Sein Vorhaben sei gefährlich. Das könne er mit dem »Pretterebner, der ein Idealist, ein anständiger Mensch und unbestechlich« sei, nicht machen.

Bei meiner Zeugenaussage vor dem Untersuchungsausschuß stehe ich unter Wahrheitspflicht, bestätige daher über Befragen der Abgeordneten den Sachverhalt und muß zugeben, daß ich persönlich diese Vorgangsweise insbesondere des Vizegeneraldirektors Buchinger zwar einerseits verstehe, andererseits aber dennoch als »glatten Bestechungsversuch« betrachtet habe, wenn auch nicht im strafrechtlichen Sinn – ich bin ja kein Beamter.

Meine Zeugenaussage ist noch nicht einmal beendet, sendet die Bundesländer-Versicherung über die APA bereits ein geharnischtes Dementi aus: Meine Aussagen im Ausschuß seien »unwahr und frei erfunden«.

Buchinger habe bereits den Auftrag erteilt, eine Fünf-Millionen-Klage auf Unterlassung und Schadenersatz gegen mich einzubringen.

Ein paar Tage später telefoniere ich mit meinem Bankdirektor. Zufällig läuft gerade auch ein Tonband mit.

Wir unterhalten uns über den Fall, und ich beklage mich, ganz allgemein, ein bißchen über die eigentümlichen Methoden Buchingers. Kruspel, der den Vizegeneraldirektor der Bundesländer-Versicherung seit 30 Jahren kennt, kann mich beruhigen:

»Das sagt bei den Burschen gar nichts. Die arbeiten immer mit Untergriffen. Immer. Das gehört zum Stil!«

Inzwischen wird Direktor Herbert Weiser vor dem Untersuchungsausschuß einvernommen, wodurch meine Aussage in allen wesentlichen Punkten voll bestätigt wird.

Weiser über Befragen durch den Abgeordneten Rieder: »Es war so, daß ja damals die Ruso-Affäre in den Medien ein sehr großes Echo gefunden hat und der Vorstand Sorge hatte, daß, wenn das Buch ... erscheinen würde, hier keine Beruhigung eintreten würde.

Man wollte einfach, wenn ich so sagen darf, eine Ruhepause in den Medien, weil man Angst hatte, daß hier die Gegenseite natürlich wieder verschiedene Aktivitäten setzen würde, und das wollte man nicht.«

Die Abgeordnete Partik-Pablé fragt nach: »Was hat eigentlich die Bundesländer-Versicherung befürchtet, was in dem Buch von Pretterebner drinnensteht, was Ihnen so schaden könnte? Was konkret haben Sie befürchtet?«

Weiser: »Konkret kann ich das nicht sagen, ich kann nur noch einmal wiederholen, man wollte kein großes Medienspektakel haben...«

Danach fragt Peter Pilz: »War der komplette Vorstand anwesend?«

Weiser: »Ja.«

Pilz: »Wer hätte autonom über eine Abstandszahlung an Herrn Pretterebner für sein Manuskript entscheiden können?«

Weiser: »Ich nehme an, das wäre schon eine Vorstandsentscheidung gewesen. Die müßte dann schon im Gesamtvorstand getroffen werden.«

Pilz: »Das heißt, in diesem Fall hätte an Ort und Stelle eine Entscheidung dieser Art über eine Abstandszahlung an Herrn Pretterebner erfolgen können?«

Weiser: »Theoretisch ja.«

Pilz: »Theoretisch ja. Gibt es einen anderen Grund dafür, daß sich der Gesamtvorstand mit dem Herrn Pretterebner getroffen hat?«

Weiser: »Ich kann nur noch einmal sagen, ich weiß es nicht...«

Nach Weisers Aussage kann ich mir nicht vorstellen, daß die Klage Buchingers tatsächlich eingebracht werden würde. Zu meiner Überraschung ist es aber wirklich schon geschehen.

Nun bin ich im Zugzwang. Immerhin droht mir durch Buchingers Beschuldigung, ich hätte eine falsche Zeugenaussage abge-

Vernehmung des Beschuldigten

Gericht:	LG.f.Strafs.Wien
Tag und Stunde des Beginnes der Vernehmung:	Beginn: 10.20 Uhr, ฎ฿฿฿ 4.7.89
Strafsache:	gegen Josef Buchinger

Anwesende:

Richter:	Mag.Herta Zauner
Schriftführer:	VB.Oberhauser Beatrix
Beschuldigter:	Josef BUCHINGER

Der Beschuldigte wird ermahnt, alle Fragen bestimmt, deutlich und wahrheitsgemäß zu beantworten.

Er gibt über seine persönlichen Verhältnisse an:

Familienname(n)	BUCHINGER
Vorname(n)	Josef
Frühere Namen (vor Vereheligung, Adoption, Namensgebung oder Namensänderung)	
Ruf-, Haus- oder vom Beschuldigten geführte falsche Namen	
Namen der Eltern	Josef und Mayria
Namen des Gatten	Christine
Tag, Monat, Jahr der Geburt	31.7.1945
Ort, pol. Bezirk, Land der Geburt	St.Pölten
Staatsangehörigkeit(en)	österr.
Beruf und Stellung im Beruf	Versicherungsangestellter
Letzter Wohnort — Aufenthaltsort, pol. Bezirk, Straße, Hausnummer	ฎ฿฿฿ 1090 Wien, Grundlg. 3/7
Schulbildung	4 Kl.VS, 8 Kl.MS,
Vermögen	Haus in Wien 4,in Wert von ca. 4-5 Mio. belastet mit ca. 3-4 Mio.
Einkommen	ca 100.000,-- S netto
Sorgepflichten	2 Kinder (22 J und 14 J)
Ungetilgte gerichtliche Verurteilungen	keine

StPOForm. Prot 1 (Protokoll über die Vernehmung des Beschuldigten)
Erl. 611.701/7 - II 2/79

206

legt, zusätzlich zur Existenzbedrohung durch eine Millionenklage auch noch eine mögliche behördliche Verfolgung.

Am 14. März 1989 treffe ich eine Selbstschutzmaßnahme und
teile den Sachverhalt der Staatsanwaltschaft Wien mit, worauf
diese prompt gerichtliche Vorerhebungen gegen den Vizegeneraldirektor der Bundesländer-Versicherung wegen des Verdachtes der Verleumdung einleiten läßt.

Josef Buchinger befindet sich jetzt in einer höchst prekären Situation. Sein Verteidiger, der Wiener Staranwalt Manfred Lampelmayer, hat jedoch schon bald eine Idee: Er nimmt die
Schuld auf sich.

Als Zeuge wird der Pressereferent der Bundesländer-Versicherung nominiert, und dieser bestätigt vor dem Untersuchungsrichter, daß die erwähnte APA-Aussendung durch ihn im
Auftrag Lampelmayers und nicht im Auftrag Buchingers erfolgt
sei.

Doch das genügt noch nicht für eine Einstellung des Verfahrens. Immerhin ist da noch Buchingers Klage gegen mich beim
Zivilgericht, durch die der allfällige Verleumdungstatbestand
auch weiterhin gegeben ist. Das Strafverfahren gegen Buchinger
wird also fortgesetzt.

Am 4. Juli 1989 ist der gesamte Vorstand der Bundesländer-
Versicherung bei Untersuchungsrichterin Herta Zauner im Wiener Landesgericht zu Gast.

Der Beschuldigte Josef Buchinger ist von seinem Anwalt Manfred Lampelmayer gut beraten und sagt aus: »Über die im März
1986 zwischen Pretterebner und dem Bundesländer-Vorstand
stattgefundenen Besprechungen möchte ich keine Angaben machen, weder darüber, wie sie zustande gekommen sind, noch
über den Inhalt.«

Direktor Weiser wiederholt im wesentlichen seine Aussage vor
dem Untersuchungsausschuß und bekennt:

»Ich erhielt kurz vor dem 11. März 1986 von der Generaldirek-
tion der BLV, und zwar entweder von Dr. Petrak oder dessen
Sekretärin, Frau Wagner, den Auftrag, mit Herrn Pretterebner
Kontakt aufzunehmen und mit ihm einen Termin für ein Infor-

Zeugenvernehmung

Gericht:	LGStWIEN
Tag und Stunde des Beginnes der Vernehmung:	23, Mai 89, 11 :00 Uhr
Strafsache:	gg. Josef Buchinger

Anwesende:

Mag. Herta ZAUNER

VB,. Elisabeth GROSZÄUER

Richter:

Er gibt über seine persönlichen Verhältnisse an:

Vor- und Familiennamen	Dr. Manfred Lampelmayer
Geburtsdatum	9,. 9. 42
Beruf	RA
Wohnort	Wien I., Elisabethstr. 15

Verhältnis zum Beschuldigten oder zu anderen bei der Untersuchung Beteiligten

fremd

Nach Vorhalt des § 153StPO:

~~~~~~

Diese APA-Aussendung habe ich nicht im Namen
Buchingers u. auch ohne Auftrag von ihm , sondern im
Namen der Bundesl.Vers. in Ausübung meines bestehenden
Mandates, verfaßt.

Auch die Klage habe ich ohne Rücksprache
mit Buchinger verfaßt, da dieser durch eine Besprechung
blockiert war und ich wollte, daß die Klage noch am
selben Tag abgeht. Das Verfahren ist beim LGZRS WIEN
anhängig.

Ende : 11:20 Uhr

V. g. g.

208

mationsgespräch zu vereinbaren. Ich habe dann mit Herrn Pretterebner den Termin 21. 3. 1986 vereinbart.«

Der Inhalt des Gespräches wird vom Zeugen dann so interpretiert, daß es der BLV bei dem Gespräch, an dem er teilgenommen habe, seiner Erinnerung nach nicht darum gegangen sei,
das Erscheinen des Lucona-Buches gänzlich zu verhindern.
Man habe nur erreichen wollen, daß die Herausgabe des Buches so lange unterbleiben sollte, bis der »Fall Ruso« ausgestanden sei.

Auch eine konkrete Geldsumme sei bei diesem ersten Gespräch
nicht genannt worden (was richtig ist), man habe lediglich als
Ausgleich für die finanziellen Nachteile eines späteren Erschei-
nens »eine finanzielle Unterstützung angeboten«.

Der BLV-Finanzdirektor Ramberger sagt vor dem Untersuchungsrichter aus:

»Mir ist bekannt, daß Dr. Weiser mit Herrn Pretterebner Kontakt aufgenommen hat . . .

Es wurde darüber gesprochen, daß die BLV an einer Ruhigstel-
lung der Medien interessiert ist . . .

An Details kann ich mich nicht erinnern. Ich kann mich nicht
daran erinnern, ob auch davon gesprochen wurde, daß das
Buch überhaupt nicht erscheinen soll.

Wir hatten damals große Sorge, daß ein Staatskommissär vom Ministerium bei der Bundesländer-Versicherung eingesetzt wird . . .

Am Schluß der Besprechung wurde ein weiteres Treffen zwischen Herrn Pretterebner und Herrn Buchinger beim Bankhaus
Krentschker vereinbart, wo nähere Details besprochen werden
sollten.«

Generaldirektor Walter Petrak gibt als Zeuge zu Protokoll: »Wir
fragten Herrn Pretterebner, ob es nicht möglich wäre, das Erscheinen des Buches . . . zu verschieben. Es wurde auch davon
gesprochen, daß die BLV bereit sei, Herrn Pretterebner eine gewisse finanzielle Unterstützung für seine journalistische Tätigkeit zu geben . . .

Bei der weiteren Besprechung im Bankhaus Krentschker war
ich nicht dabei.«

Bundesländer-Anwalt Manfred Lampelmayer hat schließlich die rettende Idee. Er legt die Verteidigung von Josef Buchinger zurück, und dessen neuer Anwalt Ferdinand Neundlinger beantragt die zeugenschaftliche Vernehmung Lampelmayers.

Und nun gibt Lampelmayer als Zeuge an, er habe nicht nur die APA-Aussendung, in der ich der falschen Zeugenaussage beschuldigt wurde, »nicht im Namen Buchingers und ohne Auftrag von ihm verfaßt«, sondern: »Auch die Klage habe ich ohne Rücksprache mit Buchinger verfaßt.«

Der Staranwalt hat es geschafft. Damit ist Buchinger natürlich exkulpiert. Die Staatsanwaltschaft ist gezwungen, auf eine weitere Verfolgung wegen Verleumdung zu verzichten.

Ich könnte nun allenfalls gegen den Anwalt Lampelmayer Anzeige erstatten, zumindest aber überprüfen lassen, ob seine Vorgangsweise den Standespflichten eines Rechtsanwaltes entspricht, nachdem selbst er sich zuvor als Zeuge schon das Eingeständnis abgequält hatte, »die BLV wäre lediglich grundsätzlich bereit gewesen, ihm (Pretterebner) als Äquivalent für das spätere Erscheinen des Buches eine Abgeltung anzubieten, allenfalls in Form einer Finanzierung seiner ›Politischen Briefe‹.«

Ich tue es nicht, denn ich will endlich meine Ruhe haben und bin schon froh, daß nun Buchinger die Fünf-Millionen-Klage gegen mich wohl nicht mehr aufrechterhalten wird.

Doch da sollte ich mich ganz gewaltig täuschen. Für 9. November 1989 wird der Verhandlungstermin angesetzt, und Buchinger betreibt tatsächlich die Millionenklage weiter, die angeblich von seinem Anwalt ohne Rücksprache mit ihm verfaßt worden ist.

Und nicht nur das. Jetzt wird zum vernichtenden Schlag angesetzt. Lampelmayer trägt die Klage vor. Man bleibt dabei: Meine Aussage vor dem Untersuchungsausschuß sei falsch.

Wörtlich heißt es in der Klage: »Tatsächlich entbehrt die Behauptung des Beklagten jeder Grundlage und ist frei erfunden. Wahr ist vielmehr, daß der Beklagte nicht – wie er ebenfalls

1/sc/.

An das
Landesgericht für Zivilrechtssachen
Museumstraße 12
1olo Wien

Klagende Partei: Josef Buchinger
                          Vorstandsdirektor
                          Grundlgasse 3
                          1o9o Wien

vertreten durch: RECHTSANWALT
                          Dr. Manfred LAMPL. . . . . . .
                          VERTEIDIGER IN ST. . . . . . .
                          1010 WIEN, ELISABE. 15
                          TEL. 56? 52 5? . . . .

Bevollmächtigung gemäß § 3o/2 ZPO

Beklagte Partei: Hans Pretterebner
                          Journalist
                          Seilergasse 14/6
                          1olo Wien

Tatsächlich entbehrt die Behauptung des Beklagten jeder Grundlage
und ist frei erfunden.

Wahr ist vielmehr, daß der Beklagte nicht - wie er ebenfalls fälschlich
behauptet hat - vom Vorstand der Bundesländer Versicherung zu einer
Besprechung gebeten wurde, vielmehr ist der Beklagte auf eigenen
Wunsch beim Vorstand der Bundesländer vorstellig geworden, um
finanzielle Unterstützung für die Herausgabe seines Buches zu erbitten.

Dem Vorstand der Bundesländer war es in der damaligen Zeit nicht
möglich, dem Wunsche Pretterebners zu entsprechen, der Vorstand erklärte
sich aber bereit, das Gespräch zu einem späteren Zeitpunkt fortzusetzen,
zumal es für den Prozeßstandpunkt der Bundesländer im Rechtsstreit
mit Zapata/Proksch sicher dienlich war, wenn das Buch des Beklagten
erscheinen würde. Des weiteren erklärte sich der Vorstand bereit,
ihm als finanzielle Überbrückung allenfalls Unterstützung durch Druck-
kostenbeiträge zu geben.

211

fälschlich behauptet hat – vom Vorstand der Bundesländer-Versicherung zu einer Besprechung gebeten wurde, vielmehr ist der Beklagte auf eigenen Wunsch beim Vorstand der ›Bundesländer‹ vorstellig geworden, um finanzielle Unterstützung für die Herausgabe seines Buches zu erbitten.

Dem Vorstand der ›Bundesländer‹ war es in der damaligen Zeit nicht möglich, dem Wunsche Pretterebners zu entsprechen, der Vorstand erklärte sich aber bereit, das Gespräch zu einem späteren Zeitpunkt fortzusetzen, zumal es für den Prozeßstandpunkt der ›Bundesländer‹ im Rechtsstreit mit Zapata/Proksch sicher dienlich war, wenn das Buch des Beklagten erscheinen würde.«

Ich gestehe, daß ich ob dieser ungeheuerlichen Frechheit und unverschämten vorsätzlichen Lüge, die der Vizegeneraldirektor der Bundesländer-Versicherung mit zynisch-zustimmendem Lächeln durch seinen Anwalt Manfred Lampelmayer vortragen läßt, beinahe meine Contenance verliere.

Zum »Beweis« für die Richtigkeit der Klagsbehauptungen können Josef Buchinger und Manfred Lampelmayer mit den nachfolgenden – seltsam übereinstimmenden – Zeugenaussagen der Herren Vorstandsdirektoren der Bundesländer-Versicherung aufwarten:

Generaldirektor Petrak: »Wie dieser Termin vereinbart wurde, ist mir nicht bekannt. Ich hatte jedoch schon vorher von verschiedenen Mitarbeitern gehört, daß Herr Pretterebner mit dem Vorstand der ›Bundesländer‹ sprechen wollte.«

Finanzdirektor Ramberger: »Ich habe damals im Jahr 1986 gehört, daß angeblich Herr Pretterebner ein Gespräch mit der ›Bundesländer‹ gesucht hat. Wer mir dies mitgeteilt hat, weiß ich heute nicht mehr.«

Dann kommt der große Zeugenauftritt des »Bundesländer«-Direktors Herbert Weiser, der bereits zweimal zuvor Zeuge war. Einmal vor dem Untersuchungsausschuß, das zweitemal vor Untersuchungsrichterin Herta Zauner. In beiden Fällen war sein Erinnerungsvermögen (siehe oben) durchaus noch intakt. Inzwischen wurde der CVer Herbert Weiser offenbar an seine

Zeugenvernehmung

Gericht:	LG f.Strafs.Wien
Tag und Stunde des Beginnes der Vernehmung:	Beginn: 9.00® Uhr, 4.7.89
Strafsache:	gegen Josef Buchinger

Er gibt über seine persönlichen Verhältnisse an:

Vor- und Familiennamen	Dr.Herbert Weiser
Geburtsdatum	22.5.1944
Beruf	Versicherungsangestellter
Wohnort	p.A. Bundesländer Versicherungs AG 1020 Wien, Praterstr. 1-7

Verhältnis zum Beschuldigten oder zu anderen bei der Untersuchung Beteiligten

fremd

Ich erhielt kurz vor dem 11.März 1986 von der Generaldirektion der
Bundesländer Versicherung und zwar entweder von Dr.Petrak oder dessen
Sekretärin Fr.Wagner, den Auftrag mit Herrn Pretterebner Kontakt aufzunehmen und mit Ihm einen Termin für ein Ifnformationsgespräch zu
vereinbaren. Ich habe dann mit Herrn Pretterebner den Termin 21.3.86
vereinbart.

Terminverschiebung. Glaublich ebenfalls Dr.Petrak hat Herrn
Pretterebner für die finanziellen Nachteile die Pretterebner dies
durch das spätere Erscheinen entstehen könnten, eine finanzielle
Unterstützung angeboten. Über eine konkrete Höhe wurde nicht gesprochen.

Mir ist bekannt, daß dann noch zwischen Herrn Direktor Buchinger
und Herr Pretterbner ein weiterer Termin vereinbart wurde, mir
ist aber näheres diesbezüglich nicht bekannt, auch nicht das dieses
weitere Treffen im Bankhaus Krentschker § Co. stattfinden sollte.
Bei dieser weiteren Besprechung war ich auch nicht anwesend.
Über die Apa-Aussendeng beziehungsweise der Klage gegen Herrn
Pretterebner, bin ich nicht informiert, ich weis auch nicht wer
diese veranlaßt hat.

Ende: 9.15 Uhr

V.g.g.

Landesgericht für ZRS Wien   25 Cg 55/89-7

Übertragung des Tonbandprotokolls vom 9.11.1989

Rechtssache:

Klagende Partei: Josef BUCHINGER

Beklagte Partei: Hans PRETTEREBNER

Zeuge Dr. Herbert W e i s e r gibt nach

WE.u.Vh. des § 321 ZPO unbeeidet vern.an:

geboren am 22. Mai 1944, kfm. Angestellter,

1190 Wien, Kaasgrabengasse 16/7, fremd.

Ich bin Angestellter bei der Bundesländer

Versicherung und war zum damaligen Zeitpunkt Direktor der

Transportversicherungsabteilung, derzeit bin ich Bereichsleiter

für das gesamte Sachversicherungsgeschäft.

Ich war bei dem Gespräch am 21. März 1986,

welches zwischen Herrn Direktor Petrak, Herrn Direktor Buchinger

und dem Beklagten geführt worden ist, dabei. Ebenfalls Dr.

Ramberger war anwesend.

Dieses Gespräch fand auf ein Ersuchen

des Beklagten statt, welcher um einen Termin ersuchte. Ich

weiß zwar nicht mit welcher Begründung er diesen Termin haben

wollte, das hat er mir nicht gesagt, ich hatte lediglich den

Auftrag einen Termin mit dem Beklagten zu vereinbaren. Dieser

Termin ist wahrgenommen worden.

Es ist bei diesem Gespräch weder ausdrück-

lich noch sinngemäß eine Erklärung seitens des Klägers oder

des Herrn Direktor Petrak gefallen, daß die Bundesländer nicht

wünsche, daß dieses Buch erscheint und die Bundesländer bereit

sei dafür eine entsprechende Entschädigung dem Beklagten auf

den Tisch zu legen.

214

Christenpflicht zur Solidarität ermahnt. Daher sagt er nun als Zeuge wider besseres Wissen – dafür aber seinem Vizegeneraldirektor Buchinger stolz ins Auge blickend – aus:

»Dieses Gespräch fand über Ersuchen des Herrn Pretterebner statt, welcher um einen Termin ersuchte. Ich weiß nicht, mit welcher Begründung er diesen Termin haben wollte, das hat er mir nicht gesagt ...

Es ist bei diesem Gespräch weder ausdrücklich noch sinngemäß eine Erklärung seitens des Herrn Direktor Buchinger oder des Herrn Generaldirektor Petrak gefallen, daß die ›Bundesländer‹ nicht wünsche, daß dieses Buch nicht erscheint und die ›Bundesländer‹ bereit sei, dafür eine entsprechende Entschädigung Herrn Pretterebner auf den Tisch zu legen.«

*

Wäre ich letzten Endes nicht im Besitz von Tonbandaufnahmen gewesen, die beweisen, daß ich doch kein Lügner bin, so hätte ich keine Chance gehabt, die Konfrontation mit der geballten Macht dieser Institution durchzustehen.

Die Helden sind müde

Nach dem Schulterschluß der beiden Großparteien auf Grund der Landtagswahlen im März 1989 und nach der kabarettistischen Vorstellung des Leitenden Oberstaatsanwaltes Eduard Schneider tritt endgültig die große Müdigkeit im Untersuchungsausschuß ein.

Lustlos schleppen sich die Zeugeneinvernahmen noch bis Ende Juni hin. Zum Schluß raffen sich die einzelnen Fraktionen noch einmal kurz auf und fassen die Ergebnisse der Ausschuß-Tätigkeit zusammen, wobei zum Teil noch einmal starke Worte fallen.

In der persönlichen Stellungnahme des Abgeordneten Pilz (GRÜNE) wird unter anderem ausgeführt:

»Im Laufe der Ausschußarbeit ist belegt worden, daß wichtige Teile der Bürokratie gemeinsam mit hohen Politikern in einem bisher unbekannten Ausmaß bereit waren, die Aufklärung eines kriminellen Vorgangs zu behindern und die strafrechtlich Verantwortlichen vor Verfolgung zu schützen.

Von den Spitzen der Staatspolizei bis zur Wiener Oberstaatsanwaltschaft existierte im Fall Lucona ein dichtes Netz aus Beziehungen ...

Ein kleiner Freundeskreis rund um den Club 45 war auf Grund besonderer Voraussetzungen in der Lage, die Prinzipien des Rechtsstaats außer Kraft zu setzen.«

Die Abgeordnete Partik-Pablé (FPÖ) faßt die Ergebnisse in ihrer persönlichen Stellungnahme so zusammen:

»Die mehrmonatigen Untersuchungen haben gezeigt, daß Dienststellen der Republik Österreich unter Mißachtung gesetzlicher Bestimmungen und Vorschriften und einzelne Mitglieder der Oberstaatsanwaltschaft Wien Maßnahmen setzten, die geeignet waren, die Verdächtigen Udo Proksch und Hans Peter Daimler vor gerichtlicher Verfolgung zu schützen.

Erschwerend dabei ist, daß namhafte Politiker der SPÖ durch ihr Verhalten und ihre freundschaftliche Verbundenheit mit Proksch und Daimler der Behinderung der Verfolgung durch die Justiz Vorschub leisteten und das gesetzwidrige Handeln von Beamten, Dienststellen und Behörden deckten.«

Erstaunlich scharf formulieren ihren Bericht die Abgeordneten Graff, Ermacora und Gaigg (ÖVP):

»Der Ausschuß hat in mehrmonatiger Arbeit an Hand des Falles Proksch ein erschütterndes Bild politischen, moralischen und rechtlichen Fehlverhaltens ... aufgedeckt. Man muß geradezu von einem Sumpf der Freunderlwirtschaft, Kameraderie, Begünstigung und Korruption sprechen, der im Club 45 mit Udo Proksch einen Schwerpunkt hatte und Spitzenpolitiker der SPÖ erfaßte.

Der sozialistische Innenminister Karl Blecha hat sich dazu hergegeben, die Strafverfolgung des Udo Proksch zu behindern und durch willfährige Beamte behindern zu lassen.

Er hat dem Parlament auf parlamentarische Anfragen wiederholt unwahre und irreführend unvollständige Antworten gegeben.

Er hat zur Vertuschung seines Fehlverhaltens einem altgedienten Beamten einen Maulkorb umgehängt und eine belastende Urkunde beiseite geschafft, wozu er sich der irregeleiteten Loyalität eines jungen Mitarbeiters bediente.

Er hat dem Ausschuß die Existenz dieser Urkunde die längste Zeit verschwiegen und als Zeuge mehrfach unrichtige Angaben gemacht.

Er hat mit Zeugen des Ausschusses vor deren Einvernahme unangebrachte Kontakte gepflogen.

Er hat die Staatspolizei mißbräuchlich in den Dienst seiner persönlichen Interessen gestellt und den Buchautor Pretterebner am laufenden Band staatspolizeilich beobachten lassen. Er ist mit gutem Grund zurückgetreten.

Außenminister Leopold Gratz war ein persönlicher Freund von

ÖSTERREICHISCHER RUNDFUNK

DER GENERALINTENDANT

Übernommen
15.2.1989. 7²⁰
[Unterschrift]

Herrn
Abgeordneten
Dr.Ludwig Steiner

Parlament
A-1014 Wien

Wien, 13.Feb.1989

Sehr geehrter Herr Abgeordneter!

Ich habe Ihr Schreiben vom 10.2.89 erhalten und möchte Ihnen mitteilen, daß nach meinem derzeitigen Wissensstand ein Panorama-Beitrag, gestaltet von Walter Pissecker, aus dem Jahr 1973 in unserem Archiv sowie ein Beitrag von Dr.Malte Olschewski und Thomas Fuhrmann über den rumänischen Geheimdienst "Securitate" mit einem Interview des Überläufers Haiducu zum sogenannten Rumänien-Komplex der Luconaaffäre aus dem Jahr 1985 vorhanden ist. Der letztere Beitrag kam allerdings auf Entscheidung der damaligen Verantwortlichen der Informationsintendanz nicht zur Sendung und wurde von meinem Vorgänger, Generalintendant Gerd Bacher, dem zuständigen Untersuchungsrichter Tandinger nicht ausgefolgt. Die Ratskammer des Landesgerichtes für Strafsachen Wien gab meinem Vorgänger insoweit recht. Der Beitrag ist bei einem Wiener Notar hinterlegt. Darüberhinaus gibt es eine minutiöse Film-Dokumentation über den Besuch des Untersuchungsrichters Tandinger im ORF-Zentrum auf dem Küniglberg, der in der Absicht erfolgte, das nicht gesendete Material (Rumänien - Lucona) zu beschlagnahmen. Die Beschlagnahme sowie die Besichtigung des Materials wurde damals, wie schon erwähnt, von meinem Vorgänger verhindert.

Selbstverständlich bin ich gerne bereit, Ihnen diese Filmbeiträge zur Ansicht zur Verfügung zu stellen. Überdies habe ich die Rechtsabteilung beauftragt, in Zusammenarbeit mit sämtlichen einschlägigen Dienststellen der Informationsintendanz festzustellen, ob allenfalls noch weiteres Filmmaterial - gesendet oder nicht gesendet - vorhanden ist bzw. war. Nach Vorliegen dieses Berichtes werde ich Sie umgehend davon in Kenntnis setzen.

Mit den besten Grüßen

Thaddäus Podgorski

Zl. 36.732/2-I/7/89   Wien, am 23. November 1989

Herrn
Präsidenten des Nationalrates   4266/AB
Rudolf PÖDER
                                       1989 -12- 04
                                       zu 4302/J
Parlament
1017 W i e n

Die Abgeordneten zum Nationalrat Dr. Steiner, Dr. Graff, Dr.
Gaigg, Dr. Ermacora und Kollegen haben am 3. Oktober 1989
unter der Nr. 4302/J an mich eine schriftliche parlamentarische Anfrage betreffend "Konsequenzen des LUCONA-Untersuchungsausschusses" gerichtet, die folgenden Wortlaut hat:

"1. Was haben Sie auf Grund der Ihnen übermittelten Unter-
    lagen des LUCONA-Untersuchungsausschusses veranlaßt ?

 2. Gegen wen wurde ein Disziplinarverfahren eingeleitet ?

 3. Welcher Sachverhalt liegt diesen Verfahren zugrunde ?

 4. Wie ist der Stand der Verfahren ?

 5. Wann ist mit deren Abschluß zu rechnen ?

 6. Gibt es auf Grund der Ergebnisse des LUCONA-Ausschusses
    irgendwelche Konsequenzen personeller Art ?"

Diese Anfrage beantworte ich wie folgt:

<u>Zu den Fragen 2 bis 6:</u>

Zur Frage der disziplinarrechtlichen Konsequenzen ist schon
eingangs darauf hingewiesen worden, daß Dienstpflichtverlet-
zungen, die vor August 1986 gesetzt wurden, bereits verjährt
sind. Im Hinblick auf nach diesem Zeitpunkt gesetzte Handlungen sehe ich keine Notwendigkeit, ein Disziplinarverfahren
in die Wege zu leiten. Im Übrigen darf ich auf die zur Frage 1
eing end dargestellten Maßnahmen verweisen.

Franz Löschnak

220

Udo Proksch und hat sich durch diese Freundschaft zu Handlungen bewegen lassen, die seinem Amt und seinem Ansehen abträglich waren und ihn letztlich seine Funktion als Nationalratspräsident gekostet haben.

Der Präsident des Arbeits- und Sozialgerichtes Wien, Dr. Karlheinz Demel, ist der Prototyp eines Emporgekommenen aus dem Club 45, der zwischen öffentlichem Amt und Freunderlwirtschaft keine korrekte Trennlinie zu ziehen verstand.

So wie er zwischen dem Briefpapier als Gerichtspräsident und als Präsident des Club 45 nicht zu unterscheiden wußte, hat Demel auch in anderer Beziehung sein Amt zugunsten von Proksch in die Waagschale geworfen.

Im Zuge der Untersuchungen verstärkte sich der Eindruck, daß Demel der eigentliche Koordinator und Drahtzieher hinter der Verteidigung des Udo Proksch gewesen ist. Präsident Dr. Demel hat durch sein Verhalten dem Ansehen der Justiz schwer geschadet.«

An einem ganz anderen Untersuchungsausschuß scheinen hingegen die Abgeordneten Rieder, Fuhrmann, Schieder und Elmecker (SPÖ) teilgenommen zu haben. Ihre persönliche Stellungnahme liest sich (auszugsweise) so:

»Wir scheuten nicht davor zurück, Dinge und Fakten beim Namen zu nennen und das Verhalten involvierter Personen erforderlichenfalls zu kritisieren.«

Für die Annahme wissentlichen Mißbrauchs des Weisungsrechtes (durch Innenminister Blecha) besteht aber kein Anlaß.

Der Zusammenfassung in der Beurteilung des Verhaltens von Mag. Leopold Gratz durch Michael Graff, »Gratz könne weder einer strafbaren noch auch nur einer ehrenrührigen Handlung bezichtigt werden«, kann beigepflichtet werden.

Wir halten fest, daß sich Mag. Gratz durch seine persönliche Freundschaft bei der Führung im Amt von keiner wie immer gearteten Parteilichkeit leiten ließ.

Die Zusammenkünfte und Treffen (»Zeugenabsprachen«) zwischen Blecha, Dr. Hermann und Dr. Thaller (wurden) in der Öffentlichkeit mißverstanden.

DER BUNDESMINISTER
FÜR JUSTIZ

7274/1-Pr 1/89

4253·7AB
1989 -12- 0 1
zu 4303/J

An den
            Herrn Präsidenten des Nationalrates

                                           W i e n

zur Zahl 4303/J-NR/1989

Die schriftliche Anfrage der Abgeordneten zum Nationalrat
Dipl.Vw. Dr. Steiner und Kollegen (4303/J), betreffend
Konsequenzen des Lucona-Untersuchungsausausschusses, be-
antworte ich wie folgt:

Bezüglich des SCh Dr. Hermann Fleisch hat die Disziplinarkommission beim Bundesministerium für Justiz mit Bescheid
vom 11.9.1989 die Einleitung eines Verfahrens abgelehnt.
Desgleichen hat die Disziplinarkommission mit Bescheid vom
3.11.1989 in Ansehung des nunmehrigen Generalprokurators
Dr. Otto F. Müller und des nunmehrigen Generalanwalts
Dr. Werner Wasserbauer die Einleitung eines Disziplinarverfahrens abgelehnt.

Gegen den Leitenden Oberstaatsanwalt Dr. Eduard Schneider
hat die Disziplinarkommission beim Bundesministerium für
Justiz mit Bescheid vom 10.10.1989 ein Disziplinarverfahren eingeleitet, dieses jedoch in analoger Anwendung
des § 114 Abs. 1 BDG 1979 bis zur rechtskräftigen Beendigung des gegen ihn beim Landesgericht für Strafsachen Wien
anhängigen Strafverfahrens unterbrochen.

Zu 10:
Im Hinblick darauf, daß bisher weder Strafverfahren abgeschlossen, noch Disziplinarverfahren durchgeführt worden
sind, gab es im Justizbereich keine personellen Konsequenzen.

            30. November 1989

Die Durchführung der gerichtlich angeordneten Telefonüberwachungen im Zuge der Fahndung gibt Anlaß zur Kritik.

*

Am 28. Juni 1989 findet im Plenum des Nationalrats die Schlußdebatte über die Ergebnisse des Untersuchungsausschusses statt.

Noch einmal lassen einzelne Debattenredner die »erschütternden Bilder politischen, moralischen und rechtlichen Fehlverhaltens« Revue passieren, geißeln die »Gesetzesbrüche und den Machtmißbrauch« und beschreiben »den Sumpf von Begünstigung und Korruption«.

Auch SPÖ-Klubobmann Willi Fuhrmann meldet sich zu Wort. Er findet freilich alles nicht so schlimm: »Wo Menschen sind, da menschelt es.«

Diese Ansicht will die FPÖ-Abgeordnete und Richterin Partik-Pablé nicht teilen. Schließlich habe der Ausschuß Tatsachen und Mißstände ans Tageslicht gebracht, die selbst »das Pretterebner-Buch bei weitem in den Schatten stellen«.

Hinweise auf die bereits erfolgten Rücktritte von Gratz und Blecha, die ihre Ämter »unter dem Druck der gegen sie erhobenen Vorwürfe zur Verfügung stellen mußten«, rufen freilich prompt den SPÖ-Abgeordneten Sepp Rieder auf den Plan.

»Mit Entschiedenheit« werde sich die SPÖ »dagegen zur Wehr setzen, daß Rücktritte in Schuldeingeständnisse umfunktioniert werden«, und er stellt klar:

»Wir waren nicht bereit, und wir werden es auch in Zukunft nicht zulassen, daß jemand, der politische Konsequenzen gezogen hat, zum Opfer gezielter Ehrabschneiderei gemacht wird!«

Zur Hochform läuft schließlich noch einmal Peter Pilz in seinem Debattenbeitrag auf:

»Wir haben als erste in diesem Land als Mitglieder des Untersuchungsausschusses das Privileg gehabt, das Innere der Macht in Österreich detailliert zu studieren. Und was wir da gesehen haben, hat die allerschlimmsten Erwartungen und die pessimistischsten Beschreibungen über die Zustände in diesem Land übertroffen.

Das war ein Bild, wo jeder von jedem abhängig ist, wo jeder jedem dienstbar ist, wo der Oberstaatsanwalt für den Minister, der Minister für den Staatspolizisten und der Staatspolizist für den Versicherungsbetrüger da ist.

Das war ein Bild, wo alles ineinander verklammert und verzahnt ist und wo die gegenseitige Abhängigkeit erst die wirkliche Macht dieser Nomenklatura ausmacht.

Das war ein Bild einer Kaste, der es über Jahrzehnte gelungen ist, sich völlig abzuschotten, einer Kaste, die auf zwei Voraussetzungen in ihrer Existenz beruht hat und immer noch beruhen kann:

Zum ersten, daß es in Österreich in weiten Teilen der öffentlichen Verwaltung Parteibeamtentum und Strukturen gibt, die dafür Sorge tragen, daß die Spitzen der öffentlichen Verwaltung dieser politisch-geschäftlichen Kaste dienstbar sind, und zum zweiten – und das ist mindestens in genau so großem Ausmaß mitverantwortlich – der Zustand der traditionellen politischen Parteien in diesem Land.«

Schließlich kommt es zur Annahme des offiziellen Endberichtes über die Ergebnisse des parlamentarischen Untersuchungsausschusses zum»Fall Lucona«, auf den sich SPÖ und ÖVP geeinigt haben.

So sieht er denn auch aus. Die»Schlußfolgerungen«, die auf zwei dürren Seiten festgeschrieben werden, umfassen lächerliche sechs konkrete Feststellungen, auf die sich nun anscheinend der»Skandalfall des Jahrhunderts« reduziert:

Demnach kamen»Unzulänglichkeiten« vor, es gab»allzu lockere Verhaltensweisen«, es kam zu einem»Verhalten am Rande der Gesetzmäßigkeit«,»unklare Weisungen« wurden erteilt,»Eingriffe in ein Strafverfahren« erfolgten»nicht nur im unbedingt notwendigen Ausmaß«, und bei der Beantwortung von parlamentarischen Anfragen wäre»eine größere Sorgfalt« angebracht gewesen.

SPÖ und ÖVP bemühen sich sehr darum, auch die anderen

[1] Bundeskanzler Franz Vranitzky: „Kein Rechtsbruch, keine Verfehlungen und keine Schuldzuweisung!"

Oben [2] Wien 1988: Puister und van Beckum klagen an
Unten [3] Pressekonferenz Zürich: Feind hört mit

Rechts [4] Justizminister Foregger: Alle Maßnahmen ergriffen

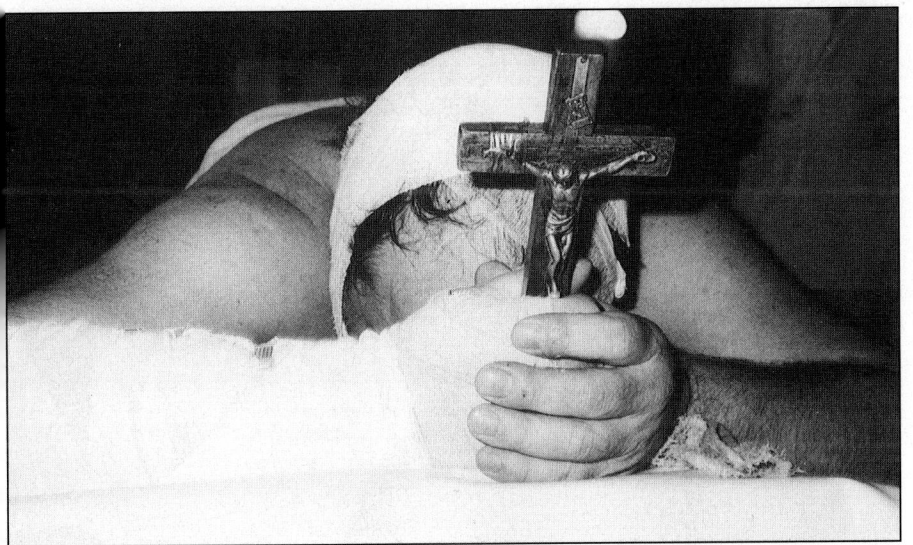

Oben [6] Udo Proksch: Wunder-
heilung in Manila

Links [5] OStA Eduard Schneider: Fluchthilfe durch die Oberstaatsanwaltschaft

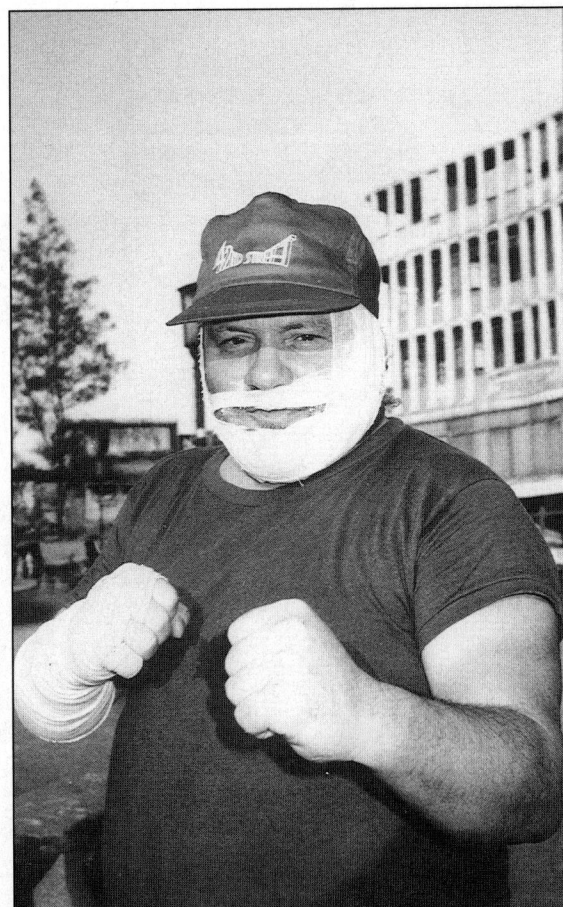

Rechts [7] „Wer sagt, ich sei geflüchtet, lügt!"

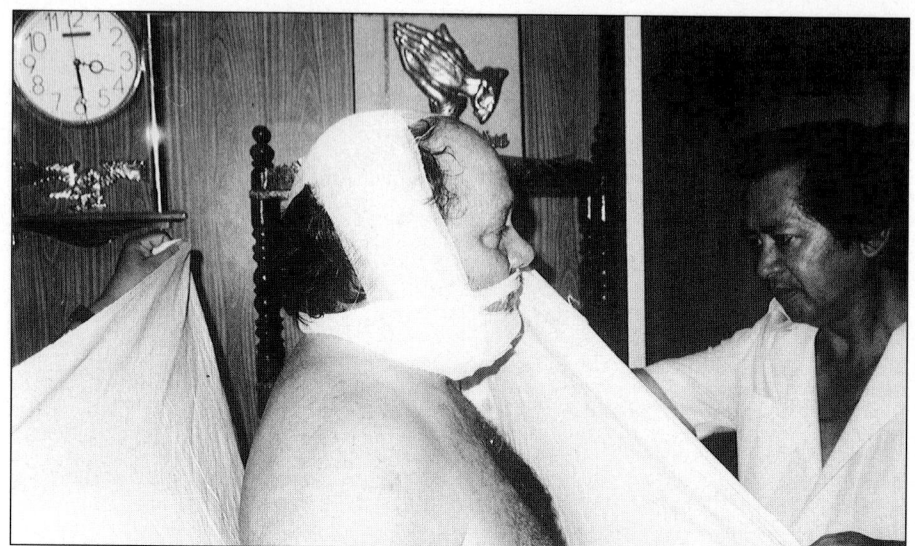

Oben [10] Starreporter Michael
Jeannée: Anruf aus Manila

Links oben [8] Ein neues Design
für die Zeit der Flucht

Links [9] Die Gesichtsoperation
ist geglückt

Rechts [11] Hans Peter Daimler:
Abschied vom Oswald & Kalb

Links oben [12] Ex-Stapo-Chef Armin Hermann: Überstunden für die geheime Staatspolizei
Rechts oben [13] Pretterebner als Wanderprediger unterwegs
Unten [14] Blechas Spitzel sind immer dabei
Rechte Seite oben [15] Hermann-Nachfolger Anton Schulz: Im Auftrag des Ministers
Rechte Seite unten [16] Blechas Ex-Sekretäre Andreas Rudas (jetzt ORF) und Helmut Bernkopf

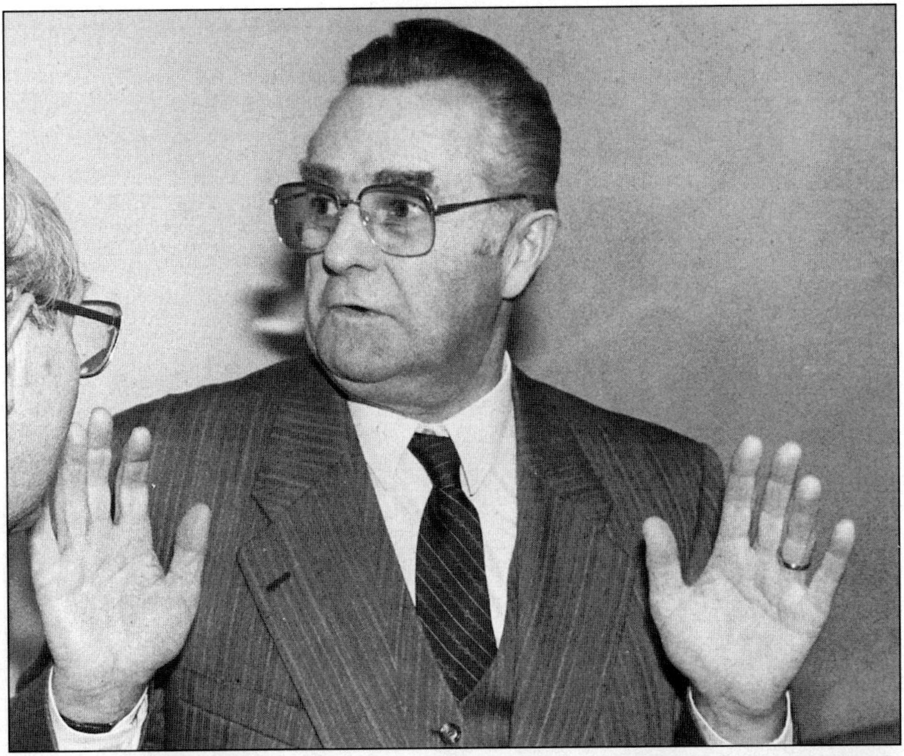

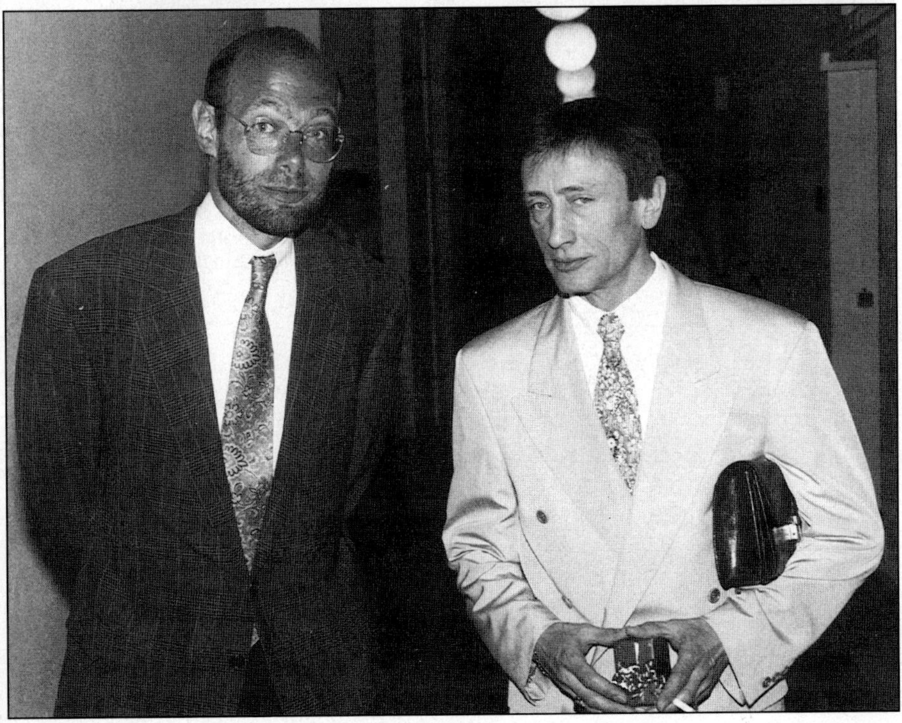

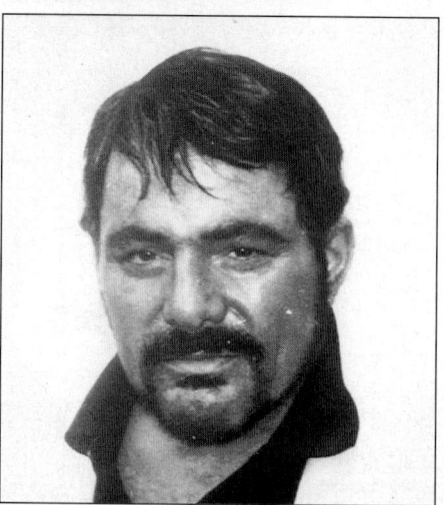

Oben [17] Innenminister Karl Blecha: Fahndung mit höchster Dringlichkeit . . .

Links [18] . . . nach Udo Proksch alias Alfred Semrad alias Peter Moss

Rechts [19] Gerichtspräsident Demel: Hello Boy, was machen die Komiker in Wien?

Oben [20] Das parlamentarische „Inquisitionsgericht"
Links [21] 160.000 Aktenseiten mit Helene Partik-Pablé

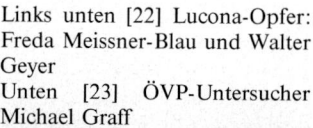

Links unten [22] Lucona-Opfer: Freda Meissner-Blau und Walter Geyer
Unten [23] ÖVP-Untersucher Michael Graff

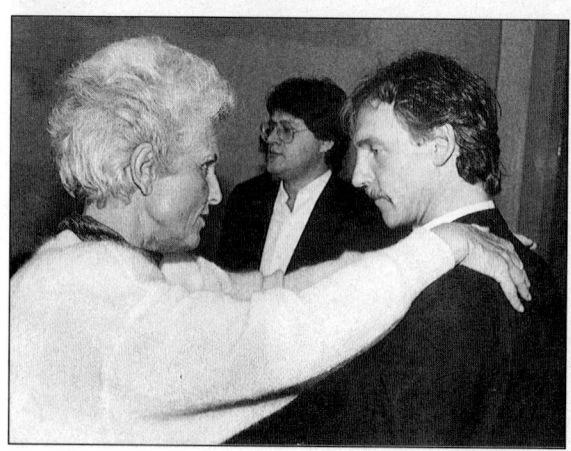

Oben [24] Mißglückte Weißwäsche: Stichwortgeber Sepp Rieder und
Peter Schieder (SPÖ)
Unten [25] Ausschußmitglieder Graff, Pilz, Partik-Pablé, Obmann Steiner und Rieder

Oben [26] Star-„Inquisitor" Peter Pilz mit Marianne Geyer

Links [27] Zeuge Haider: Kurzbesuch im Club 45

Oben [28] und unten [30] Der schnelle Abschied nach dem langen Leugnen

Rechts [29] Sicherheitsdirektor Hermann Thaller: „Vielleicht hat der Alkohol getrübt mein Hirn"

Oben [31] Erinnerung an schöne alte Zeiten
Unten [32] Oberstleutnant „Django" Rupf: Udo ist . . .

Rechte Seite [33] . . .wieder daheim

Oben: Die Ankläger [34] Erich Müller und [35] Robert Schindler
Unten: Die Verteidiger [36] Franz-Clemens Obendorfer und [37] Erhard Doczekal

[38] Richter Hans-Christian Leiningen-Westerburg: „So ein musischer Mensch kann doch kein Mörder sein"

Oben [39] und rechte Seite oben [42] Der Schwurgerichtsprozeß in Wien

Links [40] Ausflug nach Hochfilzen

Unten [41] Verteidigerwechsel nach der ersten Runde: Monika Pitzlberger, Peter Lechenauer (für Edelmaier) und Richard Wandl

Mitte [43,44] Nach Sinkversuch: Bombe im Laderaum
Unten [45] Probesprengungen für die Geschworenen

Linke [46] und rechte Seite oben [48] 30 Millionen für Suchexpedition im
Indischen Ozean
Unten [47] Zuerst am falschen Ort gesucht: Richter Leiningen mit Experten
Gerhard Strasser, Heinz Hemmer und Ingo Wieser

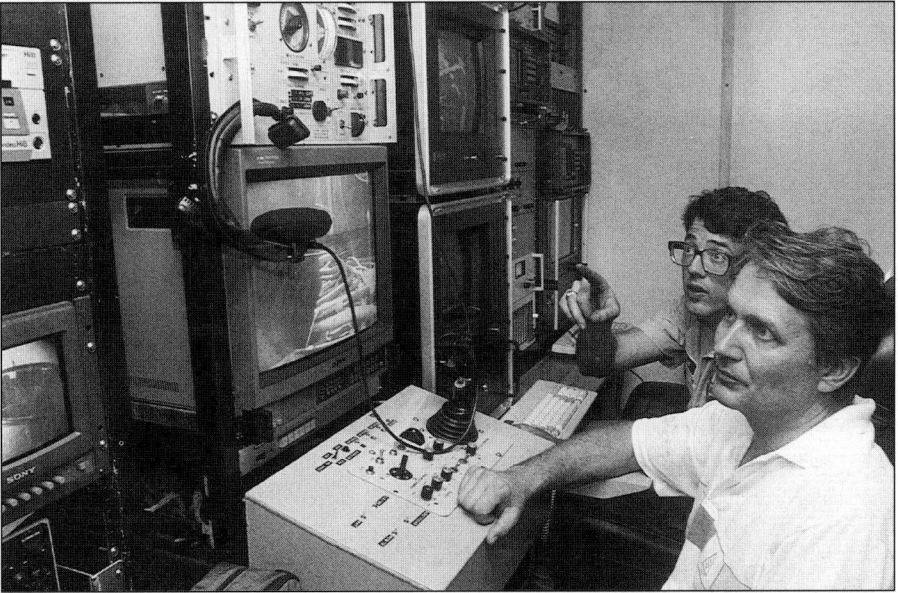

Mitte [49] Gerhard Strasser: In 4193 Meter Tiefe Wrack entdeckt
Unten [50] Ladungsteile auf dem Meeresgrund

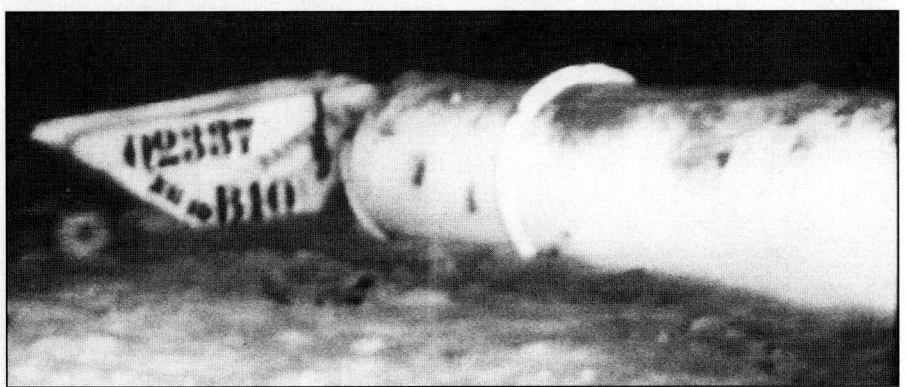

Linke Seite:
Oben [51] Im Hafen von Port Said: Die letzte Reise der Lucona
Mitte [52, 53] Zapata-Kisten und Bergwerksschrott
Unten [54] Sprengverformte Wrackteile

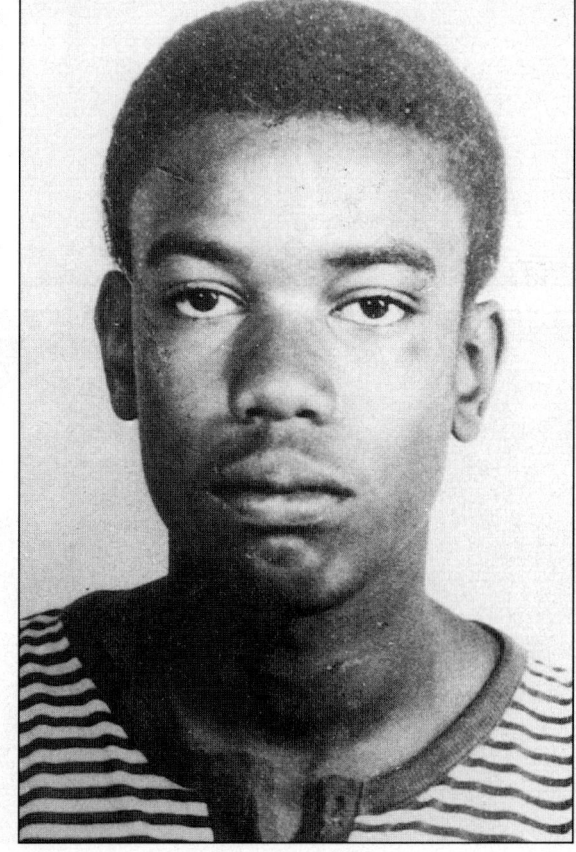

Rechte Seite:
Oben [55] Das Grab für sechs Besatzungsmitglieder
Rechts [56] Lucona-Matrose Tyrone Roberts, geboren 19. 10. 1956, gestorben 23. 1. 1977.

Oben [57] Im Namen der Republik!

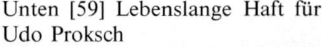

Links [58] Major Hans Edelmaier: Im Zweifel für den Angeklagten

Unten [59] Lebenslange Haft für Udo Proksch

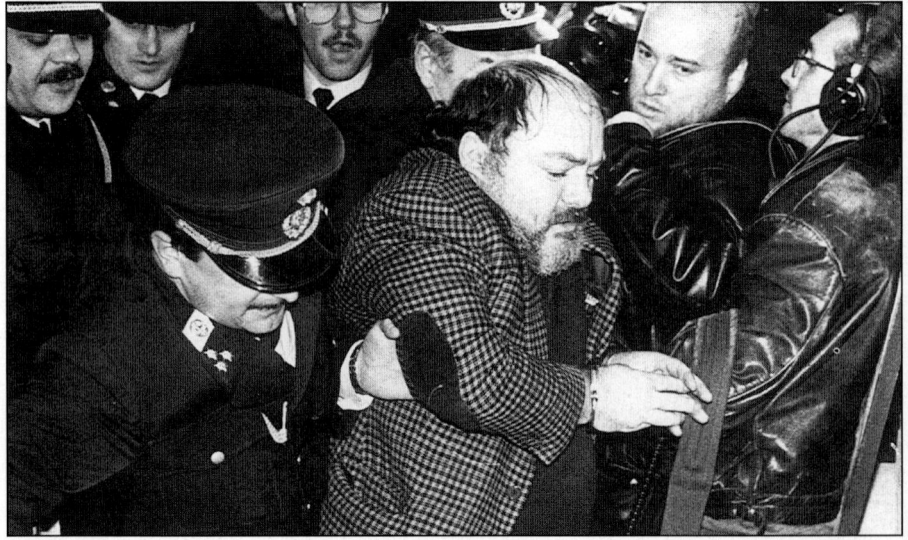

[60] Für U-Richter Tandinger: Der Fall Lucona ist beendet

Oben links [61] Greta Fischer: Freispruch in der Schweiz
Oben rechts [62] Verurteilt: Proksch-Partner Erwin Egger
Links [63] Bezirksgericht Tafers
Rechts [64] Landgericht Kiel
Unten [65] Lucona-Prozeßbeginn in Deutschland

Oben [66] und unten [68]: Das hochkarätige Verteidigerteam mit Ehefrau Renate: FDP-Landeschef Wolfgang Kubicki, Barschel-Anwalt Erich Samson, Gerald Goecke und Katrin Lausen

Rechts [67]: Hans Peter Daimler unter Mordanklage

Oben links [69] und rechts [70] Otto Oberhammer: Vranitzkys
Wunschkandidat ist abgestürzt
Unten links [71] Die zweite Wahl: Nikolaus Michalek
Unten rechts [72] Der heimliche Justizminister: Gerhard Litzka

Oben links [73] Karl Blecha: Noch kein Urteil wegen Amtsmißbrauchs, Urkunden-
unterdrückung, falscher Zeugenaussage und Anstiftung zur falschen Zeugenaussage
Oben rechts [74] Karlheinz Demel: Dem Ansehen der Justiz schweren Schaden zugefügt
Unten [75] Leopold Gratz: Das Ende einer Freundschaft

[76] „Ich nehme es hin, daß ich als Sündenbock aus einem gesellschaftlichen Gefüge, das noch immer unverändert aufrecht ist, abdanken mußte."

Fraktionen zur Annahme dieser Karikatur eines Endberichtes zu bewegen.

Peter Pilz ist sich bewußt, daß der von SPÖ und ÖVP erarbeitete und vorgeschlagene, nichtssagende Bericht »eine totale Schmiere« ist, den er, wie er öffentlich verkündet, platzen lassen wird.

Nach einer vertraulichen Aussprache zwischen Peter Pilz mit einigen hochrangigen SPÖ-Vertretern geben die GRÜNEN wenige Stunden später der »totalen Schmiere« dennoch ihren Sanktus.

Nur die FPÖ bleibt standhaft und stimmt dem Bericht nicht zu.

III.

DIE LUCONA
IST GAR NICHT GESUNKEN

*Was derzeit in Wien abgehandelt wird, hat alle
Voraussetzungen, einmal zum allgemeinen
Rechtsbegriff zu werden.
Gemeint ist:
Die Anklage als demagogische Übung,
die Verurteilung ohne Beweis,
die Berichterstattung als Attacke und Eingriff.*

*Wer die bürgerliche Revolution versäumt,
verdient das Rechtssystem,
unter dem er dann leben muß.*

Michael Prager

Pseudologia phantastica

Franz Vranitzky ist zufrieden. Das schmähliche Ende, das der Lucona-Untersuchungsausschuß schließlich nimmt, erlaubt es jetzt sogar dem Bundeskanzler, die Behauptung aufzustellen, daß es im »Fall Lucona« seitens seiner Parteifreunde »weder ein Fehlverhalten noch Rechtsbrüche gab«.

Widerspruchslos nimmt die Öffentlichkeit des Kanzlers dreiste Interpretation der tatsächlichen Geschehnisse hin, und die politische »Bewältigung« des Falles kann damit beginnen.

Die Weichen für die kommenden Ereignisse werden am 28. Juli 1989 im Parlament anläßlich der Lucona-Schlußdebatte gestellt: Zu diskutieren sei lediglich die Frage, ob das Verhalten der Politiker, die sich in die Affäre involvieren ließen, »politisch klug« gewesen sei.

Die Antwort, stellt im Parlament der Abgeordnete Peter Schieder im Namen der sozialistischen Fraktion klar, hänge von einer entscheidenden Vorfrage ab – von der Schuld oder Unschuld des Herrn Udo Proksch.

Gerne räumt Schieder in der Folge auch noch ein, daß die Taten der politischen Machtträger – falls sie zugunsten eines schuldigen Udo Proksch begangen worden wären, unter Umständen als »eine zu verurteilende Hilfe gegen die Organe der Gerechtigkeit« betrachtet werden könnten.

Was aber, so Schieder weiter, wenn Proksch schuldlos sei? – Dann wären doch wohl alle Handlungen der in so unfairer Weise angegriffenen Politiker zugunsten Udo Prokschs in Wahrheit als höchst »lobenswerte Hilfe für den Beweis der Unschuld gegen die Konspiration von Versicherungen, Anwälten, dubiosen Privatdetektiven und Publizisten« anzusehen.

Der Fall ist klar: Die gestürzten Politiker der SPÖ, die zahllosen hochrangigen Funktionäre aus allen Bereichen der Verwaltung, die durch Jahre hindurch ihre Ämter auf schamloseste Weise mißbrauchten, Gerichtshofspräsidenten, die willfährige Werkzeuge von Verbrechern waren, und die Spitzen von Staat und Gesellschaft insgesamt, die sich – aus welchen Gründen immer – in die Affäre involvieren ließen, wären mit einem Schlag vollkommen rehabilitiert, wenn sich erweisen ließe, daß Proksch und Daimler in Wahrheit unschuldig Verfolgte sind.

Mit dem erneuten Aufbau der entsprechenden Legende wurde längst begonnen. Es sind nicht sehr viele Menschen, die daran mitwirken – ein paar Politiker, einige einflußreiche Spitzenbürokraten, die Anwälte von Proksch und Daimler selbstverständlich, und eine Handvoll interessanterweise ausgerechnet »linker« Journalisten.

Die Strategie ist wohldurchdacht, auch wenn die sensationellen Neuigkeiten der Bevölkerung zunächst anscheinend nur in homöopathischen Dosen zugemutet werden.

»Wende im Fall Lucona«, heißt es aus heiterem Himmel etwa in einem von dem allseits geschätzten Wiener Autor Georg Biron veröffentlichten Magazinbericht: Udo Proksch könne sich freuen, denn erstens stehe nunmehr fest, daß Jacob Puister, der Lucona-Kapitän, »das Gericht belogen« habe, und zweitens sei sein Schiff in Wahrheit »nie gesunken«.

Über Gebühr ernst genommen wird diese Meldung von der Öffentlichkeit zunächst freilich noch nicht.

Als größtes Hindernis bei dem Versuch, Proksch und Daimler als die unschuldig verfolgten Medienopfer hinzustellen, entpuppt sich einmal mehr das Buch »Der Fall Lucona«.

Dagegen scheint kein Kraut gewachsen, und es nützt auch nichts, daß es den Proksch-Komplizen ebenso wie der Regierungsmacht mißfällt.

Der Einfluß dieses Buches wird auch nicht geringer, als Michael Neider, ein hoher Beamter aus dem Bundesministerium für Justiz und Ex-Mitarbeiter Christian Brodas, zur Feder greift, um es als »Kriminalroman« zu rezensieren, in dem »durch abenteuerliche Spekulationen um Personen des öffentlichen Lebens voyeuristische Leser angelockt« und »unter dem Deckmantel, über rechtswidriges Tun zu berichten, Vermutungen als Sachverhalte ausgegeben« würden.

»Tief betroffen« mache insbesondere »die Selbstverständlichkeit, mit der die Vorverurteilung und Verdächtigung nachgesprochen und nachgeschrieben« und die Geschichte »unter Mißachtung aller Grundsätze seriöser Berichterstattung – aus Freude am Skandalisieren – weiter in die Medien gebracht und zitiert wird, als ob ein naturwissenschaftlicher Forschungsbericht zu rapportieren wäre«.

Verständlicher und weniger geschraubt drückte denselben Sachverhalt schon Leopold Gratz vor dem Lucona-Ausschuß aus, als er bekannte, wie sehr ihm »auch nur das Angreifen dieses Buches physisch widerwärtig« sei.

Für diese Haltung des Ex-Nationalratspräsidenten bringt Michael Prager, ein Journalist, der es sich ebenfalls zur Aufgabe gemacht hat, an der Legendenbildung rund um Udo Proksch tatkräftig mitzuwirken, großes Verständnis auf.

Dennoch geißelt er sie, denn »sie hat zur Folge, daß es praktisch keinerlei ernsthafte kritische Auseinandersetzung mit diesem bisher immerhin an die 300.000mal verkauften Stück Polit-Fiction gibt«. Und das sei, meint Prager, »unerträglich«, wobei der Skandal gar nicht in erster Linie darin liege, daß dieses Buch erschienen sei, der Skandal liege vielmehr »in der Rezeption«:

»In einer funktionierenden ... Gesellschaft hätte ein Buch wie ›Der Fall Lucona‹ zurückgewiesen werden müssen!«

Jetzt sehen auch die Anwälte von Proksch und Daimler keinen Anlaß mehr, sich weiterhin zurückzuhalten. Auch wenn die Herren Mandanten selbst aus gutem Grund noch immer flüchtig sind.

Zweifellos am forschesten geht nunmehr Ludwig A. Minelli, Udo Prokschs Rechtsfreund in der Schweiz, gegen das Lucona-Buch und mich als Autor vor, wobei ihm als Bühne ein von seinem auf der Flucht befindlichen Klienten angestrengter Strafprozeß gegen den prominenten Schweizer Journalisten Martin

Ungerer wegen des Verdachtes der »planmäßigen Verleumdung« vor dem Bezirksgericht in Zürich dient.

Als Höhepunkt seines Schlußplädoyers regt Ludwig A. Minelli meine Psychiatrierung an.

»Es würde mich«, teilt der Proksch-Advokat dem sichtlich überraschten Schweizer Richter auch gleich das zu erwartende Ergebnis einer solchen Untersuchung mit, »nicht wundern, wenn er (Pretterebner) bei einer psychiatrischen Überprüfung seines Geisteszustandes als krankhafter Pseudologe bezeichnet wird.« Das Kennzeichen der »pseudologia phantastica – einer echten Geisteskrankheit« –, sei, doziert Minelli weiter, »daß ihr Träger sich entsprechend seiner hysterischen Struktur Geltung verschaffen will und dies mit einer krankhaft gesteigerten Lügensucht tut.«

Der Proksch-Freund ist in seinem Element. Selbst die mißbilligenden Blicke des Gerichts vermögen ihn keineswegs zu irritieren. Denn immerhin sei das Erkennen dieser Geisteskrankheit für einen Laien vor allem deshalb »schwierig, weil Pseudologen es immer wieder schaffen, mögliche Zweifel an ihren Schilderungen schon im vornherein durch verhältnismäßig plausible Argumente auszuschalten«.

»Is your name Skorzeny?«

Die Wahrheit – auch darüber, wer tatsächlich an »pseudologia phantastica« zu leiden scheint – wäre wohl nur dann ans Tageslicht zu bringen, wenn Proksch und Daimler endlich ihre Richter fänden. Diese »Gefahr« scheint allerdings auch noch im Jahre 1989 mehr als gering zu sein.

Natürlich war Karl Blecha, solange er als Innenminister noch Gelegenheit dazu hatte, unentwegt darum bemüht, zumindest seinen Club-Freund Udo Proksch zu finden.

Aber auch seine leitenden Beamten fahnden rast- und ruhelos nach dem Mann, dessen Ortsabwesenheit gleich zwei Minister stürzen ließ.

Der anfängliche Optimismus weicht freilich mit der Zeit einer frustrierenden Ratlosigkeit. Und nicht einmal auf Alfred Worm ist mehr Verlaß.

Der Chefaufdecker des »profil« war immerhin schon kurz nach dessen Flucht im Februar 1988 dem Demel-Zuckerbäcker auf die Philippinen nachgereist. In Manila stellte Worm fest, daß es heiß ist, und berichtete anschließend in Ermangelung anderer Enthüllungen, Udos Aufenthaltsort sei jetzt nicht nur »eingegrenzt«, sondern auch »dem Police-Departement von Manila längst bekannt«, er werde »in allerkürzester Zeit abgeschoben«, dafür sorge die resolute Chefin der Einwanderungsbehörde »mit absoluter Sicherheit«.

Aber nicht nur Journalisten betätigen sich in den kommenden zwei Jahren als Wahrsager oder Hobbydetektive, bald hat halb Österreich das Udo-Jagdfieber gepackt: Die Polizeidienststellen können sich der Hinweise auf das Versteck des Flüchtigen fast nicht erwehren.

Es gibt bald kaum mehr einen Ort in Österreich, wo Proksch

nicht irgendwann von irgend jemandem gesehen und »erkannt« wird.

Schwer haben es in dieser Zeit jedoch vor allem jene unglückseligen Figuren, die schlicht und einfach mit dem Demel-Chef verwechselt werden.

Kaum taucht irgendwo ein Mann auf – klein und von gedrungener Gestalt mit leichter Neigung zu Fettleibigkeit, dessen Charakterkopf eine gewisse Ähnlichkeit mit dem des Udo Proksch aufweist –, und schon ist er vor Blechas Häschern nicht mehr sicher. Und das ändert sich auch unter seinem Nachfolger Franz Löschnak nicht:

»Proksch« verläßt das Wiener Hotel Marriot und läßt sich in einem Mietwagen zum Westbahnhof chauffieren. Die Polizei erhält den heißen Tip, berichtet an den Staatsanwalt, dieser ordnet weitere Nachforschungen an, die Polizei ermittelt und stellt schließlich fest, daß es der Unternehmer Wilhelm Oliva, Inhaber der Firma Oliva & Posch, gewesen ist.

»Proksch« wird in Hohenems in einem Auto mit norwegischem Kennzeichen gesehen. Später läßt er sich in Bregenz nieder und besucht dort regelmäßig ein Kaffeehaus. Im Café Bohle wird er eindeutig erkannt. Die Polizei tritt in Aktion. Ermittlungen. Ausforschung und Befragung der Lokalbesitzer. Observierung. Abbruch der Aktion. Der Kaffeehausgast, der frühere Bregenzer SPÖ-Stadtrat Bruno Wüstner, entgeht nur knapp seiner Verhaftung.

Regelmäßig wird »Proksch« auch in Niederösterreich gesichtet. In den Bezirken Mistelbach und Hollabrunn taucht er immer wieder in Geschäften auf. Die Polizei verfolgt seine Spur vergeblich viele Monate hindurch. Des Rätsels Lösung: Ein Vertreter namens Gottfried Tillmann, der eine entfernte Ähnlichkeit mit Proksch aufweist, ist in Hollabrunn und Mistelbach auf Tour.

Auch in einem Haus im Schweizer Kanton St. Gallen hält sich »Proksch« versteckt – in Wahrheit ist's der Wiener Karlheinz Gloser.

Zwischendurch verkriecht sich der Gesuchte alternierend in

Landesgendarmeriekommando für Vorarlberg
Kriminalabteilung
6901 Bregenz, Bahnhofstr. 45, Tel. 26 6 50 / Kl.

GZ P 307/88

Aktenvermerk

Udo Proksch angeblich im Cafe Bohle in Bregenz, Kaiserstraße gesehen worden - Überprüfung über Auftrag des Herrn
Sicherheitsdirektors, nähere Umstände unbekannt:

Das im Akt vorhandene Lichtbild, wurde am 12.8.1988 um 19.00
Uhr zwei jüngeren weiblichen Bediensteten des Lokales, sowie
den Lokalinhabern Willi und Rosa Bohle und deren Tochter
Brigitte, vorgewiesen. Eine der Bediensteten meinte, ein Gast
der öfters im Lokal sei, sehe dem Abgebildeten sehr ähnlich.
Die Eheleute Bohle und ihre Tochter erkannten auf dem Lichtbild ohne zögern Udo Proksch.

Der Cafebetrieb (geöffnet von 0900 - 1900 uhr) wird ganztägig
von Frau Rosa Bohle und zumindest halbtags zusätzlich von der
Tochter Brigitte Bohle betreut. Beide sind überzeugt, daß sie
Udo Proksch, hätte er sich im Cafe aufgehalten, mit Sicherheit
erkannt hätten. Sie schließen daher aus, daß er sich in den
vergangen Tagen tatsächlich im Lokal oder im angeschlossenen
Straßencafe, aufgehalten hat.
Im Zuge der Befragung kam unter anderem Stadtrat Wüstner
zur Sprache, der eine entfernte Ähnlichkeit mit Udo Proksch
habe und sich gelegentlich im Cafe aufhalte.

Daß die Familie Bohle Udo Proksch erkannt hätte erscheint
glaubhaft, da sie sich offensichtlich mit dieser Angelegenheit befaßt haben und auch den Vortrag des Buchautors Pretterebner in Bregenz besucht haben. Es war ihnen auch bekannt, daß die Eltern der Gattin des Proksch-Komplizen
Peter Daimler, die Familie Hofmann (Lederwarengeschäft
in der Kaiserstraße) ist.

Die Familie Bohle erklärte, daß sie selbstverständlich
die Sicherheitsbehörden verständigt hätten, wenn sie
Udo Proksch tatsächlich gesehen hätten.

Da die Befragten um Diskretion baten um "in nichts hineige-
zogen" zu werden," wurde von einer weiteren Namens- und
Personaldatennotierung abgesehen.

12.8.1988,

(Polger):

235

<u>Aktenvermerk</u>

Am heutigen Tage, um 21.15 Uhr teilte ein anonymer Anrufer
beim Journaldienst der Gr D fernmündlich mit, daß Udo PROKSCH
dzt. einen Vollbart habe und er sich auf Mallorca aufhalte.
Es sei vorige Woche dort gesehen worden und er werde regelmäßig
von Freunden aus Wien besucht. Nähere Angaben über den genauen
Aufenthaltsort machte der Anrufer nicht.

Zahl 1 153 381/1-II/10/B

9.9.1988
Berger, GI

REPUBLIK ÖSTERREICH
BMI – Gruppe D
eingel. 1 0. SEP. 1988
Gz.
Vz. siehe APID-Ausdruck

---

06. FEB 1989
siehe APID-Ausdruck

<u>A k t e n v e r m e r k</u>

Am heutigen Tage, um 13.35 Uhr teilte Herr RegRat Herbert
PELECH, geb. 13.7.1929, ÖBB-Beamter, wh. 2542 Kottingbrunn,
Alleegasse Nr.15A, Dienststelle BBDion Wien Tel.5650/DW 4351
oder 4340, fernmündlich mit, daß er am 3.2.1989 nachmittags
von Teneriffa-Süd nach München flog. Zufällig konnte er ein
Gespräch einer Frau mithören. Diese erzählte, daß sie das
LUCONA-Buch gelesen habe. Sie sei vor einiger Zeit von
Teneriffa-Nord auf die Insel Hierro geflogen und sei sie
sichergewesen, PROKSCH habe das Flugzeug ebenfalls benützt.
Nähere Angaben konnte er nicht machen.

Wien, am 6.2.1989

Stari, i.J.

236

P R O K S C H Udo;   Wien, am 28. 2. 1989
anonymes Schreiben betr.
Aufenthalt in A-8636 See-
wiesen über Veitscheralpe
Erhebungsergebnis

                        B e r i c h t

Am 27.Februar 1989 wurden zum anonymen Schreiben Erhebungen
betr. eventuellen Aufenthalt des Udo P R O K S C H, durchgeführt.
In dem angeführten Schreiben sind die Ortschaften bzw.
Gegenden, wie Veitscheralpe, Gusswerk, Mariazell, teils
gelb und rot eingezeichnet. Die Erhebungen bei den zuständigen Gendarmerieposten Mariazell, Aflenz, Turnau und
Gusswerk verliefen negativ. Der Name Udo P R O K S C H ist
bei jedem Gendarmerieposten ein Begriff, über den eventuellen Aliasnamen Stefan P R O B S T konnte nichts ermittelt
werden.
Auf der Veitscheralpe befindet sich das sogenannte Meraner-
haus. Dieses Objekt ist jedes Wochenende offen und wird
stark von Skifahrern und Touristen konfrontiert. Weiters
gibt es laut Beamten der angeführten Gendarmerieposten noch
zahlreiche Jagd.- Futterhütten, diese werden im Zuge der
Patrouillengänge und bei alpinen Einsätzen kontrolliert und
wäre ein P R O K S C H sicherlich schon aufgefallen. Die
angeführten Objekte liegen in extremen Berggebieten und ist
dort ein Unterschlupf unmöglich.
Im Postenrayon Gusswerk und zwar in Aschbach, befindet sich
eine Jagdhütte der Bundesforste. Dieses Jagdrevier und die
Jagdhütte war Treffpunkt zahlreicher politischer Prominenz.
Seit dem Vorfall Ruso-Matousek kommt dort jedoch niemand
mehr hin. Der seinerzeitige Förster Leimböck befindet sich
in Pension in Tirol und konnte daher nicht befragt werden.
Der zuständige Jäger, Hr. Walter Goldgruber führte an, daß
er seit ca. 20 Jahren das Revier betreue. Er führe ein Tage-
buch und ist dort Udo PROKSCH mit Sicherheit nicht erschienen.
Das Jagdhaus steht derzeit leer.
Sonst konnten keine näheren Anhaltspunkte ermittelt werden.

                              Schneeweis

                              Aigner

einer Jagdhütte der Bundesforste auf der steirischen Veitsch-alpe, bei Emmy Lütgendorf in Schwarzau im Gebirge, im Jagd-haus des Waffenhändlers Alois Weichselbaumer in Groß Glob-nitz nahe Zwettl, in der Villa seines Freundes Wilhelm Anger in St. Moritz, taucht ab und zu – als Italiener verkleidet – in Wie-ner Innenstadtlokalen auf, besucht seine mütterliche Freundin Helga Diamantopoulos auf der Wiener Mölkerbastei 10, nimmt an der vom ORF aus Las Vegas übertragenen Box-Weltmeister-schaft teil, wo eine aufmerksame Wienerin – via Bildschirm – prompt sein »grinsendes Gesicht« unter den Zuschauern ent-deckt, während er gleichzeitig schwere Pakete aus der Wohnung seines Rechtsanwaltes Karl Zerner in der Wiener Kuppelwieser-gasse 45 schleppt, bevor ihn eine weitere Hinweisgeberin schließlich für tot erklärt.

Ihr Vater sei Freimaurer, teilt sie den Behörden mit, weshalb sie es natürlich wissen müsse.

Vorher allerdings hat sich Udo Proksch noch – gemäß einem Informanten aus der Wiener Künstlerszene – bei einem alten Jugendfreund, dem Maler Friedensreich Hundertwasser, am Wiener Schillerplatz versteckt, wo er »die Fassung verloren« und mit einer Pistole »in der Küche seines Gastgebers mehrere Schüsse gegen die Wand und/oder die Decke abgefeuert« habe. Die Einschläge der Projektile seien immer noch zu sehen.

Aber natürlich ist Udo Proksch während seiner zwei Jahre dau-ernden Flucht nicht nur in Österreich allgegenwärtig, sondern auch im Ausland: Rio de Janeiro, Kenia, Kreta, Teneriffa. Es gibt keinen Ort der Welt, wo Österreicher Urlaub machen – und wo nicht auch Udo Proksch auftaucht.

Auch auf Mallorca, teilt ein aufmerksamer Pensionist den Si-cherheitsbehörden nach seiner Rückkehr aus dem Urlaub mit, hält Proksch sich versteckt.

Er habe sich jetzt einen Vollbart wachsen lassen, bewohne ein sehr schönes Haus am Strand und werde regelmäßig von promi-nenten Freunden aus Österreich besucht. Der Mann wird doch Herrn Udo nicht etwa gar mit weiland Bruno Kreisky in dessen Sommerresidenz verwechselt haben?

Auch Witzbolde haben während dieser Zeit natürlich – leicht erkennbar – Hochsaison, aber mit rührender Diensteifrigkeit wird von den Behörden jedem »Hinweis« nachgegangen.

Ein paar ORF-Mitarbeiter verbringen beispielsweise ihren Urlaub auf den Kanarischen Inseln und schicken ihrem Informationsintendanten Johannes Kunz eine Ansichtskarte mit dem sinnigen handschriftlichen Text:

»Auch Du kannst mich jetzt endgültig ... Dein Udo Proksch (nach Diktat verreist).«

Johannes Kunz findet die Idee nicht gar so witzig, vielleicht ist er auch wirklich davon überzeugt, mit einer echten Udo-Botschaft konfrontiert zu sein, auf jeden Fall schickt er die Scherzkarte sofort per Boten an Interpol-Chef Robert Köck.

Damit nimmt der Dienstweg unerbittlich seinen Lauf: Als erstes wird der Innenminister von der »heißen Spur« informiert. Es folgt die Einschaltung des Generaldirektors für die öffentliche Sicherheit. Danach macht das österreichische Interpol-Büro mobil. Eine Übersetzung von »Udo Prokschs beleidigenden Grüßen« ins Französische muß angefertigt werden.

Der Rest ist Routine: Fernschriftliche Übermittlung des Inhalts der Ansichtskarte an Interpol-Madrid. Sachverhaltsdarstellung – wer ist Johannes Kunz und wer ist Udo Proksch. Und schließlich dringendes »Ersuchen um Überprüfung und FT-Mitteilung«, ob eine Einreise des Proksch in Spanien registriert worden sei.

Ein einziges Mal haben ein paar Mitglieder einer privaten Reisegruppe in Bangkok Glück. Im Hotel Hilton läuft ihnen ein Mann über den Weg – und diesmal könnte es wirklich der Gesuchte sein.

Aus staatsbürgerlichem Pflichtgefühl teilt die Wienerin Ursula Krejci, eine der Teilnehmerinnen der Fernostreise, ihre Beobachtung dem ihr bekannten Abgeordneten Michael Graff mit. Dieser verständigt den Staatsanwalt.

Doch bei den weiteren Ermittlungen stößt die Behörde rasch an Grenzen.

Ausgerechnet eine jener Damen, die Salzburger Universitäts-

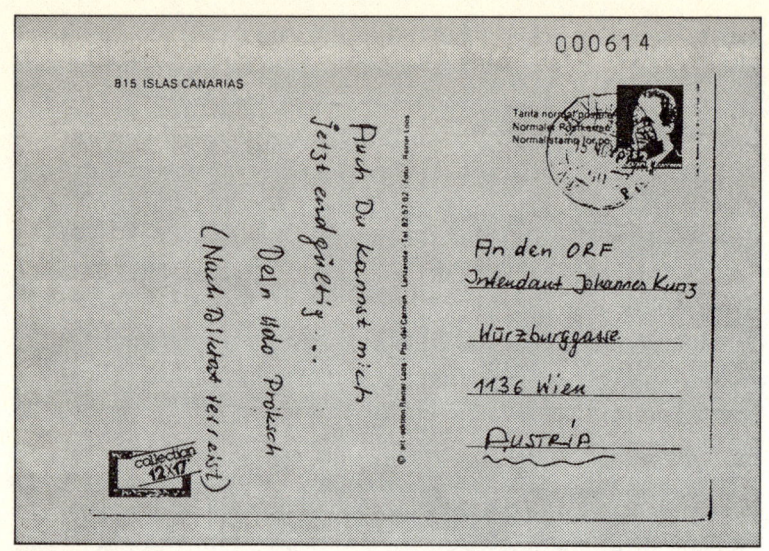

815 ISLAS CANARIAS

000614

Auch Du kannst mich
jetzt endgültig ...

Dein Udo Proksch

(Nach Wilder verreist)

An den ORF
Intendant Johannes Kunz

Würzburggasse

1136 Wien

AUSTRIA

FT-Entwurf   übersetzen

An Interpol Madrid
Zl. 1 153 381/17-II/20/B
Zur Vorkorrespondenz G.1, Ext. 4877/8 vom 14091988
Betr.: internat.Fahndung nach österr. StA. PROKSCH Udo Rudolf,
alias: Kirchhofer Serge, 29.5.1934 Rostock geb., Gegenstand
der OIPC-Ausschreibung mit rotem Eck Aktenzeichen 18707/88,
Kontrollnr. A-136/4-1988.
Eine an den Generalintendanten des ORF in Wien gerichtete,
am 15.11.1988 auf den Cannarischen Inseln aufgegebene Ansichts-
karte mit beleidigendem Inhalt trug den Schriftzug des gesuchten
PROKSCH. Ob es sich tatsächlich um seine Handschrift handelt,
wird derzeit überprüft.
Im Hinblick auf unser Fahndungs- und Auslieferungsersuchen
ersuchen wir um Intensivierung der Fahndungsmaßnahmen in
Ihrem Lande, sowie um Überprüfung und FT-Mitteilung, ob eine
Einreise des PROKSCH registriert wurde.
Danke für Ihre Mitarbeit.

        IP WIEN   29.11.1988

240

Bundespolizeidirektion Wien
Sicherheitsbüro
9, Roßauer Lände 5 / Tel. 34 55 11
1090 Wien

Wien, am 8. März 1989

Zahl: II-987/SB/89

N i e d e r s c h r i f t

aufgenommen mit: Kurt K a l b , Kunsthändler, 15.1o.1935 in
Salzburg geb., österr. Stbg., gesch., in Wien 9.,
Berggasse 5/17 wohnhaft, welcher nach Belehrung
über seine Pflichten und Rechte in Bezug auf seine
Aussage als Zeuge, folgendes angibt:

Mir wird vorerst zur Kenntnis gebracht, daß ich hier als Zeuge vernommen werde und dabei, vor einer Verwaltungsbehörde, zur Wahrheit
verpflichtet bin. Weiters wird mir zu Kenntnis gebracht, daß ich,
sollte ich mich dabei selbst belasten, nicht auszusagen brauche.

Frage: Waren Sie am 3o.11.1988, in den Abendstunden anläßlich einer
Veranstaltung im Hotel De France.
Antwort: Ja, an solch eine Veranstaltung kann ich mich erinnern, es
war ein Benifizessen, mit dem Koch des Jahres, dem Vorarlberger,
Ernst H u b e r . Dieses Essen wurde erst in den frühen Morgenstunden des nächsten Tages beendet, das heißt , viele Gäste gingen
erst spät weg. Es wurde viel getrunken und der größte Teil der Gäste,
mich eingeschlossen, waren sehr gut aufgelegt.

Vorhalt: Wurden Sie, im Verlaufe der Veranstaltung von einer Person über den Aufenthalt des Udo Proksch gefragt und haben Sie ge-
antwortet, es geht ihm gut, er sit jetzt in der Dominikanischen
Republik?

Antwort: An das kann ich mich nicht erinnern daß ich so etwas gesagt haben soll. Wenn ich aber so etwas gesagt haben soll, dann
basiert das auf einer Meldung, die ich vorher aus einer Zeitung
entnommen habe. Ich weiß selbstverständlich nichts über den
Aufenthalt des Udo P r o k s c h und auch nicht über den des
Hans Peter D a i m l e r . Unter meiner Leitung, war D a i m l e r
nicht Geschäftsführer im Lokal Oswald und Kalb. Im Jahre 1983
bin ich aus dem Lokal ausgeschieden, ich habe es an meine damaligen
Oberkellner verkauft. Dort war der D a i m l e r dann mit 3o %
beteiligt.

Kurt Kalb

cc/xxx | P 513 441
                94 5 426

XY – Sendung
vom 9.9.88

Platz Nr.: 2   Tonband: ja / nein

Gespräch Nr.: ......   Uhrzeit: ....

Fall: 2   Aktenzahl: 1153 381/15-II/10/3

Anrufer, Name: Hr. PIPLAK Peter

Anschrift: (will anonym bleiben)

....

Tel.Nr.: ....

H I N W E I S :

Der Anrufer kennt u. hat auch Kontakt zu
DAIMLER Hans Peter.

DAIMLER soll sich dort in BREMEN NEUSTADT aufhal-
und in der BREMERSTR. (Nr. unbekannt) wohnen.
Er ist im Besitz eines PKW SUZUKI Geländewagen
Seine Gattin fährt einen PORSCHE.

DAIMLER betreibt ein Gaststättenschiff auf der
Weser mit dem Namen "Zur Welle".
Neben der Liegestelle des Schiffes befindet sich ein
kleiner Markt, wo DAIMLER als Wirt tätig ist.
Der Anrufer hat DAIMLER zuletzt am 8.9.88 gesehen.
Das Schiff ist bereits 3×mal abgebrannt.
                                    Jack.

242

professorin Brigitte Winklehner, die Proksch – wenn er es war – auf jeden Fall gesehen haben müßte, zeigt sich der Polizei gegenüber wenig kooperativ.

Die Frau Professor sorgt sich um die Entwicklung ihrer weiteren beruflichen Karriere, weshalb sie von einer Aussage, die zur Verhaftung des prominenten Flüchtigen führen könnte, lieber Abstand nimmt.

Sie würde sich, läßt Frau Professor Winklehner die frustrierten Polizeibeamten wissen, »prinzipiell nur Dinge merken, die wichtig sind«.

Keinerlei Karriereängste plagen hingegen jene Österreicher, die währenddessen mit dem flüchtigen Demel-Chef tatsächlich laufend intensive telefonische Kontakte pflegen.

Gewiß gibt es auch einige humorlose Menschen, die die ruchbar gewordenen Kontaktaufnahmen zwischen dem Gerichtspräsidenten Karlheinz Demel und dem vom Gericht gesuchten Mordverdächtigen (»Hello Boy, was machen die Komiker?«) unpassend finden.

Auch die Wiener Beamtin Berta Herbst, die als Oberrat im Bundesministerium für Wissenschaft und Forschung tätig ist, gehört dazu.

Durch ihre Meldung an die Staatsanwaltschaft, wonach auch noch ein anderer hochrangiger Vertreter der Justiz, Club-45-Schriftführer und Richter Gerhard Hellwagner, von dem Gesuchten regelmäßig angerufen werde, handelt sie sich allerdings nur Schwierigkeiten ein.

Daß Proksch während seiner Flucht natürlich auch Kontakt mit dem Bundesheermajor Hans Edelmaier hält, versteht sich wohl von selbst.

Er weiß schließlich genau, daß er seinen Sprengstoffbeschaffer von Zeit zu Zeit aufmuntern muß, weil dieser manchmal drauf und dran ist, »umzufallen und alles zu erzählen«.

Ungehindert geht der Flüchtige auch weiterhin seinen Geschäften nach und ist – wie immer – über alles bestens informiert.

Wenn er etwa seinen Freund Hans Dichand sprechen will, um

Bundespolizeidirektion Wien
Sicherheitsbüro
9, Roßauer Lände 5 /.Tel. 34 55 11
1090 Wien

Wien, am 14. Dezember 1988

Zahl: II-3265/SB/88
Ref.:   OR.Mag. Edelbacher

Betreff: Dr. COLLOREDO-MANNSFELD Alexandra;
          Ersuchen um Überwachung des
          Fernmeldeverkehres.

B e r i c h t

Dr. Alexandra Colloredo-Mannsfeld, 26.2.1955 in München geb.,
österr. Stbg., in Wien 8., Lenaugasse 19/4/12 polizeilich gemeldet
und wohnhaft, war bis zum Februar 1988, nach ihren eigenen Aussagen,
die Lebensgefährtin des

Rudolf P r o k s c h ,

Künstlername Kirchhofer Serge Udo, geb., am 29.5.1934 in Rostock
DDR., österr. Stbg., gesch.,
gegen Proksch besteht ein Haftbefehl des Landesgericht für Strafsachen
Wien zur Zahl 28 B VR 8o24/84, vom 17.3.1984 wegen §§ 15 146 147/3
12 173 STGB,seiner bevorstehenden Verhaftung entzog sich Proksch
durch Flucht. Aus der Lebensgemeinschaft mit Alexandra Colloredo-
Mannsfeld stammt ein Kind - J u r i . Der Knabe lebt mit der Mutter
in der Lenaugasse. Nach den Angaben der Dr. Alexandra C.M. stand sie
mit Proksch bis zumindest Sommer 1988 in telefonischer Verbindung.
Das heißt,sie selbst wurde von P r o k s c h auf ihren Anschluß
42 33 69 , angerufen. Im Sicherheitsbüro gingen davon unabhängig
Hinweise ein, wonach P r o k s c h mit Dr. Alexandra C.M. schon
deshalb in telefonischer Verbindung steht, daß er an seinem Sohn
J u r i sehr hängen soll.

Es kann erwartet werden, daß durch die Überwachung des Anschlusses
die Ausforschung des Aufenthaltes des Udo Rudolf P r o k s c h
gefördert wird.

Es wird ersucht, den Anschluß 42 33 69 und damit den Fernmeldeverkehr
dieses Anschlusses überwachen zu lassen ohne die Zustimmung der
Anschlußinhaberin.

Böhm, Abt.I.

ihn um Vermittlungsdienste beim Verkauf des »Demel« zu ersuchen, dann weiß Proksch genau, ob er ihn über seinen Bruder Roderich in Wien anrufen muß, oder ob er den Herausgeber der »Kronen-Zeitung« gerade in Deauville, an seinem Zweitwohnsitz in Frankreich, erreichen kann.

Proksch ist auch immer wieder zu seltsamen Scherzen aufgelegt. Just am Tag des Rücktrittes von Leopold Gratz ruft er wieder einmal bei seiner Freundin Alexandra Colloredo-Mannsfeld in Wien an. Eine über die Maßen sinnvolle Unterhaltung kommt freilich nicht zustande.

Proksch: »Is your name Skorzeny?«

Die Gräfin: »Ja, a Wahnsinn! Halli, hallo, was wollen Sie denn von mir?«

Proksch: »I call you, you know.«

Die Gräfin (lachend): »Wo bist denn du? Ah so, verstehe.«

Proksch: »But nobody calls me. That's a crazy thing, you know.«

Die Gräfin: »Aha. Bist aber hoffentlich eh woanders?«

Proksch: »Yes, yes.«

Die Gräfin: »Aha, gut.«

Proksch: »Good bye!«

Die Gräfin: »Na, was soll i' machen? I' kann ja nichts machen!«

Proksch: »I' kaun a nix mochen.«

Die Gräfin: »A blede G'schicht.«

Proksch: »Bye, bye!«

Die Gräfin: »Ja.«

Proksch: »Na leg auf!«

Die Gräfin: »Wieso?«

Proksch: »Servas!«

Auch häufige Kontakte zwischen Proksch und Georg Postl werden registriert. Der Ex-Radrennfahrer ist als Sekretär des syrischen Kaufmanns und Monzer-al-Kassar-Bekannten Nabil Kuzbari tätig, der nicht nur rege Geschäftsbeziehungen zu Proksch unterhält, sondern auch dessen Flucht mitfinanziert, wofür er wiederum von Proksch über drei Ecken am Café Demel mitbeteiligt wird.

25.1.1989   21.19 Uhr   (Dauer 4o Sek.)   Passivgespräch

Es meldet sich eine männliche dunkle Stimme und dürfte es sich
um Udo P r o k s c h   handeln. (U.P.)

U.P: It's your name "SKORZENI"

M: ja, a Wahnsinn, halli hallo, was wollen sie denn von mir?

U.P: I call you, you know!

M: (lachend)...wo bist denn du? ah so, verstehe.

U.P: but nobody call me that's a crazy thingyou know.

M: aha, bist aber hoffentlich eh wo anders?

U.P: yes, yes,

M: aha, gut,

U.P: good by

M: na, was soll ich machen? i kann ja nichts machen!

U.P: i kaun a nix mochen.

M: blede Gschicht.

U.P: by,by,

M: ja

U.P: na leg auf.

M: wieso?

U.P: servas.

M: (lachend) na

Anrufer legt auf

SICHERHEITSDIREKTION
FÜR DAS BUNDESLAND
NIEDERÖSTERREICH
1032 Wien, Oberzeliergasse 1
— Tel. 713 35 81

GZ P 6583/83-SK/6   Wien, am 18. Jänner 1989

Betreff: PROKSCH Udo Rudolf
            internationale Fahndung

Bezug: Erhebungen in Salzburg
            Befragung der
            Univ Prof Dr Brigitte WINKLEHNER

                    B E R I C H T

Am heutigen Tag, zwischen 15.00 Uhr und 16.30 Uhr, wurde

            Univ Prof Dr Brigitte WINKLEHNER
            Vorstand des Institutes f Romanistik
                der Universität Salzburg
            5020 Salzburg, Akademiestraße 24

zu jenen Wahrnehmungen, welche sie während einer
Südostasienreise gemeinsam mit Ottilie WEILINGER und Ursula
KREJCI im Frühstückssaal des Hotel Hilton - Bangkok gemacht
hat, von den Gefertigten befragt.

Grundsätzlich teilte Dr WINKLEHNER den Beamten mit, daß sie
aus Rücksicht auf ihre persönlichen Verhältnisse zu keiner
definitiven Aussage bereit sei, und auch die Verfassung einer
Niederschrift ablehne. Auch im Hinblick auf die Entwicklung
ihrer beruflichen Karriere nehme sie von einer Stellungnahme
Abstand.

Die Vorlage eines Lichtbildes des Udo Rudolf PROKSCH durch
die Beamten erbrachte ebenfalls keinerlei verwertbare
Aussage, abgesehen von diversen Vorträgen über Moraltheoreme.

Sowohl die Lichtbildagnoszierung als auch die versuchte
Rekonstruktion des Ablaufes jenes Frühstücks im Hotel HILTON
verliefen negativ, da sich Dr WINKLEHNER weder an die Person
noch an das Frühstück selbst erinnern konnte. Sie gab an, daß
sie sich prinzipiell nur Dinge merken würde, die sie als
wichtig empfände.

                              (Riedinger, Steinberger)

247

Postl ist sehr viel auf Reisen, hat enge Freunde bei der Polizei, geht bei Proksch-Anwalt Karl Zerner ein und aus und unterhält über seinen Freund Gustav Lohrmann, den ehemaligen Kabinettchef von Vizekanzler Norbert Steger, der noch von Teddy Podgorski in der Zwischenzeit einen Versorgungsposten im ORF erhielt, beste Beziehungen zu einzelnen Machtträgern im Land.

Udos regelmäßige Anrufe (»Hallo Postl-Bua!«) erhalten daher für die Polizei bald einen tieferen Sinn. Postl wird verdächtigt, als Verbindungsmann und als persönlicher Kurier zwischen Proksch und dessen hochrangigen Wiener Freunden zu fungieren.

Dadurch gerät kurzfristig auch ein hoher Polizeibeamter in Verdacht, mit Udo Proksch zu konspirieren.

Anläßlich einer Hausdurchsuchung blättern Polizisten im privaten Fotoalbum des Ex-Radrennfahrers und stellen mit Erstaunen fest, daß neben Proksch, einem Araber-Scheich und Postl auch Oberstleutnant Alfred Rupf, der Chef der Kriminalabteilung am Flughafen Wien, von den in Dubai hergestellten Urlaubsbildern lacht.

Rupf wird ins Gebet genommen, muß zugeben, daß ihm Postl seit zehn Jahren »als integere Person« bekannt ist, daß er von Udo Proksch geduzt wird und daß er sich zusammen mit den beiden – aber noch vor der Flucht des Demel-Chefs – von Hassan Al-Sheikh aus Dubai zu einem Urlaub an den Persischen Golf einladen ließ.

In der für ihn nicht unprekären Situation erkennt der umtriebige »Django Rupf«, der sich vor allem als Chef-Drogenfahnder einen Namen gemacht hat, daß er jetzt handeln muß. Es gilt zu beweisen, daß er Udo Proksch nicht schützt, sondern, im Gegenteil, schon seit geraumer Zeit damit beschäftigt ist, den Flüchtigen demnächst höchstpersönlich einzufangen. Rasch entschließt sich Rupf, in diesem Sinne eine »Meldung« zu verfassen:

»Vor einigen Monaten wurde ich auf dem Flughafen telefonisch von einem unbekannten Mann kontaktiert, welcher mir in engli-

N o t i z   251188
ANRUF POSTL

Samstag 081088, zwischen 1400 und 1500 Uhr. Als das Telefon
läutete, ging meine Frau an den Apparat. "Hier Postl, könnte
ich den Herrn Edelmaier sprechen?"

Ich übernahm das Gespräch. Er stellte sich vor und deutete
an, wir würden uns im Demel gesehen haben (ich selbst erinnere mich daran nicht). "Der Vater hat ja schon mit Ihnen gesprochen ..." Mit diesem Satz konnte ich nichts anfangen, ich
vermutete, daß er irgendwen aus der Proksch-Umgebung meinen
müßte.
Dann wollte er ein Gespräch mit Udo Proksch herstellen. Er
schien mit irgendetwas zu hantieren, der erste Versuch miß-
lang, doch dann konnte ich seine Stimme hören. "Hello Boy"
und "Kopf hoch!" konnte ich deutlich hören, Proksch sagte
aber noch einen oder zwei Sätze, von denen ich wegen Neben-
geräuschen nichts verstand. (Ich ergänze: Ich verstand noch
"Wie geht´s ?")
Postl fragte, ob es geklappt hätte. Ich antwortete, ich hätte nur einen Teil verstanden. Er wollte nochmals versuchen,
eine Verbindung herzustellen. Wieder hantierte er einige
Zeit, wobei er zwischendurch erklärte, er sei Samstag nachmittags alleine im Büro, da könne er so etwas machen. Es gab
einige Geräusche, aber die Stimme von Proksch war nicht mehr
zu vernehmen.
Ich wechselte mit ihm noch einige Belanglosigkeiten und wir
beendeten das Gespräch relativ schnell.

Da ich über dieses Gespräch nur mit wenigen Personen gesprochen habe, von denen ich ausschließe, daß sie es an die Presse weitergegeben haben, kann es nur durch Telefonüberwachung
dorthin gelangt sein. Umso mehr wundert es mich, daß vom
Hinweis mit dem "Vater" nichts zu lesen stand.

Sicherheitsdirektion
für das Bundesland Niederösterreich

ingel.am 2 9. Nov. 1988

Zu   3Z   P 5113 SK   Blg. 6

249

Schwechat, am 11.11.1988

Zahl: 1/26
Betr.: Proksch Udo -
Information.

MELDUNG

Vor einigen Monaten wurde ich auf dem Flughafen
telefonisch von einem unbekannten Mann kontaktiert,
welcher mir in englischer Sprache mitteilte, daß er
eine hohe Persönlichkeit in Manila sei und den Aufent=
halt des Udo Proksch kenne sowie zu seiner Verhaftung
beitragen könne. Es sei auch kein Problem für ihn Udo
Prosch nach Österreich zu bringen. Er möchte jedoch
einen hohen Geldbetrag auf eine schweizer Bank über=
wiesen haben. Über Befragen nach seiner Person und ob

(IPA-Visitkarte.). Nunmehr nannte er mir auch seinen
Namen, beschwörte mich aber, daß der Name nie bekannt=
gegeben werden dürfe, denn dies würde seinen Tod be=
deuten und auch für mich sehr gefährlich werden.
Die Einzahlung auf das Schweizer Konto brauche erst
nach der Verhaftung von Proksch erfolgen.

Auf Grund der Bekanntgabe seines Namens führte
ich Erhebungen durch und konnte in Erfahrung bringen,
daß es sich bei dem Mann dieses Namens um eine hohe
Persönlichkeit des philip. Geheimdienstes handelt.
Nunmehr wurde von mir der Angelegenheit mehr Bedeutung
zugemessen. Ich setzte verschiedene Vorbereitungshand=
lungen für das Treffen und wollte dieses Treffen und
Gespräch abwarten um dann einen diesbezüglichen Bericht
weiterzuleiten.

Die genaue Ankunftszeit in Schwechat wollte er
mir einen Tag vorher bekanntgeben.

Seit dem Kontakt jedoch von ca 3 - 4 Wochen hat
sich der Mann bisher nicht mehr gemeldet. Möglicher=
weise war auch der Wirbelsturm auf den Philippinen
schuld.

erscheinen. Ich bin überzeugt, daß der Mann wahrschein=
lich hingerichtet werden würde od. zumindest mit einer
hohen Bestrafung in Manila zu rechnen hätte und außer=
dem auch ich gefährdet sein würde.

Näheres kann ich dzt. nicht angeben.

Oblt.

250

Flughafen, am 15.11.1988

Zl.: I-26/88

Betr.: Informant.

BERICHT

    Da der Informant zu dem vereinbarten Treffen
auf dem hs. Flughafen nicht gekommen ist und nunmehr
auch kein tel. Kontakt vorhanden ist wird mit dem
geigeschl. Brief (Kopie) versucht neuerlich mit
den Informanten Kontakt aufzunehmen.
    Offensichtlich hat der Informant das Ver=
trauen verloren oder Zweifel an der absoluten Dis=
kretion bekommen.

Obstlt.

Lt.Col.RUPF Alfred
Airportpolice-Int.
A-1300 Vienna-Airport
Austria-Europe

Vienna 15.11.1988

Dear Colonel !!!

    To beginning my best greetings and thank
You vor Your last call. I have all this arranged and was
waiting for Your comming. I hope so You dont't have
any problem.
    You know I am very interesting to find and
arrested Mr. Udo Proksch. Please contact me soon,
it's very imported. When it's possibility personaled
or send me a letter with the modus how we can arranged
this.
    You know when it's possibility to arrested Mr.
Udo Proksch You get a verry high reward. They money
is in a swiss-bankhouse.
    You have my words by my life for 100% discreetion!!!!

        With my best wishes

251

scher Sprache mitteilte, daß er eine hohe Persönlichkeit in Manila sei und den Aufenthaltsort des Udo Proksch kenne, sowie zu seiner Verhaftung beitragen könne.

Es sei auch kein Problem für ihn, Udo Proksch nach Österreich zu bringen. Er möchte jedoch einen hohen Geldbetrag auf eine Schweizer Bank überwiesen haben.«

Ein paar Wochen später habe sich der Mann erneut gemeldet und erklärt, daß es nun bald soweit sei. Jetzt habe er auch seine Identität gelüftet, wodurch Rupf feststellen konnte, daß dieser Mann ein hochrangiger Angehöriger des philippinischen Geheimdienstes war.

Er habe ihn jedoch beschworen, seinen Namen niemals zu erwähnen, »denn dies würde seinen Tod bedeuten und auch für mich sehr gefährlich werden«. Dafür brauche die Einzahlung auf das Schweizer Konto erst nach der Verhaftung Udo Prokschs zu erfolgen.

Im Innenministerium reagiert man eher skeptisch auf Rupfs plötzliche Aktivitäten, zumal der philippinische Geheimdienstler in der Folge weder zu dem vereinbarten Treffen erscheint, noch sich jemals wieder meldet.

Den Namen gibt Rupf ebenfalls nicht bekannt, weil er »überzeugt (ist), daß der Mann wahrscheinlich hingerichtet würde«.

Um alle Zweifel an seiner Geschichte zu zerstreuen, schreibt Rupf schließlich in einer Sprache, die der englischen sehr ähnlich ist, folgenden – im Wortlaut zitierten – Brief an seinen geheimnisvollen Geheimdienstoffizier:

»Dear Colonel!!! To beginning my best greetings and thank You vor Your last call. I have all this arranged and was waiting for Your comming. I hope so You don't have any problem.

You know I am very interesting to find and arrested Mr. Udo Proksch. Please contact me soon, it's very imported. When it's possibility personaled or send me a letter with the modus how we can arranged this.

You know when it's possibility to arrested Mr. Udo Proksch You get a verry high reward. They money is in a swiss-bank-house.

You have my words by my life for 100% discretion!!!! With my best wishes – Alfred Rupf.«

Aber selbst diese erkennbar heftigen Bemühungen zeitigen keinen Erfolg – obwohl Rupf sogar zwei Monate später dasselbe Schreiben noch einmal mit dem Zusatz »Please give me a answer!« nach Manila schickt.

Der »Colonel« antwortet nicht. Auch die angeblich bereits erfolgte Hinterlegung des Bestechungsgeldes in der Höhe von 100.000 Franken in einer Schweizer Bank ist offenbar umsonst. Mindestens genauso schwierig scheint sich übrigens die Suche nach Hans Peter Daimler zu gestalten. Dessen in Wien zurückgebliebene Ehefrau Renate wird zwar eine Zeitlang sogar von einem dreiköpfigen Polizistenteam des Wiener Sicherheitsbüros zu observieren versucht, weil nicht zu Unrecht angenommen wird, daß sie zu dem Geflüchteten Kontakte unterhält, doch der Erfolg dieser Aktion hält sich trotz des Einsatzes von immerhin drei Dienstfahrzeugen (zwei Autos und ein Motorrad) in Grenzen, wie etwa der Observationsbericht des Wiener Sicherheitsbüros vom 18. November 1988 eindrucksvoll beweist.

Am ersten Tag gelingt es der vollmotorisierten Polizeieinheit zwar, Renate Daimler dabei zu ertappen, wie sie mit ihrem Fiat 141 ihre Tochter Anna von der Volksschule in der Wiener Aspernallee abholt, bei der nächsten Verkehrsampel ein paar Gassen weiter ist die Verfolgung aber auch bereits zu Ende: »Auf Grund des starken Verkehrs und einer auf Rot umschaltenden Ampel wurde Renate Daimler aus den Augen verloren.«

Der nächste Tag entpuppt sich gleich von Anfang an als Pleite: Fast zwei Stunden lang warten die Observierungsspezialisten des Wiener Sicherheitsbüros vor der Volksschule, doch der Aufwand ist umsonst: Die Rabenmutter holt an diesem Tag ihr Kind nicht ab.

Am dritten Tag beginnt der Polizeieinsatz bereits um 7.00 Uhr früh. Tatsächlich verläßt Renate Daimler bald ihre Wohnung, bringt das Töchterchen zur Schule und fährt weiter Richtung Praterstern und Nordbahnstraße. Dort ist die Tätigkeit der Poli-

253

zei erneut zu Ende. Erraten: »Sie konnte wegen Rotlichtes der Ampel nicht weiter verfolgt werden.«

Der vierte Tag beginnt erfolgversprechend. Auf Renate Daimler ist diesmal Verlaß: Sie bringt ihr Kind tatsächlich wieder in die Schule. Und die Erfolgssträhne der Polizei hält weiter an.

Renate Daimler trifft sich mit drei Frauen in einem Gasthaus, wechselt später vom Auto aus einige Worte mit einem Mann, der eine Halbglatze aufweist, bei dem es sich jedoch mit Sicherheit nicht um ihren flüchtigen Ehemann Hans Peter Daimler handelt, und trifft dann eine weitere männliche Person, mit der sie ein in der Pramergasse etabliertes Schuhgeschäft aufsucht.

Das Unvermeidliche tritt diesmal erst in der Währingerstraße ein: »Auf Grund starken Verkehrsaufkommens wurde sie aus den Augen verloren.«

Nicht wesentlich erfreulicher endet der fünfte Observierungstag. Mutter und Tochter Daimler sind diesmal per Fahrrad unterwegs. In der Volkertstraße fahren sie, wie das bei den Wiener Radlern üblich ist, gegen die Einbahn. Da hat die Polizei mit ihren drei Dienstfahrzeugen natürlich keine Chance.

So muß denn der Berichtsleger des Wiener Sicherheitsbüros seinen Oberservationsbericht auch an diesem Tag mit der resignierenden Feststellung beenden: »Eine Verfolgung mit PKW oder Motorrad war nicht möglich.«

Wien, am 18. November 1988

Zahl: II-3265/SB/88
Ref.: OR.Mag. Edelbacher

Betreff: D a i m l e r Renate;
Observation.

B e r i c h t

Anläßlich einer Sitzung im Sicherheitsbüro, im September 1988,
wurde vom Herrn Staatsanwalt Dr. Robert Schindler angeregt, es
waren Informationen eingelangt, wonach Renate Daimler, die Ehefrau
des zur Verhaftung beschriebenen Hans Peter Daimler, mit ihrem Mann
in Kontakt steht und ihn zu Wochenenden in der BRD besucht, Renate
Daimler zu observieren.

Zusammenfassung der Observationen:
Am 29.9.1988, ab 15.00 Uhr, Ort Wien 2., Aspern Allee, Volksschule.
Kräfte: 3 Dienstfahrzeuge
Renate D a i m l e r kam mit dem Fiat W 235.717 zur Schule genau um
15.30 Uhr. Ihre Tochter Anna stieg in das Auto. Renate D a i m l e r
fuhr die Aspern Allee zum Lusthaus - Rustenschacher Allee - Sportclub-
straße, über die Franzensbrückenstraße auf der Unteren Donaustraße in
Richtung Urania. Aufgrund des starken Verkehrs und einer auf Rot umschaltenden Ampel, wurde Renate Daimler aus den Augen verloren.

6.10.1988.
Ab 15.00 bei der Schule, es erfolgte keine Abholung der Tochter Anna
durch Renate D a i m l e r . Es wurde bis 16.30 Uhr bei der Schule ge-
wartet. Das Fahrzeug (Fiat) stand nicht beim Wohnhaus, auch nicht in
im Nahbereich. Um 22.00 Uhr wurde die Überwachung abgebrochen, Renate
D a i m l e r war bis zu diesem Zeitpunkt nicht in die Wohnung gekommen.

7.10.1988.
Ab 07.00 Uhr, ab dem Wohnhaus. Daimler fuhr mit dem Fiat und ihrer Toch-
ter in die Schule und traf dort um 08.00 Uhr ein. Sie fuhr dann Richtung
Lusthaus, parkte und ging dann in das Gasthaus gegenüber dem Lusthaus.
Sie blieb dort bis 08.45 Uhr, in Gesellschaft von drei Frauen, die augen-
scheinlich ebenfalls Kinder in der Schule in der Aspernalle haben.
D a i m l e r fuhr vom Lusthaus in der Rustenschacher Allee bis zur
Franzensbrückenstraße - Praterstern - Nordbahnstraße und bog bei der
Ampel in die Mühlfeldgasse ab. Sie konnte wegen Rotlichtes der Ampel nicht
weiter verfolgt werden.

<u>10.10.1988</u> .-

Ab 07,30 Uhr bei der Schule. Daimler traf mit ihrer Tochter im
Fiat 141 kurz vor 08.00 Uhr bei der Schule ein. Sie brachte ihre
Tochter in die Schule und fuhr dann durch die Aspern Allee zum Lust
haus zu einem Gasthaus bei der Freudenau. Im Gasthaus setzte sie
sich an einen Tisch wo bereits zwei Frauen saßen, mit denen sie
offenbar bekannt war. Sie las Zeitung - einen Kurier. Um 08.45 Uhr
verließ sie das Gasthaus und fuhr Richtung Lusthaus. Auf dem Weg
dorthin hielt sie mitten auf der Fahrbahn an und blieb bei einem
Mann mit Halbglatze stehen und plauderte vom PKW aus, mit dem Mann.
Es handelt sich dabei mit Sicherheit nicht um Hans Peter D a i m l
Anschließend fuhr sie den üblichen Weg zu ihrem Wohnhaus, fuhr die
Mühlfeldgasse zur Heinstraße, Castelletzgasse - Untere Augartenstraß
Rembrandtgasse Türkengasse - Rossaugasse, Berggasse - Porzellangasse
- Pramergasse und stellte ihren PKW in der Müllnergasse ab.
Vor dem Haus Pramergasse 6 - einem Schuhgeschäft - sprach sie mit
einem Mann und ging mit diesem in das Schuhgeschäft. Der Mann war
jedoch nicht der Inhaber des Schuhgeschäftes und konnte später, im
Verlaufe einer weiteren Observation, identifiziert werden.
Nach einem kurzen Aufenthalt in dem Schuhgeschäft kam Renate
Daimler aus dem Lokal und betrat das gegenüberliegende Haus -
Pramergasse 3. Um 15.40 Uhr verließ Renate D a i m l e r dieses
Haus und fuhr mit ihrem PKW durch die Glasergasse - Porzellangasse
Richtung Innere Stadt - durch die Liechtensteinstraße - Hörnlgasse
zur Votivkirche nach rechts zur Alserstraße von dort nach rechts in
die Garnisongasse, wo sie in das AKH einfahren wollte. Dort besteht
jedoch ein Einfahrtsverbot. Deshalb parkte die Zielperson ihren PKW
in der Garnisongasse. Nach ca. 20 Minuten Aufenthalt im AKH., fuhr si
durch die Schwarzspanierstraße in die Währinger Straße. Aufgrund des
starken Verkehrsaufkommens wurde sie aus den Augen verloren.

<u>14.10.1988.</u>

Einer Information zufolge, sollte Renate D a i m l e r zum Wochenende vom 14.10.1988 bis 16.10.1988 zu ihrem Mann - Hans Peter
Daimler in die BRD. reisen. Es wurde daher eine Observation ihrer
Person durchgeführt.
Nachdem festgestellt worden war, daß Renate Daimler in ihrer Wohnung
war, wurde ab 07.00 Uhr Aufstellung mit Observationsfahrzeugen entlang
ihrer üblichen Fahrtstrecke in die Pramergasse, ab Volkertgasse 23,
genommen. Ein weiteres Fahrzeug beobachtete D. als sie ihr Kind zur
Schule brachte und anschließend wieder in Richtung 2. Bezirk und von
dort in die Pramergasse fuhr. Der Fahrtweg der Daimler wurde über
Funkverbindung den weiteren Observationsfahrzeugen mitgeteilt. Gegen
09.00 Uhr traf D. in der Pramergasse ein und parkte in der Pramergasse,
Ecke Porzellangasse. Um 14.35 Uhr fuhr sie von dort weg und parkte in
der Porzellangasse, gegenüber dem Postamt, in zweiter Spur. Sie ging in
das Postamt und telefonierte von einer Kabine aus, dies wurde nachher
erhoben, genau 10 Minuten lang, genau 242 Einheiten und bezahlte S 193.60.
Nach eingeholter Meinung der Postbediensteten, müßte es sich dabei um
ein Auslandgespräch gehandelt haben. Um 14.48 fuhr sie weiter, über-
querte den Ring, fuhr in der Börsegasse weiter und die erste Einbahn

256

R ichtung Franz-Josefs Kai, dort in der Nebenfahrbahn nach links und
wieder zurück in die Börsegasse. Sie fuhr sehr schnell und man hatte den
Eindruck, daß sie kein bestimmtes Ziel hatte, oder einen Parkplatz suchte.
Während dieser Fahrt bog sie zweimal von rechts nach links ab, das heißt
von der rechten Fahrspur nach links und behindert dabei einige Fahrzeuge.
Von der Börsegasse fuhr sie in den Tiefen Graben ein, fuhr bis zur Freyung
wo sie links blinkte und sofort nach rechts einbog. Sie fuhr dann durch
die Renngasse und bog dann von der rechten Fahrspur nach links in die
Wipplingerstraße ein. Sie fuhr wiederum sehr schnell. Von der Wipplingerstraße bog sie nach rechts in den Ring ein und fuhr zu ihrem Wohnhaus.
Ab dort folgte ihr nur mehr ein als Observationsfahrzeug verwendetes
Motorrad.Sie f hr bei ihrem Wohnhaus jedoch vorbei und fuhr weiter in
Richtung Schule - Aspernallee. Nach kurzem Aufenthalt bei der Schule,
fuhr sie zum Lusthaus. Das Kind dürfte in der Zwischenzeit von einer
anderen Person - wie später erhoben wurde, von einer Frau, abgeholt worden
sein. Daimler wurde wieder aufgenommen und mit ihrem Kind- Julia Anna,
im Zuge eines Spazierganges im Prater (Lusthaus) beobachtet. Um 18.30
Uhr fuhr sie mit ihrer Tochter zu ihrem Wohnhaus. Ihren PKW parkte sie
vor dem Haus. Um 19.15 Uhr verließ sie mit ihrer Tochter das Wohnhaus,
betrat ein Magazin Springergasse 16, Eckhaus mit der Volkerstraße 21 und
kam mit zwei Fahrrädern wieder heraus. Gegen die Einbahn der Volkerstraße
fuhren Mutter und Tochter in Richtung Praterstern, auf dem Gehsteig vorerst der Fugbachgasse und später der Nordbahnstraße. Eine Verfolgung mit
PKW oder Motorrad war nicht möglich.

18.10.1988, Dienstag.

Die Zielperson kam mit dem Fahrrad um 10.35 Uhr zur Pramergasse 3.
Sie betrat das Geschäft Steinek - Schlösser und Schlüssel und kam
mit einem Mann auf die Gasse, dieser ging mit Daimler zu einem PKW
Opel Manta W 425.192 und öffnete den Koffenraum. Er nahm etwas wie
einen Rahmen heraus. Beide besahen diesen. Renate D. küßte den Mann
auf die Wange. Mit ihrem Fahrrad betrat sie das Haus Pramergasse 3.

Nachtrag:

Wie erhoben werden konnte, ist Renate D a i m l e r , in einer
Art Büro in Wien 9., Pramergasse 3/11 bei einer sogenannten
AUTORENGESELLSCHAFT D a i m l e r - S c h e n n a c h -
F e d e r s p i e l - W e i s s - beschäftigt. Tel.: 31 53 32.

Diese Gesellschaft scheint in Handelsregister nicht auf. Beim Autoren-
verband ist diese Gesellschaft in dieser Form nicht bekannt. Es gibt
in den zuständigen Magistratsabteilungen über diese Gesellschaft keine
Eintragungen.

Renate D a i m l e r und ihr Gatte Hans Peter Daimler, sind bei
der Sozialversicherung der gewerblichen Wirtschaft Versicherungsnummer
7 034 968 Landesstelle Salzburg Schallmoser Hauptstraße 10 etabliert,
mit der Anschrift Wien 17., Waidmanngasse 38, versichert.

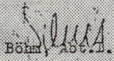

Böhm, ADC.

257

»Ich bin der Daimler von Mercedes«

Ein bißchen mag es ihn wohl immer schon geärgert haben, daß er Zeit seines Lebens zumeist nur im Schatten seines von den Medien hofierten und von den Mächtigen verwöhnten Freundes und nunmehrigen Komplizen Udo stand.

»Aber auch mein Leben war immer schillernd, Gott sei Dank«, sagt der am Silvesterabend 1934 in Mannheim geborene Hans Peter Daimler über sich selbst.

Ja, der Mann heißt nicht nur so, er ist tatsächlich der letzte Sproß der legendären Autobauerdynastie.

Mercedes-Benz-Begründer Gottlieb Daimler war der Bruder von Hans Peters Urgroßvater, sein Vater ein bekannter Kinderarzt in Stuttgart.

Schlagzeilen hat einst auch schon Daimlers Mutter Else Hatry – aus dem Mannheimer Hatry-Immobilienclan – gemacht, als sie vor siebzig Jahren als vermutlich erste deutsche Frau den Führerschein erwarb und überdies eine Lizenz als Berufs-Skilehrerin bekam.

Bald nach Hans Peters Geburt packte sie jedoch den Sprößling ein und verließ den Ehemann mit dem berühmten Namen. Über Eisenach und München ging es schließlich nach Kitzbühel, wo der kleine Hans Peter mit der späteren Skilegende Toni Sailer die Volksschule besuchte.

In einem Salzburger Freibad lernte der junge Daimler, der sich seinen Lebensunterhalt damals gerade als Fremdenführer in der Mozartstadt verdiente, über Roderich und Rüdiger Proksch auch deren Bruder Udo kennen. Seit diesem Zeitpunkt sind die beiden unzertrennlich.

Während Proksch jedoch schon bald als Brillendesigner Weltkarriere machte, war Daimler zunächst noch gezwungen, als

MALACAÑAN PALACE
MANILA

May 24, 1984

Dear Mr. Von Amerongen:

Over the years, the Philippines has strengthened German-Philippine relations as part of its foreign policy of promoting economic, cultural and diplomatic ties in the world community.

It is in this spirit that I take great pleasure in extending an invitation for you to visit the Philippines at your convenience. I am confident that your visit will contribute to the reservoir of goodwill and friendship that exists between the peoples of Germany and the Philippines and that our country will profit from your insights and expertise.

I express the hope that you will honor my invitation to enable us to welcome you to the Philippines.

Allow us to mention that we have requested Mr. Udo Proksch, a friend of the Philippines to serve as liaison to coordinate your visit.

With our warm greetings.

Sincerely,

IMELDA ROMUALDEZ MARCOS
Minister of Human Settlements
and
Governor of Metropolitan Manila

Mr. Otto Wolf Von Amerongen
 Zeughausstrasse 2
  5001 Koeln
   West Germany

»Schnallendrücker« zu fungieren und für die Mercedes-Niederlassung in Garmisch-Partenkirchen und in Salzburg LKW und Omnibusse zu verkaufen.

Immerhin stimmte es dadurch in doppelter Beziehung, wenn er sich später gerne als »Der Daimler, der von Mercedes« vorstellen ließ.

In dieser Zeit machte Daimler erstmals auch Bekanntschaft mit Gerichten. Kleinigkeiten: Vergehen gegen die Sicherheit des Lebens, Veruntreuung und ähnliches.

Der Übergang zum Glanz- und Glitzerleben und Daimlers Aufstieg in die Welt der Schönen, Reichen, Mächtigen erfolgte unvermittelt, als er 1962 über Prokschs Betreiben beim Wiener »Plastikkönig« Wilhelm Anger, einem Geschäftspartner des Kölner Industriellen Otto Wolff von Amerongen, zum Verkaufsdirektor für Afrika und die Entwicklungsländer avancierte.

Jetzt lernten Proksch und Daimler Minister, Staatsmänner und Wirtschafts-Potentaten kennen, wurden König Hussein von Jordanien und dem syrischen Verteidigungsminister Mustafa Tlas genauso wie der philippinischen Diktatorsgattin Imelda Marcos vorgestellt.

Man machte Geschäfte mit Ugandas Idi Amin und Libyens Gaddafi, war aber ebenso bei dem später einem Mordanschlag zum Opfer gefallenen Deutsche-Bank-Chef Alfred Herrhausen wohlgelitten, den man dafür in den Handel mit Kriegsschiffen zu involvieren suchte.

Selbst mit Monzer-al-Kassar, dem »Paten des Terrors«, wurde Daimler bald bekannt gemacht. Und für den österreichischen Verteidigungsminister Karl Lütgendorf bereitete der »Daimler von Mercedes« gelegentlich die eine oder andere dubiose Firmengründung auf den Bahamas vor, ehe der Minister unter bis heute nicht ganz aufgeklärten Umständen an einem Kopfschuß starb.

Privat entwickelte sich Daimler während dieser Zeit zum Autofreak: Ferrari, Alfa, Jaguar. Als Bergrennfahrer wollte er ausloten, wo seine Grenzen sind, worauf ihn eine Wiener Tageszeitung prompt als »Speedy Daimler – die fleischgewordene Rennmaschine« feiern ließ.

Nachdem er sich mit einem Maserati fünfmal überschlagen hatte, gab er das Rennfahren auf, um fortan, wie sein Lebensfreund und Partner Udo Proksch, auf manchen großen Festen dieser Welt ein gerngesehener Gast zu sein.

Immer umgeben von schönen Frauen wie dem Hollywood-Sexstar Marisa Mell, der Bonner Hocharistokratin Cecily Salm-Reifferscheidt, Daphne Wagner, Urenkelin des Komponisten, die ihn zärtlich »Teddy« nannte, oder Erika Pluhar, einer anderen Ex-Ehefrau von Udo Proksch.

Daimler selbst war mit Marina Runne, der Assistentin Herbert von Karajans, liiert, ehe er seine heutige Frau ehelichte: Renate Hofmann, eine Ex-Air-Hostess, die neuerdings Sachbücher schreibt (»Verschwiegene Lust – Frauen über 60 erzählen von Liebe und Sexualität« und »Wie es den Männern mit den Frauen geht«).

Eine völlig neue Wendung nahm Daimlers Karriere allerdings im Jahre 1968, nachdem das Anger-Industrieimperium, das ihm bis dahin ein gediegenes Einkommen verschafft hatte, zusammenbrach.

Hans Peter Daimler übersiedelte nach Mailand und lernte den italienischen Gangsterboß und Rauschgifthändler Giano Franki kennen, was ihm sogar eine Vormerkung bei der amerikanischen DEA (Drug Enforcement Administration) eintrug. Beweisen konnte man Daimlers vermutete Beteiligung am professionellen Heroinschmuggel über Indonesien freilich nie.

1971 zog Daimler nach München, wurde Verkaufsleiter bei der Waffen- und Maschinenhandelsfirma Krauss-Maffei und stieg – zusammen mit dem österreichischen Verteidigungsminister Lütgendorf und dem Kanadier Steven Low, einem bekannten internationalen Großbetrüger mit Verbindungen zur Cosa Nostra – als Aktionär und Vizepräsident bei Udo Prokschs Schweizer Schwindelfirma Zapata AG ein, die später das »Geschäft« mit der Lucona-Fracht abwickeln sollte.

Über die Zapata AG war Daimler bald darauf schon in ein Netz

Wien, den 9. Jänner 1976

An den
Syrischen Verteidigungsminister
General Mustafa TLASS

Sehr geehrter Herr General,
lieber Kollege!

Mit großer Aufmerksamkeit verfolgen wir in Österreich die politische
Entwicklung im arabischen Raum und bedauern es außerordentlich, daß
es nicht gelungen war, das Problem der Zukunftsbestimmung in der
ehemaligen spanischen Sahara und die innenpolitischen Gegensätzlich-
keiten im Libanon auf friedliche Weise zu lösen. Gerade durch die
Entwicklung im Libanon wird die Regierung der Republik Syrien im
besonderen Maße beunruhigt, was in Anbetracht der noch nicht ge-
lösten endgültigen Grenzziehung zu Israel eine neuerliche Sorge
bedeutet.

In Ihrem freundlichen Brief vom 21. Oktober 1975, den ich am
9. Dezember in die Hand bekam, haben Sie Ihre Glückwünsche zur
Wiederwahl von Dr. KREISKY zum Bundeskanzler ausgesprochen, für
die ich Ihnen herzlich danke. Da durch das Wahlergebnis die
Zusammensetzung der Regierung unverändert blieb, ist die Kontinuität
in der Weiterführung der Amtsgeschäfte sichergestellt.

Im gleichen Brief haben Sie, sehr geehrter Herr General, Ihr Interesse
für ein Projekt bekundet, welches eine wesentliche Verstärkung der
Tätigkeit von Pioniertruppen und Verbesserung der Versorgung bedeutet.
Es handelt sich um das System XP 19. Ich darf vorschlagen, daß Sie
sich dieserhalb direkt mit der zuständigen Firma in Verbindung
setzen. Meines Erachtens wäre es zweckmäßig, wenn Sie eine kleine
Delegation dieser Firma, bestehend aus Herrn Udo PROKSCH, Herrn
Peter DAIMLER und einen Dolmetscher empfangen würden. Die Adresse lautet:
Firma PINOSA, A - 1o1o Wien, Walfischgasse 12.

Mit dem Ausdruck meiner besonderen Wertschätzung und

kameradschaftlichen Grüßen

Brigadier Karl F. LÜTGENDORF
Bundesminister für Landesverteidigung

263

Zahl : I-Pos 346/XVIII/85 res   Wien, am 19.12.1985

Betr.: A L K A S T R O N I C ;

    hier: Auswertung und Zusammenfassung
         der sichergestellten Unterlagen
         aus der Firma ALKASTRONIC.

B e r i c h t

Im Zuge der Hausdurchsuchung am 1o.12.1985 in der Firma
ALKASTRONIC in Wien 1., Zelinkagasse 2/8, wurden auftrags=
gemäß jene Unterlagen sichergestellt, welche im Zusammenhang
mit Waffenhandel stehen dürften.

25.3.1985

Vertrag zwischen ALKASTRONIC Comp. Marbella, Spanien,
              vertreten durch AL KASSAR Monzer und

              MERBATI Mohammad,

bezüglich

- 5.ooo Stück Lenkraketen BGM 71A TOW, Bj. 198o,
  Preis $ 9.ooo,-- pro Stück

Gesamtpreis für die zu liefernden Ware beträgt $ 45.ooo.ooo,--
Die Ware wird auf Basis Fracht, Transport und Versicherung
bezahlt bis iranischen Flughafen geliefert werden.
Für den 1. Vertragspartner unterzeichnete KOPERWAS,
für den 2. Vertragspartner unterzeichnete KHATAMI

Auf Grund dieser Zusammenfassung kann eindeutig festge=
stellt werden, daß die Firma ALKASTRONIC in Wien, hauptsächlich
in der Vermittlung von Waffengeschäften tätig ist. Dies
wurde vor allem auch durch die Mitarbeiter MAJORCZYK und
KOPERWAS durchgeführt, da diese die besten Verbindungen
in den Ostblock, vor allem nach Polen, haben.
Der Transport ging meistens auf dem Landweg nach Jugoslawien,
zum Verladehafen KARDELJEVO und von dort per Schiff zum
Zielort. Ein Großteil der Lieferungen ging in den Iran, wobei

264

SICHERHEITSDIREKTION
FÜR DAS BUNDESLAND
NIEDERÖSTERREICH
1012 Wien, Oberzeilergasse 1
Tel. 73 35 81

0293

GZ P 6583/83-SK/5   Wien, am 29. März 1988

PROKSCH Udo Rudolf,
Steckbrief wg. Betruges

Durchsicht beschlagnahmte
Unterlagen

B e r i c h t

Am 25. März 1988 wurden vom Unterfertigten nochmals die im
DEMEL beschlagnahmten Unterlagen auf mögliche Fahndungshinweise
oder Kontaktpersonen durchgesehen:

Sicherstellungs-
   nummer: Inhalt:

    76   Leumundszeugnis des Präfekten von Damaskus
                und des syr. Innenministers vom 13.4.1985

                für Monzer Al KASSAR, geb. 1945 in Al Nabk

                übersetzt von Anas SCHAKFEH, Dolmetsch, am
                2.5.1985 in Wien

   87,88   am 24.11.1987 im Miyako Hotel in Tokyo aufhältig
                traf Prof. David KUND und Hr. OKUMUKA

    91   vom 26.11.1987 bis 28.11.1987 im Hotel Intercont
                in Hamburg aufhältig

                am 28.11.87 tel. PROKSCH vom Hotel mit folgenden
                Teilnehmernummern:
                11.18 h   0043224384818
                11.21   00432223489584
                11.25   0043224382254
                11.26   0043222533551620
                11.29   0306184334
                11.34   089474939
                11.49   0043222486314
                11.56
              und13.49   089474939
                14.07   0465131035
                14.08   046518580
                15.00   046518580

                Hotelkosten mit AMERICAN EXPRESS Card bezahlt

von Firmen eingebunden, an dem auch einige Atomphysiker beteiligt waren, die im großen Umfang High-Tech-Schmuggel von den USA über die Schweiz und die Agentendrehscheibe Wien in den Ostblock betrieben.

Schon 1979 wurde eine dieser Firmen, das Elektronikunternehmen Rudolf Sacher Ges. m. b. H., vom MfS-Überläufer Werner Stiller als Teil der illegalen Wiener »Stasi-Residentur« enttarnt.

Vor Gericht kamen die Proksch-Freunde jedoch nie. Erst als die Taten längst verjährt waren, im September 1991, gab Stasi-Ex-Chef Markus Wolf, dessen Hamburger Anwalt Heinrich Senfft zufällig auch zu Daimlers deutscher Rechtsberater-Riege zählt, nach seiner Flucht aus Moskau vor der Wiener Staatspolizei zu Protokoll, daß die Firma Sacher eine direkte Stasi-Gründung und eine »nachrichtendienstliche Spitzenquelle« war, deren Lieferungen für die DDR als so hochwertig angesehen wurden, daß darüber jeweils sogar Honecker persönlich unterrichtet wurde.

Als weiteres Standbein seiner kommerziellen Tätigkeiten wählte Daimler schließlich die Gastronomie. Ab Mitte der siebziger Jahre betrieb er in Salzburg – zum Teil mit Partnern – gleich vier Lokale:

»Das Café«, eine Spelunke für die linksextreme Szene, eine Bierstube mit Namen »Der fidele Affe« für das rechtsradikale Publikum, den Schwulen-Treff »El Greco« und das piekfeine Speiselokal »Daimlers« für die internationale Festspielprominenz.

»Das Café« entwickelte sich freilich bald zu einem gutgehenden Umschlagplatz für den Drogenhandel und zu einem Zentrum der Prostitution.

Als die Polizei den ersten Rauschgift-Toten im WC vorfand, ließ Daimler sein Lieblingslokal kurzfristig schließen und machte später die »Sonderbar« daraus.

Daimlers gastronomische Aktivitäten in Salzburg konnten ihn aber auch nicht davon abhalten, im Jahr 1979 als »prominenter deutscher Industrieller« eine großangelegte und zum Teil auch

B E R I C H T

Am 17.09.1991, in der Zeit zwischen 09.00 und 13.00 Uhr wurde Markus WOLF
zu nachstehend angeführten Themen befragt.

Sektor Wissenschaft und Technik:

Über Vorhalt gibt WOLF an, daß die Firma SACHER für den wissenschaftlich-
technischen Sektor als Nachrichtendienstliche Spitzenquelle gewertet wurde
und eine entsprechende Behandlung erfahren hat. Die Firma wurde direkt
finanziert, weil die Bewältigung der Nachrichtendienstlichen Auftragslage
einen normalen Geschäftsbetrieb nicht zuließ. Als Beispiel für ein Haupt-
arbeitsgebiet, welches die HVA über die Firma SACHER abwickelte, erwähnt
WOLF den Bereich der Ionenimplantation. Die Beschaffungstätigkeit auf diesem
Gebiet war für die gesamte Entwicklung der damaligen DDR Elektrotechnik
und Mikroelektronik (Chiperzeugung) von grundsäätzlicher Bedeutung. In der
Bewertung der HVA nachrichtendienstlicher Hauptgegner die USA.

Zur Bewältigung der sehr umfangreichen Materialien wurde in Karl-Marx-Stadt
eine eigenes Institut gegründet. Nach Auswertung und Analyse wurde das Material
der Firma Robotron zur Verfügung gestellt.
Nach Einschätzung des zur Verfügung gestellten Materials durch die Leitung
des MSF wurde es als so hochwertig angesehen, daß darüber Honegger direkt
berichtet wurde. WOLF gibt eine Äußerung des Politbüromitgliedes Mittag
wider, welcher erwähnt haben soll, daß 80% der EDV Entwicklung auf die
Beschaffungstätigkeit der HVA zurückzuführen ist.

Angesprochen darauf, ob es neben der Firma SACHER auch noch andere Firman gibt,
welche Beschaffungsaufträge der HVA erledigten gibt WOLF an, es gab noch andere
Firmen, er möchte aber weder Firmennamen noch Personen nennen.

WOLF bestätigte hingegen, daß ein Großteil der von der Abteilung Wissenschaft
und Technik beschafften Unterlagen an die UdSSR bzw. das KGB weitergegeben
wurde. Diesbezüglich bestand auch seitens der UdSSR eine Bewertungsskala
mit der Unterteilung "brauchbar", "wertvoll", "besonders wertvoll"

über die Zapata AG finanzierte Werbeaktion für die Wiederwahl des damaligen österreichischen Bundeskanzlers zu forcie-
ren.

Bruno Kreisky dankte Daimler, indem er ihn mehrmals zu offiziellen Essen sowohl nach Venedig als auch ins Kanzleramt ein-
lud.

Kurz danach eröffnete Hans Peter Daimler ein weiteres Lokal
in Wien, das »Oswald & Kalb«, das trotz seiner hervorragenden
Küche bald zum Treffpunkt vornehmlich der linken Wiener
Schickeria wurde.

Aber auch die etablierte sozialistische Regierungsprominenz,
von Minister Blecha bis zu Bundeskanzler Sinowatz, war bei
Hans Peter Daimler immer gern zu Gast.

In einem seltsamen Kontrast dazu steht freilich die Tatsache,
daß derselbe Daimler immer wieder – und sogar just während
seiner Zeit als Kanzlermacher – unfreiwillig mit der Polizei ver-
kehrte.

Einmal, weil er ein junges Mädchen grün und blau geschlagen
hatte, das andere Mal, weil er im Dezember 1978 die damals
22jährige Michaela Wagner, Tochter eines Salzburger Stadtbau-
meisters, »dadurch verletzte, indem er ihr eine brennende Ziga-
rette durch die Wange drückte« (Polizeiprotokoll).

Daß Hans Peter Daimler ein Mann mit Eigenschaften ist, steht
fest. Auch wenn er selbst immer betonte, daß er es nicht nötig
habe, kriminell zu werden, »solange es eine Handelsspanne
gibt«.

Die Erfahrung, daß mit ihm nicht unbedingt gut Kirschen ist,
hat offenbar auch Bundesheer-Major Hans Edelmaier schon gemacht, der seinen beiden Freunden seinerzeit vermutlich den
zur Versenkung der Lucona verwendeten Sprengstoff – aus
Heeresbeständen und angeblich über ausdrückliche Weisung
des Verteidigungsministers – überließ.

Im Oktober 1988 legt Edelmaier nach mehrmonatigen Ermittlungen des Heeres-Abwehramtes ein diesbezügliches Geständnis ab.

Später widerruft er und bleibt ab diesem Zeitpunkt stumm. Er

Dr. Krista FEDERSPIEL
(Autorengemeinschaft)
Wien 9., Pramergasse 3/11

Band 31

20.4.9989 08.oo Uhr
21.4.1989 08.oo Uhr

20.4.1989 12.oo Uhr

Staatspolizei oder Kriminalpolizei auszutrichsen. Sie werde
im Sommer zu ihrem Gatten fahren und möglicherweise auch in
kiel bleiben.

12.36 Uhr
D a i m l e r wählt die Nummer 53 51 719 führt ein kurzes
belangloses Gespräch mit Rüdiger P r o k s c h und solle
ihr dieser die Telefonnummer des E d e l m a i e r geben.

12.47 Uhr
D a i m l e r wählt o5359258 und es meldet sich Frau EDELMAIER
D a i m l e r verlangt Hr. EDELMWIER ist dieser jedoch nicht
anwesend. Frau EDELMAIER meint, daß ihr Mann mit Frau DAIMLER
nicht sprechen werde. Als DAIMLER Renate erklärt, daß sie gelesen
habe, daß der Udo PROKSCH dem E. den Sprengstoff zurückgegeben
habe, macht Frau EDELMAIER den Vorschlag. sie solle am Abend
neuerlich anrufen und werde ihr Gatte anwesend sei. DAIMLER meint,
daß es auch im Interesse des EDELMAIER sei, wenn festgestellt
werden kanne, daß H.P. DAIMLER keinen Sprengstoff von EDELMAIER
erhalten habe.

ZAPATA AG
SUISSE

Peter T. Daimler
Vice President

Ch-£232 Gauensee (Luz.) Oberdorf-Oele
Tel. 045/21 3664

269

BUNDESPOLIZEIDIREKTION WIEN

Staatspolizeiliches Büro
=============================   Wien, um o6.o9.1984

Zahl :   I - 1584/83 res

Betr.:   Udo PROKSCH alias Serge KIRCHHOFER
          hier: Erhebungen zu Hans Peter DAIMLER
                Suchtgiftschmuggel in Verbindung
                zum Untergang der LUCONA

                    B e r i c h t

Es wird vorerst verwiesen auf den Bericht in gleicher Sache
vom 18.o8.1983.

In diesem nun nur kurz umrissenen Geschäft spielt auch
Hans Peter DAIMLER, 31.12.1934 geboren, eine wichtige Rolle
und wurde im Prozeßverlauf auch öfters genannt.
Die Sicherheitsdirektion für Salzburg befragte DAIMLER am
2o.o7.1983 niederschriftlich. In dieser Niederschrift sagt
DAIMLER, daß er Udo PROKSCH schon seit vielen Jahren kennt
und zwar vornehmlich aus der gemeinsamen Beschäftigung bei
der Firma ANGER.
Auf Seite 1 der Niederschrift sagt er weiters, daß mit der
Abwicklung des Geschäftsfalles ZAPATA - NORTH PACIFIC TRA-
DING er selbst von PROKSCH betraut wurde. Eine Vielzahl von
Kontakten und Reisen in diesem Aufgabenbereich wird in der
Folge in gleicher Niederschrift von DAIMLER selbst angegeben.

Bei der Bundespolizeidirektion Salzburg/Abt. II, Ref. 1/3
wurde am 24.o3.196o eine vertrauliche Information abgegeben,
wonach ein Hans Peter DAIMLER, Kaufmann, am 31.12.1934 in

Aus der Information/Aktenvermerk der Bundespolizeidirektion
Salzburg:

Hans Peter DAIMLER soll Heroin-
Schmuggel in großem Stile be-
treiben. Das Suchtgift wird über
Fernschreiber angefordert, als
Fernschreibadresse scheint auf
73-3542 eine öffentliche FS-
Adresse in Indonesien   als Zwischenfernschreib-
                                         stelle fungiert Telex
                                         8o2-75-786, SARALOO LTD.,
                                         Kowloon 1411, Star House 3,
                                         gehört zur NORTH PACIFIC
                                         TRADING.

BUNDESPOLIZEIDIREKTION WIEN
 Staatspolizeiliches Büro
===============================   Wien, am o2.o8.1985

Zahl :   I - 14o1/17/85 res

Betr.:   Peter DAIMLER / Untergang Lucona
         hier: Erhebung bei DEA/US-Botschaft

                A k t e n v e r m e r k

Am heutigen Tage wurde mit Herrn Dedic persönlich Rücksprache
gehalten und bei einem Termin wurde das bei DEA vorliegende
Aktenmaterial betreffend angeblichen Suchtgiftschmuggel durch
DAIMLER besehen. Die amerikanische Dienststelle hat das analoge
Material, welches auch den österreichischen zur Verfügung steht.
Soweit erkennbar war, kam es zu keinem Erfolg, auch nicht im Ausland, bezüglich einer Täterschaft des DAIMLER in dieser Sache.
Bezüglich der Fa. SAMALCO in Hongkong, auch Geschäftspartner
beim Uranerzaufbereitungsanlagengeschäft scheint als Geldgeber
und Hintermann ein Owen William CORRIGAN auf, dessen Gattin
ist eine Alice CORRIGAN.
Bezüglich der Firmen in der Schweiz angesprochen, die hinter
DAIMLER und der Fa. PINOSA in Piesting stehen und die Geschäfts-
verbindungen zur SAMALCO in Hongkong haben, gab Herr Dedic an,
daß bei ihm keine Fakten aufliegend seien. Dies habe aber auch
darin seinen Grund, daß zuständigkeitshalber, sollte es sich
international neben Suchtgiftschmuggel auch um nachrichtendienstliche Belange oder Waffenhandel drehen, seine Dienststelle nicht
zuständig ist. Diese Firmen liegen höchstwahrscheinlich auf in
den Archiven und Akten einer US-Dienststelle in Bern. Es ist
dies laut Angabe eine Auslandsdienststelle bzw. Vertretung
der USA, welche auch Belange der Bundespolizei wahrnimmt.
Ca. alle zwei Monate kommen Vertreter in die US-Botschaft nach
Wien und wenn von ha. gewünscht, könne Herr Dedic einen Kontakt
direkt herstellen bzw. über Interpol eventuell angefragt werden.

                                   Wehr
                              44., BzI.

müsse, sagt er, im Fall weiterer Aussagen um sein Leben bangen.
Ob er sich vor Udo Proksch so fürchte, fragt der Richter. »Nein«, diktiert Hans Edelmaier daraufhin ins Protokoll: »Aber vor Daimler fürchte ich mich. Man kann sehr leicht bei einem Verkehrsunfall ums Leben kommen!«

Das Nordlicht leuchtet matt

Mit Ruhm bekleckert hat sich in der Anfangsphase im »Fall Lucona« auch die deutsche Justiz nicht. Bekanntlich war bereits im Februar 1988 nicht nur Udo Proksch auf den Philippinen untergetaucht, auch sein Kompagnon, »der kleine drahtige Typ mit der Figur eines Jockeys« hatte sich zunächst nach Italien abgesetzt.

Erst nachdem auch gegen ihn am 17. März 1988 vom Wiener Untersuchungsrichter Wilhelm Tandinger ein internationaler Haftbefehl erlassen wurde und weltweit die steckbriefliche Fahndung anlief, zog es Hans Peter Daimler vor, nach Deutschland heimzukehren. Als deutscher Staatsbürger konnte er von dort auf jeden Fall nicht nach Wien ausgeliefert werden.

Die deutsche Justiz selbst hätte allerdings die Pflicht gehabt, Hans Peter Daimler auszuforschen und unter Anklage zu stellen. Tatsächlich geschah jedoch gar nichts. In Wahrheit konnte sich der Mann in Deutschland völlig frei bewegen. Später nahm er sogar einen Job bei der Münchener Firma Plan 3 GmbH als Messebau-Berater an.

Wenn Daimler seine Frau oder seinen Wiener Anwalt Georg Zanger anrief, dann meldete er sich manchmal von der »Nordküste« und meinte damit, daß er gerade im Haus einer Bekannten im Kieler Vorort Heikendorf logierte. Wenn er hingegen seinen Standort mit den Worten »an der Südküste« umschrieb, so hieß das, daß er sich in seiner Wohnung im bayerischen Possenhofen am Starnberger See aufhielt.

Anfang Oktober 1988 informierte ich Jacob Puister, als sich dieser für einige Tage in Europa aufhielt, über die groteske Situation, worauf der erzürnte Lucona-Kapitän dem Bundeskriminalamt einen Besuch abstattete.

273

Aber auch die Herren in Wiesbaden erklärten, daß nach Daimler zwar über Interpol in aller Welt gefahndet würde, die Polizei in Deutschland selbst aber so lange machtlos sei, solange gegen ihn kein deutscher Inlandshaftbefehl vorliege.

Ins Rollen kam der »Fall Lucona« in Deutschland erst, nachdem Jacob Puister höchstpersönlich bei der Staatsanwaltschaft in Wiesbaden am 4. Oktober 1988 eine Strafanzeige gegen Daimler wegen dessen Beteiligung an der Sprengung der »Lucona« und des Verdachtes des sechsfachen versuchten und des sechsfachen vollbrachten Mordes deponierte.

Die Staatsanwaltschaft beim Landgericht Wiesbaden leitete daraufhin unter der Aktenzahl 8 Js 192.813/88 ein erstes Ermittlungsverfahren gegen Daimler ein.

Zu diesem Zeitpunkt hatte man sich des Proksch-Partners freilich auch schon von Österreich aus angenommen.

Auf Hans Peter Daimler richteten sich mittlerweile alle Hoffnungen nicht nur der Proksch-Freunde – auch die der politischen Machthaber im Land.

Nach der schon im September erfolgten Zurücknahme des österreichischen Antrags an die deutsche Justiz, die Strafverfolgung gegen ihn zu übernehmen, war Hans Peter Daimler als neue Schlüsselfigur im »Fall Lucona« ausersehen. Durch ihn sah man jetzt eine neue Möglichkeit, das Blatt wieder zu wenden.

Die Überlegungen waren simpel: Sollte es gelingen, in Deutschland eine Anklage gegen Daimler zu verhindern, so sähe die Welt natürlich auch für Proksch wieder ganz anders aus.

Als Verbindungsmann zwischen Österreich und Deutschland wurde ab Herbst 1988 ein Mann namens Erwin Rainer Schönbauer – zum erstenmal auch offiziell – aktiv.

»Ich reiße Ihnen den Arsch auf, falls Sie es wagen sollten, meinen Namen mit dem ›Fall Lucona‹ in Zusammenhang zu bringen!«

Trotz dieser nicht gerade freundlichen Ankündigung, mit der mich der sonst sehr sympathisch wirkende und scheinbar kultivierte Wiener Ex-Versicherungsangestellte Schönbauer später

INTERPOL WIESBADEN

Nationales Zentralbüro der IKPO-Interpol für die Bundesrepublik Deutschland
Bureau Central National de l'O.I.P.C.-Interpol pour la République
Fédérale d'Allemagne
National Central Bureau of the I.C.P.O.-Interpol for the Federal
Republic of Germany
Oficina Central Nacional de la O.I.P.C.-Interpol para la República
Federal de Alemania

Kurzbrief
Message Postalisé
Dispatch-Letter
Mensaje Postal Condensado

Nr. / N°

BUNDESKRIMINALAMT

Adresse	Telefon	Telefax	Telex	Telegrammadresse
Postfach 18 20	55–1	55-2141	4 186 668	interpol wiesbaden
D-6200 Wiesbaden			4186668 bka d	

PR 32-2 - D - 33 866

Datum / Date / Date / Fecha
31.03.88

Empfänger / Destinataire / To / Destinatario

Interpol Wien

Kopie an / Copie à / Copy to / Ampliación para

REPUBLIK ÖSTERREICH
BM – Grup. J

eingel. 1 1. APR. 1988

Gz.

Vz. siehe /

Ihr Zeichen, Ihre Nachricht vom / Votre référence / Your reference / Su referencia

Ihre Durchgabe Interpol Nr. 4039 vom 17.03.88 und Telex Nr. 4042
vom 23.03.88 - 11 153 381/13-II/10/B - sowie unser FT Nr. 10108
vom 24.03.88

Betreff / Objet / Subject / Asunto

DAIMLER, Vornamen Hans Peter, geboren 31. Dezember 1934 Mannheim,
deutscher Staatsangehöriger

Nach Ermittlungen der Polizei Mannheim war der Genannte kurzfristig im Jahre 1979 bei seinem Onkel JULIUS HATRY in 6800 Mannheim 1, P. 7, 1, amtlich gemeldet und vorübergehend wohnhaft.
Er ist am 15.06.79 an eine unbekannte Anschrift verzogen und
seitdem in Mannheim nicht mehr zur Anmeldung gelangt. Der Onkel
hatte am Sylvestertag des 31.12.87 letztmals telefonischen
Kontakt mit DAIMLER, als HATRY den Genannten in seiner Wohnung
in Wien anrief.

Es konnten keine Informationen über einen möglichen derzeitigen
Wohn- bzw. Aufenthaltsort des Gesuchten in unserem Lande erlangt
werden.

Beiliegend übersenden wir ein über das deutsche Generalkonsulat in
Salzburg gewonnenes Lichtbild von DAIMLER aus seinem am 05.11.86
gestellten Antrag auf Ausstellung eines Reisepasses. Die Aufnahme
ist etwa im Jahre 1977 entstanden und wurde bereits 1977 bei
einem Paßantrag verwendet.

Im Auftrag

Schmidt-Nothen

Schmidt-Nothen
Leitender Kriminaldirektor

Anlage

schrecken will, kann ich darauf natürlich nicht verzichten, denn die Rolle, die er spielt, ist doch zu wichtig.

Zu seinen Freunden darf er nicht nur den mit dem »Fall Lucona« schon als Zivilrichter befaßt gewesenen, inzwischen pensionierten Senatspräsidenten Richard Jäger, sondern auch den Proksch-Intimfreund und Gerichtshofspräsidenten Karlheinz Demel zählen.

Das bemerkenswerte Engagement der beiden prominenten Wiener Richter war auch schon im Jahre 1984 dafür ausschlaggebend, daß Schönbauer, obwohl er – als kaufmännischer Angestellter bei »Zürich-Kosmos« und »Anker-Versicherung«, danach als Werbeleiter und zuletzt in der Baubranche Beschäftigter – die dafür erforderliche Qualifikation nicht aufwies, plötzlich unter Zuhilfenahme eines kleinen Tricks in der Liste der gerichtlich beeideten Schiffahrts-Sachverständigen aufschien.

Schon lange vorher war Schönbauer »als Privatmann« in die Dienste Udo Prokschs getreten, um, wie er gelegentlich erwähnte, »über den ›Fall Lucona‹ eine Dokumentation zu schreiben«.

In Wahrheit war geplant, ihn zum geeigneten Zeitpunkt als »Gerichtsgutachter« im Zivilverfahren einzusetzen, durch die sich später überstürzenden Ereignisse kam der geniale Plan jedoch niemals zum Tragen.

Mir lief Schönbauer zum ersten Mal im April 1986 in Rotterdam über den Weg, wo er sich, wenn seine Zielpersonen ihn nicht mißverstanden haben, als »vom Wiener Landesgericht beauftragter Sachverständiger« vorstellte, um leichter an bestimmte Unterlagen heranzukommen.

Im Jahre 1988 war Schönbauer – nun zwar bereits im offiziellen Auftrag der Verteidigung, aber dennoch streng darauf bedacht, im Hintergrund zu bleiben – noch immer weltweit unterwegs, um den »Fall Lucona« im Sinne Prokschs und Daimlers aufzuklären.

Schönbauer war es auch, der die Verbindung zwischen dem Wiener Gerichtspräsidenten, Hobby-Schiffahrtsspezialisten und Proksch-Privatverteidiger Karlheinz Demel und dem selbster-

276

nannten deutschen »sprengtechnischen Sachverständigen« Claus Kinder herstellte, worauf dieser bereits im April 1988 unter Demels Mithilfe zum Zweck der Verhinderung der Anklageerhebung sein erstes »Gutachten« verfaßte, demzufolge sich »an Bord der ›Lucona‹ keine Sprengstoffexplosion ereignet haben kann«.

Es war für den pensionierten Fachreferenten für Munition und Sprengstoffe im Schleswig-Holsteinischen Innenministerium nicht weiter schwierig, zu dieser Aussage zu kommen, die er »aus vollster Überzeugung machen konnte«.

Er mußte sich lediglich einiger »verfälschter Zeugenaussagen bedienen«, »verfälschte Werte aus einem sprengtechnischen Fachbuch abschreiben«, ein paar »falsche Behauptungen aufstellen« und »sprengtechnisch gravierende Fehlannahmen treffen«.

So wird jedenfalls Kinders »Gutachten« zwei Jahre später von dem tatsächlich vom Gericht bestellten Sachverständigen Oberstleutnant Heinz Hemmer vom österreichischen Amt für Wehrtechnik qualifiziert.

Über Erwin Schönbauer und den »Experten« Kinder kommt nun auch Daimlers deutscher Staranwalt ins Spiel: der Kieler Staatsrechtslehrer Erich Samson.

Vor allem durch seine Rolle als posthumer Rechtsvertreter des in einer Genfer Hotel-Badewanne ertrunkenen – oder vielleicht doch ertränkten – Ministerpräsidenten Uwe Barschel wurde der Kieler Rechtsprofessor schon zuvor als Troubleshooter bei brisanten Staatsaffären europaweit bekannt.

Auf jeden Fall wird Samson 1988 von Wien aus als Verteidiger Hans Peter Daimlers engagiert. Sein Honorar – stolze 600 DM Stundensatz – erhält er über die Zapata AG angewiesen. Verantwortlich dafür ist der Wiener Proksch-Vertrauensanwalt Karl Zerner, der nach dessen Flucht nicht nur mit dem raschestmöglichen Verkauf der Firma Demel beauftragt wurde, sondern auch im Besitz einer Generalvollmacht zur Verwaltung von Prokschs sonstigem Vermögen ist.

Im Spätherbst 1988 ist der Kieler Rechtsprofessor fast so weit:

277

Nach eingehendem Studium der Lucona-Akten und langer Suche nach einem deutschen Staatsanwalt, der bereit sein sollte, seine Meinung über diesen Fall zu teilen, glaubt Samson, den rechten Mann für die geplante Niederschlagung eines Strafverfahrens gegen Daimler in der Staatsanwaltschaft Frankfurt ausgemacht zu haben.

Nur zwei unterstützende Maßnahmen würden, dessen war sich Erich Samson sicher, zur Erreichung dieses Zieles nötig sein: Ein generalstabsmäßig vorbereiteter spektakulärer öffentlicher Auftritt des Proksch-Kompagnons und ein mit Hilfe des Wiener Gerichtspräsidenten Karlheinz Demel, Erwin Schönbauers und Daimlers Wiener Anwalt Georg Zanger erarbeitetes »Dossier«, das der prominente Rechtsprofessor zur gleichen Zeit der von ihm erwählten Anklagebehörde vorlegen will.

Durch Puisters Anzeige in Wiesbaden und das daraufhin zur Unzeit und am falschen Ort in Gang gekommene Verfahren kommt freilich alles anders als geplant.

Zunächst entdecken die Behörden, daß Daimlers letzter ordentlicher Wohnsitz bei dessen Onkel Julius Hatry in Mannheim war. Das hat zur Folge, daß der Akt aus Gründen der Zuständigkeit an die Staatsanwaltschaft beim Landgericht Mannheim abgetreten wird.

Der Akt bekommt die Zahl 101 AR 13/88 und bald sieht es so aus, als wollte die Mannheimer Staatsanwaltschaft Daimler tatsächlich verhaften lassen.

Da tritt plötzlich ein Kollege von Professor Samson, der Frankfurter Rechtsanwalt Bernd (»Bernie«) Laskus als weiterer Daimler-Anwalt auf den Plan.

»Bernie« läßt in Daimlers Auftrag im Dezember 1988 die Mannheimer Staatsanwaltschaft wissen, daß diese keineswegs für eine Verfolgung seines Mandanten zuständig sei, denn dieser habe seinen nunmehrigen Hauptwohnsitz in Frankfurt, wo er bereits seit 15. Februar 1988 in der Neuhausstraße 21 ordnungsgemäß gemeldet sei.

Eine mitgesandte Kopie des Anmeldeformulars überzeugt die

claus K i n d e r
Regierungsdirektor i.R.
Fachreferent für Munition
und Sprengstoffe im
Schleswig-Holsteinischen
Innenministerium
von 1946 - 1984

2300 Kiel, den 22. März 1988
Esmarchstraße 5
Telefon 0431 / 80 15 49

Sprengstofftechnisches Gutachten

zur Frage, ob das am 23. Januar 1977 im Indischen Ozean
verunglückte Motorschiff "Lucona" durch Zündung einer in
den Frachtstücken deponierten Sprengladung gesunken sein
kann. Diese Frage ist Teilaspekt eines noch anhängigen umfangreichen Rechtsstreits.

1. Auftrag

Der Auftrag zur Abgabe der oben genannten Stellungnahme
wurde mir von Rechtsanwalt Herrn Dr. Lansky, Wien, Leopoldsgasse Nr. 51 erteilt, nachdem von ihm ermittelt worden war, daß ich seit über vier Jahrzehnten - wie unter
Ziffer 2 umstehend weiter aufgeführt - Fachmann auf den Gebiet der Sprengstoffe, der Zündmittel und der militärischen
Munition bin, umfangreiche Kenntnisse auf dem Sektor der
subversiven Sprengmittel (Terroristenbomben) habe und durch
meine langjährige Zugehörigkeit zur deutschen Marine in
Krieg und Frieden, durch viele selbst ausgelöste Großspren-
gungen zu Land und im Wasser, durch Verbindungen zur Han-
delsschiffahrt und durch selbst durchgeführte Wrackbergun-
gen Fragen wie die oben aufgeführten durchaus sachverständig beurteilen kann.

Der Auftrag zur Fertigung dieses Gutachtens wurde erteilt,
weil in einem seit über 10 Jahren laufenden umfangreichen
Gerichtsverfahren u.a. auch behauptet wird, daß das Motorschiff "Lucona" nicht durch Havarie mit einem anderen

279

Zusammenfassung

Im Gutachten des Hr. KINDER wurden:

1. Verfälschte Zeugenaussagen verwendet.

2. Verfälschte Werte aus einem sprengtechnischen Fachbuch
   verwendet.

3. Sprengtechnisch gravierende Fehlannahmen getroffen.

4. Falsche Behauptungen zum Beweis für die Unmöglichkeit einer
   Sprengung der MS "LUCONA" aufgestellt.

ING. HEINZ HEMMER
OBERSTLEUTNANT
Allg. beeideter gerichtl. Sachverständiger
für Explosivstoffe, Zündwaren u. Munition

Kapitän Prof. Rainald Amersdorffer
Minsbekweg 40
D-2000 Hamburg 65

Bei aller Achtung vor dem Können von Herrn Prof.Dr. Samson
auf dem ihm eigenen Fachgebiet muß gesagt werden, daß in seinen Ausführungen an die Staatsanwaltschaft bei dem Landgericht Frankfurt ein deutlicher Mangel an nautisch-seemänni-
schem Sachverstand erkennbar wird.

Herr Prof.Dr. Samson baut seine Argumentationsketten entweder auf Irrtümern auf oder aber auf Umständen, die er nur
aus Unkenntnis der tatsächlichen Zusammenhänge heraus als
Beweismittel für Manipulationen der Schiffsleitung der
"Lucona" ansehen konnte.

Hamburg, den 19.6.90   R. Amersdorffer
                              Kapitän Prof. R. Amersdorffer

Prof. Dr. iur. Erich Samson   2307 Strande   6.2.1989
                                                 Arp-Schnitger-Weg 5
                                                 Tel. 0 43 49/12 86

An die
Staatsanwaltschaft
bei dem Landgericht
Frankfurt

                    Betr.: Ermittlungsverfahren
                           gegen Herrn Peter Daimler

          Sehr geehrter Herr Staatsanwalt,

          Ihnen ist bekannt, daß gegen Herrn Daimler in
          der Bundesrepublik Österreich ein Ermittlungs-
          verfahren existiert, in dem Herrn Daimler und
          dem Mitbeschuldigten Proksch vorgeworfen wird,
          den Versuch eines Betruges zum Nachteil der Bun-
          desländerversicherung mit einem angestrebten
          Schaden von rund 30 Mio. Schweizer Franken
          sowie ein Sprengstoffverbrechen mit Todesfolge
          begangen zu haben. Herr Daimler wird sich bei
          der Staatsanwaltschaft Frankfurt stellen und
          durch seine Verteidigung den Antrag stellen
          lassen, im Rahmen von § 7 StGB ein deutsches
          Ermittlungsverfahren gegen ihn selbst durchzu-
          führen. Im Verlaufe dieses Ermittlungsverfahrens

          Es drängt sich geradezu der Verdacht auf, daß der
          Kapitän und sein Steuermann mit dem Schiff
          Manipulationen vorgenommen haben, die sie nunmehr
          durch die Behauptung des Unterganges des Schiffes
          und einer Explosion zu verdecken suchen.

          (Prof. Dr. E. Samson)

281

Herren in Mannheim. Sie packen den Lucona-Akt zur Jahreswende wieder ein und schicken ihn nach Frankfurt weiter.

Vielleicht ist es für Samsons Pläne doch noch nicht zu spät. Mit Eifer macht er sich im Jänner 1989 an die Arbeit. Sein Schriftsatz erhält den letzten Schliff.

Der »Fall Ypsilon« scheint unmittelbar bevorzustehen. So wird der Tag genannt, an dem es im »Fall Lucona«, wie auch Samsons Wiener Rechtsanwaltskollege Georg Zanger hofft, »eine geschichtliche Entwicklung« geben wird.

Umso entsetzter reagiert Renate Daimler, als sie ihr Ehemann am Abend des 29. Jänner 1989 von der »Südküste« aus anruft, um ihr eine Hiobsbotschaft mitzuteilen.

Hans Peter Daimler: »Der Pretterebner hat den Bernie kontaktet!«

Renate Daimler: »Wen?«

Hans Peter Daimler: »Den Bernie!«

Renate Daimler: »Hoi!«

Hans Peter Daimler: »Ja!«

Renate Daimler: »Oh!«

Hans Peter Daimler: »He found him out!«

Renate Daimler: »Shit!«

Hans Peter Daimler: »Besser nicht. Aber es ist halt jetzt so . . .«

Renate Daimler: »Na, na. Aber i' man, was bedeutet des?«

Hans Peter Daimler: »Na, der hat sich erkundigt, wo das Verfahren hängt, und hat dann gekriegt, wahrscheinlich, die Nachricht, daß der des jetzt vertritt.«

Renate Daimler: »Aha!«

Hans Peter Daimler: »Des is' a ganz legaler Weg, stell i' mir vor.«

Renate Daimler: »Na, dann hurry up!«

Hans Peter Daimler: »Sure!«

Die Eile nützt jedoch nichts mehr. Es ist bereits zu spät. Im Bundeskriminalamt weiß man längst, daß Daimlers Wohnortwahl nur eine Scheinanmeldung zugrundelag.

Es war nur eine einzige Nacht, die er in der Frankfurter »Pension Adria« verbracht hatte. Nach der am nächsten Tag erfolgten offiziellen Anmeldung beim Einwohnermeldeamt wurde Hans Peter Daimler an seinem »Hauptwohnsitz« nie mehr gesehen.

Am 6. Februar 1989 wird von Professor Samson das mittlerweile fertige »Dossier« mit den entlastenden »Beweisen« umsonst an die Staatsanwaltschaft beim Landgericht in Frankfurt adressiert. Die Zuständigkeit von Samsons Wunschbehörde ist nicht mehr gegeben.

Ob es dort tatsächlich den erhofften Eindruck hinterlassen hätte, wird man leider nie erfahren.

Den Wiener Oberstaatsanwalt Robert Schindler, dem Samsons legendäres Werk im Zuge des später gegen Proksch stattfindenden Geschworenenprozesses ebenfalls zugänglich wird, wirft es jedenfalls nicht vom Sessel.

»Der Herr Professor Samson hält sehr viel von sich und produziert auch viel Papier«, wird Schindler mit feiner Ironie feststellen, »aber das Nordlicht leuchtet matt!«

Differenzierter urteilt noch im Februar 1989 Daimlers Wiener Rechtsvertreter Georg Zanger, indem er Renate Daimler nach der Lektüre des Samson-Dossiers wissen läßt: »Wenn du das einem österreichischen Gericht vorlegst, dann schreckt das keinen Hund!« Aber für Deutschland, wo von dem Fall noch niemand eine Ahnung habe, »für dort«, so Zanger, eigne es sich ganz »hervorragend«.

Renate Daimler ihrerseits gibt ihre pauschale aber zweifellos nicht ernstgemeinte Meinung über den hochbezahlten Kieler Staranwalt ihres Gemahls erst später, dafür aber gleich auch den am Telefon mithörenden Kriminalbeamten preis: »Da Samson is' a Trottel!«

D a i m l e r

                              29.1.1989   o7.oo Uhr -
                              3o.1.1989   o7.oo Uhr

Die Gespräche der D a i m l e r   wurden lediglich auf den
Tonband aufgezeichnet. Auf Grund eines Fehlers im Computer
erfolgte keine schriftliche Aufzeichnung (paasiv und aktiv)
der Gespräche.

29.1.1989   vermutlich Abend   Passivgespräch zwischen
                               DAIMLER Renate (D) und H.P.
                               DAIMLER (H.P)

ich bin an der Südküste

D: aha, und gehts gut?
H.P: ja ja, geht gut
D: okay

H.P: der PRETTEREBNER hat den "BÜRNI" (phonetisch) kontaktet
D: wen?
H.P: den "BÜRNI"
D: hoil.
H.P: ja!
D: oh
H.P: (phonetisch) ha found him out
D: shit
H.P: besser nicht, aber es is halt jetzt so, aber er kriegt natür
      kein Interview.
D: na,na, aber i man, was bedeutet des?
H.P: na, der hat sich erkundigt wo des Verfahren hängt und hat dann
      gekriegt, wahrscheinlich die Nachricht, daß der des vertritt.
D: aha
H.P: des is a ganz legaler Weg stell i mir vor
D: aha, na dann   hurry up!
H.P: sure
D: bevor die Beeinflussungen anfangen
H.P: ja ja, des wollt i dir noch sagen, sonst gibts nichts neues.
      bei dir alles okay?
D: alles bestens, ich hab sehr an dich gedacht am Wochenende.

D a i m l e r   Renate wählt Tel. Nr, 512 92 213. Rechtsan=
waltskanzlei D_r. Z a n g e r   (Z)

Z: Ich habe das, aber eine eigenartige Geschichte dabei. Ich
   habe doch mit unserem Freund draußen telefoniert und da hat
   er mir gesagt, na ja, die Karten kann er mir nicht kopieren,
   daß ist so viel Arbeit. Der Zufall, wirklich der Zufall,
   der Bote vom Flughafen kummt eine, also nein, bringt meiner
   Sekretärin zwei Pakete und ich weiß das ist sicherlich
   Schrift vom "Dings".... also Dokumente machen sie sie auf,
   legen sie sie mir am Tisch. Am Tisch bekomm ich zwei Packl
   in dem einen steht "lieber Karl ZERNER oder so, in der Bei=
   lage übersende ich usw. und i h m schickt er die Karte mit.

D: ist doch eh kloar
Z: wieso? Ich versteh des net also warum? na des versteh i net
   ganz.
D: also ich schon
Z: also gut, mir is wurscht ich wollte dir das mitteilen
D: also ich will da jetzt nicht am Telefon dazu referieren.
   Es ist mir an und für sich klar, es ist nett. Hast es aus=
   tauscht wenigstens?
Z: na freilich, sofort weitergegeben, na klar

Z: ich hab das alles schon aufgearbeitet ich hab alles schon
   gelesen und es ist so, wenn du des den österr. Gericht vor=
   legst, schreckt das keinen Hund, aber dort, ist es hervor=
   ragend. Weil hier keiner bereit ist, irgend eine Meinung zu
   ändern. Verstehst du? Das was wir aber tun sollten, daß möchte
   ich dir gleich mitgeben hinaus, daß hab ich mit unserem Freund
   draußen besprochen.
Renate D a i m l e r   unterbricht

D: du, ich bin an meinem Telefon, also ich möchte am Telefon
   keine Strategien besprechen
Z: na kum, jetzt sofort
D: warte einmal, gibts irgend eine andere Chance?
Z: n a es gibt kane, i sehe kane
D: dann muß i jetzt kommen
Z: ich hab alles schon durchgearbeitet i muß dir des a zeigen
   ich habs am Griff, servus tschau
   Ende des Gespräches.

»Hunderttausend – und wir reden drüber!«

Wer in Deutschland als Verdächtiger halbwegs mobil ist, braucht, so scheint es, die Behörden nicht zu fürchten, auch wenn er keinen Starverteidiger vom Schlag eines Professor Samson hat.

Fünf Monate lang zieht sich das kabarettreife Verfolgungs-Ringelspiel gegen Daimler schon dahin. Der Akt wird durch die in der Zwischenzeit erfolgte Unterstützung seitens der österreichischen Justiz immer umfangreicher und umfaßt bereits rund 150.000 Seiten – in sechs Kisten zu je 70 Kilogramm verpackt.

Doch weil Hans Peter Daimler weiterhin unsteten Aufenthaltes ist, kann man sich nirgendwo entschließen, für den Fall tatsächlich zuständig zu sein.

So wandert das unhandliche Aktenkonvolut von Bundesland zu Bundesland, bis es im März 1989 bei der Staatsanwaltschaft München landet.

Gerade dort aber will Daimler seine Causa keinesfalls behandelt wissen. Wenn schon nicht in Frankfurt, dann doch wenigstens im hohen Norden, wo Professor Samson zumindest einen Heimvorteil genießt.

Im übrigen scheint nun der Zeitpunkt da zu sein, wo jedenfalls gehandelt werden muß. In Kürze wird der Münchener Droemer-Knaur-Verlag vom »Fall Lucona« eine Taschenbuchausgabe in Großauflage insbesondere für den deutschen Markt herausbringen.

Das Projekt wird zwar unter strengster Geheimhaltung geplant und vorbereitet, aber es ist unvermeidlich, daß der eine oder andere Insider davon erfährt. Und natürlich muß sogar damit gerechnet werden, daß einer der an dem Projekt Beteiligten mit

287

dem weltweit von Interpol steckbrieflich gesuchten mutmaßlichen Mörder konspiriert.

Tatsächlich ist's der Chef der renommierten Wiener City-Buchhandlung am Schottentor, der prompt sein Wissen telefonisch an Renate Daimler weitergibt.

Sie revanchiert sich für die Top-Information und berichtet dem Buchhändler Ridesser dafür, daß – wie sie nunmehr wisse – für das Abhören ihrer Telefongespräche niemand anderer als Untersuchungsrichter Tandinger zuständig sei: »Des haßt, wahrscheinlich sitzt der Tandinger immer am Abend auf seinem Komposthaufen – weil er ist ja ein Komposthaufenfan – und hört sich den Schaaß an, den i den ganzen Tag red', stell dir das vor!«

Ridesser kann nicht umhin, seiner Bekannten in der Beurteilung des Untersuchungsrichters beizupflichten. Eigentlich sei dieser Tandinger »ein armer Mensch«.

Ausgetauscht werden schließlich aber auch noch allerletzte Neuigkeiten von der Front. Zum Beispiel, daß »dem Pretterebner seine Story ohnehin bald eingestampft werden (müsse)«. Auch laufe er schon »sehr nervös herum«, weil er sich klar darüber sei, »daß seine Kapitänsgeschichte stinkt«.

Renate Daimler weiß auch, daß »der Pretterebner an der Fälschung dieser Kapitänsgeschichte angeblich selbst beteiligt (war), und wenn man ihm das nachweist, braucht er keinen Verlag mehr, denn dann wird er einsitzen gehen!«

Die frommen Wünsche gehen dann freilich doch nicht Erfüllung, sodaß sich Professor Erich Samson neuerlich zum Handeln gezwungen sieht.

Am 16. März 1989 teilt der umtriebige Advokat von seinem Urlaubsdomizil in Grado aus der Staatsanwaltschaft in Kiel mit, Hans Peter Daimler habe nunmehr in Schleswig-Holstein »unangemeldet einen festen Wohnsitz begründet« und wünsche, daß ein allfälliges Strafverfahren gegen ihn in Kiel geführt werde. Zu diesem Zweck werde sich Daimler in der Woche zwischen dem 3. und 9. April 1989 in Kiel freiwillig stellen.

Auch bei der Kieler Staatsanwaltschaft scheint zunächst keine rechte Freude ob der Aussicht aufzukommen, sich mit dem scheinbar komplizierten »Fall Lucona« beschäftigen zu müssen. Am 7. April weiß Renate Daimler ihrer Freundin Federspiel von Kiel aus zu berichten:

»Der Samson hat den Kieler Behörden angeboten, ich nenne Ihnen die Adresse und will mit meinem Mandanten vorbeikommen. Doch die haben gesagt, um Gottes Willen, ja nicht! Und haben ihre Polizisten angewiesen, sollten sie ihn irgendwo antreffen, dürfen sie ihn ja nicht verhaften.«

Endgültig beendet wird das Unzuständigkeits-Karussel erst am 12. Mai 1989 durch den Bundesgerichtshof in Karlsruhe, der nach dem Einschreiten des deutschen Generalbundesanwaltes Kurt Rebmann ein Machtwort spricht und die Entscheidung trifft, daß ein allfälliges Verfahren gegen Daimler beim Landgericht Kiel stattzufinden habe.

In der Zwischenzeit werden sowohl von Wien als auch von Kiel aus alle Medien mobilisiert. Sowohl Samson als auch Zanger wissen, von welch entscheidender Bedeutung nun die »richtige« Aufbereitung des öffentlichen Meinungsklimas ist, und bereitwillig spielen viele Journalisten mit.

Die beiden Rechtsanwälte, die auch als sogenannte »Scheckbuch-Advokaten« einen guten Ruf genießen, wären es aber nicht, wenn sie nicht gleichzeitig versuchen würden, für sich und den Mandanten auch noch ein Geschäft daraus zu machen.

Hunderttausend Mark zum Beispiel will Professor Samson allein für einen Auftritt mit Hans Peter Daimler vom deutschen »Spiegel-TV« abkassieren.

Zeitungsinterviews sind selbstverständlich billiger. So verlangt denn Georg Zanger von den heimischen Printmedien gar nur jeweils hunderttausend Schilling dafür, daß die Zeitung einem Mordverdächtigen zur medialen Selbstdarstellung als Unschuldslamm Gelegenheit gibt.

Dafür müssen Journalisten beim Wiener Daimler-Anwalt aber auch Verträge unterschreiben, bestimmte Unterlagen nur in Absprache mit ihm und ausschließlich in einem von ihm gebilligten Zusammenhang zu publizieren.

Fernschreiben Nr.

+eee midi nr 5565 220389 1400=

11 wien sid noe (zu gz p 6583/83-sk-6,fsnr 78 v 070389)
02 wien bmj (zu gz 1.11904/84-roem 4/88) (nachr)=

betr: internat fahndung nach oesterr sta p r o k s c h udo
rudolf, 29051934 rostock geb,
ip wiesbaden hat soeben folgendes mitgeteilt:

betr. oesterreichischen
staatsangehoerigen proksch, vornamen udo rudolf, geb   ai
1934 in rostock, und deutschen staatsangehoerigen daimler,
vorname hans-peter, geb. 31. dezember 1934 in mannheim.
in der angelegenheit daimler uebermittelt das landeskriminal-
amt in kiel weiter folgendes:
 'der kieler strafverteidiger professor dr. erich samson,
ehemals verteidiger des verstorbenen ministerpraesidenten von
schleswig-holstein, dr. uwe barschel, teilte am 16.3.89
fernmuendlich mit, dasz er sich zur zeit in grado/italien in
urlaub befaende und am 2.4.89 nach kiel zurueckkehren werde.
in der darauffolgenden woche (3. - 9.4.89) werde sich sein
mandant, hans peter daimler, der - ''unangemeldet'' - in kiel
einen .esten wohnsitz begruendet hat - (woertlich wiedergegeben) in kiel den strafverfolgungsbehoerden stellen.
auf die frage, ob der gesuchte proksch ihn ebenfalls mit der
wahrnehmung seiner interessen beauftragt hat, verneinte prof.
samson das.

---

zusatz bmfi: lg wien waere hievon zu gz 28 b vr 8024/84 in kenntnis zu setzen. ip wiesbaden wurde unter einem um mitteilung ersucht, ob davon ausgegangen werden kann, dass von den dtsch be-
hoerden alle erforderlichen massnahmen zwecks aufenthaltsermitt-
lung bzw festnahme des d a i m l e r ergriffen werden.=

bmi
gez.: dr koeck mr
zl.: 1 153 381/18-roem 2/10/b+

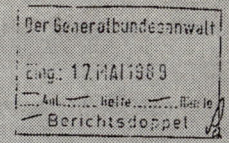
BUNDESGERICHTSHOF

<u>2 ARs 277/89</u>　　　　**BESCHLUSS**

in dem Ermittlungsverfahren

gegen

den deutschen Staatsangehörigen Hans Peter　D a i m l e r ,
geboren am 31. Dezember 1934 in Mannheim,

wegen Herbeiführens einer Sprengstoffexplosion

- Az.: 8 Js 192.813/88 der Staatsanwaltschaft bei dem
    Landgericht Wiesbaden -

- Az.: 71 AR 60/88 der Staatsanwaltschaft bei dem
    Landgericht Frankfurt am Main -

- Az.: 410 E 422 der Staatsanwaltschaft bei dem
    Oberlandesgericht Frankfurt am Main -

- Az.: 101 AR 13/88 und 101 AR 3/89 der Staatsanwaltschaft
    bei dem Landgericht Mannheim -

- Az.: AR 236/89 der Staatsanwaltschaft bei dem
    Oberlandesgericht Karlsruhe -

- Az.: 126 AR IV 478/88 und 257 AR VI 1186/88 der
    Staatsanwaltschaft bei dem Landgericht München I -

- Az.: 591 AR 1037/88 und 591 AR 267/89 der Staatsanwalt-
    schaft bei dem Landgericht Kiel -

- Az.: 143 aE - 33/89 der Staatsanwaltschaft bei dem
    Schleswig-Holsteinischen Oberlandesgericht Schleswig

Der 2. Strafsenat des Bundesgerichtshofs hat nach Anhörung
des Generalbundesanwalts am 12. Mai 1989 gemäß § 13 a StPO
beschlossen:

　　　　Die Untersuchung und Entscheidung der Sache
　　　　wird dem

　　　　　　　　Landgericht Kiel

　　übertragen.

Für den Fall des Zuwiderhandelns muß sich der Journalist zugleich verpflichten, dem Anwalt Georg Zanger eine »Strafgebühr« von S 100.000,– zu bezahlen.

Zu so drakonischen Methoden griff etwa Udo Proksch selbst nie. Ihm standen die Medien zumeist aus freien Stücken zur Verfügung. Selbst während seiner Flucht.

Ein kurzer Anruf aus Manila – und schon wird im fernen Österreich, was immer Udo Proksch sich wünscht, in höchster Auflage gedruckt.

Im März 1989 hat beispielsweise eine der zurückgelassenen Proksch-Freundinnen Probleme: Die Gräfin Alexandra Colloredo-Mannsfeld kennt das Proksch-Versteck. Sie hat ihn dort besucht und später eine falsche Zeugenaussage abgelegt. Jetzt braucht sie Schützenhilfe durch die Presse, um sicherzustellen, daß sie von den Behörden nicht gezwungen wird, den Aufenthaltsort des von Interpol Gesuchten zu verraten.

Am 24. März 1989 ruft Udo Proksch seinen Bruder Roderich in Wien an und beauftragt ihn, mit »Krone«-Chef Hans Dichand über das Problem zu reden.

Udos Wunsch (oder Befehl): Eva Deissen, damals noch als Starkolumnistin bei der »Krone« tätig, inzwischen allerdings zu Falks »Täglich Alles« desertiert, soll seine in Bedrängnis geratene Gefährtin interviewen.

Weil Dichant nicht im Haus ist und die Zeit drängt, wird Eva Deissen von Roderich gleich direkt instruiert. Nachdem die Journalistin einverstanden und die Vorgangsweise geklärt ist, ruft Roderich bei Colloredo-Mannsfeld an.

Doch da macht die Gräfin plötzlich unerwartet Zicken. Sie will, daß die Geschichte »Krone«-Starreporter Michael Jeannée in seine bewährten Hände nimmt. Der sei dafür genau so gut geeignet, während ihr Eva Deissen aus irgendwelchen Gründen nicht sympathisch ist.

Roderich Proksch teilt diese Ansicht nicht. Er hält in diesem Fall Jeannée »für schlecht«.

Die Gräfin wehrt sich trotzdem: »Ich will aber keine Deissen...«

<u>E R K L Ä R U N G</u>

Herr Marcus Johst, freier Journalist bei der Radda & Dressler
Verlags Gesellschaft mbH, übernimmt einen Teil des Schrift-
satzes Daimler-Samson sowie die in diesem Teil zitierten
Dokumente jeweils in Fotokopie und verpflichtet sich, weder
den Schriftsatzteil noch die übergebenen Dokumente ohne Zustimmung durch Dr. Georg Zanger zu veröffentlichen oder an
dritte Personen weiterzugeben.

Herr Johst wird diese Unterlagen zum Zweck der Befragung
des Herrn Puister bei einer von ihm anzutretenden Costa-Rica
Reise verwenden und vor Verwertung der Aussagen Puister
Dr. Georg Zanger vom Ergebnis der Befragung in Kenntnis
setzen.

Dr. Georg Zanger behält sich vor, Herrn Johst dann im
Zusammenhang mit der Veröffentlichung eines Interviews
mit Herrn Puister die Zustimmung zu erteilen, auch die
oben genannten Fotokopien damit zu veröffentlichen.

Herr Marcus Johst verpflichtet sich für den Fall des
Zuwiderhandelns gegen diese Vereinbarung zur Bezahlung
eines dem richterlichen Mäßigungsrechtes nicht unterliegenden Pönales von S 100.000,00.

Selbstverständlich bleibt es Herrn Johst frei, aus dem
Schriftsatz Daimler-Samson zu zitieren, nicht aber aus
den Dokumenten.

Wien, am 3. 5. 1989

293

Roderich: »Schreib dir ihre Privatnummer auf!«

Colloredo: »Ich rufe sie nicht an. Ich will sie nicht anrufen!«

Roderich, dem für solche Animositäten unter Frauen jegliches Verständnis fehlt: »Überhaupt nicht?«

Colloredo: »Nein, sie ist mir kreuzunsympathisch ... die alte Schabracke. Die soll bleiben, wo der Pfeffer wächst!«

Im übrigen ist sie der Ansicht, diese Medienarbeit habe ohnehin »noch nie etwas gebracht«, weil die Leute »sowieso alle der Meinung (sind), er muß endlich gefunden werden, und ich decke einen sechsfachen Mörder, verstehst du? So mußt du das sehen«.

Da ist Renate Daimler schon aus anderem Holz geschnitzt. Für sie gibt's keinen Zweifel, daß die »Medienarbeit« der Anwälte Zanger und Professor Samson in der Causa ihres Mannes etwas bringt. Sie hat die Zeitungen aber auch selbst im Griff.

Wenn der »Kurier« zum Beispiel einen Mitarbeiter nach Kiel schickt, der ihrer Meinung nach nur »Scheiß« verbreitet, dann wird sie kurzerhand »dem Zanger sagen, daß der ›Kurier‹ ab sofort nicht mehr informiert werden darf«.

Und wenn die »Kieler Nachrichten« ein Interview mit ihr veröffentlichen (Titel: »Mein Mann fühlt sich wie ein herrenloser Hund«), das ihr »aus taktischen Gründen« wichtig ist, dann geht das so vor sich, daß sie selber vorher auch die Fragen formuliert und das Ganze einfach per Fax an die Redaktion durchgibt.

»Das war ein ganz wichtiger taktischer Schachzug«, wird sie voll Stolz – nachdem die Story prompt erschienen ist – ihrer Wiener Freundin Krista Federspiel danach erzählen.

Nur bei der Koordination der Aktivitäten der zwei Anwälte hat sie gelegentlich Probleme, wenn etwa Samson just zur selben Zeit »a gute G'schicht« lanciert, während sie dem Zanger sagen muß, »er soll die Goschn halten«.

Aber für Renate Daimler sind ohnehin alle beide »Knacker«, die mit den offenkundig völlig ahnungslosen Journalisten jeweils »ihr eigenes Spiel (spielen)«.

Vor allem der Professor Samson ist ihr manchmal nicht geheuer. »Ich hoff'«, bekundet sie einmal, »er verdirbt mir net mein nächstes Spiel. I' waß, daß g'rad jetzt ein Journalist bei ihm in Kiel an seinem Tisch sitzt ... Na servas, denk' i' mir, vielleicht spielt er schon mein Spiel von übermorgen?!«

Daß sie selbst auf keinen Fall von gestern ist, vermag die ohne Zweifel recht begabte Selbstdarstellerin mit Leichtigkeit unter Beweis zu stellen.

Demnächst wird die Ehefrau des in Kiel inhaftierten Proksch-Komplizen als Moderatorin für Quizsendungen in den ORF gehievt. Auch in der neuen ORF-Talk-Show »Duell« wird sie über Themen, die die Welt bewegen, parlieren.

Die erste Redeschlacht für das österreichische Fernsehpublikum (»Pro oder contra Seitensprung«) hat sie als Joe-Harriet-Ersatz schon absolviert, wobei sie selbstverständlich für die erstgenannte Position plädiert: »Tun Sie's. Ein Seitensprung bereichert Leib und Seele, verjüngt, verschönt, ist gut für die Haut!«

Ihre reichhaltige Erfahrung bringt Renate Daimler auch schon 1989 beim Umgang mit dem bekannten österreichischen Nachrichtenmagazin »profil« ein, dessen Herausgeber zu jener Zeit noch der erst kürzlich zum »Kurier«-Chef avancierte Peter Rabl ist.

Schon im Februar 1989 haben die Kriminalbeamten, die im richterlichen Auftrag die Daimler-Telefone überwachen, mit Interesse registriert, daß zwischen den beiden eine Zeitlang nicht nur eine bloß als private Angelegenheit anzusehende Beziehung existiert: Es sind und bleiben Vertragsverhandlungen in Sachen des von Interpol gesuchten Mordverdächtigen, die Renate Daimler per Telefon mit dem »profil«-Chef führt, auch wenn ihr dieser zwischendurch gelegentlich ein sehnsuchtsvolles »Bussi« durch die Leitung schickt.

Der Gegenstand des mit dem »profil« vereinbarten Deals: Das Nachrichtenmagazin zahlt hunderttausend Schilling – und darf als Gegenleistung zum gegebenen Zeitpunkt nicht nur Teile der Samson-Papiere sondern auch eine persönliche Verteidigungsansprache von Hans Peter Daimler publizieren.

Obwohl mit Ehefrau Renate bereits alles zur Zufriedenheit beider Teile abgesprochen ist, gefährdet in der Folge jedoch Georg

Zanger durch seine Maßlosigkeit den Deal, sodaß sich der »profil«-Herausgeber zum Protest bei seiner Vertragspartnerin genötigt sieht.

Rabl: »Mit dem Herrn Anwalt habe ich geredet, und der ist ein Hallawachl, muß i sagen!«

Daimler: »Wieso?«

Rabl: »Naja. Ausgemacht war doch ein Hunderter und das Exklusivinterview.«

Daimler: »Ja.«

Rabl: »Jetzt teilt der mir seine Planung mit: Es gibt ein Interview fürs ›profil‹ gleichzeitig mit dem ›Kurier‹ und i waß net was no alles.«

Daimler: »Bledsinn!«

Rabl: »Na. Und ich hab' ihm gesagt: Bittschön, ich kann einen Vertrag über Hunderttausend nur abschließen, wenn ich das sehe. Hat er gesagt: Das is net möglich. Und jetzt wird's überhaupt windig...

Der hat offenbar schon irgendetwas anderes gemauschelt mit der... Ja, und dann ›Basta‹ und ›Basta‹ und ›Wiener‹. Das will er so organisieren, daß die das in den darauffolgenden Heften auch gleich drinnenhaben.«

Daimler: »Du, was die anderen nach dir machen, kann dir ja sowieso...«

Rabl: »Na, entschuldige. Der Anwalt kann uns net um hunderttausend Schilling ein Exklusivinterview verkaufen und andere Zeitungen einladen, bitte.«

Daimler: »Guat.«

Rabl: »Er hat schon einteilt g'habt den ›Kurier‹. Da hat er offenbar an die Frau, wie haßt die schnell, eh schon wissen, gedacht, die Bischofberger. Die Bischofberger macht den menschlichen Teil und wir machen den sachlichen Teil. Und so hat er mir bereits ein Drehbuch vorgegeben. Hab i g'sagt, na bitte, das ist ja alles ganz anders ausgemacht...

Du, der Zanger. Der Zanger, ich hab von dem nie einen guten Eindruck gehabt aus der Entfernung. Der hat sehr eigentümlich mit mir verhandelt, muß ich sagen.«

Anschluß: 31 53 5o (Geheim)   D_r. Krista FEDERSPIEL
                                      (Autorengemeinschaft)
                                      Wien 9., Pramergasse 3/11

BAND 21   1.4.1989 o8.oo Uhr
                                     4.4.1989 o8.oo Uhr

Passivanruf durch D a i m l e r   Renate am 2.4.1989
(Zeitaufzeichengerät ausgefallen)
Es meldet sich D . FEDERSPIEL und liest diese den Kurierartikel
vom Samstag den 1.4.1989 betreffend den H.P. DAIMLER der
DAIMLER Reante vor

    D: des ist eigentlich a gute Gschicht
    F: der Ton ist gut
    D: trotzdem wird der ZANGER schäumen, mein Gott i trau
       mi gar net den anrufen. Grad no gestern hab i a heftige
       Diskussion gehabt, denn er wollte an die Presse gehen
       und i hab gsagt na, halt ma den Mund, jetzt schaun mir
       uns des in Ruhe an. Im Grund kann i nur sagen, die Herre
       sollen sich des selber ausmachen, weil des geht immer
       alles über meinen Buckel runter und i werd mi weigern
       des anzunehemen. Weil letztendlich is a gute Gschicht.
       Des hat zwar net der ZANGER gsagt, sondern a anderer,
       was mir wurscht is.
    F: für euch is halt gut
    D: in welcher Zeitung wars?
    F: Kurier, gestern am Samstag
    D: da hab i mit dem ZANGER gred, da hat er garnichts gsagt.
    F: Seite 17, eine halbe Seite und vorne angekündigt, mit
       Foto vom SAMSON. Ich wundere mich, daß er solche ./.

macht, ohn dich anzurufen, oder so
D: er kann mich nicht anrufen
F: er hätt mich anrufen können
D: weißt eh wie solche.....entstehen
F: ja ich weiß eh
D: er findet es geht ganz gut und hat keine Veranlassung mich
   anzurufen, wo er waß, daß es Tage dauern kann bis er mi
   findet. Trotzdem sinds alle Knaker und spielen ihr eigenes
   Spiel und i hoff er verdirbt mir net mein nächstes Spiel, weil
   i waß, daß grad jetzt ein Journalist bei ihm sitzt in Kiel an
   seinem Tisch, weil i hab ihm fragt wie es ihm geht und hat er
   zu mir gsagt "ich kann jetzt nicht sprechen ich hab einen Jour=
   nalistenda". Na servas denk i mir, vielleicht spielt er schon mein
   Spiel von Übermorgen

26.2.1989   10.34 Uhr

D a i m l e r (D) wählt Tel. 63 91 25 und es meldet sich
Peter R a b l von der Zeitschrift "Profil"

Vorerst kurzes belangloses Gespräch......

R: mit dem Herrn Anwalt hab ich geredet und der ist ein Hallawachl muß i sagen
D: wieso?
R: naj, ausgemacht war doch ein Hunderter und das Exclusivinterview
D: ja
R: darauf teilt er mir seine Planung mit, es gibt kein Interview
   fürs "Profil" gleichzeitig mit dem "Kurier" und i was net was
   no alles
D: bledsinn
R: naaa und ich hab ihm gsagt bittschön ich kann einen Vertrag
   über Hunderttausend nur abschließen wenn ich das seh, hat er gsa
   gsagt, des is net möglich und jetzt wirds überhaupt windig,
   das würde das "Profil" life während des Interviews vorgelegt
   bekommen und könnte dann dazu life den Herrn D a i m l e r
   befragen und da hab i gsagt des is alles nicht unseren Ab=
   sprechen entsprechend.
D: na guat, vielleicht sollten wir uns irgendwann einmal wenn
   du Zeit hast zusammensetzen auf ein Glaserl Wein, weil erstens
   weißt du...
R: du waßt, daß ich immer korrekt und es ist immer so abgelaufen
   und du wirst mir zugeben, daß das, oder, du hast nichts zuzu=
   geben, wirst mir bestätigen, daß des ganz was anderes als
   als was wir ausgemacht haben. Der hat offenbar schon irgend=
   etwas anderes gemauschelt mit der, ja und dann "Basta" und
   "Basta" und "Wiener". Des will er a so organisieren das
   "Basta" und "Wiener" in den darauffolgenden Heften auch
   gleich drinnen haben
D: du was die anderen nach dir machen, kann dir ja sowieso
   na entschuldige der Anwalt kann uns net um hunderttausend
   Schilling ein Exclusivinterview verkaufen und andere Zeitungen einladen bitte
   guat
R: er hat scho einteilt gehabt den KURIER, da hat er offenbar an die Frau, wie haßt die schnell, eh schon wissen
   gedacht, am Sonntag, die BISCHOFBERGER die BISCHOFBERGER
   macht den menschlichen Teil und wir machen den sachlichen

298

Teil und so hat er des, hat er mir bereits ein Drehbuch
vorgegeben. Hab i gsagt, na bitte, des is ja alles ganz
anders ausgemacht. Wir sind dann so verblieben, daß er
dann nocheinmal zurückfragen wird, ob das möglich ist,
daß wir das Material vorher sehen

D: na gut, gut i waß ja garnichts weil ich in ugu im Wald-
viertel, hab mich mit nichts beschäftigt, weder mit den
Zeitungen oder sonst was und i bin grad erst zurückgekehrt.

R: wann seh ich dich denn

D: wann du Zeit hast

R: laß mich schaun, irgendwo hab ich meinen Kalender.
Morgen, was tust du Morgen?

D: ich treff mich mit meinem Experten (für Gesundheitsbuch)
und reiß ihm den Oarsch auf, weil er mir schon lange nichts
geliefert hat.

R: aha, tun wir halt kurzfristig was, ruf mich an, i bin eh
immer da, des is des einfachste

D: ja, was meinst, am Abend, am Tag

R: wann immer du willst wir können auf einen Kaffee gehen

D: heute um 18.00 Uhr, was ist mit Dienstag später

R: ja schaut gut aus i bin eh da, i bin sicher bis halb neun
da, ruf mi am Nachmittag an und sag mir wie langs no dauert
und wo wir uns sehen

D: ja gut

R: Bussi

D: und vergiss net, was immer da verhandelt wird, zerst müssen
die den Herrn DAIMLER finden, daß mit dem darüber reden
können de sind eh witzig, die reden da permanent über irgendwelche Geschichten die erst dann gehen....

R: du der ZANGER der ZANGER ich hab von dem nie einen Eindruck gehabt aus der Entfernung der hat sehr eigentümlich mit
mir verhandelt muß ich sagen. Der hat mir kein gutes Gefühl
gegeben, aber des is eine private Bemerkung.

D: aha, na guat, ich finde, daß er immer noch von allen die da
herumgerennt san, is er der Einzige, war der sich halbwegs
normal verhalten hat bisher und immer gmacht hat was i wollt,
nähmlich seinen Mund in der Öffentlichkeit halten.

R: in diesem Fall hat er des net gmacht was du wolltest weil ich
nehm an, daß ihm des weitergesagt hast, was wir ausgemacht haben.

D: na sicher

R: ja eben, und des war gans was anderes was der vor hatte

D: na gut, also wir werden ganz in Ruhe darüber sprechen

R: Bussi

Ende des Gespräches

299

3) Passivgespräch Roderich PROKSCH - MANNSFELD, am 24.03.1989, v.
19.30 - 1942' Uhr.

Zählwerk: 1000 - 1268

Roderich PROKSCH ruft von seinem Büro an. Nach belangloser Unterhaltung:

R: Folgendes, ich hab mit der Eva DEISSEN gesprochen, weil ich vor
   kurzem mit jemand anderen gesprochen hab.
   Wann bist denn Du da wieder vorgeladen?
M: Ja ja, nächste Woche natürlich.
R: Aha.
M: Ich will aber keine DEISSEN, die soll bleiben wo der Pfeffer
   wächst.

R: Wir haben Dich schon gesucht, weil ich beauftragt wurde, mit dem
   Hrn. DICHANT zu reden, aber der ist verreist. Da ist mir sie eingefallen, was viel gescheiter ist und sie ist ein loyaler Mensch,

M: Was hast Du denn ausgemacht?
R: Ich habe ausgemacht, daß ich mit einem Herren gesprochen habe,
   der das gerne hätte.
M: Aha, ach so, der hat das gemeint.
R: Ja, er hat nicht gemeint die Eva, er hat gemeint, ich soll mit
   dem "D.I." reden und da ich mit ihm nicht reden kann, weil er nicht
   da war, wie ich heut in der Früh nagerufen habe ...
M: Du ja, ich mein, es ist sicher irgendwann notwendig.
R: ... ist mir eingefallen, die Eva, und die Eva ist genau die
   richtige, weil sie die Frauen vertritt, wie immer man über sie
   denkt und sie ist fair.

R: Schreib Dir mal ihre Nummer auf, sie weiß bescheid. Ich sag
   ihr jetzt einmal, ich hab Dich nicht erreicht, oder Du würdest
   bitten zu warten, nach der Verhandlung. Ist ihr eh lieber,
   weil jetzt kommt die ZITA, da haben sie eh alles Andere im
   Kopf.
M: Ja sowieso. Verhandlung hin und her, das ist keine Verhandlung,
   sondern nach wie vor nur ein Verhör und ich mein ...
R: Schreib Dir mal ihre Privatnummer auf.
M: Ich rufe sie nicht an, ich will sie nicht anrufen.
R: Überhaupt nicht?
M: Nein, sie ist mir kreuzunsympathisch und es ist ein Ausweg so-
   zusagen, ich mein, wenn man sich an den DICHANT wendet, dann
   wird halt sie in Frage kommen dafür nehme ich an, wobei ich den
   JANEE für genauso gut halte.
R: Nein, halte ich für schlecht.

300

Da hat anscheinend dieser »Hallawachl« tatsächlich versucht, mit einem Schlag gleich viermal hunderttausend Schilling zu kassieren.

Renate Daimler bemüht sich zwar danach noch intensiv, die Situation wieder ins Lot zu bringen, indem sie Zanger telefonisch mitteilt, daß der Rabl »ein Vollkoffer« sei.

Am Ende entschließt sich der »profil«-Herausgeber aus guten Gründen aber doch, dem Daimler-Anwalt eine Abfuhr zu erteilen, indem er ihm kurz und bündig schreibt:

»Am Ende einer mehrmonatigen Diskussion ... übersenden Sie mir einen Vertragsentwurf, der in mehreren Punkten weit über die mündliche Abmachung mit Frau Renate Daimler hinausgeht und uns neben zusätzlichen Kosten auch noch unkalkulierbare journalistische Risken auferlegt.

Sie vergessen offenbar, daß das Interesse an einem Interview durchaus beiderseitig ist. Sie versuchen, daraus ein völlig einseitiges Geschäft zu machen. Da möchte ich nicht mitspielen und trete daher von der Abmachung zurück.«

So liefert schließlich »Basta« die »Schlagzeilen« ganz allein. Das Blatt läßt »die Bombe« in der Mai-Ausgabe 1989 »detonieren«: »...ist es uns gelungen, Peter Daimler aufzuspüren und ein ausführliches Interview mit ihm zu führen.«

Fünf Druckseiten lang darf sich »der Kronzeuge« (»Ich stelle mich nicht nicht, sondern ich suche bei den deutschen Behörden Schutz, um meine Unschuld zu beweisen«) anschließend insbesondere über die »kafkaeske Situation« beklagen, in der er sich befinde:

»Ich komme mir vor, wie ein Jude sich 1938 vorgekommen sein muß. Und der Herr Pretterebner kommt mir wie der Goebbels vor.«

Zur Sache selbst hat er erwartungsgemäß fast nichts zu sagen.

Von »Basta« werden die verlangten hunderttausend Schilling für Daimlers Kriegskassa trotzdem bezahlt.

Worm: Der »Entwanzungsspezialist«

Die polizeilichen Abhörprotokolle im »Fall Lucona« bringen auch bisher völlig unbekannte Neigungen höchst prominenter Journalistenstars ans Tageslicht.

Zur Führung jenes Hunderttausend-Schilling-Interviews, mit dessen Hilfe Daimlers Unschuld – wie erwähnt – auch im »profil« aufgedeckt werden sollte, das dann aber doch ins Wasser fiel, war Alfred Worm von Peter Rabl ausersehen.

Eine vernünftige Entscheidung. Dem allseits anerkannten Chefaufdecker des Nachrichtenmagazins waren die Hintergründe der Lucona-Story immerhin bereits geläufig.

Worm ruft Renate Daimler vereinbarungsgemäß unter dem Geheimanschluß 31 53 50 bei der »Autorengemeinschaft Daimler – Weiss – Federspiel – Schennach« an, beruft sich auf den Peter (Rabl) und bekundet, daß er zur Verfügung stehe.

Aber aus irgendwelchen Gründen schätzt offenbar Renate Daimler Worm nicht sehr. Auch sie hätte lieber einen anderen Journalisten. Einen, auf den sie sich verlassen kann.

Worm habe im »Fall Lucona« schließlich schon ein paar Mal »nicht sehr objektiv« berichtet.

Natürlich läßt Worm einen solchen Vorwurf nicht auf sich sitzen.

»Nein«, protestiert er, er habe »keine Vorbehalte gegen die Objektivität«. Und er beeilt sich, Renate Daimler zu versichern, daß er »die Darstellung dieses Falles von Anfang an, Sie können das wirklich nachvollziehen, in eher objektiver Weise vorgenommen (habe)«.

Fast schon pathetisch setzt Worm fort: »Ich prüfe diese Causa schon seit geraumer Zeit keineswegs mit Schaum vor dem Mund. Das Gegenteil ist der Fall. Es gibt bei mir sehr ernstzunehmende Bedenken, die ich mehrmals, mehrfach geäußert habe.«

Der Aufdeckungsspezialist will damit sagen, daß ohnehin auch er nie recht geglaubt habe, daß die »Lucona« überhaupt jemals gesunken sei.

»In der Tat«, wird Worm danach konkret, »es gibt da zwei gravierende Punkte, die mir vom Anfang an präsent (er meint suspekt) waren:

Das ist der Untergang – und die Rettungsaktion dieses Schiffes ›Sapen‹ im Jahr 1977. Das zweite ist die Aussage des Herrn Puister und seiner Genossen. Die sind mir im höchsten Maß bedenklich seit jeher vorgekommen.«

Aber, aber!

Doch Renate Daimler ist sich trotzdem noch nicht sicher, ob Worm ihr Vertrauen tatsächlich verdient:

»Ich habe mich auch geärgert bei so Kleinigkeiten, daß Sie schreiben, die Kriminalpolizei öffnet meinen Briefkasten. Sie haben mich nie gefragt, ob das wahr ist. Das ist ein reines Klogerücht. Ich habe das nie gesagt.«

Jetzt fühlt sich Worm in seiner Journalistenehre tief getroffen, ärgert sich und dementiert zur Sicherheit einmal: »Wenn Sie mir an einer Stelle nachweisen können, daß ich das je geschrieben hätte, dann gratuliere ich Ihnen dazu!«

Davon sei »nie ein einziges Wort geschrieben worden«.

Renate Daimler ist sich ihrer Sache sicher. Aber auch Worm bleibt dabei:

»Das mit dem Briefkasten habe ich in meinem Leben nie geschrieben!« flunkert er, »das müssen Sie mir zeigen.«

»Das zeige ich Ihnen. Steht zweimal im ›profil‹!«

Worm triumphierend: »Ja, im ›profil‹. Ist nur die Frage, ob es von mir stammt?«

Renate Daimler insistiert: »Ich glaub', das war eine Geschichte von Ihnen.«

Worm: »Aha, dann gratuliere ich dazu!«

Jetzt ist es ihm tatsächlich gelungen, seine Gesprächspartnerin zu verunsichern: »Sie meinen, das war keine Geschichte von Ihnen?«

Worm: »Ich sag' Ihnen nochmals . . .«

Aber Renate Daimler ist noch immer nicht ganz weich: »Meiner Meinung nach war die Geschichte von Ihnen: ›Renate Daimler beschwert sich, daß ihr Briefkasten geöffnet wird von der Kriminalpolizei‹. Das las ich zweimal in verschiedenen Geschichten.«

Sie hat natürlich völlig recht: Das »Klogerücht« stand wirklich zweimal im »profil«, und beide Male war sogar der Autor angegeben – Alfred Worm.

Dem scheint es in diesem Augenblick auch selbst wieder eingefallen zu sein, und es kommt die Volte:

»Ich darf Ihnen, davon abgesehen, versichern: Es stimmt!«

Jetzt ist Renate Daimler baff.

Um nun aber endgültig ihr Vertrauen zu erwecken, stößt Worm mit einer weiteren Enthüllung nach: »Und ich darf Ihnen versichern, es wird nicht nur Ihr Briefkasten gefilzt, es wird auch Ihr Telefon überwacht!«

Das weiß Renate Daimler allerdings auch selbst. Das sei schon lange kein Geheimnis mehr, sagt sie. Es werde übrigens auch dieser Apparat in dem Büro, »auf dem wir uns gerade unterhalten, überwacht«.

Jetzt muß der »profil«-Aufdecker Kompetenz zeigen und beweisen, daß man sich auf ihn und seine Top-Informationen wirklich absolut verlassen kann:

»Ich darf Ihnen versichern, das ist das einzige (Telefon), das nicht überwacht wird!«

Renate Daimler: »Das wundert mich.«

Die Kriminalbeamten zerkugeln sich vor Lachen, während sie die nachfolgenden Ausführungen des »profil«-Enthüllers im Wiener Sicherheitsbüro vom Band abschreiben.

Worm: »Das darf ich Ihnen auch versichern, weil ich weiß, welche Telefone überwacht werden!«

Renate Daimler ist noch immer skeptisch: »Das ist aber komisch . . .«

Worm: »Ob Sie das glauben oder nicht, aber ich weiß, welche Telefone überwacht werden . . .«

305

Renate Daimler: »Ich bin ja froh, wenn Sie mir sagen, dieses wird nicht überwacht...«

Worm: »Das kann ich Ihnen versichern!«

Vom Wissensstand des Starjournalisten schwer beeindruckt, wendet sich Renate Daimler mit einem weiteren Problem an ihn: Sie habe den Verdacht, daß während einer kürzlichen Abwesenheit vielleicht in ihrer Wohnung eingebrochen worden sei.

Laut Aussage eines Nachbarn habe es auf jeden Fall um Mitternacht geraschelt, weshalb sie Worm nun frage: »Wissen Sie, wer es war, und ob mir jemand eine ›Wanze‹ gesetzt hat?«

Was für eine Frage?

»Das ließe sich recherchieren«, ist Alfred Worm in seinem Element:

»Sind Sie sicher, daß eine ›Wanze‹ gelegt wurde?«

Nein, sicher ist Renate Daimler selbstverständlich nicht. Sie sagte ja, daß sie es bloß für möglich hielte. Worm kann sie beruhigen: »Das läßt sich mit einem ganz einfachen und sicheren Mittel feststellen. Ich kann Ihnen mit einem einzigen Rundumschlag feststellen, ob in Ihrer Wohnung einige ›Wanzen‹ drin sind oder nicht.«

Die Worm-Recherche beginnt: »Wie groß ist Ihre Wohnung?«

Renate Daimler: »110 m², drei Zimmer.«

Worm: »In fünf Minuten haben wir heraußen, ob die Wohnung ›verwanzt‹ ist oder nicht!«

Renate Daimler ist begeistert. Und jetzt ist sie auch überzeugt davon, daß Worm anscheinend doch der Richtige auch für geplante Lucona-Geschichte ist. Die beiden verabreden sich für den darauffolgenden Samstag um 10.00 Uhr.

Worm: »Gespräch für eine Stunde, und fünf Minuten für die Entwanzung!«

Ob Worms todsichere Methode bei der »Entwanzung« Erfolg hat, erfährt man beim Studium der weiteren Abhörprotokolle nicht. Irgendetwas läuft bei der Begegnung offenkundig schief, denn schon zwei Tage später beklagt sich Renate Daimler bei ihrer Freundin Sybille Fritsch, die zufällig auch »profil«-Jour-

D: meiner Meinung nach war es die Geschichte von ihnen
    "Renate Daimler beschwert sich, daß ihr Briefkasten
    geöffnet wird von der Kriminalpolizei". Das las ich
    zweimal in verschiedenen Geschichten

W: ich darf ihnen versichern, davon abgesehen, es stimmt

D: das weiß ich, daß mein Briefkasten gefilzt wird, nur hab
    ich nie behauptet, daß er von der Kriminalpolizei ge=
    filzt wird, weil ich das nicht behaupten kann, weil die
    Männer in zivil waren, die meinen

W: ich darf ihnen sagen, es wird nicht nur ihr Briefkasten
    gefilzt, es wird auch ihr Telefon überwacht.

D: ich weiß es, daß ist kein Geheimnis .....

W+D: es wird auch ihr Büro auf dem wir uns gerade unterhalten
    überwacht.

W: ich darf ihnen versichern, daß ist das einzige das nicht
    überwacht wird (Anmerkung : Anschluß 31 53 5o geheim)

D: das wundert mich

W: das darf ich ihnen auch versichern, weil ich weiß welche
    Telefone überwacht werden

D: das ist aber komisch, ich sage ihnen warum, wir haben da
    zwei Leitungen die nicht zusammengehören die permanent zu=
    sammengekoppelt werden zu bestimmten Tagen oder Tageszeiten
    und wir jedesmal wutentbrannt die Post anrufen, daher glaube
    ich,

W: ob sie das glauben oder nicht, nach dem ich weiß, welche
    Telefone überwacht werden

D: ich bin ja froh wenn sie mir sagen dieses wird nicht überwacht

W: das kann ich ihnen versichern

D: wenn sie des a wissen, dann hab ich viel was Interessantes
    sie zu fragen, es waren zwei Männer in meiner Wohnung
    in meiner Abwesenheit, wissen sie wer es war und ob mir jemand
    eine "Wanze" gesetzt hat?

W: das ließe sich recherchieren

D: ich hab, als ich nach Weihnachten zurückkam, kamen meine Nach=
    barn, haben sich aufgeregt, weil sie glaubten ich bin schon
    lang da, weil sie hörten irgendwann um Mitternacht ein paar
    Tage vorher Schlüsseln rascheln und irgendwer ist in meiner
    Wohnung gewesen

307

Anschluß: 31 53 5o (Geheim)   Dr. Krista FEDERSPIEL
                                 (Autorengemeinschaft)
                                 Wien 9., Pramergasse 3/11

BAND 12

DAIMLER Renate, ist ab dem 7.3.1989 wieder in ihren Büro
anwesend.
Passivanruf durch Kurt LANGBEIN (11.oo Uhr) und beschwert sich
bei LANGBEIN über den Herausgeberartikle im Profil. Sie könne
auch nicht von dem von Herrn WORM als sauber bezeichneten
Telefon telefonieren und müsse daher außer Haus gehen.

7.3.1989   14.51 Uhr

D a i m l e r   Renate wählt 63 91 25 (Peter RABL "Profil") (R)

Beschwert sich bei Peter RABL über seinen Herausgeberbrief
in der Zeitschrift Profil und sei dieser Artikel eine Sauerei.
          D: es berechtigt dich nicht, ohne mit mir darüber
             zu reden, einen Herausgeberbrief für das ganze
             Land zu schreiben, wo i vorkomm, ohne das du mi
             jemals fragst, ob mir das vielleicht Recht ist
             und ich hab trotzdem, auch wenn die halbe Stadt
             uns dabei gesehen hat, daß wir miteinander reden.
             Immerhin könnten wir a unter Freunden miteinander
             reden und nicht unbedingt zu diesem Fall. Find

D: der Gag fangt doch weiter unten an, wenn du sagst,
   selbstverständlich erhielt die Staatspolizei keine
   Antwort, aber die ganzen anderen Leser kriegen dann
   sehrwohl eine Antwort und hab ich mit dir auch
   unter dem Redaktionsgeheimnis mit dir gesprochen.
   Ich hab mit dir geredet über ein Themadas zwischen
   uns war, es war einfach nicht korrekt und des mußt
   du wissen
R: dann derfst du di mit mir net in italienische Lokale
   treffen, mit mir dort in großer Lautstärke über
   dieses Thema diskutieren
D: das is okay
R: so daß sich die Leute am Nebentisch umdrahn wann du
   an Ausbruch kriegst, ein Redaktionsgeheimnis kann man
   nur reklamieren, wenn ma sich im geheimen oder nicht
   abgehörten Telefonleitungen unterhält
   Ansonsten belanglose Gespräche

Dr. Krista FEDERSPIEL
                        (Autorengemeinschaft)
                        Wien 9., Pramergasse 3/11

<u>Band 19</u>   9.3.1989 10.00 Uhr-
                        10.3.1989 10.00 Uhr

<u>9.3.1989   12.07 Uhr</u>

Es erfolgt ein Passivanruf am Apparat der Dr. FEDERSPIEL
und führt diese ein Gespräch mit einem "Stefan" (ST). Es
wird vorerst ein belangloses Gespräch geführt und der Tele=
fonhörer an D a i m l e r   Renate weitergegeben:

> D: du, ich weiß nicht ob das von Interesse für die
>   ~~XXXXXXXX~~ "Grünen" ist, aber ich hab schon von
>   zwei verschiedenen Stellen und ich weiß auch nicht
>   ob das die gleichen Dokumente sind, oder ob der
>   zwei Mal gelogen hat, hab ich jetzt zwei Mal gehört,
>   und auch die Quelle angegeben gekriegt, daß der
>   WORM zwamal falsche Zeugenaussagen gemacht hat und
>   zwar im Gerichtsakt, ja und des gibts in an Gerichts=
>   akt den man dann verschwinden lassen hat, weil der
>   Gerichtsoberste ein "schwarzer" ist. Diesen einen Akt
>   von den ich spreche hat a Journalistin gesehen, durfte
>   ihn aber nicht kopieren, will aber versuchen ihn zu
>   bekommen und der Andere den gibts
> ST: zu was war die Aussage?
> D: des haben die mir net gsagt, aber i waß, wenn i mi damit
>   beschäftige, oder jemand damit beschäftigt, dann kann
>   man des kriegen
> ST: interessiert mich sehr
> D: na guat, i werd mi beschäftigen

<u>Anmerkung:</u> Zu diesem Sachverhalt, konnte ein Gespräch
            der D a i m l e r   Renate von ihrem Ge=
            heimanschluß im Büro (31 53 5o) weitere
            Details zu diesem Sachverhalt mitgehört
            werden.
            (Band 13 Anschluß 31 53 5o Gespräch am
             9.3.1989   11.5o Uhr)

                    Weichmann BI

nalistin ist, daß Worm »ein fieser Typ« und ein »linker Hund«
sei, dem man nicht trauen könne.

Und als sich kurz danach Kurt Langbein, ebenfalls vom »profil«, bei Daimler telefonisch zu einem Privatplausch meldet,
weiß sie bereits, daß auch auf Worms Informationen kein Verlaß ist.

Ganz erbost berichtet sie dem Redaktionskollegen, daß natürlich auch der Telefonanschluß, von dem Worm geschworen
habe, daß er »sauber« sei, von der Kripo abgehört wird und sie
deshalb immer außer Haus zu gehen gezwungen sei.

Worms erkennbare Bemühungen, für Daimler Gutes zu tun,
werden auch in weiterer Folge nicht belohnt. Im Gegenteil.
Und es zeigt sich, wie rasch »Liebe« sich zur Rachsucht wan-
deln kann.

Bald wird Renate Daimler ihrer Freundin Krista Federspiel
eine, wie sie meint, interessante Neuigkeit berichten: »Gestern
hat mir die Susi Riegler (Daimler-Freundin aus der ›Basta‹-
Redaktion) erzählt, daß es einen Akt gibt, wo nachweislich
drinnensteht, in an Gerichtsakt, daß der Worm zweimal objektiv und subjektiv eine unwahre Zeugenaussage gemacht
hat.«

»Der Worm?« fragt jene ganz erstaunt zurück.

Die Bestätigung erfolgt prompt: »Ja. Sie hat den Akt gesehen,
... und sie will zu dem Akt kommen, weil sie gerne eine böse
Worm-Geschichte machen möchte.«

Fünf Minuten später meldet sich Bruno Seiser, ein weiterer
Journalistenfreund, bei Renate Daimler.

Sofort wird er gefragt, ob er nicht ebenfalls eine Geschichte
über Worm schreiben will: »Weil beim Worm zum Beispiel
kann man nachweisen, und zwar ist das in einem Gerichtsakt
drin, den man wahrscheinlich auch bekäme, wenn man sich ein
bißl anstrengt, daß er falsche Zeugenaussagen gemacht hat, was
gerade bei ihm natürlich ein guter Gag ist.«

Seiser findet die Idee »net unlustig«, und man beschließt, darüber nicht weiter am Telefon zu reden, sondern sich zu treffen.
Nächster Anruf bei Renate Daimler. Wieder ist ein Freund am

Apparat: Stefan Schennach, der Pressereferent des »grünen«
Klubs im Parlament.
Renate Daimler fällt gleich mit der Tür ins Haus, wobei auffällt,
wie erstaunlich rasch ihr »Wissensstand« sich in der Zwischenzeit bereits vergrößert hat:
»Du, ich weiß nicht, ob das von Interesse für die Grünen ist,
aber ich hab' schon von zwei verschiedenen Stellen – aber ich
weiß auch nicht, ob das die gleichen Dokumente sind, oder ob
der zweimal gelogen hat – habe ich jetzt zweimal gehört und
auch die Quelle angegeben gekriegt, daß der Worm zweimal falsche Zeugenaussagen gemacht hat, und zwar im Gerichtsakt.
Ja, und das gibt's in einem Gerichtsakt, den man dann verschwinden lassen hat, weil der Gerichtsoberste ein ›Schwarzer‹
ist . . .«
Der Pressechef der GRÜNEN ist begeistert: »Das interessiert
mich sehr!«

»Die Lucona ist gar nicht gesunken«

Im Spätsommer 1989 ist die öffentliche Meinung in bezug auf den »Fall Lucona« schon weitgehend ruhiggestellt.
Die Medien sind müde. Die politischen Akteure fühlen sich ausgepowert. Jeder hat jeden angepatzt.
Ein Teil der Sozialisten und die GRÜNEN trauern um Karl Blecha, weil er schließlich einer der letzten großen »linken, liberalen Politikerpersönlichkeiten« war.
Dem Nationalratspräsidenten Leopold Gratz, der bei seinem Rücktritt im Plenum des Parlaments von beinahe allen Abgeordneten mit »standing ovations« bedacht wurde, weint selbst die ÖVP-Spitze in selten anzutreffender Geschlossenheit dicke Tränen nach.
Für die Regierung ist trotzdem plötzlich wieder Feuer am Dach. Jetzt ist es die Justiz, die sich anschickt, die Nachtruhe der Republik aufs Neue zu bedrohen.
Verschiedene Staatsanwälte prüfen die Ergebnisse des Untersuchungsausschusses. Es sieht so aus, als würde man tatsächlich eine Serie von Anklagen gegen hohe und höchste Staats-Repräsentanten in Erwägung ziehen.
In Betracht gezogen werden Ermittlungen unter anderem gegen folgende Persönlichkeiten wegen des Verdachtes von:
Leopold Gratz, Ex-Außenminister und Ex-Nationalratspräsident und Ehrenvorsitzender der Wiener SPÖ auf Lebenszeit: Mißbrauch der Amtsgewalt, Fälschung eines Beweismittels, Täuschung, falsche Beweisaussage vor Gericht.
Karl Blecha, Ex-Innenminister und amtierender stellvertretender Vorsitzender der SPÖ: Mißbrauch der Amtsgewalt, Begünstigung, falsche Beweisaussage, Täuschung, Urkundenunterdrückung, Anstiftung zur falschen Beweisaussage.

Karlheinz Demel, suspendierter Gerichtspräsident: Mißbrauch der Amtsgewalt, Begünstigung, falsche Beweisaussage.

Eduard Schneider, amtierender Leiter der Oberstaatsanwaltschaft Wien: Mißbrauch der Amtsgewalt, Begünstigung, falsche Beweisaussage.

Armin Hermann, amtierender Sektionschef und ehemaliger Leiter des Staatspolizeilichen Dienstes: Mißbrauch der Amtsgewalt, Begünstigung, falsche Beweisaussage, Unterlassung der Verhinderung einer mit Strafe bedrohten Handlung.

Otto F. Müller, amtierender Leiter der Generalprokuratur beim Obersten Gerichtshof: Mißbrauch der Amtsgewalt, Bestimmung zur Begünstigung.

Werner Wasserbauer, amtierender Generalanwalt: Mißbrauch der Amtsgewalt, Begünstigung, Verletzung des Amtsgeheimnisses.

Robert Danzinger, amtierender Generaldirektor für die öffentliche Sicherheit: Falsche Beweisaussage, Beihilfe zur Täuschung.

Robert Köck, amtierender Interpol-Chef: Mißbrauch der Amtsgewalt, Bestimmung zur Begünstigung.

Günther Thaller, Sicherheitsdirektor: Begünstigung, Verleumdung, falsche Beweisaussage.

Das erste Strafverfahren wird bereits am 10. August 1989 eingeleitet.

Die Staatsanwaltschaft Wien beantragt gerichtliche Vorerhebungen gegen Eduard Schneider, den amtierenden Leiter der Oberstaatsanwaltschaft Wien, wegen des Verdachtes des Amtsmißbrauchs und falscher Zeugenaussage vor dem Untersuchungsausschuß (das Verfahren wird später über Weisung des Justizministers wieder eingestellt werden) und führt dazu unter anderem aus:

»Es besteht aber auch der Verdacht des Mißbrauchs der Amtsgewalt ... Im Zusammenhang mit den übrigen Ergebnissen des Lucona-Untersuchungsausschusses, nämlich einer einseitigen Bevorzugung des Udo Proksch durch die Justiz und andere öffentliche Stellen, erscheint überdies der Verdacht gegeben, daß auch Dr. Schneider seine Position als Leitender Oberstaatsan-

314

Landesgericht für Strafsachen
Wien

Geschäftszahl _____ Vr 08078/89

Eingel. am 1 4. AUG. 1989 Uhr Min.
fach mit Beila 1 Akten
Herrn Untersuchungsrichter
h i e r
Halbschriftzeichen der Staatsanwaltschaft 38 St 44174/89

Antrags- und Verfügungsbogen für Vorerhebungen

Strafsache

gegen   Leitenden Oberstaatsanwalt   , geboren am
Dr. Eduard S C H N E I D E R

wegen   Vergehens der falschen Beweissussge nach § 288 Abs.
1 und 3 StGB und Verbrechens des Mißbrauches der Amtsgewalt nach § 302 Abs. 1 StGB

Es besteht aber auch der Verdacht des Mißbrauches der
Amtsgewalt, zumal die betreffende Weisung formell gegen
die Bestimmung des § 29 Abs. 1 StAG verstoßen hat und
überdies auch ein Verstoß gegen § 8 Abs. 3 StAG vorlag.
Im Zusammenhang mit den übrigen Ergebnissen des Lucona-
Untersuchungsausschusses, nämlich einer einseitigen
Bevorzugung des Udo Proksch durch die Justiz und andere
öffentliche Stellen, erscheint überdies der Verdacht
gegeben, daß auch Dr. Schneider seine Position als Leitender
Oberstaatsanwalt dazu mißbraucht hat, für den Proksch
unterstützenden Kreis, wozu zweifellos die deshalb bereits

aus ihren öffentlichen Funktionen ausgeschiedenen ehemaligen Bundesminister Gratz und Blecha zu zählen sind,
durch die Weisung, das Verfahren gegen die Genannten
einzustellen, einseitig Partei ergriffen hat. Durch
die ersuchten Vorerhebungen wolle daher dieser Verdacht
abgeklärt werden.

Staatsanwaltschaft Wien
am 10. August 1989

Staatsanwalt
Dr. Othmar KRÜPL
Für die Richtigkeit der Ausfertigung
der Vorsteher der Geschäftsstelle

315

27 St 12.728/88-2

10 86/88

An die

Oberstaatsanwaltschaft Wien

Betrifft: Strafsache gegen Leopold GRATZ, Karl BLECHA, Dr. Heinz DAMIAN, Dr. Otto F. MÜLLER, Dr. Richard JÄGER und Dr. Karlheinz DEMEL wegen §§ 302 StGB u.a. Delikte;

Bezug: § 8 Absatz 1 StAG, telefonische Weisung des Leiters der Oberstaatsanwaltschaft Wien vom 22.2.1988;

Berichtsverfasser: Staatsanwalt Dr. Robert Schindler.

Auftragsgemäß wird berichtet, daß im Hinblick auf die bereits im Verfahren gegen Udo PROKSCH und Hans Peter DAIMLER erfolgte Prüfung der von Hans PRETTEREBNER gegen die im Betreff Genannten erhobenen Vorwürfe am heutigen Tag beim Untersuchungsrichter des Landesgerichtes für Strafsachen Wien die Erklärung gemäß dem § 90 Absatz 1 StPO abgegeben wurde.

Staatsanwaltschaft Wien

am 24.2.1988

Vernehmung des Beschuldigten

Gericht:	LG für Strafsachen Wien
Tag und Stunde des Beginnes der Vernehmung:	22.9.1989 um 9.00 Uhr
Strafsache:	gegen Dr. Eduard Schneider

Anwesende:

Richter:	Dr. Schifter
Schriftführer:	VB Hellinger
Beschuldigter:	Dr. Eduard Schneider

Der Beschuldigte wird ermahnt, alle Fragen bestimmt, deutlich und wahrheitsgemäß zu beantworten.

Er gibt über seine persönlichen Verhältnisse an:

Familienname(n)	Dr. S c h n e i d e r
Vorname(n)	Eduard
Frühere Namen (vor Verehelichung, Adoption, Namensgebung oder Namensänderung)	
Ruf-, Haus- oder vom Beschuldigten geführte falsche Namen	
Namen der Eltern	Eduard und Anna
Namen des Gatten	Edeltraud
Tag, Monat, Jahr der Geburt	20.10.1931
Ort, pol. Bezirk, Land der Geburt	Wien
Staatsangehörigkeit(en)	Österreich
Beruf und Stellung im Beruf	Leitender Oberstaatsanwalt
Letzter Wohnort — Aufenthaltsort, pol. Bezirk, Straße, Hausnummer	2620 Neunkirchen, Nestroygasse 5 pol. gemeldet
Schulbildung	4 J VS, 8 J Mittelschule mit Matura 8 Semester Jusstudium mit Doktor-at
Vermögen	Sparbücher, PKW , Lebensversicherung
Einkommen	ca S 45.000,-- monatl. netto
Sorgepflichten	Gattin
Ungetilgte gerichtliche Verurteilungen	keine

StPOForm. Prot 1 (Protokoll über die Vernehmung des Beschuldigten)
Ed 611.701/7 - II 2/79

walt dazu mißbraucht hat, für den Proksch unterstützenden Kreis, wozu zweifellos die deshalb bereits aus ihren öffentlichen Funktionen ausgeschiedenen ehemaligen Bundesminister Gratz und Blecha zu zählen sind, durch die Weisung, das Verfahren gegen die Genannten einzustellen, einseitig Partei ergriffen hat.«

Nun besteht »Handlungsbedarf«, wie Bundeskanzler Franz Vranitzky in einem solchen Fall zu sagen pflegt: Spätestens jetzt muß klargestellt werden, daß Proksch und Daimler tatsächlich in Wahrheit unschuldig Verfolgte sind.

Der Umweg über Deutschland hat nicht funktioniert. Auch in Kiel kam ein Ermittlungsverfahren der Staatsanwaltschaft gegen Hans Peter Daimler in der Zwischenzeit in Gang. Der Traum, die deutschen Behörden würden es unter der Anleitung des Professors Erich Samson, dem Institutsvorstand für Wirtschaftsstrafrecht an der Kieler Universität, sofort ablehnen, eine Anklage zu erheben, war längst ausgeträumt.

Im August 1989 liegt der Ball wieder bei Udo Proksch: Er selbst ist es, der nun nach Österreich zurückkehren muß, denn die breite Öffentlichkeit wird nicht mehr an seine Unschuld glauben, solange er sich auf der Flucht befindet.

Prokschs einflußreichen Freunden unter den Mächtigen in Österreich und seinen Anwälten, allen voran dem kleinen Gabriel Lansky, der seine Laufbahn einst als Konzipient des »SPÖ-Kronjuristen« und Verfassungsrichters Wilhelm Rosenzweig begann, gelingt nunmehr ein wahres Meisterstück:

Unter der Führung des suspendierten Gerichtspräsidenten Karlheinz Demel wurde inzwischen eine bis heute der Öffentlichkeit unbekannt gebliebene Studie erstellt, die für Udo Proksch einen alles entscheidenden Trumpf zu beinhalten schien, wenn es gelänge, diesen auszuspielen.

Unter Zuhilfenahme von Computeranalysen, die Demel durchführen ließ, rekonstruierte die Proksch-Crew die gesamte Reiseroute der »Lucona« bis zu jener Stelle, wo sie explodierte.

Das Ergebnis war sensationell. Die Mannschaft jenes türkischen Öltankers, die die »Lucona«-Überlebenden im Jänner

1977 aus dem Ozean barg, hatte ihre damalige Position mit 08.50 Nord und 70.30 Ost bestimmt.

Nach den Berechnungen von Proksch & Co. mußte das von ihm versenkte Schiff jedoch an einer davon weit entfernten Position gesunken sein. Die Türken schienen damals offenkundig keine zuverlässige Methode zur Positionsbestimmung angewandt zu haben.

Die Überreste der »Lucona«, dessen waren sich Proksch und seine Freunde sicher, mußten ganz woanders liegen, als dies bis dahin vermutet wurde. Darin, so dachten sie nun, läge ihre größte Chance.

Der nachfolgende Deal auf allerhöchster Ebene ist rasch vereinbart. Für die politische Absicherung wird ebenfalls gesorgt.

Man wird dem Antrag Folge leisten, den Proksch bereits im März 1988 durch seinen Anwalt Gabriel Lansky stellen ließ, um die Anklageerhebung zu verzögern:

An jener Stelle im Indischen Ozean, wo das »Lucona«-Wrack nach Aussage der Überlebenden und ihrer türkischen Lebensretter angeblich liegen soll, wird noch im Spätherbst 1989 – während Proksch sich weiterhin verborgen hält – von einem Bergeunternehmen der Meeresboden abgesucht.

Nachdem das Wrack dort, wie man glaubt, nicht liegen kann, wird man es auch nicht finden. Damit würde bewiesen sein, daß die »Lucona« in Wahrheit nie gesunken sei – und die Anklage wegen »Gefährdung durch Sprengmittel« fällt.

Im Triumpfzug kehrt Proksch nun freiwillig nach Österreich zurück und stellt sich der Justiz. Weil er »sozial integriert« ist und eine Fluchtgefahr nicht mehr besteht, bleibt er auf freiem Fuß. Wenn es danach überhaupt noch zu einem Prozeß kommen sollte, dann schlimmstenfalls wegen verschiedener Betrugshandlungen zum Schaden der Versicherung. Das wird er überstehen.

Proksch ist mit den Plänen seiner Freunde einverstanden. Er bereitet sich auf seine freiwillige Rückkehr spätestens im Jänner 1990 vor.

Eine Schlüsselrolle bei der Verwirklichung der Proksch-Pläne wird in der Folge ein Mann namens Gerhard Litzka spielen, der in seiner Eigenschaft als Pressesprecher im Bundesministerium für Justiz der breiten Öffentlichkeit kaum bekannt ist, obwohl er einerseits eine wichtige Funktion innerhalb des sozialistischen Establishments einnimmt, und andererseits spätestens seit dem Amtsantritt von Nikolaus Michalek in Wahrheit als »der heimliche Justizminister« gilt.

Prokschs erstmaliger Antrag vom März 1988, nach dem Wrack zu tauchen, wurde schon erwähnt. Die Staatsanwaltschaft lehnte ab, weil die angeklagte Tat hinreichend bewiesen sei, und das Oberlandesgericht Wien entschied am 2. August 1988 ebenfalls, daß eine zusätzliche Aufklärung des Sachverhaltes in Form einer Wracksuche nicht nötig sei.

Auch Justizminister Foregger erklärte noch im Spätherbst 1988 im Parlament, daß ein derartiges Unternehmen, das »bei höchst ungewissem Erfolg« an die dreißig oder vierzig Millionen Schilling kosten würde, entbehrlich sei, weil die Beweise ohnehin »erdrückend« sind.

Gerhard Litzka aber schafft es, die Meinung des Justizministers umzudrehen.

Im Herbst 1989 sagt sogar Egmont Foregger auf einmal das genaue Gegenteil: Es sei »nicht unbillig, dem Antrag auf Wracksuche stattzugeben«.

Jetzt gewinnt auch Erich Samsons »Dossier« endlich seinen wahren Sinn. Die Vorarbeit macht sich bezahlt.

Der österreichische Lucona-Akt, der die Grundlage für die Anklage der Staatsanwaltschaft bildet, strotze nur so von »Merkwürdigkeiten, Widersprüchen, Ungereimtheiten und Lügen«, führt der Kieler Rechtsprofessor darin aus, und dreht den Spieß kaltblütig um, indem er mit zynischer Gelassenheit die Opfer des Verbrechens als die wahren Schuldigen darstellt.

Die Glaubwürdigkeit der von den Wiener Staatsanwälten favorisierten Belastungszeugen sei »grundlegend und endgültig erschüttert«.

In Wahrheit sei, gibt Samson nun die Linie vor, das Schiff während der Fahrt von Chioggia nach Port Said »entladen worden«, vermutlich hätte die »Lucona«-Mannschaft Prokschs und Daimlers hochwertige Fracht unterwegs verkauft.

Es stehe fest, daß Kapitän Jacob Puister und sein Steuermann van Beckum Lügner seien und daß die beiden »mit dem Schiff Manipulationen vorgenommen haben, die sie nunmehr durch die Behauptung des Untergangs des Schiffes und einer Explosion zu verdecken suchen«.

Schützenhilfe kommt auch aus der Schweiz. Proksch-Anwalt Ludwig A. Minelli stößt ins selbe Horn: Explodiert sei die »Lucona« keinesfalls, weiß der prominente Schweizer Advokat, tatsächlich sei sie »nicht einmal gesunken«.

Für die gute Sache setzt Minelli sogar seinen Schwiegersohn Peter Harewood ein, der aus Barbados stammt. Auf der Karibik-Insel werden Aufrufe veröffentlicht und mit recht eigentümlichen Methoden nach Einheimischen gesucht, die bezeugen könnten, daß die angeblich auf der »Lucona« umgekommenen schwarzen Barbados-Matrosen in Wahrheit noch am Leben sind.

Zwar findet Harewood solche Zeugen nicht – im Gegenteil –, doch hält dies Ludwig A. Minelli keineswegs von der Behauptung ab, die angeblich Getöteten seien höchstwahrscheinlich gar nicht tot, und wenn, so könnten sie ja auch von den holländischen Offizieren der »Lucona« erschlagen worden sein.

In Holland wiederum versucht man es gleich direkt bei einem der Überlebenden. Man glaubt zu wissen, daß der ehemalige Steuermann Jaap van Beckum ein im höchsten Maß labiler Mensch geworden sei.

Tatsächlich konnte van Beckum den Verlust seines Schiffes, sein schreckliches persönliches Erlebnis und das tragische Schicksal seiner toten Kameraden niemals ganz verwinden und begann zu trinken. Er leidet unter Depressionen, wurde schließlich arbeitsunfähig und hat daher oft Geldprobleme.

Bereits im Juni 1989 wird ein ehemaliger Spitzenbeamter der Amsterdamer Polizei von Österreich aus engagiert, um in seiner nunmehrigen Eigenschaft als Leiter eines privaten »Commercial Crime Bureau« bei der Neuaufrollung des »Falles Lucona« mitzuwirken.

Gerard Toorenaar, so heißt der Mann, war viele Jahre in Amsterdam als leitender Drogenfahnder tätig. Nach einem Disziplinarverfahren wegen des Verdachtes der Zusammenarbeit mit einem internationalen Drogensyndikat quittierte er den Dienst bei der Polizei.

Sein Honorar erhält Toorenaar aus Mitteln der Schweizer Proksch- und Daimler-Firma Zapata AG. Die gestellte Aufgabe: Er soll Jaap van Beckum dazu bringen, seine bisherigen Zeugenaussagen zu überdenken, mit Toorenaar einen Notar aufsuchen und »eine neue Aussage« ablegen.

Toorenaar bietet van Beckum hiefür namens seiner Auftraggeber 25.000 holländische Gulden (rund 150.000 Schilling) an.

Als ich Toorenaar in Amsterdam gegenübersitze, hat er – nach einem Bericht des holländischen Fernsehens über die beabsichtigte Zeugenhonorierung – den seltsamen Auftrag schon zurückgelegt. Er habe ja nicht wissen können, sagt er, in was er da geraten sei.

Ob seine Auftraggeber tatsächlich geglaubt hätten, frage ich ihn, den Steuermann mit einer so geringen Summe zu einer Falschaussage zu bewegen?

Darauf erwidert Toorenaar, das sei ja nur ein allererstes Angebot gewesen. Er habe ein viel höheres Pouvoir gehabt.

Auch einigen ausgewählten Medien fällt jetzt neuerlich eine entscheidende Aufgabe zu. Das bevorstehende Nichtauffinden des »Lucona«-Wracks muß publizistisch vorbereitet werden. Und tatsächlich werden, unbekümmert um die Logik und die wahren Sachverhalte, die mühelos recherchiert werden könnten, bereitwillig manchmal selbst die dümmsten der von Samson, Demel und Schönbauer in die Welt gesetzten Gerüchte und Spekulationen kolportiert.

Eine besondere Rolle nimmt hiebei wieder Michael Prager ein, Bruder der »AZ«-Journalistin Tessa Prager (jetzt bei »News«) und Schwager des Kurzzeit-Journalistenpräsidenten Paul Yvon,

indem er zunächst einmal den alten Hut rund um die »Waffen-
und Geheimdiensttheorie« erneut aufwärmt.

Im staatlich hochsubventionierten »Forum«, das zwar beinahe
unter Ausschluß der Öffentlichkeit erscheint, für einen kleinen
Kreis sehr einflußreicher Leute, zu denen auch der »heimliche
Justizminister« Gerhard Litzka zählt, jedoch fast schon als Bi-
bel gilt, schreibt er:

»Die Sowjet-Union wäre ebenso wenig erfreut, wenn bekannt
wird, daß sie etwas an: sagen wir: Südafrika liefern wollte, wie
die USA bei, sagen wir Libyen. Daß der israelische Geheimdienst schon Schiffe abgefangen haben soll und gekapert, ist
ebenso bekannt, wie daß der französische schon welche gesprengt hat.«

Ähnlich Abenteuerliches hat auch Proksch-Freund Georg Biron
bereits publiziert:

»Der Proksch-Frachter muß ausgetauscht worden sein – gegen
ein Schwesternschiff ähnlicher Baureihe, nämlich gegen eines,
das drei Monate im afrikanischen Hafen Dakar gelegen war und
das als falsche ›Lucona‹ schließlich am 23. Jänner 1977 kurz
nach 16 Uhr im Indischen Ozean unterging.«

Weil ich wissen möchte, was einen anerkannten Schriftsteller
und Autor veranlaßt haben mag, derartigen Unsinn zu verbreiten, lade ich Georg Biron zu mir ein.

Da sagt er mir in verblüffender Offenheit: »Ich habe gar nichts
recherchiert!« Er habe es nur getan, weil ihn erstens der Anwalt
Georg Zanger darum gebeten habe, das zu schreiben, und weil
er damit zweitens den so schwer angegriffenen SPÖ-Politikern
helfen will.

Denselben Faden nimmt auch Michael Prager auf, und er, so
hat es den Anschein, hat tatsächlich recherchiert, obwohl in
Wirklichkeit der Urheber der krausen Desinformations-Theorie
niemand anderer als Prokschs »Schiffahrtssachverständiger«
Erwin Rainer Schönbauer ist:

»Da gibt's ein Schwesterschiff der ›Lucona‹, die ›Jytte Steen‹
(davor ›Cappenberg‹), das lag um genau diese Zeit drei Monate
in Dakar im Hafen, vom 10. 12. 76 bis zum 31. 3. 1977. Aber

aus dem Hafenbuch fehlen, wie zu vernehmen ist, die entsprechenden Seiten.

Da gibt's eine Reederei, der sowohl die ›Lucona‹ einmal gehört hat (als sie noch ›Steinberg‹ hieß), als auch die ›Cappenberg‹, die August Bolten/Hamburg, die besaß einst auch einmal ein Schiff namens ›Scheersberg‹.

Die ›Scheersberg‹ war 1968 aus Antwerpen nach Genua unterwegs, mit Yellow Cake an Bord, der Transport wurde deshalb von Euratom überwacht.

Das Schiff ist dort mit seiner Ladung nie angekommen. Es gab lange Berichte über diesen Fall, sogar einen Roman und die These, das Schiff sei vom israelischen Geheimdienst Mossad durch ein Schwesternschiff ausgetauscht worden.

Inzwischen, vor etwa drei Jahren, soll der Mossad schon selbst zugegeben haben, Schiff und Ladung gekapert zu haben.«

Ganz genau weiß Prager freilich nicht, wie's wirklich war. Nur eines ist für ihn vollkommen klar:

»Das Schiff ist nie untergegangen, es tuckert entweder umlakkiert weiter auf den Weltmeeren herum, oder ist zwischenzeitlich schon längst verschrottet worden, auch die Seeleute sind nie ums Leben gekommen, sie erfreuen sich bester Gesundheit und neuer Papiere.«

Udo Proksch kann demnach niemals ein Täter sein. Im Gegenteil: Er selbst wurde zum Opfer eines Verbrechens, das ihm nun die Mannschaft der »Lucona« – siehe Samson – in die Schuhe schiebt.

Prager weiß auch ganz genau, wo und wie die Holländer den Frachter kurzerhand verschwinden ließen:

»Rund zweieinhalb Tagesreisen nördlich vom angeblichen Untergangsort liegt Karatschi, und dort gibt's einen riesigen Schiffsfriedhof, Pakistan bezieht so – ganz offiziell – einen großen Teil seines Stahlbedarfs.

Da fährt man bei Flut hinein und setzt das Schiff auf Grund. Wenn dann die Ebbe kommt, rücken die Arbeiter mit Schneidbrennern an und zerlegen das Schiff. Was brauchbar ist, wird verwertet, der Rest eingeschmolzen.

Zum damaligen Schrottpreis von S 1,– pro Kilo Stahl ergibt das an die 60 Dollar pro Tonne, das macht über 50.000 Dollar für die rund 900 Tonnen der ›Lucona‹, ohne Ladung, nur zum Schrottwert.«

Der wahre Durchbruch für den Plan, das Wrack der »Lucona« an jener Stelle im Indischen Ozean suchen zu lassen, wo es niemals gefunden werden kann, gelingt freilich erst mit Hilfe der »Kronen-Zeitung«.

Michael Jeannée, der Starreporter des Kleinformats, das in Österreich das Meinungsklima monopolartig beherrscht, bringt es in professioneller Kürze (»Ich bin ja kein Tüftler!«) auf den Punkt:

»Der holländische Kapitän ist ein bezahlter ›Märchenerzähler‹. Seine Lucona ist weder explodiert, geschweige denn untergegangen. Sie wurde in irgendeinem obskuren Hafen umgespritzt und dampft heute unter anderem Namen durch die Sieben Meere.«

Selbst das »profil« kann sich der plötzlich ausgebrochenen allgemeinen Überzeugung nicht entziehen. Ganz aufgeregt läßt Alfred Worm ein Fernschreiben nach dem anderen nach Südamerika absetzen, weil irgendwer behauptet hat, man habe die »Lucona« unbeschädigt in einem südamerikanischen Hafen vor Anker liegen gesehen.

Tatsächlich durchführen kann die zwischen Udo Proksch und den Emissären der Regierung ausgehandelte »Lucona«-Suche nur der zuständige Richter – Hans-Christian Leiningen-Westerburg –, bei dem der Akt schon seit Oktober 1988 liegt.

Mangels Anwesenheit des Angeklagten war bisher freilich nicht sehr viel für ihn zu tun.

Erst im September 1989 wird plötzlich auch Richter Leiningen aktiv, obwohl er nicht die geringste Ahnung davon haben kann, daß Udo Proksch sehr bald zurückkehren will.

Richter Leiningen entschließt sich, noch im Herbst des Jahres 1989, vor der Anberaumung einer Hauptverhandlung, die er ohne Angeklagten selbstverständlich auch nicht anberaumen kann, die Wracksuche in Gang zu bringen.

2o.qu Vr 8o24/84

Hv 5386/88

Herrn

Dipl.Ing. Kurt Wiederhol

Karlauergürtel 29-31

8o2o Graz

Sehr geehrter Herr Dipl.Ing.

Wie Sie gehört haben, sollen Sie mit Firmen in
KOntakt stehen, die bereit wären, das am 23.1.1977 um 12.oo Uhr
GMT angeblich gesunkene Motorschiff Lucona gegen ein Erfolgs-
honorar zu suchen und allenfalls zu bergen bzw. zumindestens
dieses Schiff soweit zu photographieren, daß genauere Aussagen
über die Ursache des Unterganges getroffen werden können.

Ich übermittle Ihnen daher zwei Ablichtungen
von Seekarten, auf der die "Sinking Bosition" des Schiffes
eingetragen ist und ersuche Sie, mir die Namen von Firmen,
die einen derartigen Auftrag übernehmen würden, bekanntzugeben. Nach Möglichkeit mögen auch die Honorarforderungen
bekanntgegeben werden, die bei Auffindung des Schiffes von
den entsprechenden Bergefirmen gestellt werden würden.

Hochachtungsvoll

Landesgericht für Strafsachen Wien
Abt. 2o.qu, am 15.9.1989

326

Nein, eine Absprache mit ihm seitens der Proksch-Verteidiger und/oder der Regierung, versichert Richter Leiningen, habe es nicht gegeben. Wenn es von langer Hand geplant gewesen sei, ihn zu seiner Handlungsweise zu bestimmen, dann habe man dies »sehr geschickt« gemacht.

Er habe den Entschluß aus eigenem gefaßt, wenn er auch keineswegs bestreiten will, daß er mit Ministerialrat Gerhard Litzka persönlich eng befreundet ist, und daß mit diesem »sicher auch oft über den Fall gesprochen« wurde.

So wie Leiningen auch informell, ebenfalls schon im September, mit Walter Voigt, dem Inhaber des seltsamen Wiener Schatzsuch-Unternehmens »Marine MAR Invest«, Kontakte unterhält.

Derselbe Voigt war es, der Proksch schon 1988 erstmals auf die Idee mit der Wracksuche brachte. Proksch-Anwältin Monika Pitzlberger war als Rechtsberaterin und Gründungshelferin für Voigts Unternehmen tätig.

Über Vermittlung des Leiters des Amtes für Wehrtechnik, Friedrich Dechant und dessen Mitarbeiters Ingo Wieser, wendet sich Richter Leiningen schließlich an den Grazer Zivilingenieur und Waffenhändler Kurt Wiederwohl, übermittelt diesem zwei Seekarten mit der »sinking position« der »Lucona« und ersucht um Bekanntgabe von Firmen, die das Wrack auf »Erfolgshonorarbasis« suchen würden.

Richter Leiningens schriftliche Anfrage an Wiederwohl trägt das Datum 15. September 1989.

Zwei Wochen, bevor Udo Proksch durch eine Verkettung unvorhersehbarer Umstände – ungeplant und eindeutig zu früh – am Schwechater Flughafen verhaftet wird.

»Which service are you working for?«

Der kleine, korpulente und leicht hinkende Mann mit Toupet, der am 28. September 1989 am Manila International Airport einen prallgefüllten, schweren, schwarzen Pilotenkoffer zum Schalter der Cathay Pacific Airways schleppt, wirkt trotz seiner blaubgefärbten Kontaktlinsen und des feschen grünen Lacoste-Leibchens, das er unter dem zerknitterten schwarzen Anzug trägt, recht ungepflegt.

Das First-Class-Ticket, das er sich für umgerechnet mehr als hunderttausend Schilling unter dem Namen F. Symroud für einen Weltrundflug von Manila über Hongkong, London, New York, Denver, Los Angeles, San Francisco, Seattle, Tokyo und wieder zurück nach Manila ausstellen läßt, bezahlt er cash.

Um 18.45 Uhr Ortszeit checkt der Mann für den Flug CX 902 nach Hongkong ein. Der österreichische Reisepaß, den er bei der Grenzkontrolle vorweist, lautet auf den Namen Alfred Semrad.

Der Mann mit dem Pilotenkoffer, der unter seinem wahren Namen Udo Proksch auf allen internationalen Fahndungslisten steht, merkt nicht, daß ihm jemand folgt.

Tatsächlich hat ein Mitarbeiter des deutschen Bundesnachrichtendienstes Udo Proksch alias Alfred Semrad schon seit Stunden im Visier.

Nach einem diskreten Hinweis eines philippinischen Kollegen war für den Deutschen Prokschs Identifizierung trotz Gesichtsoperation, neuer Nase, Bart, Toupet und implantierter Augenbrauen ein Kinderspiel.

Nach einem dreitägigen Zwischenstop in Hongkong bricht Udo Proksch am 1. Oktober um 22.50 Uhr zum Weiterflug mit British Airways nach London auf. Zu seiner großen Freude darf er zusammen mit Joan Collins fliegen, dem »Biest« aus der Fernsehserie »Dynasty«.

In der Themse-Stadt steht für Proksch nur ein Kurzbesuch bei seinem Sohn Ben und ein Inkassotermin auf dem Programm. Proksch erhält auch während seiner Flucht das Entgelt seiner japanischen Demel-Lizenznehmer in der Höhe von mehr als 50.000 Dollar jährlich vertragsgemäß in London ausbezahlt. Anschließend soll es sofort nach New York weitergehen.

Aber es kommt alles anders. Sogleich nach seinem Abflug aus Hongkong verständigt Udos deutscher Schatten telefonisch die BND-Zentrale in Pullach.

Dort schwört man, daß die Meldung, wonach sich Udo Proksch unter dem Namen Alfred Semrad mit dem Flug BA 028 auf dem Weg nach Europa befinde, »informativ« noch in derselben Nacht sowohl nach London als auch an die Nachrichtendienst-Kollegen im Wiener Innenministerium weitergegeben worden sei.

Auch Proksch selbst wird sich in seinen später im Gefängnis unter dem Titel »Fluchtgedanken« aufgeschriebenen Memoiren bitterlich beklagen: »Während des Fluges Hongkong-London wußte die britische Spionageabwehr MI 5 schon, daß Fred Semrad kommt. Freunde hatten mich verraten.«

Die MI 5 war es natürlich nicht – da ging wieder einmal die Fantasie mit Udo durch. Unwitzig ist die Story von seiner angeblichen Befragung durch das MI 5, wie er sie selbst erzählt, trotz allem nicht:

»Man führt mich sofort ins Flughafenbüro der MI 5, das hermetisch abgeriegelt wurde. Meine blauen Augen strahlten, mein dunkles Haar glänzte, ich fühlte mich stumpf und matt. Ich gab mich gelassen, in Wirklichkeit schleiften meine Nerven jedoch am Boden.

Ein Inspektor nach dem anderen kam herein. Einer redete auf mich ein, und ich betonte, daß ich nur sehr schlecht Englisch könne, da meine Eltern und ich aus Litauen geflüchtet seien, wo ich jedoch nicht geboren sei – wirres Zeug halt.

Erst waren es ganz junge Burschen und Mädchen, wie überall.

Äußerst wichtig kamen sie sich vor. Dann kam das gesamte Mittelalter erfahrener Beamter – und schließlich der Chef selbst.
Der hieß Phil und faßte sich an seinen abgewetzten Beamtenarsch, dann begann er sehr freundlich:
»Are you with us, with MI 5? Which service are you working for? You work for the CIA?«
Ich sagte ihm laut lachend: »Nein, ich arbeite für die Polizei in Vienna, Austria. Major Kottan . . .«
Damit wußte er nichts anzufangen. Konnte ich verstehen.
Die Wirklichkeit sieht schon ein wenig anders aus. Erwartet wird Proksch aber tatsächlich bereits, als er am 2. Oktober 1989 um 5.35 Uhr am Londoner Flughafen Heathrow landet.
Gleich bei der Einreisegrenzkontrolle unterziehen die Briten Alfred Semrads fast noch neuen Reisepaß einer eingehenden Begutachtung – und stolpern denn auch prompt gleich über mehrere zwar sehr dekorative, aber dennoch falsche Stempel.
So weisen sowohl ein britischer Einreisevermerk als auch ein USA-Visum jeweils Daten auf, die noch vor dem Ausstellungsdatum (25. 8. 1988) des an sich echten Passes liegen.
Die Briten geben die Paßdaten nach Wien durch, und nach dem Antwortfax erlebt Proksch schon die nächste Überraschung. Der echte Alfred Semrad, dem der Paß in Wien angeblich gleich nach dessen Ausstellung gestohlen wurde, hat eine erstaunliche Karriere hinter sich: Sein Vorstrafenregister umfaßt exakt 19 Verurteilungen wegen Einbruchsdiebstahls.
Proksch hat von diesen Schönheitsfehlern seines Reisedokumentes, das er sich von Freunden in Österreich besorgen ließ, natürlich keine Ahnung. Er ärgert sich und räsoniert: »Anscheinend funktioniert in diesem Land ja überhaupt nichts mehr!«
Danach wird das Gepäck gefilzt, wobei sich insbesondere der Pilotenkoffer als eine wahre Schatztruhe entpuppt.
Neben mehr oder weniger hohen Bargeldbeträgen in den verschiedensten Währungen stechen den Briten vor allem die 54.378 US-Dollar ins Auge (immerhin rund 600.000 Schilling), die sie in der Tasche vorfinden.
An den zahllosen Zeitungsausschnitten über den »Fall Lu-

SICHERHEITSDIREKTION
FÜR DAS BUNDESLAND
NIEDERÖSTERREICH
1032 Wien, Oberzellergasse 1
Tel. 713 35 31

GZ P 6583/83-SK/6   Wien, am 3. November 1989

PROKSCH Udo Rudolf,
Verhaftung

Inhalt Pilotenkoffer

                    V e r z e i c h n i s

über den Inhalt des Koffers von Udo Rudolf PROKSCH, mit
welchem am 2.10.1989 Frau Evelyn OSWALD am Flughafen
Schwechat angehalten wurde (sogenannter Pilotenkoffer), wobei
nach Übernahme durch die Kriminalabteilung von der
Depositenstelle des Landesgerichtes für Strafsachen Wien
folgender Inhalt festgestellt werden konnte:

  rosa Pappkartonmappe mit folgenden Lichtbildern:
       (alle Format 35x29cm) darstellend:
       1 Bild   MV LUCONA
       2 Bilder Ladegut Hafen Chioggia
       1 Bild   Soldaten mit Pferdegespann
       7 Bilder Soldaten und Zivilisten mit Heeresfahrzeugen
       2 Bilder Leopold Gratz im Club 45
       2 Bilder Südländer (vermutl. Vertreter der Polisario)
       3 Bilder Aufnahmen eines Flugzeugträgers
       1 Bild   Bergwerksarbeiter
      14 Bilder Udo Rudolf PROKSCH
       1 Bild   Tischgesellschaft (darunter vermutl. Renate
                              DAIMLER)
       1 Bild   2 Frauen
      14 Bilder darstellend Adolf HITLER ua. (auch mit
                kleinerem Format)

  2 1,2 Volt-Batterien
  1 kleiner blauer Elefant (umwickelt)
  2 gelbe Mappen mit getrockneten Blättern und Blüten
  1 braune Mappe mit getrockneten Blättern und Blüten sowie
     Zeichnungen
                           *
     Air-Mail Kuvert mit 12 Pornofotos - 1 Schriften unleserlich, Marik Bz.

     Landkarte von Spanish Sahara

Nachstehend angeführte Unterlagen aus dem Pilotenkoffer
werden mit gesondertem Bericht dem Landesgericht für Strafsachen Wien zum Strafakt 20 qu Vr 8024/84 vorgelegt:

  Umschlag mit Visitenkarten

  braunes Adressbuch

  schwarzes Adressbuch

  blaues Adressbuch

  Kalender 1989, handschriftliche Aufzeichnungen des PROKSCH

  Film mit 38 entwickelten Farbbildnegativen (großteils
  pornografische Darstellungen). Lichtbilder von diesen
  Negativen wurden hergestellt.

                              (Schalhaas, BezInsp)

                        332

cona«, an den Dokumenten, den Lucona-Fotos, den Adreßbüchern, Telefonverzeichnissen und Notizen über die Kontaktpersonen während seiner Flucht sind sie nur wenig interessiert.

Auch mit den rund 40 historischen Fotoaufnahmen, auf denen Adolf Hitler, Eva Braun, Rudolf Heß und andere bekannte NS-Größen zu sehen sind, können die britischen Polizeibeamten genau so wenig anfangen, wie mit den zahllosen Fotos, die vorwiegend aus dem »Club 45« stammen und auf welchen sich Proksch vulgo Semrad jeweils zusammen mit Freunden, Frauen und verschiedenen Politikern präsentiert, deren Prominenz ihnen natürlich nicht bekannt sein kann.

Mit etwas größerem Interesse werden weiters Dutzende mehr oder weniger pornografischer Aufnahmen, die sich in Prokschs Fluchtgepäck befinden, perlustriert. Bemerkenswert daran ist freilich nur, daß auf den meisten dieser Fotoausschnitte nur die weiblichen Akteure zu erkennen sind. Von den dazugehörigen Männern sieht man höchstens einmal eine Hand – der Rest ist abgeschnitten.

Ob diese »Pornofotos« tatsächlich Erpressungszwecken dienen sollten, oder aus welchen Gründen sonst sie Udo Proksch mit sich herumschleppt, wird man auch später nie erfahren. Vielleicht dienten sie tatsächlich nur seiner persönlichen Erbauung. Viel deftigeres Material der gleichen Art wurde ja auch schon kurz nach Prokschs Verabschiedung aus Österreich bei einer Hausdurchsuchung im Demel-Haus und im »Club 45« vorgefunden.

Penibel listete die Kripo in ihrem Bericht vom 24. 3. 1988 den Inhalt einiger der über Gerichtsauftrag beschlagnahmten Videokassetten auf: »Sadistische Unzuchtshandlungen; Folterungen; Unzuchtshandlungen mit Tieren, wie etwa Verkehr mit Hühnern, Pferden, Hunden, Schweinen, Eseln usw.«

Die Briten bleiben jedenfalls auch nach der Durchsicht der berühmten Pornos kalt. Sie erlauben Proksch noch, von Heathrow aus ein Telefongespräch mit einem Freund zu führen und verfrachten ihn anschließend in die nächste British-Airways-Maschine, die um 14.15 Uhr nach Wien fliegt.

...IREKTION
FÜR DAS BUNDESLAND
NIEDERÖSTERREICH
1032 Wien, Oberzellergasse 1
Tel. 73 35 81
GZ P 6583/83-SK/5

Wien, am 24. März 1988

PROKSCH Udo Rudolf ua;
Steckbrief wg. Betruges

sichergestellte Videofilme

B e r i c h t

Am 23. März 1988 wurden von U-Richter Mag. TANDINGER
4 Videofilme, Sicherstellungsnr. 2 - 5 der Hausdurchsuchung
im DEMEL vom 15.3.1988, an RI SCHALHAAS der KA NÖ zum
Abspielen übergeben und es erging die Aufforderung die
Filme anzusehen.

Die Videofilme zeigen folgendes:

Sicherstellungs- nummer	Aufschrift	Inhalt
2	LUCONA UDO, ab meter 45/10 Jeannee Karl Kulo SAT I (Springer)	Spielfilm, aufgenommen im Programm SAT I, SAT 1 Nachrichten mit etwa 5-Minuten Beitrag zum Straffall PROKSCH - LUCONA. Interview mit PROKSCH, aufgenommen im DEMEL bzw. in den Räumlichkeiten des Club4
3	blue	Kopie von div. Pornofilmen, ab etwa Mitte des Videos werden sadistische Unzuchts- handlungen gezeigt, Folterun gen etc.
4	EUREKA	Kopie eines Videospielfilms der Warner Bros Filmgesellsc mit dem Titel 'EUREKA'
5	blue	Kopie von div. Pornofilmen, vorwiegend werden Unzuchts- handlungen mit Tieren, wie etwa Verkehr mit Hühnern, Pferden, Hunden, Schweinen, Esel usw., gezeigt.

Die Filme wurden am heutigen Tag bei der ho. Abteilung abgespielt.

(Schalhaas, RevInsp)

*Video Filme am 25.3.1988
an U-Richter Mag. TANDINGER
ausgefolgt.*

334

Chefsteward Malone erhält den Auftrag, den Pilotenkoffer während des Fluges zu verwahren, Semrads Reisepaß wird dem Chefpiloten mit dem Auftrag ausgehändigt, ihn der Schwechater Flughafenpolizei zu übergeben, die Proksch – gemäß Absprache mit dem Innenministerium in Wien – sofort nach der Landung vom Flugzeug abholen wird.

Das Spiel ist aus, weiß jetzt auch Udo Proksch. Auch wenn die Weichen für seine baldige Rückkehr schon gestellt sind: Es ist zu früh, und überdies wollte er sich ja freiwillig stellen.

Aber es bleibt ihm gar nichts anderes übrig, als sich schließlich damit abzufinden, daß ihm unter diesen Umständen eine gewisse Zeit in Untersuchungshaft niemand ersparen kann.

Nur den Pilotenkoffer, seine »Dokumente« und das Geld wird er versuchen, dem Zugriff der Behörden zu entziehen.

Unter den Mitreisenden entdeckt Proksch die Gesichter von zwei ihm wohlbekannten Frauen: Freda Meissner-Blau, die Ex-Chefin der »Grünen«, und die Wiener Kunsthändlerin Evelyn Oswald, die zusammen mit dem Proksch-Freund Kurt Kalb das Wiener In-Lokal »Oswald & Kalb« betrieben hatte, bevor dieses Hans Peter Daimler übernahm.

Udo Proksch entscheidet sich für Evelyn Oswald, »die Königin der Nacht, in Wien eine Göttin«.

»Ihr Blick war abwesend«, wird er später selbst die Situation beschreiben, »weit weg bei der Sixtinischen Kapelle oder in irgendeinem Schneetreiben oder in einer Lawine aus weißen Kristallen oder gar inmitten eines Atterseeischen Bildes, ›das Weiße und die Weisheit‹.«

Mit einem Wort: Die Oswald dürfte vollgepumpt mit Kokain gewesen sein.

Trotzdem wird sie für ihn seinen Pilotenkoffer durch die Zollkontrolle bringen. Und Georg Postl, der schon in der Ankunftshalle warten wird, könnte den Schatz in Empfang nehmen.

Knapp vor der planmäßigen Landung um 16.15 Uhr zwingt Proksch den Chefsteward, ihm seinen Koffer auszuhändigen, und übergibt Frau Oswald einen Zettel: »Ich bin's, der Udo!

Die Schweine warten schon auf mich. Nimm' bitte meine schwarze Tasche.«

Frau Oswald hat zwar Udo Proksch schon längst erkannt, aber jetzt stirbt sie fast vor Angst. Nach der Landung wird ihr ein zweiter Zettel zugesteckt: »Lenk' diese Idioten ab und bring' den Koffer hinaus!«

Aber was ist los mit ihr? – Sie hastet aus dem Flieger, den Koffer läßt sie stehen.

Doch dann geschieht ein wahres Wunder: Außer Proksch sind bereits alle Passagiere ausgestiegen – aber weit und breit ist nichts von jener Polizei zu sehen, die ihn abholen soll.

Der britischen Besatzung ist es egal, sie wissen ja nicht, wen sie transportierten. Proksch bekommt den falschen Reisepaß zurück, nimmt seinen Pilotenkoffer und steigt als letzter in den Bus.

Vor dem Flughafengebäude angekommen, knallt er Frau Oswald, seiner »Schneekönigin«, den Pilotenkoffer einfach vor die Füße und verschwindet.

»Das Weibsstück«, wie er die alte Freundin deshalb später nennen wird, hat zwar noch immer nicht die Absicht, das heiße Gepäckstück anzurühren, aber ein anderer Reisender trägt es ihr nach: »Hallo, gnä' Frau, Sie haben Ihre Tasche da vergessen!«

Proksch selbst versucht, die einmalige Chance, die er bekommen hat, nicht ungenutzt zu lassen.

Er geht seelenruhig in den Transitraum, sieht sich nach den nächsten Abflugmöglichkeiten um und bucht schließlich für einen Flug mit Lufthansa nach Nürnberg.

Der AUA-Hostess, von der er das Ticket in Empfang nimmt, fällt er ein bißchen auf. Sie hält den Mann für einen Homosexuellen, weil er ein so aufdringliches Parfum benutzt und ihr seltsam geschminkt erscheint.

Die Maschine wird erst um 17.05 starten, Proksch hat also noch viel Zeit.

Von seiten des Innenministeriums wird später vehement bestritten werden, daß es jemals einen Hinweis auf die wahre Identität des »Alfred Semrad« gab. Und Oberstleutnant Alfred Rupf

Zl.:

N i e d e r s c h r i f t

aufgenommen am o2.1o.1989, um 17.15 Uhr, am Flughafen Wien -
Schwechat, mit

      O s w a l d   Evelyn Julia, Kunsthändlerin,
      16.o4.1951 Graz geb., öst.Stbg., ledig,
      E.: Emmerich u. Wilhelmine,
      1o1o Wien, Bäckerstraße 3/17 wh.,

        ausgew. mit öst.RP.Nr. T o21o158, ausgest. am
        11.o5.1988 BPD-Wien, BezPolKoat Innere Stadt,

welche aufgrund Ladung zha. erscheint und zur S.che folgende
Angaben macht:

Ich bin am o2.1o.1989, um o7.55 Uhr mit Flug OS-458 von Flughafen
Wien-Schwechat nach London ausgereist. Meine Reise war rein ge =
schäftlicher Natur und habe ich in London mehrere Aktionshäuser
besucht. Ich habe mehrere Prosspekte an mich genommen und habe
sogenannte Vornotizen gemacht. Die eigentlichen Auktionen finden
erst am o3.1o.1989 statt und wird an den Auktionen eine Mitarbeiterin
von mir teilnehmen.
Gegen 13.45 Uhr bin ich mit dem Taxi zum Flughafen gefahren und
bin ich dort mit dem Flug BA 7o4 um ca. 14.15 Uhr loc. nach Wien-
Schwechat abgeflogen. Ca. 15 Minuten nach Abflug in Richtung Wien,
ich habe bereits kurz eingenickt, und saß auf dem Sitz 2b, kam mir
von der vorderen Toilette ein Mann entgegen, der mich im Vorbeigehen
vermutlich mit dem Ellenbogen angestoßen hat und zu mir sagte
"Kalb, Kalb" oder auch "Frau Kalb" genau kann ich das nicht mehr
sagen und hat er mir ohne ein weiteres Wort zu sagen, auf meinen
Schoß einen Zettel gelegt. Ich habe meine Augen aufgemacht und
kannte mich vorerst garnicht aus. Ich habe den Mann, der in Richtung
Heck des Flugzeuges ging nachgeschaut und habe ich ihn von hinten
nicht erkannt. Ich habe dann den Zettel gelesen und las dabei den
Namen "Udo" und drehte ich mich neuerlich um und schaute zurück.
Ich habe den Mann in der letzten Sitzreihe sitzen gesehen und hat
sich dieser etwas in den Gang hineingeneigt und zu mir, bzw. in

Niederschrift mit Evelyn Julia O s w a l d , 16.04.1951 geb.,
fortgesetzt:

Auf die Frage warum ich den Mann eindeutig als Udo Proksch anzusehen
vermag, kann ich nur so erklären, daß ich mit meinem Geschäfts =
partner Kurt KALB, 15.10.1935 Salzburg geb., 1010 Wien, Tuchlauben
17 wh., in 1010 Wien, Bäckerstraße 3 etabl., ein gastronomisches
Lokal betrieben habe und war der Udo Proksch täglich in unserem
Lokal anwesend. In diesem Zusammenhang wurde ich mit Udo ein
sogenannter DU-Freund und kann er sich noch so verkleiden, ich
würde ihn jederzeit als Udo Proksch erkennen. Im konkreten Vorfall
habe ich ihn aufgrund seiner Figur, seiner Kleidung, insbesondere
anhand seines Lacostleibchens, seines Schuhwerkes, vor allem
jedoch in seinem gesamten Gehaben wieder erkannt. Ich kenne den
Udo mit Sicherheit schon seit 16 Jahren und bin ich mir absolut
sicher, daß der Mann, der mir im Flugzeug die Zettel gegeben hat,
mich mit Kalb oder Fr. Kalb angesprochen hatte, mein Bekannter
Udo PROKSCH ist. Es besteht im Bezug auf seine Person kein Zweifel.
Warum er mich mit dem Namen Kalb angesprochen hat, erkläre ich
mir so, daß er angenommen hat, daß ich mit Hr. Kalb möglicherweise
verheiratet wär, oder hat er meinen Familiennamen vergessen. Im
Lokal selbst hat er mich immer nur mit dem Vornamen Evelyn ange @
sprochen.

Im Bezug auf die schwarze Tasche, die er mir anvertraute und die
ich offensichtlich für ihn durch die Kontrollen bringen sollte,
nehme ich an, daß ihm die Tasche vermutlich im Zuge einer eventuelle
Kontrolle durch die Grenzbeamten verraten hätte oder ähnliches.
Andere Vermutungen habe ich keine. Nachdem er auf den an mich
übergenen Zetteln von Geld und Papieren sprach, habe ich die Tasche
doch an mich genommen, obwohl ich sie anfangs stehen lassen wollte.
Die beiden von Udo an mich übergebenen handgeschriebenen Zettel
überlasse ich der Polizei. Auch die schwarze Tasche wird zur
weiteren Verwertung der Polizei überlassen.
Nähere Angaben kann ich dzt. nicht machen.

v.m.   v.e.g.

Maurer, GrI.   Evelyn Oswald

338

Schwechat, am o2.1o.1989

Zl.: II-1o25/89.

B e r i c h t

Am .o2.1o.1989, um 16.15 Uhr, landete die Kursmaschine der BA am hs.
Flughafen. Es wurden bei der Einreisegrenzkontrolle entsprechende
Überwachungen durchgeführt. Unter den Einreisenden befand sich kein
Alfred S e m r a d . Nach Rücksprache mit der BEA wurde festgestellt,
daß ein S e m r a d gebucht und auch geflogen ist. Es war somit der
Rückschluß gegeben, daß der S e m r a d im Transitraum aufhältig ist
und von dort sofort ins Ausland abfliegen wird. Entsprechende Überwachungen wurden getroffen. Bei der Crew der BEA wurde eine Persons-
beschreibung, schwarze Haare, Vollbart, dkl.-zerknitterter Anzug,
grünes Hemd, zur Fahndung eingeholt.

Um 17.o5 Uhr wurde ein Mann mit dieser Beschreibung am Gate 22, Abflug
der Lufthansamaschine nach Nürnberg perlustriert. Genannter wies sich
mit einem Reisepaß lt. auf Alfred S e m r a d , 2o.o7.1941 Wien geb.,
Nr. T o5oo764, aus. Auf der hs. Dienststelle ist ein Lichtbild des
tatsächlichen S e m r a d aufliegend. Die Person welche den Paß
verwendete ist mit dieser nicht ähnlich.

Der vorläufige Angehaltene verweigerte vorerst die Angaben zu seiner
Person. Der Unbekannte wurde wegen Verd. der Paßfälschung gem. StPO
festgenommen und nach körperlicher Visitation nach sicherheitsge-
fährten Gegenstände, welche negativ verlief, zur Grenzkontrollstelle
überstellt. (Anhaltemeldung)
Zwischenzeitlich ist bei der Zollkontrolle ein Frau mit einer fremden
Tasche aufgefallen. Bei der Kontrolle ergaben sich Hinweise daß es sich
um das Eigentum von Udo P r o k s c h handeln könnte. Separater Bericht.

Bei einer ersten Befragung gab der Unbekannte freiwillig zu; Udo
P r o k s c h , 29.o5.1934 geb. zu sein.
Seine Festnahme erfolgte aufgrund Haftbefehl des LG-Wien, Zl.
28b Vr 8o24/84, vom 17.o3.1988, am o2.1o.1989, 17.1o Uhr.
Die Einlieferung erfolgt in das landesger. Gefangenenhaus Wien.

Ruf, Obstlt.   Vogt, Abtinsp.

wird seinerseits mit Recht beschwören, ihm sei vom Innenministerium nicht einmal die Mitteilung gemacht worden, daß der von den Briten Abgeschobene vom Flugzeug abzuholen sei.

Um 16.30 Uhr hat der letzte Passagier aus London die Einreisegrenzkontrolle passiert.

Evelyn Oswald strebt zur selben Zeit bereits mit Prokschs Pilotenkoffer, den sie fast nicht schleppen kann, der Zollkontrolle zu. Ihre auffallende Nervosität veranlaßt den Zollbeamten Walter Hiermann, die Dame zur Zollkontrolle aufzufordern.

Evelyn Oswald wird augenblicklich totenblaß, läßt den Koffer fallen und ruft: »Das ist nicht meine Tasche. Die gehört dem Udo Proksch, der ist noch hinter mir!«

In Minutenschnelle wird der Koffer von den zwei rasch herbeigeeilten Zollbeamten Otto Nestlinger und Gerhard Birsak aufgebrochen – und schon nach einem kurzen Blick auf dessen Inhalt steht es fest: der Besitzer kann tatsächlich nur Udo Proksch selbst sein.

Jetzt ist es 16.40 Uhr. Die Grenzkontrollstelle und Oberstleutnant Alfred Rupf werden verständigt und Prokschs neue Personenbeschreibung durchgegeben.

Was dann am Schwechater Flughafen geschieht, darüber gibt es nur noch divergierende Berichte zwischen Zoll und Polizei.

Um 17.05 sollte die Lufthansa-Maschine nach Nürnberg jedenfalls schon auf der Rollbahn sein. Doch leider – oder Gott sei Dank – verzögert sich der Abflug um ein paar Minuten.

Als exakt zur planmäßigen Abflugzeit zwei Kriminalbeamte in den Transitraum stürmen, sind noch nicht alle Passagiere eingestiegen. Udo Proksch steht noch am Gate.

Die beiden Polizisten suchen jedoch nur nach Alfred Semrad, von Proksch wissen sie noch immer nichts. Aber jetzt haben sie ihn:

»Ihren Paß, bitte! – Ah, da schau her, der Herr Alfred Semrad. Der fliegt nicht mit, dieser liebe Herr. Erst muß er noch lernen, sich ein bißchen wohlerzogen im Ausland zu benehmen.«

Bereits zum zweitenmal an diesem Tag gibt sich Proksch sofort geschlagen. Er lacht.

»Was lachst denn?«

»Für Sie, mein lieber Herr«, wird Proksch jetzt streng, »heißt das immer noch ›Warum lachen Sie?‹ Duzfreund habe ich hier auf dem Flughafen nur einen, nämlichen einen gewissen Herrn Major Rupf.«

»Du, der kennt den Rupf.«

Dann gibt Proksch sich endlich zu erkennen: »Also heute ist euch was geglückt. Ihr habt's mich eingefangen. Ihr seid die Helden dieser heldenreichen Nation. Merkt's euch den Tag gut, liebe Freunde. Ich bin der Udo Proksch.«

»Wer?«

»Der Proksch.«

»Der ist doch ganz wo anders.«

»Nein, ich bin's, euer Udo Proksch, euer Präsident! Kennt's mich nimmer, seid's blind?«

»Der Udo, der mit den Schokoladetorten? – Der ist das nicht. Der macht nur einen Schmäh.«

»Nein, glaubt's mir doch endlich! Ruft's den Rupf!«

Ganz so, wie Proksch es schildert, wird es wohl nicht gewesen sein. Aber bestimmt so ähnlich:

»Ich kam zurück vom Pissen, und wen sah ich? Wer stand dort, fest auf beiden Beinen, vor sich einen Bauch, wie ich ihn einst in meinen besten Tagen hatte? Der Rupf...

Wir umarmten uns freundschaftlich, schließlich kannten wir uns lange genug. Wir hatten uns vor Jahren einmal näher kennengelernt, bei einem Scheich, in der Wüste, wo eben die Scheichs zu Hause sind. Waren da gemeinsam Gäste im selben Hotel, wo auch unser sehr verehrter Altbundeskanzler Kreisky sich im Geheimen mit Arafat immer traf...«

Um 17.15 Uhr ruft Oberstleutnant Rupf zum erstenmal im Innenministerium an, um zu berichten und weitere Weisungen einzuholen.

Um 17.25 unterschreibt Proksch eine erste mit ihm aufgenommene Niederschrift:

»Ich hatte die Absicht, nach Deutschland weiterzureisen... In Kiel wollte ich mich dem Gericht stellen. Zur Verschleierung

341

N i e d e r s c h r i f t

aufgenommen am 02.10.1989, um 17.25 Uhr, am Flughafen Wien-Schwechat, mit

einer Person welcher angibt folgender zu sein:
Udo P r o k s c h , 29.05.1934 Rostok geb.,
österr. Stbg., gesch., keinen Wohnsitz,
welcher folgende Angaben macht:

Ich bin heute von Hong Kong kommend in London eingereist. In London wollte
ich nur drei Tage Ferien machen. Bei der Einreise hatte ich einen Paß
verwendet welcher auf Alfred S e m r a d , 20.07.1941 lautet. Den Paß
habe ich bekommen, sonst kein Kommentar. Die Sicherstellung des Passes
nehme ich zur Kenntnis. In den Paß war angeblich ein falscher Stempel
und wurde ich aufgrund dessen zurückgewiesen. Ich habe ca. 30 bis 40.000.-
US-$ bei mir.

Eine Ausweiskarte lt. auf Alfred S e m r a d habe ich gleichfalls bei
mir und nehme ich die Sicherstellung gleichfalls zur Kenntnis.

Ich hatte die Absicht nach Deutschland weiterreisen und habe mir nach
meiner Einreise am Flughafen Wien-Schwechat ein Ticket nach Nürnberg
gekauft. In Deutschland, Kiel, wollte ich mich dem Gericht stellen.

Zur Verschleierung meiner Einreise habe ich meinen Pilotenkoffer
meiner Sitznachbarin, welche ich flüchtig kannte, namens Karl Eveline
O s w a l d , gegeben um diese durch den Zoll bringen. Genannte hat
mit meiner Reise nichts zu tun. Ich wollte nicht daß U-Richter
Tandinger, welcher alles weitergibt an die Presse, insbesonders
Herrn Pretterebaer, den Koffer in die Hände bekommt.

Sonst mache ich vorläufig keine Angaben.

v.m.   v.g.g.

Vogt, AbtInsp. Neubert, BzInsp.

Nachtrag:

Ich bin zurückgekommen, um mich dem Gericht zu stellen und dadurch
gewissen Menschen, wie Blecha, Leopold Gratz, Dr. Demel und meine
eigenen Mitarbeiter, welche ich durch mein Nichtdabein sehr geschadet
habe. Auch Hrn. Jörg Haider.

meiner Einreise habe ich meinen Pilotenkoffer meiner Sitznachbarin ... gegeben, um diese durch den Zoll zu bringen. Ich
wollte nicht, daß U-Richter Tandinger, welcher alles an die
Presse, insbesondere Herrn Pretterebner weitergibt, den Koffer
in die Hände bekommt.«

Um 17.45 Uhr telefoniert Rupf neuerlich mit Innenminister
Franz Löschnak.

Proksch diktiert einen Nachtrag in sein Protokoll: »Ich bin zurückgekommen, um mich dem Gericht zu stellen und dadurch
gewissen Menschen, wie Blecha, Leopold Gratz, Dr. Demel
und meinen eigenen Mitarbeitern zu helfen, welchen ich durch
mein Nichtdasein sehr geschadet habe. Auch Herrn Jörg Haider.«

Um 18.15 Uhr ruft Rupf zum drittenmal Innenminister Löschnak an. Er zweifle daran, daß dieser Mann, der vorgibt, Udo
Proksch zu sein, es auch tatsächlich sei.

Kurz vor 19.00 Uhr erfolgt der vierte Anruf beim Minister. Um
19.00 Uhr wird schließlich die Festnahme per Fernschreiben an
das Innenministerium gemeldet und Proksch samt seiner Habe
ins landesgerichtliche Gefangenenhaus überstellt.

Zurück bleiben über Wunsch von Udo Proksch nur einige Poli-
tikeraufnahmen und die berühmten Pornofotos.

Ein kleiner Teil wird anderntags doch noch an das Gericht geliefert. Laut Bericht der Flughafenpolizei (Zl. II-1025/89/Vo)
seien sie »irrtümlich auf der hs. Dienststelle zurückgeblieben«.
Ein weiterer Teil der kompromittierenden Aufnahmen taucht
erst mehr als eine Woche später nach Interventionen des Staatsanwaltes wieder auf. Oberstleutnant Rupf erklärt, es sei beabsichtigt gewesen, die Identität der abgebildeten Personen festzustellen.

Ein kleiner Rest ist immer noch verschollen.

IV.

SAUBERMANN VRANITZKY

Es waren in Österreich sehr gute Politiker da.
Was hat man mit ihnen gemacht?
Man hat sie alle in den Dreck gezogen.
Alle wurden sie besudelt.
Ein jeder ist ein Parasit, ein jeder ist
ein Dieb, das ist doch ein Blödsinn!

Um an der Macht zu sein
und an der Macht zu arbeiten,
braucht man eben leider Geld.
Du mußt deiner Favoritner Bezirksorganisation
500.000 Schilling für eine Wahl geben
und Luftballons,
und man muß das und das finanzieren.
Von irgendwo muß ja dieses
Geld kommen!

Udo Proksch

»Es gibt Wichtigeres als die Freiheit«

Hans-Christian (Graf) Leiningen-Westerburg war, was in Wien
beinahe schon ein Wunder ist, Udo Proksch persönlich nie be-
gegnet, bevor er dessen Richter wurde.
Nachdem Leiningen das Buch »Der Fall Lucona« ausgelesen
hatte, dachte er: Ist das ein Schwein.
Nachdem ihm auf Grund einer Entscheidung des Personalse-
nats die spektakuläre Causa als Vorsitzendem eines Geschwore-
nengerichtes zugewiesen wurde, erwarb der Richter rund ein
Dutzend weiterer Exemplare und verschenkte sie im Freundes-
und Bekanntenkreis.
Auch einer seiner besten Freunde, Heinz-Werner Schimanko,
eine der Kultfiguren der Wiener Szene, der es vom gelernten
Buchhändler bis zum Nobel-Bordellbesitzer und hauptstädti-
schen »Nachtklubkönig« brachte, wurde mit einem Exemplar
bedacht.
Schimanko ging, las, kam zurück und sagte: »Den mußt du verurteilen!«
Ähnlich hatten auch alle anderen reagiert. Da faßte Leiningen
den Entschluß, seinem Angeklagten für den Fall des Falles ein
in so extremer Fairneß noch nie dagewesenes Verfahren zu ga-
rantieren.
Am Wiener Landesgericht zählt der Richter mit der gräflichen
Abstammung, der schöne Frauen (wie Udo Proksch) und
schnelle Motorräder (wie Hans Peter Daimler) liebt, mit Recht
zu einem der unkonventionellsten und unorthodoxesten Vertreter der Gerechtigkeit.
Manchen Kollegen ist er freilich schon allein deshalb suspekt,
weil er es nicht nötig hätte, den Richterberuf auszuüben. Und
weil er das auch jedem offen zeigt.

347

Eine außergewöhnliche Persönlichkeit ist er auf jeden Fall, »der Sproß aus 1000 Jahre altem Adel, zu dessen Verwandtschaft Herbert von Karajan und Ödön von Horváth ebenso zählen, wie Queen Victoria von England, ein Scharfrichter, ein Erzbischof, ein Ministerpräsident, ein Autorennfahrer und die Mautner Markhofs« (Georg Markus: »Udos Richter hat Geschichte«). Aus der Familienchronik werden ein paar Beispiele zitiert:

Karl Graf Leiningen, ein Held in der Familiengeschichte, hatte sich 1848 der Revolution angeschlossen, wofür er auf Befehl des jungen Kaisers Franz Joseph hingerichtet wurde.

Während des Dreißigjährigen Krieges gab es einen gräflichen Scharfrichter namens Leiningen, der die Pflichten seiner Profession allzu ernst nahm und auch Unschuldige hinrichtete. Graf Leiningen wurde deshalb selbst zum Tod verurteilt und von einem Kollegen geköpft.

Emich Graf Leiningen, der erste, den die Familienchronik nennt, organisierte im Jahr 1096 den ersten Kreuzzug und wurde dabei zum Massenmörder. Als die aus religiösen Gründen verfolgten Bürger im Palais seines Onkels – des Erzbischofs von Trier – Schutz suchten, zündete er kurzerhand das ganze Palais an. Hunderte kamen ums Leben.

»Meine Vorfahren«, sagt der Proksch-Richter dazu beschwichtigend, »waren lauter Narren.«

Am 3. Oktober 1989 sucht Leiningen-Westerburg im Grauen Haus zum erstenmal die Zelle 326 auf, um seinem am Vorabend in Schwechat aufgegriffenen Angeklagten seinen Antrittsbesuch abzustatten.

Von Proksch wird Leiningen zuerst einmal gefragt, wie er denn angeredet werden möchte: »Herr Doktor Leiningen oder Herr Rat?«

Als der Richter ihm gütig erwidert, daß ihm dies vollkommen egal sei, entscheidet Proksch: »Dann sage ich ›Herr Präsident‹ zu Ihnen!«

Er bezeichnet sich als Leiningens »Kriegsgefangener«, und dieser freut sich, daß sich sein Häftling »weder auf den Boden schmeißt, noch weint, und daß er auch nicht in den Teppich beißt.«

Dann fragt Richter Leiningen: »Warum sind Sie nach Österreich zurückgekehrt?«

Die Antwort, die Proksch gibt, wird sein Richter wohl nie wieder vergessen, so einen großen Eindruck hinterläßt sie anscheinend auf ihn:

»Es gibt Wichtigeres als die Freiheit!«

Tatsächlich sind die beiden einander auf Anhieb sympathisch. Leiningen besucht Proksch oft in seiner Zelle, und die Gespräche, die er mit seinem Angeklagten führt, bereiten ihm großes Vergnügen. Mit einem Wort: auch er fällt prompt auf Udos legendären »Schmäh« herein.

Ganz offen bekennt der Richter heute: »Ich habe ihm in die Augen geschaut und habe gesehen, daß er ein musischer Mensch ist. So ein Mann kann doch kein Mörder sein.«

Vom Akt hat der Richter zu diesem Zeitpunkt freilich noch nicht allzu viel gelesen. Er ist kein Arbeitstier. Sein Lebensstil läßt ihm dazu gar keine Zeit.

In den nächsten Wochen und Monaten wird sich Prokschs Richter eine Meinung bilden, von der er sich auch durch die späteren Ergebnisse des Beweisverfahrens nicht abbringen lassen wird.

Bald glaubt insgeheim auch Richter Leiningen, wie viele andere, an die sogenannte Waffen- und Geheimdienst-Theorie. Und Proksch trägt selbstverständlich durch immer wiederkehrende Andeutungen das Seine dazu bei, um ihn in dieser Ansicht zu bestärken.

Jetzt macht der Richter Druck, damit die ohnehin schon vor Prokschs Rückkehr in Gang gesetzte Suchaktion nach dem »Lucona«-Wrack möglichst noch vor Beginn der Hauptverhandlung stattfinden kann.

Leiningen-Westerburg versucht an Satellitenfotos aus dem Jahre 1977 heranzukommen und bombardiert zu diesem Zweck die Botschafter der USA und der Sowjetunion, konferiert in Permanenz mit den Vertretern internationaler Bergeunternehmen und holt Kostenvoranschläge ein.

2505/89

N A M E : PROKSCH   Udo   geb.: 29.5.1934

Haftraum: ____C 326____   G.Abtlg. ~~28bVr8024/84~~

   Ich werde besucht von: Komplizen:

sch. Ehegatten   Erika PLUHAR
2. Lebensgef.   ~~Dr. Alexandra COLLOREDO-MANNSFELD~~
3. Freundin
4. Kindern   Anna PLUHAR-PROKSCH
5. Enkeln
6. Eltern   Rudolf und Anna PROKSCH
7. Großeltern
8. Geschwist.   Roderich und Rüdiger PROKSCH
9. Bekannter   ~~Hannes DICHAND~~
10.
11.   Siegel

Die Bewilligung wird erteilt:
   für die oben angeführten Personen   _____
   mit folgender Einschränkung   Richter
o generell für jeden Besucher
   (zutreffendes ankreuzen)   AN DAS GFH I
                                                   GFH I/256(X/86)

                                    20qu Vr 8024/84
                                    Hv 5386/88

        An die
                              1343
        Botschaft

           der Union d. Sozialistischen Sowjetrepubliken

                              Reisnerstraße 45-47
                              1030 Wien

           Sehr geehrter Herr Botschafter!

           Nach Vorsprache des gerichtlich beeideten

        Sachverständigen Herrn Dipl.-Ing. Friedrich DECHANT

        bei Ihrem Militärattaché am 25.10.1989, ersuchen wir

        Sie, mit Hilfe Ihrer zuständigen Stellen dem Landes-

        gericht für Strafsachen Wien über das vermutlich im

        Indischen Ozean am 23.1.1977 in Position 70° 45´Ost

350

Und er läßt keine Zweifel offen: Wenn im Indischen Ozean an der bekannten Stelle kein Wrack gefunden werden sollte, dann könnte das durchaus auch als Beweis dafür zu sehen sein, daß die »Lucona« nicht gesunken sei.

In der Zwischenzeit formieren sich aber auch die Gegner des Suchunternehmens, dessen Kosten mit rund 10 Millionen Mark (70 Millionen Schilling) veranschlagt werden. Ein Teil der Justiz, vor allem aber die Steuerzahler sind empört.

Richter Leiningen gerät unter Druck. Im Justizministerium wird auf Beamtenebene sogar ein Gutachten erstellt, demzufolge die beabsichtigte Expedition in den Indischen Ozean als reiner Erkundungsbeweis zu betrachten und nach der Strafprozeßordnung daher verboten sei.

Sollte das Gericht das kostspielige Unternehmen dennoch starten, so würde Richter Leiningen die Kosten dafür möglicherweise aus der eigenen Tasche zahlen müssen.

Am 24. November ersucht Leiningen den Proksch-Anwalt, seinen Antrag neu zu formulieren: als Lokalaugenschein, der nach der Strafprozeßordnung zulässig ist.

Am selben Tag wendet er sich aber auch noch an den »heimlichen Justizminister« Gerhard Litzka, weil ihm nun auch selbst »Bedenken aufgetaucht« sind, »ob bei einer allfälligen Auftragsvergabe überhaupt die notwendigen Mittel vorhanden sind«.

Tatsächlich stellt sich bald heraus, daß eine Bedeckung im Budget für die veranschlagten Kosten des Wrack-Suchunternehmens weder für 1989 noch für 1990 vorhanden sind.

Die einzige rechtlich einwandfreie Möglichkeit: Im Parlament müßte ein eigenes Budgetüberschreitungsgesetz beschlossen werden. Doch da signalisiert die ÖVP dem sozialistischen Regierungspartner, daß sie die Zustimmung verweigern müßte, denn das hielte sie politisch nicht mehr aus.

So bleibt nichts anderes übrig, als das gesamte Unternehmen wieder abzublasen, und Richter Leiningen schreibt für Ende Jänner 1990 die Hauptverhandlung aus – für Udo Proksch eine gelinde Katastrophe, weil unter diesen Umständen ein absehbares Ende seiner Untersuchungshaft unmöglich ist.

An das

Bundesministerium für Justiz

z.H. Herrn Dr. Gerhard LITZKA

In der Strafsache gegen Udo PROKSCH und Hans-Peter DAIMLER hat die Verteidigung beantragt, an der vermuteten Untergangsposition des Schiffes "LUCONA" nach diesem zu suchen und es zumindest zu fotografieren.

Im Interesse der Wahrheitsfindung schien es mir notwendig, im Zwischenverfahren entsprechende Erhebungen anzustellen. Nunmehr ist dem Gericht ein Kostenvoranschlag der RF Reedergemeinschaft Forschungsschiffahrt GmbH vorgelegt worden, der dem Schreiben in Ablichtung beigelegt wird. Dieser Kostenvoranschlag erreicht mit DM 10.186.919,-- einen so hohen Preis, daß mir Bedenken aufgetaucht sind, ob bei einer Auftragsvergabe an die genannte Firma eine Deckung im Budget vorhanden ist.

Es ergeht daher die Anfrage, ob bei einer allfälligen Auftragsvergabe überhaupt die notwendigen Mittel vorhanden sind.

Im Hinblick darauf, daß dieses Angebot nur bis 1.12.1989 aufrecht ist, und auch im Hinblick darauf, daß eine allfällige Suche nach dem gesunkenen Schiff aus meteorologischen Gründen nur in den Monaten Oktober bis April möglich erscheint, wird um dringende Erledigung gebeten.

Landesgericht für Strafsachen Wien
1080 Wien, Florianigasse 8
Abteilung 20qu, am 24.11.89

Dr. Hans-Christian
Leiningen-Westerburg
(Richter)

352

REPUBLIK ÖSTERREICH
BUNDESMINISTERIUM FÜR JUSTIZ

330.00/66-III 2/89

GZ

An den

Richter des Landesgerichtes für
Strafsachen Wien
Dr. Hans-Christian LEININGEN-WESTERBURG
Landesgericht für Strafsachen Wien

Wien

Museumstraße 7
A-1070 Wien

1398

Briefanschrift
A-1016 Wien, Postfach 63

Telefon   Telefax
0222/96 22-0   0222/96 22/727

Fernschreiber   Teletex
131264 jusmi a   3222548 = bmjust

Sachbearbeiter Dr. Germ

Klappe   254   (DW)

Sehr geehrter Herr Kollege !

Für die Beantwortung der in Ihrem Schreiben vom
24. November 1989, 20 q Vr 8024/84, Hv 5386/88, aufgeworfenen Frage
der "Auftragsvergabe" sind die Bestimmungen des Bundeshaushalts-
gesetzes, BGBl. 1966/213, idF BHG-Novelle 1988, BGBl. 573, und des
Bundesfinanzgesetzes 1989, BGBl. I, sowie allenfalls die Richtlinien
zur Ö-Norm A 2050 für die Vergabe von Leistungen durch Dienststellen
des Justizressorts, JMZ 285.10/9-III 3/86, wesentlich.

Im Bundesvoranschlag für das Finanzjahr 1989, Anlage I
zum Bundesfinanzgesetz 1989, ist für Ausgaben von rund 70 Mill S für
Kosten der Beweisaufnahme in einem einzigen Strafverfahren nicht
vorgesorgt, und es wird dies auch im Bundesvoranschlag für das Jahr
1990 nach dem derzeitigen Stand der parlamentarischen Beratungen des
Bundesfinanzgesetzes 1990 nicht der Fall sein. Die zur Verfügung
stehenden Mittel werden voraussichtlich lediglich zur Deckung der
Kosten der laufenden Verfahren der üblichen Größenordnung aus-
reichen. Ohne der Beurteilung durch die Rechtsprechung vorgreifen zu
wollen, ist daher bei der gegebenen Situation davon auszugehen, daß
für zusätzliche Kosten in der Höhe von rund 70 Mill S keine Bedeckung vorhanden ist.

Eine Ablichtung Ihres Schreibens und meiner Antwort habe
ich dem Präsidenten des Oberlandesgerichtes Wien im Hinblick auf
dessen haushaltsrechtliche Zuständigkeit übermittelt.

Mit freundlichen Grüßen

30. November 1989
Für den Bundesminister:
GERM

353

In den einschlägigen Regierungskreisen geht jetzt die Angst um. Wird er versuchen, seine Freilassung zu erpressen? Würden, wenn Proksch auspackt, wie Peter Pilz meint, wirklich mindestens zehn österreichische Politiker flüchten müssen?

Ein paar Familienmitglieder und Freunde unternehmen den untauglichen Versuch, ihn für schwer krank oder zumindest für unzurechnungsfähig zu erklären. Ein Psychiater stellt per Ferndiagnose auf jeden Fall eine »hysterische Neurose« fest.

Proksch selbst ist es, der schließlich allen diesbezüglichen Spekulationen ein Ende setzt. »Ein Prozeß«, sagt er, »sei vielleicht doch die beste Art, die Angelegenheit wieder ins Lot zu bringen.«

Da weiß er allerdings noch nicht, daß die beiden Staatsanwälte Robert Schindler und Erich Müller längst beschlossen haben, die Anklage am ersten Verhandlungstag auf sechsfachen Mord auszudehnen.

Bisher war eine Mordanklage nie gestattet worden. Erst ab Beginn der Hauptverhandlung können die Staatsanwälte weisungsfrei agieren.

Für Richter Leiningen wird es nun ernst. Er muß sich in den Akt vertiefen. Vor allem aber will er für ein Verhandlungsklima sorgen, das keine Wünsche offen läßt.

Proksch muß sich entscheiden, von welchem seiner vielen Rechtsberater er sich im Prozeß verteidigen läßt. Gabriel Lansky wäre, auch wenn er aus dem »Fall Lucona« einen »Klassenprozeß« machen würde, sicherlich sehr gut geeignet, ist engagiert und kennt sich aus.

Proksch zieht seinen Richter ins Vertrauen: Ob nicht die Gefahr bestehe, daß ein Auftritt »dieses kleinen schiachen Juden« bei dem einen oder anderen Geschworenen antisemitische Gefühle weckt?

Leiningen macht sich aus anderen Gründen Sorgen und rät Proksch, »einen erfahrenen Strafverteidiger« zu engagieren: Er weiß, daß Richter Ernest Maurer, der im Prozeß als einer seiner Beisitzer fungieren wird, »den Doktor Lansky haßt wie die Pest«.

354

Als Prokschs Bekenntnisse über seinen bisherigen Rechtsanwalt in der Öffentlichkeit ruchbar werden, sind manche seiner Freunde irritiert.
Aber Richter Leiningen nimmt ihn in Schutz. Nein, man dürfe Udo Proksch wegen dieser Ausdrucksweise nicht einer antisemitischen Gesinnung zeihen: »Denn ›kleiner schiacher Jud‹ kann man auch voller Liebe sagen!«

Showdown vor dem Schwurgericht

Am 30. Jänner 1990 beginnt in Wien der Schwurgerichtsprozeß gegen Udo Proksch. Das Urteil wird am 11. März 1991 gesprochen werden.
Wie sich Udo Proksch verteidigt und wie er selbst den Ablauf der Ereignisse, deretwegen er unter der Anklage des Versicherungsbetruges und des sechsfachen Mordes steht, dem Gericht schildert, ist auf den nachfolgenden Seiten auszugsweise dargestellt.
Hiebei handelt es sich ausschließlich um Originalzitate, wie sie den Verhandlungsprotokollen zu entnehmen sind:

*

»Ich weiß gar nicht, was ich sagen soll. Ich bin so überrascht über die Herren Staatsanwälte. Ich bekenne mich nicht schuldig.
Ich bin eigentlich zurückgekommen, um hier einiges auszumerzen in diesem Land. Es ist ja doch ein schönes Land.
Ich war einige Zeit weg. Ich wollte hier in Österreich nicht mehr bleiben. Man hat meine Freunde mit mir liquidiert.«

*

»Ich glaube, daß das Ganze ein Komplott war gegen den Club 45, der aus ganz harmlosen Gründen entstanden ist. Es waren nicht nur Sozialisten drinnen. Es waren Demokraten drinnen, und es waren auch Christlichsoziale drinnen.
Es ist ja auch sehr gut gelungen, daß es zumindest zu einer Koalition im Land gekommen ist. Es ist ja schlecht, wenn ein Land immer nur von der Hälfte regiert wird und die andere Hälfte hat nichts zu sagen.«

»Ich habe leider nicht die Ausbildung wie Sie, daß ich eine Linie als Ausbildung habe. Ich war Schweinehirt. Dabei habe ich arbeiten gelernt. Dabei habe ich auch andere Sachen gelernt, wie man die Sachen anschaut.

Ich möchte betonen, daß ich zwei Zeugnisse habe. Eines für Schweinezucht und eines für Restauration. Sie könnten mich ja gleich fragen, warum ich kein Pfarrer bin.

Am Anfang ist man gar nichts. Da ist man nackt, wie man ist, wenn man geboren wird. Auch Adolf Hitler war ... Ich bin sicher nicht als Schweinehirt in das Militant-Projekt hineingefallen. Ich habe inzwischen die Akademie für angewandte Kunst gemacht.«

*

»Ich war 1957 in der Sowjetunion bei den sowjetischen Jugendfestspielen. Das war so, wie wenn da herinnen, außer uns, ein Haufen Affen ist.

Ich habe dann diesen Rußlandhandel gemacht. Aus der Sowjetunion können Sie ja nur sehr wenig verkaufen in den Westen außer Torf, Hühnermist und Schweinehäute.

Dadurch, daß wir Dinge vom Westen in den Osten gebracht haben, zum Beispiel Computer, haben wir den Weg freigemacht für einen Herrn Gorbatschow. Sonst könnten die heute noch nicht lesen und schreiben.«

*

»Eine Graugußanlage habe ich in die UdSSR verkauft. Geschäftsumfang: 700 Millionen Mark. Drei Brillenfabriken habe ich auch verkauft. Dann 16 Rohrfabriken für eine Milliarde Schilling. Auch PVC-Fußböden-Fabriken habe ich der UdSSR geliefert, 80 oder 90 Millionen Mark das Stück.

Wir waren bei allen Geschäften, die mit Titanium und mit Raketentechnik und am Anfang auch mit dem Automobilbau ...

Die Sowjetunion hatte innerhalb der Automobilindustrie einen Automobilminister. Dieses Ministerium sagte, wir Russen können das selbst, wir bauen selbst ein eigenes russisches Kraftfahrzeug. So wurde ein eigenes russisches Kraftfahrzeug gemeinsam gebaut mit Rheinstahl.

Wir waren die Generalvertretung von Rheinstahl. Die konnten sich gar nicht selbst vertreten, weil die waren viel zu blöd dazu. In dieses Geschäft mit der Rheinstahl habe ich mich selbst hineingebracht. Die Sowjetunion verlangte von Mercedes ein schlüsselfertiges Werk.

Ich bin in dem Fall ungefähr der Herr Breschnew gewesen, weil ich den Schlüssel wußte, wie man das mit Mercedes macht.«

*

»Warum man gerade auf mich kommt? Manche Menschen sind geworfen worden, und manche sind geboren.

Ich war der Ideologe, der Industrie-Ideologe. Ich bin als Ideologe auch honoriert worden. Vertrag habe ich keinen gehabt. Das waren ja meine Freunde. Wofür brauche ich einen Vertrag? Verbucht wurde das als ,nützliche Abgabe'. Schmiergeld ist es nicht. Man geht ja in die Schweiz oder nach Liechtenstein und führt eine nicht vorhandene Buchhaltung.«

»Die Provisionen habe ich dort ausbezahlt bekommen, wo ich sie gebraucht habe. Wer sagt Schweiz? Es kann auch Hollywood gewesen sein.

Steuerlich veranlagt war ich meistens, wenn es gegangen ist, nirgends.«

*

»Wir hatten in Kuwait die Möglichkeit, uns dort zu unterhalten u. a. auch mit dem Bürgermeister und diesen Leuten. Wir hatten in unserem Gepäck auch eine Einladung des Bürgermeisters Gratz für den Bürgermeister von Kuwait mit.«

»Ich war zum Beispiel in Saudiarabien, um Verhandlungen wegen Yellow Cake zu führen, aber vor allem Verhandlungen über die Maintenance für Hospitals. Die haben große Hospitals gebaut und das waren phantastische Aufträge.

Da Dr. Kreisky von den Philippinen direkt über Indien, also über die Frau Gandhi, hinunterflog, hatte er praktisch ein gutes

361

Wort eingelegt, doch auch die österreichische Industrie ... So hatten wir ein Konsortium zusammen mit der VOEST, und ich war derjenige, der sich das anschauen mußte.

Ich sage Ihnen, ich habe dann eine lange Verhandlung mit dem Energieminister von den Philippinen gehabt, weil die eine Yellow-Cake-Aufbereitungsanlage kaufen wollten. Da habe er ganz kalt eine Mappe mit diesen Plänen genommen und habe gesagt: ›Schau, so ähnlich schaut das aus!‹

Wenn ich vortäusche, die Zapata sei imstande, so eine Kugelmühle zu erzeugen, dann ist das nichts in Richtung Betrug, sondern das ist in Richtung, ein Geschäft zu machen.«

»Ich stehe hier als Angeklagter und als U-Häftling, Herr Staatsanwalt, und muß mir das von Ihnen anhören. An und für sich bin ich ja nicht immer hier gestanden. Ich bin auch wo anders gestanden.

Ich bin natürlich nicht zum Energieminister hingefahren und habe gesagt, lieber Energieminister, darf ich dir eine Yellow-Cake-Anlage verkaufen, sondern ich habe vorher mit dem Präsidenten geredet, und der hat gesagt, rede mit dem Energieminister, wir brauchen so etwas.

Der Energieminister ist natürlich nicht ganz so unbeleckt wie der Präsident. Der Präsident weiß nur, daß er große Uranvorkommen hat und daß er am Abbau dieses Uranvorkommens interessiert ist, weil das ja Geld ist.

Wenn ich Arzt bin und ich komme in ein Dorf, wo noch niemand einen Arzt gesehen hat, und zeige Zeichnungen her, wie die Innereien eines Körpers ausschauen, so wird man mich wahrscheinlich eher für einen Arzt oder zumindest für einen Kenner der Materie halten, wie wenn ich es nicht machen würde. Wenn er sieht, der hat Literatur, der hat das und das, das ist ja ein enormer Wert. Das ist ein Teil des Know-how.«

*

»Sie werden sich noch wundern, wer Mitbegründer der Zapata ist. Für mich war Kiesel ein Aktionär der Zapata und Skorzeny ein Aktionär der Zapata. Ja, ich meine den Skorzeny!

Sie haben mir ihre Aktien nicht gezeigt. So wie der Herr Pretterebner mir die Aktien gezeigt hat, hat er mir nicht die Aktien gezeigt.

Auch in Wien sind Zapata-Aktien herumgekugelt. Die Emmy Lütgendorf hat mir einmal welche gezeigt. Ich habe ihr gesagt, sie soll sie an die Araber verkaufen.

Leopold Gratz ist kein Mensch, der Aktien besitzt. Dafür ist er zu arm.

Low ist Aktionär über eine eigene Firma – die Atlas Oil. Wer sonst noch Aktionär der Zapata war, weiß ich nicht. Es ist auch ganz egal. Es ist wichtig, daß Geld da war. Die Aktie ist nicht wichtig. «

*

»Am 29. Mai habe ich Geburtstag, und da stirbt meistens ein Freund. Hans Neuffer ist auf jeden Fall gestorben. Ich glaube, in Baden – im Krankenhaus.«

*

»Ich bin dann in die Schweiz gefahren, bin noch einmal zum Low gefahren, weil ja der Low ein Spezialist für Uran und für Erz ist, also für zwei Sachen, wo er sich gut auskennt.

Ich habe gesagt, wie weit kann ich da gehen, weil ich ja überhaupt keine technische Ahnung habe. Ich habe auch keine Ahnung, wie man eine Torte macht. Da hat der Herr Pretterebner sicher recht: Ich habe alles, was ich bis jetzt gemacht habe, gestohlen. Oder es ist mir durch Glück zugefallen. So war es da auch.«

*

»Also ich meine, der Daimler, der ist ja eine technische Persönlichkeit. Der hat bei Mercedes gelernt und ist der Urenkel vom einzigen Daimler, den es gab.«

»In dem Augenblick, Herr Gerichtspräsident, in dem ich Ihre Aufgabe übernehme, bin ich der Chef hier. So sind Sie der Chef.

Ich bin ein Industrie-Ideologe. Bei Verträgen kenne ich mich nicht aus, ich kann zwar schreiben, aber lieber Liebesbriefe.«

*

»Wie ich zum Baron Drasche gekommen bin? Sie werden lachen, Herr Rat, auf einem Pferd, gemeinsam mit Lütgendorf. Lütgendorf habe ich über Hauptmann Lichtner-Hoyer kennengelernt.
Dieser Lütgendorf hat auf mich den besten Eindruck gemacht. Er war ein aufrechter Mensch.«

*

»Wir hatten vorher die Optico. Die Optico war dieses Gelände, wo ich eine Brillenfabrik hinbaute. Das war in Höflein. Ein wunderschönes Gelände.
Es war dort ein ehemaliges Bergwerk. Maschinen sind dort keine mehr herumgestanden. Die Bergwerksmaschinen sind alle ersoffen im Bergwerk. Dort könnte man auch tauchen.«

*

»Was passiert ist, ist, daß ich versuchen mußte, diese Finanzierung zusammenzubringen, gemeinsam mit dieser wirklichen Hilfe der niederösterreichischen Landesregierung. So kamen wir sicher auf über 24, 25 Millionen Schilling mit Privatanlegern usw. und konnten eine Reihe von Renovierungen machen. Das war in Höflein.
Das Prinzip von Extrudern ist wie das Prinzip von Menschen: Sie sind im Prinzip alle gleich, nur unterschiedlich gescheit oder blöd. So ähnlich ist es auch mit dem Extruder.«

*

»Sie brauchen aber einen Minister, um die notwendigen Gelder zu bekommen. Wir mußten erst einmal einen Militärminister haben. Ich kann nur sagen, es ist nicht einfach, einen Minister zu machen.
Ich habe auch hier einen Minister gemacht, der ist noch immer

Minister, aber nicht mehr lang. Und dieser Minister befindet sich direkt in Ihrem Kreis. Es gibt ja auch Justizminister, die gemacht wurden.«

*

»Ich hatte ursprünglich einmal einen Jeep. Jetzt muß ich zu dem komischen Verein kommen, der von Herrn Podgorski als Säuferverein oder als lustiger Verein bezeichnet wurde. Das ist dieser CUM-Verein.
Ich wollte eine Ausstellung machen mit militärischem Gut, aber hauptsächlich mit fliegendem Gut. Podgorski war damals noch ein guter Freund. Wir haben immer miteinander geredet über das Fliegen, und daß eigentlich die Ideologie der Kunst der heutigen Zeit das Flugzeug ist und nicht irgendein Gemälde.
So wollten wir das wie eine Ausstellung präparieren und bekamen vom Bundesheer Leihgaben. Einige Saabs, eine »fliegende Tonne«, Vampires, Pontons und GMCs und sieben Jeeps, Panzer . . . was halt so angeliefert worden ist.
Es kam dann auch zu einer Anzeige, daß ich vorhabe, diesen Staat hier zu übernehmen, was ich zwar schon vorhabe, aber nicht so.«

*

»Ich muß dazu sagen, daß meine Freundschaft mit Lütgendorf mir schon vorher auf dem Gebiet des Militant-Projektes geholfen hat, denn ich habe 1968 oder so einen Fla-Trainer aus Kunststoff gebaut, nach meinem System, und 1968 in Oggau eine Panzerabwehr.
Dann haben wir einige dieser Sachen nach Piesting gebracht. Dort ist auch mein Leichenwagen gestanden. Ich sammle Leichenwagen. Ich habe dort alles stehen gehabt, unter Dach.«

*

»Da sind dann diese Leute mit den Ferngläsern gekommen. Lassen Sie mich ausreden, es ist nämlich auch lustig, nicht nur traurig. Da hab' ich dann mein Scharfschützengewehr genommen und hab' die Affenmütze aufgesetzt. Dann bin ich auf den Turm hinaufgestiegen mit dem Gewehr. Und diese Hosenscheißer sind verschwunden geblieben, zwei Stunden lang.«

*

»Diese Harzgenossenschaft Piesting war ja stillgelegt. Devastiert, ohne Mauer, ohne Zaun. Und auch noch ein falscher Bürgermeister: Obwohl er Sozialist war, war er nicht so fähig.

Es kam Gott sei Dank ein halbes Jahr später der Bürgermeister Zimper von der ÖVP: Der bat mich, bitte mach irgendwas. Wir haben sofort eine Mauer gezogen.

Die Mauer wurde auch gebaut, weil diese Piesting jedes Jahr zweimal über die Ufer trat. Um das Hochwasser abzuhalten, haben die intelligenten Piestinger einen schwarzen Bürgermeister gewählt.

Es war auch ein Sichtschutz. Ich bin manchmal nackt drinnen herumgelaufen. Ich will nicht, daß mich jemand beobachtet. Außerdem bat mich der Bürgermeister Zimper, ob man das nicht irgendwie verschönern kann. Es war nicht nur eine Mauer aus Beton, es wurde eine Mauer, die oben gebogene Betoneisen hatte.

Ich habe dem Herrn Zimper gesagt, weil er gesagt hat, »Udo, bau mir doch um Gottes Willen endlich eine Fabrik«, habe ich gesagt, ich baue erst eine Fabrik, wenn ich imstande bin, eine Fabrik zu bauen, sie zu erhalten und sie nicht bankrott gehen zu lassen.

Vom Panhans, das Hotel war ja bankrott, hatte ich schon vorher 14 Betten gekauft. Die hatten wir im Haupthaus aufgestellt. Wir hatten auch ein Büro mit einem Fernschreiber in Piesting.

Wir haben dann auf Anraten des Herrn Zimper auch den Sitz der Pinosa von Wien zu ihm verlegt. Dadurch kann er nachweisen, er hat wieder eine Fabrik hingebracht, oder zumindest zwei, drei Leute.«

»Einen gewissen Renzo Vianello habe ich dann gebeten, er soll schauen, daß er mir ein paar gute Arbeiter bringt. Sein Bruder ist der Bischof von Venedig.

Die Italiener, die dann in Piesting gearbeitet haben, waren nicht angemeldet, nein.

Mein Bruder hat Vianello immer nur Darlehen gegeben, weil er ein Rassist ist. Er mag keine Juden und keine Italiener.«

*

»Für welches Land diese Anlage bestimmt war, weiß ich nicht. Ich hatte Vermutungen, weil ursprünglich hatten wir ja französische Korrespondenz, der ich nicht allzu mächtig bin, weil meine Mutter zwar Französin ist, aber ich bin ein Idiot auf dem Gebiet.

Und Parker war nicht, wie ich, ein Pfuscher. Er war ein Schlepper, er hat interessante Sachen angeschleppt.«

*

»Und dann war da ein Freund des Neuffer, der Herr Egger, der ja von den Herren Staatsanwälten hier sehr bezweifelt wird. Und der Egger hatte in Ostdeutschland Leute, die so eine Yellow-Cake-Anlage konstruieren konnten.

Schauen Sie. 1977 war es für jeden asiatischen Staat schwer, atomares Material zu bekommen. Große Flächen der Welt waren also ohne atomare Kraft. Sie werden am Ende unseres Verfahrens sehen, wohin unser Weg gegangen ist.«

*

»Die Handelspartner der NPT beschäftigen sich oder sind die Chefs von Electronic und von der Atomenergie. Das ist so: Diese Leute sind es, die entscheiden, technisch und waffentechnisch, was wird verwendet, welche Richtung gehen wir in der Zukunft. Wer diese Leute sind, darüber habe ich nur Vermutungen.«

»Die Uranmühle war wirklich nur die Mühle, wo man das Mehl mahlt, und nicht die Bäckerei, in der Yellow Cake entsteht. Was ist eine Million Schweizer Franken in dem Geschäft? Ich habe

in meinem Leben noch nie einen Scheck unterschrieben. Ich
liebe Cash.
Hongkong war für dieses Geschäft vorgegeben und ein Befehl.
Vielleicht hat Parker das geträumt. Aber ich denke, daß es der
Endabnehmer war.«

*

»In Hongkong kosten solche Wohnungen zwischen 3.000 und
4.000 Dollar monatlich. Das war nicht allzuviel.
Erstens habe ich gerne Chinesinnen und habe mir gedacht, es
ist besser, ich habe eine große Wohnung, wo ich mehr Platz
habe, meine Orgien zu führen.
Zweitens hatte ich gerade dieses Geschäft mit Parker und mit
Corrigan und diesen Leuten.
Drittens hat die Gräfin Traun, ich nenn' sie Kaiserliche Hoheit,
diese Wohnung eigentlich nur durch Zufall bekommen, weil die
Mutter meiner beiden Kinder gesagt hat, die Theresa würde
gern einen Friedhof in Indien fotografieren.
Wieso das die Zapata finanziert hat? Schauen Sie ihre Augen
an. Erstens hat sie wunderschöne Augen. Zweitens konnte sie
nicht allein hinfahren, weil sie das Geld nicht hatte.
Sie war wie eine Schwester zu mir. Es war selbstverständlich,
daß sie an meinem Tisch Platz nimmt und meine Gastfreund-
schaft genießt. Es war ein Geschenk von mir.«

*

»Von diesen 22 Gegenscheinen möchte ich annehmen, daß sie
falsch sind, ja. Es waren falsche Bestätigungen zur Tarnung dieser Geschichte.
Welche Veranlassung Hans Huber und mein Bruder Rüdiger
hatten, diese Gegenscheine zu unterschreiben? – Die Veranlassung eines Befehls von mir.«
»Mir war die Verzollung im Prinzip vollkommen egal, weil die
Verzollung nur Geld kostet und an und für sich sowieso unsin-
nig ist.
Der Otto Kölbl hat nicht nur zu meinem Dunstkreis gehört,

sondern sogar zu meinem Freundeskreis. Warum er bei der Verzollung aus einer Kiste plötzlich 16 Container gemacht hat,
kann ich mir nicht erklären.«

*

»Ich habe keine Ahnung, Herr Staatsanwalt. Nein, das verstehe
ich nicht. Ich verstehe Sie nicht. Jetzt kenne ich mich nicht mehr
aus. Ich habe jetzt Kopfschmerzen, Herr Rat. Immer wenn es
schneit, bekomme ich Kopfschmerzen. Ich kann der Verhandlung nicht mehr länger folgen.«

*

»Ich habe zwei- oder dreimal mit den Chauffeuren gesprochen.
Ich habe immer gedacht, das müssen eigentlich Rumänen sein,
die sprechen ja eigentlich ein Deutsch wie einer aus dem Banat
oder so. Ich habe nicht gedacht, daß sie Ungarn sind. Wie dann
der Herr Pretterebner so nett war, zu sagen, daß es ja auch rumänische Spione gibt, bin ich dann darauf gekommen: vielleicht
waren es sogar rumänische Spione.«

*

»Es ist nicht Bestechung, sondern es ist eine nützliche Abgabe.
Diese nützlichen Abgaben haben wir bei jedem Geschäft.
Ich kenne kein Geschäft, außer daß man ein Stück Torte oder
einen Kaffee irgendwo kauft, aber auch dort ist eine nützliche
Abgabe, die heißt Handelsspanne.
In diesem Fall sind die nützlichen Abgaben sicher für das Sy-
stem gewesen. Inzwischen wurde Rumänien ja in eine andere
Form gewandelt, so wie hoffentlich auch Österreich in eine an-
dere Form gewandelt wird.«
»›Confidential‹ ist doch ganz einfach erklärt: Sie haben keine
Ahnung und ich habe keine Ahnung.
Aus Gründen der Geheimhaltung war alles ›Made in Austria‹.«
»Der Daimler war ja von Anfang an gegen die Bundesländer-
Versicherung. Er hat immer gesagt: ›Das ist eine Schweine-Ver-
sicherung!‹

369

Herr Rat, das müssen Sie mich noch erzählen lassen: Den Doktor Masser habe ich bei einem Sonnwendfest bei einem Notar kennengelernt. Rea, heißt er, glaube ich, der noch kleiner ist als ich.

Bei dem Fest zeigt mir der Notar Rea einen rotgesichtigen Mann, der offensichtlich schon ein paar Liter Rotwein getrunken hat und über die Sozi-Schweine schimpfte. Das war der Anwalt Masser.

Er kannte mich erst nicht, und dann sagte jemand: Das ist der Udo Proksch. Da wurde er weiß wie eine Wand, rief seine Kinder, die übrigens sehr nett sind, stieg in sein Auto, ich glaube einen Jaguar, und fuhr gegen einen Baum.«

*

»Wenn jemand zu mir gekommen wäre und hätte gesagt, sprengen wir – als Show – diesen Gerichtssaal in die Luft, dann hätte ich, wenn Sie es mit Ihrem kleinen Minister gewesen wären, vielleicht gesagt, man könnte den Versuch wagen.

Ich hätte es nicht gekonnt, aber ich hätte mir die notwendigen Leute geholt. Da geht man halt zum Militär und fragt den Herrn Oberst Wanetschek. Der hätte vielleicht dann das gemacht, wenn er den Befehl vom Minister bekommen hätte.«

*

»Was an dieser Verladung in Chioggia so wichtig war, daß ich persönlich dort sein mußte? Entschuldigen Sie, das ich das sage, Herr Staatsanwalt, es gehört sich nicht, aber: Was ist so wichtig, daß Sie hier im Gerichtssaal sind?

Außerdem hatte ich die Herrschaften der Bundesländer-Versicherung empfangen wollen. Aber die waren wahrscheinlich gerade auf der Jagd oder im Bordell. Es war in der Nähe des 1. Jänner, und am 1. Jänner ist man vielleicht noch blau. Auf jeden Fall sind sie nicht gekommen.«

*

»Auf der Lucona waren lauter Schwarze – genau so wie hier im Gerichtssaal lauter Schwarze sitzen.

Mir war der Kapitän weder sympathisch noch unsympathisch. Ich habe zwei, drei Sachertorten gehabt, und habe ihm eine gegeben.

Gegluckst hat in diesem gelben Zylinder gar nichts. Gegluckst hat höchstens die Flasche Schnaps, die der Steuermann in der Tasche gehabt hat.«

*

»Warum soll ich nicht sagen ›zwei Stück Arbeiter‹? Sie sagen vielleicht ›zwei Stück Justizwachebeamte‹!

Wenn ich fünf Menschen sehe, sage ich, ich sehe fünf Menschen oder fünf Stück Menschen. Soll ich fünf Schilling sagen?«

*

»Was ich mir gedacht habe, als ich vom Untergang erfahren habe? Da müssen Sie vielleicht den Herrn Eckermann, den Begleiter von Goethe, fragen. Ich kann Ihnen nur sagen, daß ich irgendwie erschüttert war.«

*

»Solange man lebt, bereitet man sich auf den Tod vor. Man muß den Tod trainieren. Ich bin nicht gerne Fallschirm gesprungen, aber ich habe es gemacht, weil ich den Tod trainieren wollte.

Mir ist ganz klar, daß ich einmal sterben werde. Ich lerne Sterben. Ich glaube, daß das Sterben das größte Abenteuer ist, das jeder Mensch vor sich hat. Ich bin öfters schon dem Tod ganz nahe gewesen. Ich war einmal fünf Tage fast weg. Das Sterben ist das Hauptproblem unseres Lebens.«

»Wie es nachher zu diesem Treffen in Zürich gekommen ist, möchten Sie wissen? – Dann bekommen Sie auch die Antwort, die Sie verdienen: Die Türen gingen auf und die Leute kamen herein und haben sich getroffen. So war es.

Nehmen wir an, Ihre Frau hätte einen schweren Autounfall.

Wäre Ihnen da nicht auch danach, Ihre Familie um sich zu versammeln?
Ich wollte wissen, was mit der Lucona passiert ist. Natürlich haben wir uns in der Schweiz getroffen. Hätte ich zu dem Schiff hinschwimmen sollen?
Ja, es wurde dann auch noch ein Fernschreiben geschickt. Das gehört doch zum guten Ton.
Wenn ich mit dem Papst zusammensitze und ihm sagen muß, ›dein Stephansdom ist eingestürzt‹, so werde ich ihm das dann auch schriftlich geben.«

*

»In diesem Land hat die Polizei nichts besseres zu tun, als alles zu beschlagnahmen: Das hat der Doktor Damian, mein Rechtsanwalt, geschrieben. Anwälte sind ja dafür da, daß sie lügen.«

*

»Sie vergessen dabei die Figur Guggenbichler und die Waffe bei ihm. Wenn ich zu Ihnen komme und sage, Herr Staatsanwalt, Sie werden das jetzt aussagen, und ich habe einen 45er in der Tasche, dann werden Sie das sicher aussagen.
Dieser Mensch ist eigentlich eine sehr unangenehme Figur. Leider ist er nicht wirklich in die Luft gesprengt worden.«

*

»Ich habe mit dieser Zeugin nie solche Gespräche geführt. Ich habe auch nie gesagt, daß ich ihren Mann umbringe. Ich war viel zu gut mit ihm. Ich habe ihn nach Arizona wegreisen gesehen.
Ich habe das Verhältnis mit der Zeugin nicht im Streit beendet. Ich habe es wie die meisten Verhältnisse beendet: nach dem Badezimmer.
Persönliche Gründe, daß sie solche Sachen erzählt, schließe ich vollkommen aus. Wenn wir die Psychiatrie hernehmen, werden wir die Gründe wahrscheinlich entdecken.«

*

372

»Da meine Anwälte nichts zusammenbringen, kündige ich allen dreien die Vollmacht!«

*

»Die Lucona ist das erste Schiff, das ich verloren habe. Aber vielleicht werde ich in Zukunft mehr Chancen haben – als Kriegskapitän.
Es ist ein bißl schade, daß wir hier nicht den wirklichen Grund für alles gefunden haben. Ich habe soviel gesagt, wie ich nur konnte. Der Major Edelmaier war ja nur Befehlsempfänger.
Aber ich fühle mich eigentlich nicht schuldig. Ich bekomme täglich Briefe von Leuten, die mich auffressen wollen. Am liebsten gekocht. Und von einem Homosexuellen, der sich in mich verliebt hat.«

*

»Das ist ja lächerlich, Herr Staatsanwalt: Mit dem Plunder, der da in Hochfilzen und Bruckneudorf übrig geblieben ist, können Sie ja wahrscheinlich nicht einmal den Saal da sprengen!«

*

»Meiner Meinung nach habe ich das alles nicht getan, und meine Meinung ist ja wohl die wichtigste hier. Das ganze war ein hinterfotziges politisches Geschehen! Man hat mich zu einem Monster gestempelt. Früher war ich angesehen. Über mich ist mehr geschrieben worden als über Tegetthoff.«
»Die Geschworenen sollen machen was sie wollen. Das ist ihr Kaffee. Das Volk schreit nach Blut. Von mir aus geben Sie es ihm!«

*

»Bei den Herrschaften, die für mich gestimmt haben, bedanke ich mich. Und meinen Feinden möchte ich sagen: Si vis pacem, para bellum!«

373

»Die Justiz ist eine Hure«

Als Bühne, auf der er seinen letzten großen Auftritt inszeniert, ist der Große Schwurgerichtssaal des Wiener Landesgerichtes ausersehen.

Schon während der Vorbereitungszeit für das bevorstehende Spiel um die Gunst der Geschworenen ließ sich Udo Proksch einen langen wuchernden Bart wachsen. Jetzt sieht er aus wie Rasputin.

Die Premiere findet am 30. Jänner 1990 statt. Der Andrang sowohl des Publikums als auch der Kritiker, die in diesem Fall Prozeßberichterstatter heißen, ist enorm.

Die Volksmeinung ist gespalten, wie seit eh und je in diesem Fall.

Während die eine Hälfte unverhohlen ihrer Meinung Ausdruck gibt, jetzt sei es langsam an der Zeit, kurzen Prozeß zu machen, tut die andere teilweise lautstark kund, wie ungeheuerlich doch die Methoden seien, mit denen in diesem Land ein unschuldiger Mensch verfolgt und fertiggemacht werde.

Die Überzeugung dieser zweiten Gruppe hatte längst mit Hilfe einer simplen Formel schon der Wiener »Underground-Dichter« Joe Berger auf den Punkt gebracht:

»Wenn die Bilanz einer Versicherung schlecht ist, werden Mörder erfunden.«

Auch den meisten Journalisten gelingt es nur schwer, ihre klammheimliche Sympathie für den Angeklagten zu verbergen. Natürlich kann auch ich mich dem Spektakel nicht entziehen. Ich muß dabei sein, ob ich möchte oder nicht. Zur Strafe attackiert mich eine mittelalterliche Dame aus der zahlreich vertretenen Proksch-Anhängerschar, indem sie voller Verachtung vor mir auf den Boden spuckt.

375

Die scharf formulierte und von den beiden Staatsanwälten Robert Schindler und Erich Müller abwechselnd vorgetragene Anklage irritiert Proksch anfangs unverkennbar. Aber schon bald faßt er sich. Er ist hellwach, kampfbereit und angriffslustig. Fast wieder jener Udo Proksch, den man von früher kennt.

Ab dem dritten Tag steht schließlich fest: Er ist es, der im Gerichtssaal Regie führt und die Dynamik des Geschehens selbst bestimmt.

Durch knappe und trocken hingeworfene Scherze einerseits und wüste, aber manchmal brillant formulierte Beleidigungen seiner Gegner andererseits, gelingt es ihm bald mühelos, Gericht, Geschworene und Publikum in seinen Bann zu ziehen.

Man gewinnt den Eindruck, bei einer Talk-Show zuzusehen, bei der der Angeklagte Moderator und Stargast in einer Person ist.

Es ist Proksch, der nach Lust und Laune die Zuhörer maßregelt und die Prozeßthemen bestimmt. Er teilt das Wort zu, weicht aus, wenn ihm Fragen nicht genehm sind, verspottet sanktionslos seine Ankläger, und das Publikum quietscht vor Vergnügen. Aber auch die Geschworenen und selbst die Richter lachen, wann immer es der Angeklagte will.

Auf die Idee, daß hier ein Mordprozeß im Gange ist und daß es um die vorsätzliche Tötung von sechs Menschen geht, käme man, wenn man es nicht wüßte, nie.

Einmal spielt er den Tolpatsch und fegt durch eine scheinbar ungeschickte Handbewegung zum Gaudium aller seinen Akt, die Gesetzbücher und das Kruzifix vom Richtertisch, ein anderesmal mimt er den Tontechniker, repariert das Mikrofon und ist bemüht, es jedem Zeugen richtig einzustellen.

Er vergißt auch nicht, die Zeugen vor deren Abgang jeweils darauf aufmerksam zu machen, daß sie nicht vergessen sollen, ihre Zeugengebühren zu kassieren: »Sie werden doch dem Staat nichts schenken wollen?«

Wenn ihm die Fragen der Staatsanwälte lästig werden, fordert er den vorsitzenden Richter Leiningen auf, deren Eifer doch zu bremsen – und hat damit tatsächlich Erfolg.

Und wann auch das nichts nützt, schützt er plötzliche Kopfschmerzen vor – und erreicht prompt den Abbruch der Verhandlung, weil er »psychisch erschöpft« ist.

Erstaunlich ist, daß der Vorsitzende Prokschs Eskapaden widerspruchslos duldet, den Angeklagten oft nicht nur gewähren läßt, sondern ihn geradezu ermuntert, während er die Staatsanwälte manchmal schroff zurechtweist und ihnen sogar, wenn sie dagegen protestieren, das Wort entzieht.

Auch den beisitzenden Richtern gefällt anscheinend die Prozeßführung durch den Vorsitzenden Leiningen-Westerburg nicht immer.

Richter Ernest Maurer leidet manchmal still. Richter Peter Liebetreu will seinen Unmut nicht immer verbergen. Er kann es auch nicht, weil ihn die Zornesröte im Gesicht verrät. Der gräfliche Vorsitzende rächt sich, indem er seinen Beisitzer ob dessen »dummen Fragen« an den Angeklagten vor dem gesamten Publikum bloßstellt.

Die Staatsanwälte wiederum werden sich im Verlaufe des Verfahrens von Richter Leiningen-Westerburg wegen ihres ungebührlichen Verfolgungseifers sogar eine Beschwerde bei der Dienstaufsicht einhandeln.

Basses Erstaunen macht sich im Gerichtssaal beim unvoreingenommenen Prozeßbeobachter schließlich breit, wie Werner Masser, der Anwalt der privatbeteiligten Versicherung, von Leiningen behandelt wird.

Fast eine halbe Stunde lang versucht Masser einmal während des Prozesses erfolglos, eine Frage anzubringen. Leiningen übersieht seine Bemühungen demonstrativ.

Die Verhandlung ist zu Ende. »Verzeihen Sie, Herr Vorsitzender . . .« erhebt sich Masser jetzt devot.

Da wirft ihm Leiningen einen verachtungsvollen Blick zu und erwidert kalt: »Mit Ihnen rede ich außerhalb dieser Verhandlung nicht ein Wort!« Und dreht sich um und geht.

An Gerüchten, Vermutungen und kolportierten Unterstellun-

377

Das Geschwornengericht am Sitze des Landesgerichtes für
Strafsachen Wien hat über die von der Staatsanwaltschaft Wien
gegen

1.) Udo Rudolf **PROKSCH**,   geboren am 29.5.1934 in Rostock,
österreichischer Staatsbürger,
geschieden, Kaufmann, zuletzt
wohnhaft in 1010 Wien, Kohlmarkt
14, dzt. in hg. Untersuchungshaft,

unter dem Vorsitz
des Richters   Dr. Hans-Christian
LEININGEN-WESTERBURG

in Gegenwart
der beisitzenden Richter   Mag. Peter Liebetreu
Mag. Ernest Maurer

der Geschwornen   Monika Blauensteiner
Helga Goak
Roman Hacker
Johann Holzgruber
Franz Huber
Astrid Young
Raimund Kadainka
Rudolf Wisnecky

der Schriftführerin   VB Manuela Hofmann

der öffentlichen Ankläger   OStA Dr. Robert Schindler
StA Dr. Erich Müller

der Privatbeteiligtenvertreter   Dr. Werner Masser
Dr. Eduard Klingsbigl
Dr. Florian Kremslehner

378

gen, wonach Richter Leiningen mit Udo Proksch und seinem Freundeskreis »verhabert« und deshalb voreingenommen sei, mangelt es tatsächlich nicht.

Er sei Stammgast, heißt es, im berühmt-berüchtigten »Club Gutruf« des ehemaligen DDR-Agenten und Proksch-Freundes Rudi Wein. Deshalb habe er sich auch geweigert, einem Antrag auf Überwachung des Telefonanschlusses Rudi Weins die richterliche Zustimmung zu geben.

Er sei mit der Proksch-Freundin Gräfin Alexandra Colloredo-Mannsfeld gut bekannt, heißt es, und ich selbst beteilige mich an der Verbreitung dieser Mitteilung, die in Wahrheit jeder Grundlage entbehrt. Ich saß einer (bewußten) Falschinformation auf.

Auch im »Club Gutruf« war der Richter nie ein Stammgast, sondern »nur zweimal oder höchstens dreimal kurz zu Gast«, um seinen Freund, den Moulin-Rouge-Besitzer Heinz-Werner Schimanko von dort abzuholen.

»Ich weiß«, sage ich zu Richter Leiningen, »daß Sie tatsächlich nicht befangen sind, jedenfalls habe ich keinen objektiven Grund zu einer solchen Annahme gefunden. Aber Sie verhalten sich so, als ob Sie es wären. Warum tun Sie das?«

Bereitwillig und offen gibt der Proksch-Richter nun seine Motive preis.

Dankenswerterweise ermöglicht er damit zugleich auch einen interessanten Blick auf das anscheinend auch nicht immer heile Innenleben der Justiz.

Noch nie sei bei ihm als Richter in einem solchen Ausmaß interveniert worden wie in diesem Fall, stellt Leiningen einleitend fest.

Zunächst sei ihm der »Fall Lucona« als »Kampf der Freimaurer gegen den CV und umgekehrt« erschienen, der zunehmend härter wurde.

Es fehlte nicht an Drohungen: »Wenn Proksch verurteilt wird, passiert dies«, sagten die Einen, »wenn Proksch freigesprochen wird, passiert das«, bekundeten die Anderen.

Doch eines Tages, bald nach Prozeßbeginn, hörte der Druck

seitens der Proksch-Beschützer plötzlich von einem Tag auf den anderen auf, »als ob eine Sitzung stattgefunden hätte«.

Geblieben sei der Druck von seiten jener Gruppen, die Proksch unter allen Umständen verurteilt sehen wollten.

Wo seine Emotionen gegen die Staatsanwälte herrühren, kann Richter Leiningen erklären.

Erich Müller etwa sei zu ihm gekommen und habe ihm erklärt: »Da brauchst du nicht so viel herumzutun, den kannst du ruhig verurteilen, denn der ist schuldig!«

Dann sei Bernd Feldmann vom Heeres-Abwehramt bei ihm gewesen und habe auf eine Verurteilung des mutmaßlichen Sprengstoffbeschaffers Edelmaier gedrängt: »Sie müssen ihn verurteilen, weil wir – das Abwehramt – sonst weg vom Fenster sind!«

»Und dann erst der Doktor Masser von dieser seltsamen Versicherung!« Der habe wahrscheinlich herausgefunden, daß er – Leiningen – Mitglied der als extrem konservativ geltenden »Petrus-Bruderschaft« sei.

Nun sei der CVer Werner Masser vor Verhandlungsbeginn bei ihm erschienen und habe ihn darauf hingewiesen, daß Proksch unbedingt »Lebenslänglich« bekommen muß, »damit das christliche Abendland gerettet werden« könne.

Und als er den Anwalt daraufhin hinausgeworfen habe, sei dieser hergegangen und habe das Gerücht verbreitet: »Der Leiningen ist rauschgiftsüchtig! Der schnupft täglich Kokain, und jetzt wird er von Proksch erpreßt!«

Tatsächlich sah sich Richter Leiningen genötigt, das AKH aufzusuchen, sich untersuchen und eine ärztliche Bestätigung ausfolgen zu lassen, um zu beweisen, daß er »nicht erpreßbar« ist.

»Wissen Sie«, sagt Leiningen – und wer wollte es ihm in einem solchen Fall verübeln –, »da stellen sich bei mir die Haare auf!«

»Und was war mit Ihrem Beisitzer«, will ich jetzt die ganze Wahrheit wissen, »was haben Sie gegen den Richter Liebetreu?«

Leiningen-Westerburg wird ärgerlich und denkt gar nicht daran, sich jetzt noch ein Blatt vor den Mund zu nehmen:

380

»Der Liebetreu sitzt im Buffet und sagt: ›Der Leiningen ist bestochen‹!«

Dann holt der Proksch-Richter tief Atem und fügt hinzu: »Ausgerechnet der Liebetreu sagt das, der kleine Scheißer, von dem
jeder im Haus weiß, daß – wenn es einen Richter gäbe, der sich
bestechen ließe!«

Alle diese Vorkommnisse hätten ihn schließlich darin bestärkt,
einen Akt ausgleichender Gerechtigkeit zu setzen. Und deshalb
habe er auch die Wracksuche bewilligt: »Justament!« Und obwohl so viele auch im Justizministerium dagegen waren, und
das Oberlandesgericht bereits beschlossen hatte, daß sie nicht
notwendig sei.

»Die Justiz«, sagt Leiningen, »ist eine Hure.« Er meint damit:
Zuerst wird ein Mann wie Proksch jahrelang mit allen Mitteln
auch von der Justiz beschützt.

Und dann dreht sich die Justiz auf einmal um 180 Grad und
will denselben Mann mit aller Macht vernichten und es kann ihr
nicht schnell genug gehen, daß er verurteilt wird, ohne Rücksicht auf Fairneß und Rechtsstaatlichkeit: »Da spiele ich nicht
mit!«

Im Verlaufe des Prozesses ist aber auch noch etwas anderes zu
sehen: Der Proksch-Richter leidet offensichtlich unter der man-
gelhaften Verteidigung des Angeklagten.

Er habe, sagt er, überhaupt noch nie einen Prozeß geführt, bei
dem ein Angeklagter so schlecht verteidigt worden sei:

»Die Pitzlberger, die ein Kind von Proksch hat, war nicht ernst-
zunehmen. Der Doktor Obendorfer wollte noch rasch vor seiner Pensionierung eine Stange Geld verdienen, für den Fall hat
er sich nicht wirklich interessiert. Der Doczekal hat Udo
Proksch kein Wort geglaubt und ließ sich das in der Verhandlung auch bei jeder Gelegenheit anmerken.«

»Und Dr. Wandl?«

»Der Doktor Wandl ist ein dummer Mensch.«

Der Präsident der niederösterreichischen Anwaltskammer gesteht denn auch selbst zu, daß er seine undankbare Aufgabe nur
in sehr eingeschränktem Maß erfüllen konnte, was wohl vor al-

B e s c h l u s s

auf teilweise Teilnahme des Schwurgerichtshofes an der
Beratung der Geschwornen.

Begründung:

Der Obmann der Geschwornen hat die Schwierigkeit der Sach-
u. Rechtslage im Hinblick auf den Tatbeitrag des Angekl. Johann
Edelmaier dem Schwurgerichtshof dargelegt u. war dieser ein-
stimmig der Ansicht, daß seine Anwesenheit während der Beratung
der Geschwornen zur besseren Aufklärung schwieriger Tat- und
Rechtsfragen im Sinne des § 324 Absatz 1 StPO zweckmäßig sei.
Die bisher vertretene Ansicht der Geschwornen, Johann Edelmaier
habe Udo Proksch zwar Sprengstoff und Zünder zur Sprengung des
Schiffes ausgeliefert, **es sei ihm aber von Udo Proksch
versichert worden, daß dabei keine Menschen zu Tode kommen, da
das Schiff nur so gesprengt werde u. die Besatzung vor der
Sprengung aussteigen werde,** findet keinerlei Anhaltspunkte im
bisherigen Beweisverfahren. Die Geschwornen müssen daher darauf
hingewiesen werden, daß sie ihre Feststellungen nur nach den in
der Hauptverhandlung vorgeführten Beweismitteln treffen dürfen.
Auf Grund des umfangreichen Akteninhaltes sind die Geschwornen
aber nicht in der Lage, sämtliche Beweismittel aus den Akten
aufzufinden und entsprechend auszuwerten. Um diesem Mangel
abzuhelfen, ist die Anwesenheit des Schwurgerichtshofes bei der
Beratung unerlässlich.

Der Schwurgerichtshof:

382

lem daran lag, daß Udo Proksch ein Angeklagter war, der nicht verteidigt werden konnte.

Dennoch glaubte der Vorsitzende des Schwurgerichtssenats eine Zeitlang, »Prokschs Verteidigung selbst in die Hand nehmen zu müssen«.

Heute freilich ist auch Richter Leiningen-Westerburg »vollkommen klar, daß Proksch nicht zu retten war – aber daß er so schmählich unterging, das hat er trotzdem nicht verdient!«

Jetzt bringe ich mich um!

»Es war ein vorbildliches Verfahren«, wird »Der Standard« den Proksch-Prozeß nach dessen Abschluß kommentieren: »Ein rechtsstaatliches Qualitätsprodukt, so fair, daß es mitunter schon weh tat.«

Besonders schmerzhaft ist, daß durch die Emotionen und Querelen, die hinter den Kulissen das Prozeßgeschehen mitbestimmen, die Wahrheitsfindung manchmal auf der Strecke bleibt.

Ein wenig ungerecht ist wohl auch, daß Udo Proksch am Ende des Verfahrens als scheinbar Alleinschuldiger dastehen wird.

Er ist nicht nur Täter, sondern auch ein Produkt der herrschenden politischen Kultur in diesem Lande und als solches zugleich Opfer der unentwirrbaren Verfilzung zwischen Wirtschaft, Politik und Kriminalität.

Auch wenn es verständlich ist, daß sämtliche politischen Implikationen dieses Falles ausgeklammert werden mußten – gerecht ist es nicht.

Drittens: Viele Mittäter und Mitwisser sind gar nicht angeklagt. Die meisten werden nur als Zeugen einvernommen. Und manche Zeugen lügen, daß es nur so eine Freude ist.

Der Weltmeister im Fallschirmspringen, Hans Huber, hat ein bißchen Pech. Er fälschte Dokumente und stellte sich für jahrelange Falschaussagen zur Verfügung. Er bleibt auch im Prozeß dabei, ohne zu beachten, daß Proksch selbst die Fälschungen ein paar Tage vorher eingestand.

Daß Hans Huber vom Zeugenstand weg verhaftet wird, ist die einzig logische und richtige Konsequenz.

Schuld sind die Verteidiger von Proksch, sie haben den Armen vorher nicht entsprechend präpariert, weshalb sie auch von diesem – »weil sie nichts zusammenbringen« – umgehend gefeuert werden.

Die Staatsanwälte freilich werden von den meisten Medien im Land gescholten. Es sei unfair, einen Zeugen gleich in Haft nehmen zu lassen, nur weil er eine falsche Zeugenaussage ablegt. Bei einem Mordprozeß?

Die Staatsanwälte trauen sich ohnehin nicht, ihre Aktion zu wiederholen, wie es in Wahrheit noch ein paar Mal nötig wäre. Die Folge ist, daß ab diesem Zeitpunkt manche Zeugen noch viel ungenierter lügen – vom heimischen Schrotthändler bis zum rumänischen Geheimdienstmitarbeiter, der freilich gleich beim Eintritt einen Zettel schwenkt, der ihn als Opfer der »Securitate« ausweist.

Auch Atomphysiker wissen nicht mehr, daß sie schon einmal in einem anderen Verfahren etwas zugegeben haben, was nunmehr wieder bestritten wird.

Als Renzo Vianello seinen Auftritt als ehrbarer »Kaufmann von Venedig« hat, sieht sich sogar Richter Leininger veranlaßt, den Zeugen nach Beendigung der Märchenstunde darauf hinzuweisen, daß »Zeugen, die soviel lügen, bei uns normalerweise verhaftet werden«.

Aber die Staatsanwälte haben es in diesem Punkt schon aufgegeben: »Wir können ja nicht halb Österreich« einsperren.

Jetzt wartet alles sehr gespannt auf die Überlebenden des »Lucona«-Untergangs. In diesem Stadium des Prozesses macht die Verteidigung – und das bringt sie auch tatsächlich zustande – erneut ein bißchen »Medienpolitik«.

Die sogenannten Überlebenden würden es nicht wagen, heißt es, in Österreich als Zeugen zu erscheinen. Es sei abzusehen, daß die Verteidigung ihre Glaubwürdigkeit schwerstens zu erschüttern in der Lage sei.

Die Rechnung geht tatsächlich zum Teil auf. Die Holländer beschließen, nicht nach Wien zu kommen, weil man in Österreich womöglich noch immer mit dem Schlimmsten rechnen müsse. Sie müssen sich das ja nicht noch einmal antun. Jeanette van der Leer, die Frau des Kapitäns, hat überdies nicht einmal eine

Zeugenladung zugestellt erhalten, weil das Gericht diese irrtümlich an eine falsche Adresse sandte.

Eindrucksvoll beweist nun aber Richter Leiningen, daß er seine zweifellos unkonventionellen Methoden nicht nur einsetzt, um Entlastungsmaterial herbeizuschaffen, indem er etwa persönlich am Truppenübungsplatz Bruckneudorf nach einem Schießtagebuch sucht, das ihm das Abwehramt angeblich unterschlagen habe.

Jetzt bemüht er sich, mit allen Mitteln die Belastungszeugen gegen Proksch herbeizuschaffen. Und als es ihm selbst mit Telefonaten nach Holland nicht gelingt, fragt er schließlich, ob nicht ich zu diesem Zweck meinen »starken Arm« benützen könnte? So fliege ich rasch nach Amsterdam und schaffe die gewünschten Zeugen her. Der Kapitän wird aus Costa Rica eingeflogen. Erstaunlicherweise bleiben die Proksch-Verteidiger, als sie nun beweisen sollten, was sie können, völlig stumm. Und das, obwohl der Herr Professor Samson sogar zwei Mitarbeiter aus Kiel einfliegen und diese gleich neben dem Gericht, im Hotel Regina, einquartieren ließ, damit sie den »Kameraden Schnürschuh« hier mal zeigen sollten, wie man's macht.

Nach den Zeugenauftritten der Überlebenden kommt die Wende im Prozeß. An der Richtigkeit ihrer zum Teil erschütternden Aussagen gibt es keine Zweifel.

Nun hat Proksch nichts mehr zu lachen. Zunehmend verlieren seine Späße ihre Wirkung, stattdessen beginnt er sogar langsam sich selbst zu entlarven, und gelegentlich tritt eine beinahe schon monströse Bösartigkeit aus ihm hervor.

Grund zum Jubeln hat er erst wieder im Mai 1990, als das Gericht die Wracksuche beschließt. Das Expeditionsunternehmen in den Indischen Ozean, das von der US-amerikanischen Bergefirma Eastport International durchgeführt werden soll und rund 30 Millionen Schilling kosten wird, kann erst zu Jahresbeginn 1991 starten, weil bis dahin im Budget kein Geld für Udo Prokschs Glücksspiel auf Kosten der österreichischen Steuerzahler vorhanden ist.

Er ist ja noch immer sicher, daß die »Lucona« dort, wo sie gesucht werden wird, niemals gefunden werden kann, weil sie nach seinen eigenen Berechnungen woanders liegt.

Im Juli 1990 wird auch der Bundesheer-Major Hans Edelmaier wegen Beihilfe zum sechsfachen Mord angeklagt. Zu diesem Zeitpunkt haben jedoch alle Beteiligten an dem Prozeßgeschehen bereits weitgehend die Lust verloren. Weder wird die Öffentlichkeit in sinnvoller Weise informiert, noch zeigt das Gericht den Ehrgeiz, der Schuldfrage bei Edelmaier auf den Grund zu gehen.

Der Sprengspezialist selbst schweigt, verweigert im Prinzip die Aussage, was aber insoferne beinahe keine Rolle mehr spielt, als er ohnehin fast nichts gefragt wird.

Wenn man den Edelmaier-Akt studiert, so fällt einem auf, daß der Beschuldigte vom Beginn an in mindestens 24 wesentlichen Punkten gelogen hat. Er gab jeweils immer nur genau das zu, was ihm unwiderlegbar nachgewiesen werden konnte.

Welchen Grund ein Unschuldiger haben könnte, sich so zu verhalten, wird der Heeresangehörige nicht einmal von den Staatsanwälten mit Nachdruck gefragt.

Weil Edelmaier Mitglied der Fraktion christlicher Gewerkschafter ist, trägt seine Verteidigungskosten im übrigen die Gewerkschaft Öffentlicher Dienst. Somit hat er das gleiche Privileg wie Sinowatz und Gratz im Noricum-Prozeß.

Mitte Jänner 1991 ist es endlich soweit: Richter Leininger und drei weitere Österreicher begeben sich auf die Malediveninsel Male, um dort das Suchschiff der Amerikaner zu erwarten. Gerhard Strasser, Chef der Schiffbautechnischen Versuchsanstalt in Wien, ist als Schiffssachverständiger und nautischer Experte mit dabei, die beiden Herren Ingo Wieser und Oberstleutnant Heinz Hemmer vom Österreichischen Amt für Wehrtechnik sind als sprengtechnische Sachverständige angelobt. Als vierter Sachverständiger mit im Bunde ist der technische Leiter der Suchexpedition, der Eastport-Mitarbeiter David Mearns.

Wie eine Urlaubsreise sieht es nur am Anfang aus. Auf dem Suchschiff, wo die vier Österreicher gemeinsam in einer Viermann-Koje hausen müssen, macht sich bald tödliche Langeweile breit.

Die amerikanischen Mannschaftsmitglieder, durchwegs Chicago-Boys, vertreiben sich die Zeit, indem sie ein Sex-Video nach dem anderen konsumieren, während die Österreicher zumeist damit beschäftigt sind, einander möglichst aus dem Weg zu gehen.

Ingo Wieser hat vergessen, genügend frische Wäsche mitzunehmen. Gerhard Strasser, der einzige, der sich mit Schiffen auskennt, geht dem Suchschiff-Kapitän zur Hand, weil dieser es allein kaum schafft, den Kurs zu halten.

Oberstleutnant Hemmer führt ein Tagebuch und beobachtet als einziger Abstinenzler an Bord scharf, wann wieviel was wer von den Kollegen trinkt. Eintragung vom 28. 1. 1991: »Vor dem Schlafengehen sitzt Lei(ningen) immer mit Häferl und Whiskey an Deck. Ingo trinkt aus der Flasche.«

Mit militärischer Exaktheit wird bei der Dokumentation bedeutender Ereignisse an Bord natürlich gleich die Position notiert: »09.14 N(ord) 70.44 O(st): Lei hat wieder eine Flasche Whiskey von den Amerikanern bekommen.« Daß der Richter an diesem Tag Geburtstag hat, ist dem Späher allerdings entgangen.

Gegen Ende der Suchzeit beginnt der sprengtechnische Sachverständige, sich um das Wohl des Proksch-Prozeß-Vorsitzenden anscheinend echte Sorgen zu machen: »Lei ist durch das viele Saufen und wenig Schlaf sichtlich um Jahre gealtert und bekam zusehends graue Haare.«

Daß es an Bord natürlich auch zu interessanten Fachgesprächen über Udo Prokschs Prozeßaussichten kommt, ist nicht verwunderlich:

»Wenn die ›Lucona‹ nicht gefunden wird, geht Proksch wegen Mord frei, bekommt wegen Versicherungsbetrug 10 Jahre. Lei hat die größten Schwierigkeiten«.

Man fragt sich, ob wohl überhaupt an der richtigen Stelle gesucht wird? Das Suchgebiet wurde mit Hilfe der Bremer »Reedereigemeinschaft Forschungsschiffahrt«, der französischen »IFREMER«, einer von »Eastport« beauftragten amerikani-

(25)

Im Anschluß Mittagessen: Hendln, Pommes, Salat, etc.
Hale von Hendln schon gering. Guter Fruchtsalat zum
Nachtisch. Nach dem Essen ginger hinge und bei
schlafen, eh klar! Am späten Nachmittag Diskussion
über PROKSCH. 1.) Wenn die LUCONA nicht gefunden wird,
geht Proksch wegen Mord frei; bekommt wegen Versicherungsbetrug 10 Jahre. Bei hat die größten Schwierigkeiten.
2.) Lucona wird gefunden; ich kann nachweisen,
daß sie von innen gesprengt wurde — Proksch wird
wegen Mord verurteilt. 3.) Lucona wird gefunden,
ist jedoch durch Torpedo oder Mine versenkt worden.
— Proksch nur 10 Jahre wegen Versicherungsbetrug.
Leiningen wird von Tag zu Tag nervöser, weil kein
Sucherfolg. (Poene, Staatsanwälte zerreißen ihn!)
Mir alles egal! Freue mich auf zuhause, egal wie
die Suche ausgeht. 1000h kein Sucherfolg, Meeresboden
eben wie die Wüste. Um 1630 LT Flaschenpost abge-
schickt. (leere Wodkaflasche von Ingo).
LUCONA SEARCH
ARADIAN SEA
M/V VALIANT SERVICE.
290191 1630 LT
POSITION : N 0851 E 7033

schen Firma und der Deutschen Marine festgelegt. Jeder der Experten errechnete eine jeweils andere Position.

Am 29. Jänner notiert Hemmer in sein Tagebuch: »Leiningen wird von Tag zu Tag nervöser, weil kein Sucherfolg. Presse und Staatsanwälte zerreißen ihn.«

Auch an Mutmaßungen und echten Unterstellungen herrscht andererseits längst wieder kein Mangel mehr. Der Richter habe wohl das Wrack von vornherein nicht finden wollen, ist noch die mildeste Umschreibung dessen, was der eine oder andere Teilnehmer an der Suchexpedition nach seiner Rückkehr kolportiert.

Tatsache ist: Der letzte Suchtag ist schon angebrochen – und vom »Lucona«-Wrack noch immer weit und breit nicht die geringste Spur.

Gerhard Strasser ist es schließlich, der die Idee hat, die Berechnungen der vom Gericht herangezogenen Experten einfach zu vergessen und sich die Aussagen der Überlebenden, die ich ihm vorsorglich überlassen habe, noch einmal genauer anzusehen.

Die »Valiant Service« verläßt mit Zustimmung von Richter Leiningen das ursprünglich festgelegte Suchgebiet, worauf prompt – am letzten Suchtag – fast exakt an der von den Überlebenden genannten Position (08.4949 N 70.2674 O) zuerst ein riesiges Trümmerfeld geortet wird und man schließlich das von einer gewaltigen Explosion zerstörte »M/S Lucona« in 4.197 Meter Tiefe am Grund des Ozeans entdeckt.

Daß die Explosion im Laderaum stattfand, darüber gibt es nach Betrachten der teilweise gestochen scharfen Bilder keine weitere Diskussion. Darüber hinaus sind Dutzende Teile auch der Ladung ohne den geringsten Zweifel als Teile des vor Jahrzehnten stillgelegten Kohlebergwerks aus Oberhöflein zu erkennen. Sogar der Erzeugername der deutschen Firma »Wedag« ist zu sehen.

Richter Leiningens erste Empfindung, als er das Werk von Proksch, Daimler (und vermutlich doch auch Edelmaier) sieht, ist Zorn.

bis 17ºº Uhr. Dann komme ich wieder dran.
Sonnenbad genommen, geduscht, gepflegt. Lei kommt
laufend zu mir um fachlich zu diskutieren. Ade Dö!
Bin aber sehr sparsam mit meinen Ausführungen.
Ich glaube er will darauf hinaus, daß das Schiff
(Lucona) von außen gesprengt worden ist.
Vielleicht mit einem Torpedo beschossen oder Seemine.
Bin sofort vorsichtig und rieche den Braten.
17ºº-21ºº ohne Vorkommnis. Nichts gesehen.
21ºº-01ºº schlecht geschlafen. Zuviel Lärm der Quer-
strahler. Ab 01ºº wieder vor dem Bildschirm.

090291 Sa 20. SCHIFFSTAG (18. SUCHTAG)
Vorerst nur Schrott gesichtet. Um 0330 Uhr taucht
wie im Film plötzlich die Lucona auf (Hinterschiff)
Bullaugen bl[a]ck[e]nbar, Brüche, offene Türe, neben
dem Schiff am Boden der Dingsbehälter (Rettungsfloß)
offen liegend. Sehr spannend. Position:
N 0849.49 E 0702674 (Rov. 30 m weiter NW). Lucona
liegt mit der Unterseite (Kiel) gerade auf Grund, ist
jedoch in Sediment mind. 12m tief drinnen.
Man konnte jedoch nur das letzte Drittel erkennen,
dann wurde das Rov abgetrieben. Bis 0740
vergeblich versucht, Lucona wieder zu finden.

Zorn erstens darüber, daß er sich persönlich von Proksch täuschen und eineinhalb Jahre lang belügen ließ, Zorn aber auch, weil ihn die Trümmer, die er sieht, jetzt erstmals an die Menschen denken lassen, die der Habgier anderer zum Opfer fielen und getötet wurden.

Am 21. Februar 1991, dem Tag des Rückfluges der Suchmannschaft nach Wien, macht Oberstleutnant Hemmer die letzte Eintragung in seinem Tagebuch und vermerkt, daß Leiningen »gesagt (hat), daß er jetzt voll überzeugt ist, daß Proksch das Schiff gesprengt hat, und er ihn daher guten Gewissens verurteilen kann«.

Im nachhinein räumt auch Richter Leiningen ein, daß es letztlich ein unglaublicher Glücksfall war, daß das Wrack gefunden wurde. Würde er heute noch einmal vor der Entscheidung stehen, sagt er, so würde er ein so unsicheres Unternehmen sicher nicht mehr starten.

»Unsere Annahme (daß das Wrack an einer anderen Stelle liegen müßte) hat sich als falsch erwiesen«, stellt ein Proksch-Freund nachher resignierend fest.

Udo Proksch hat Pech gehabt. Er hat sein letztes Spiel, dessen Einsatz 30 Millionen Schilling Steuergeld gewesen sind, verspielt. Jetzt sind die Geschworenen an der Reihe. Der Staatsanwalt beschwört sie: »Geben Sie der Republik zumindest einen Teil der Würde und Reputation zurück, die sie durch diesen Fall verloren hat!«

Im Fall Edelmaier gibt es mit den Geschworenen Probleme: Eine satte Mehrheit hält es für erwiesen, daß Sprengstoff und Zünder zur Schiffssprengung vom Bundesheer-Major geliefert wurden, billigen ihm aber zu, daß Proksch ihm vielleicht versichert habe, daß bei der Sprengung keine Menschen getötet würden und die Besatzung vor dem Untergang das Schiff rechtzeitig verlassen könne.

Ein klarer Schuldspruch für Edelmaier wegen »Gefährung durch Sprengmittel mit Todesfolge« hätte demnach dem Willen der Geschworenen entsprochen.

Doch nun beschließen die Berufsrichter, die Edelmaier mehr-

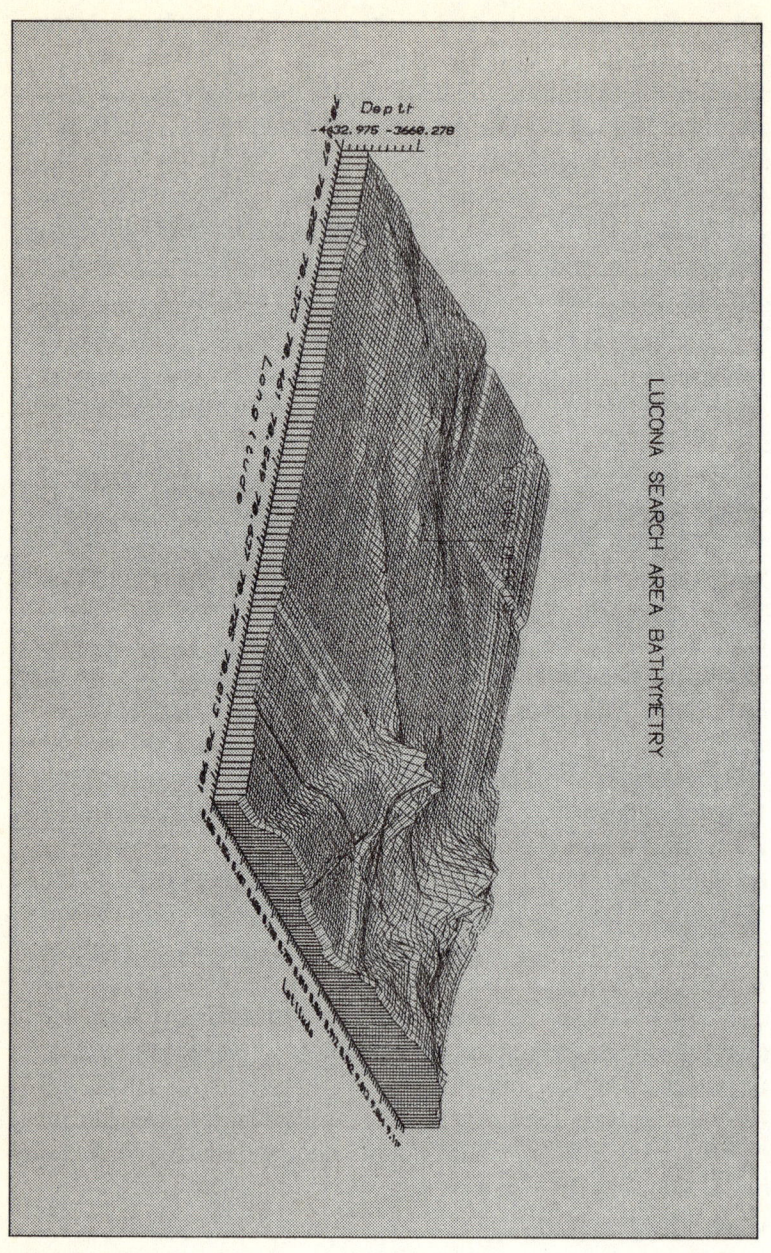

heitlich auf keinen Fall verurteilt sehen möchten, den Geschworenen bei den Beratungen zur Hand zu gehen.

Und es gelingt ihnen tatsächlich, ein paar von ihnen umzustimmen. Mit vier zu vier Stimmen geht Edelmaier schließlich im Zweifel frei.

Klar ist die Sachlage bei Udo Proksch. Das Urteil wird am 11. März 1991 gefällt: Einstimmige Verurteilung wegen Versicherungsbetruges, und sechs von acht Geschworenen plädieren auf vorsätzlichen Mord.

Bei der Festlegung des Strafausmaßes sind es wiederum die Berufsrichter, die bemerkenswerte Milderungsgründe (er)finden, sodaß das Urteil »20 Jahre« lauten kann.

Die Staatsanwaltschaft zeigt sich zwar befriedigt, daß die Gerechtigkeit wenigstens teilweise über die Arroganz der Macht gesiegt hat, für einen »Massenmörder« sei die Strafe aber zu gering. Sie legt Berufung ein.

Für die Medien ist das Urteil trotzdem eine Sensation. Vor allem die »Kronen-Zeitung« wußte ja noch wenige Tage zuvor in Balkenlettern zu vermelden, daß die »Lucona« eindeutig »von außen versenkt« und Proksch daher unschuldig sei.

Immer wieder mußten sich die »Krone«-Leser fragen, warum ein so einflußreiches Medium in so eindeutiger Weise durch Jahre hindurch einseitig für Proksch Partei ergriff und ihn zu schützen suchte?

Erklärungen dafür gibt es in Wahrheit zwei. Die erste hat Hans Dichand selbst so formuliert: »Ein Mensch, der mit dem Fallschirm in einer Hochzeitsgesellschaft landet, ist nun einmal auf verrückte Weise faszinierend. Er hat es verstanden, sich Freunde zu schaffen.«

Ab einem gewissen Zeitpunkt aber ist man sich auch innerhalb der »Krone« klar, daß an seiner Schuld nicht mehr gezweifelt werden kann. Scheinbar anderslautende Berichte dienen ab nun in Wirklichkeit nur noch der Auflagenmaximierung, dem (legitimen) journalistischen Geschäft. Und hierin hat die »Krone« ihre wahre Meisterschaft ja immer schon bewiesen.

Auch am Tag der Urteilsverkündung gegen Proksch will der

»Krone«-Chef sein Blatt mit jener Schlagzeile »aufmachen«, die ohne Zweifel die meisten Leser brächte. Dichand selbst hat für diesen Tag die Headline ausgesucht: »Jetzt bringe ich mich um!«

Unter den drei, vier Mitarbeitern, die bei dem kreativen Akt in Dichands Zimmer dabei sind, gibt es jedoch plötzlich einen Aufstand. Sie wehren sich, denn es könne keine Rede davon sein, daß Proksch das je geäußert habe.

Dichand versucht seine auflagenträchtige Schlagzeile zu retten und ruft augenblicklich seinen Freund Roderich Proksch an: »Der Udo hat das doch schon einmal angekündigt, stimmt's?« Roderich verneint entsetzt.

Enttäuscht gibt Dichand schließlich auf: »Ach, du bist eben kein Journalist!«

Am 28. Jänner 1992 steht Udo Proksch noch einmal vor Gericht. Die Berufungsverhandlung findet vor dem Oberlandesgericht statt. Seine Entscheidung wird endgültig sein.

Im Gefängnis werde er »erstklassig behandelt«, erzählt Proksch den Richtern, »da sitze ich lieber als im Verkehrsstau«.

Dem Vortrag des Staatsanwaltes möchte Proksch-Verteidiger Richard Wandl viel erwidern, vermag jedoch kaum etwas davon auszudrücken.

Während Prokschs eigenem Schlußwort fließen dann doch noch ein paar Tränen: Er vermisse nicht die Freiheit und die Freunde, sagt er, aber die Kinder gehen ihm ab. Zum erstenmal seit langem läßt er öffentlich erkennen, daß auch er menschlicher Regungen noch fähig ist.

Als das Gericht das Urteil – lebenslange Haft – verkündet, hat Udo Proksch sich freilich längst wieder gefaßt.

Den Urteilsspruch quittiert er mit den Worten: »Da kann ich nur ›Heil Hitler!‹ sagen.«

»Der Daimler, das arme Schwein«

»Die schrecklichen Laute kamen aus dem Straßengraben. In der Dunkelheit stolperten wir durch das hohe Gras die Böschung hinunter. Udo schaltete die Taschenlampe ein. Da sah ich über mir hoch in den Haselbüschen das Fahrrad hängen. Es sah aus wie verbogener Blumendraht. Ein Schlauch quoll aus dem Reifen zu einer riesigen roten Blase, die jäh mit einem flachen Knall zerplatzte.

Da war wieder das schreckliche Stöhnen. Endlich fanden wir ihn. Gut 20 Meter weiter im Gebüsch stand er. Zog sich – verschämt, wie mir schien – die Hosen hoch.

›Bauer, lebst noch?‹ fragte Udo.

›Jo, scheiß'n hob i miass'n!‹ sagte der keuchend, spuckte sich in die Hände und wischte sie ins Gras.

Ich hatte hart bremsen müssen. Die Scheinwerfer des Entgegenkommenden nahmen mir die Sicht. Etwas war über die Straße gehuscht. Der Aufprall erfolgte mit dem rechten Kotflügel. Das Fahrrad katapultierte den Meschen wie einen riesigen Tennisschläger in die Luft.

Da hatten wir ihn nun gefunden. Vor Schreck mußte er seine Notdurft verrichten. Er stank nach Alkohol, blutete ein wenig aus einem Cut über dem Auge. Offenbar war er sonst unverletzt.

Nein, er würde keine Hilfe brauchen, meinte er, er wohne nicht weit von hier. Er trat auf das Fahrrad ein wie um es gerade zu biegen. Er werde es tragen, grunzte er. Er habe nicht weit zu gehen. Er rülpste und verschwand durch das Haselgebüsch.

Es begann nun zu regnen. Ich fuhr den Mercedes sehr langsam weiter in Richtung Salzburg, mit dem einen linken Scheinwerfer, den wir hatten. Mattes Licht. Aus diesem Job wird nichts,

```
Staatsanwaltschaft                    Kiel, 04. Dez. 1990
bei dem Landgericht

591 Js 17418/89


    B E S C H U L D I G T E N V E R N E H M U N G


Gegenwärtig:

Staatsanwälte Schulze-Ziffer und Neumann
als Vernehmende,

Justizangestellte Borgwardt
als Protokollführerin

sowie KHK Mesterjahn.


In dem Ermittlungsverfahren

g e g e n      Hans Peter  Daimler

w e g e n      Mordes u.a. Straftaten


erscheint um 09.00 Uhr auf Vorladung der Beschuldigte
mit seiner Verteidigerin Ra'in Dr. Lausen


Der Beschuldigte erklärt:
Ich habe Frau Dr. Lausen Vollmacht erteilt, mich in dieser
Sache zu verteidigen.

Der Beschuldigte erklärt weiter zur Person:


Familienname:         Daimler

Geburtsname:          Daimler

Vornamen:             Hans Peter

Geburtsdatum/-ort:    31. Dezember 1934    Mannheim

Familienstand:        verheiratet

Kinder:               drei

Staatsangehörigkeit: Deutscher

Wohnung/Fernsprechanschluß: 2300 Kiel, Eichhofstr. 24 a
Tel.: 542269

Weitere Wohnsitze:
in 8134 Possenhofen, Karl-Theodor-Str. 14 a,
sowie 2305 Heikendorf, Schönkamp 6

Beruf:
Kaufmann,
gegenwärtig Messebauer
```

Tatsache ist, daß ich bei vielen meiner Besuche in Wien
vornehmlich im Demel-Haus Herrn Lütgendorf und Herrn Proksch
gemeinsam angetroffen habe und beide Herren auch in meiner
Anwesenheit über diesen Geschäftsfall sich unterhielten. Aus
den Begebenheiten, an die ich mich halbwegs erinnern kann,
hatte ich <u>nicht</u> den Eindruck, daß Herr Lütgendorf lediglich
zuhörender Gesprächspartner war, sondern ich hatte den
Eindruck, daß er in solchen Gesprächen eher dominierte.
Damit will ich zum Ausdruck bringen, daß Proksch anders als
es seiner sonstigen recht burschikosen Art im Umgang mit
Menschen entsprach, Lütgendorf anders gegenübertrat.

Konkret erinnern kann ich mich im Zusammenhang mit dem von
mir aus Kanada gebrachten Informationsmaterial, daß
Lütgendorf sinngemäß dazu äußerte: "Das muß man unseren
Freunden bei der Verstaatlichten zeigen". Ich schloß daraus,
daß er diese Unterlagen mit Leuten von der verstaatlichten
österreichischen Industrie besprechen wollte.

Weiter kann ich mich, bezogen auf Lütgendorf, daran
erinnern, daß er bei Bekanntwerden der Reiseroute der Lucona
über Djibouti bemerkte: "um Himmels willen, nicht über
Djibouti, da haben wir sehr schlechte Erfahrungen". Ich kann
mich nicht erinnern, daß das in meinem Beisein näher
erläutert wurde.
Das war ein Gespräch zwischen Proksch und Lütgendorf und
mir. Ob noch andere Personen an diesem Gespräch teilnahmen,
erinnere ich heute nicht mehr.

Frage:
Nun haben Sie Lütgendorf konkret dreimal genannt im
Zusammenhang mit Ihnen noch erinnerlichen Begebenheiten, die
jeweils dieses als "confidential" eingestufte Geschäft
betreffen. Es drängt sich daher auf, Sie zu fragen, ob Sie
wissen, ob Lütgendorf in diesem Geschäftsfall etwas zu sagen
hatte, einen zumindest mitbestimmenden Einfluß auf das
Geschäft hatte.

Antwort:
Ich kann nicht mit Bestimmtheit feststellen, daß er in
diesem Geschäftsfall das Sagen hatte. Fest steht für mich
auch heute noch, daß er mit Proksch oftmals sowohl im
Gespräch über diesen Geschäftsfall wie auch in Gesprächen
über andere Geschäftsfälle von mir angetroffen wurde.

Selbst gelesen, genehmigt und unterschrieben:

....
Peter Daimler

Als Vernehmende:

....
Schulze-Ziffer   Neumann
(Staatsanwalt)   (Staatsanwalt)

dachte ich. Udo schwitzte neben mir. ›Arschloch‹, sagte er, ›so ein Arschloch, scheißen hat er müssen‹!«

*

Es war im Spätherbst 1990, als Hans Peter Daimler sein literarisches Talent entdeckte und zu schreiben begann. Ursprünglich sollte es eine Art Gegenbuch zum »Fall Lucona« werden.

Achtunddreißig handgeschriebene Seiten umfaßt das Epos schließlich, als er es Anfang Dezember 1990 vorzeitig beendet, datiert und mit seinem Namen unterzeichnet.

Das Werk ist autobiografisch, beschreibt die wichtigsten Stationen seines Lebens und trägt den aufregenden Titel: »Meine Beziehungen zu Udo Rudolf Proksch.«

Als die beiden Staatsanwälte Manfred Schulze-Ziffer und Herbert Neumann am 4. Dezember 1990 Hans Peter Daimler erstmals zur Beschuldigtenvernehmung wegen des Verdachtes des Versicherungsbetruges und des sechsfachen vorsätzlichen Mordes ins Landgericht Kiel bitten, bringt dieser seine Memoiren artig – wie einen Lebenslauf zu einem Vorstellungsgespräch bei einer neuen Firma – mit.

In manchmal durchaus blumenreicher Sprache schildert Daimler, wie er als junger Mann von Udo Proksch nach Wien zur Plastikfirma Anger geholt wird, hier bald »die ganze angehende Künstlerclique« kennenlernt und Udos Partner wird, der ihn danach in die Gesellschaft einführt, indem er ihn »betörenden Damen« ebenso vorstellt wie »in- und ausländischen Diplomaten, Geschäftsleuten, Militärs, Politikern und Personen des öffentlichen Lebens«.

Proksch habe er, streut Daimler seinem Partner Blumen, »viel zu danken und zu verdanken«: »Meinen Aufstieg, meine Erfolge, viele gute Jahre meines Lebens. Viel Spaß und Abwechslung, Begegnungen mit interessanten Menschen.«

Einmal waren sie zusammen bei der Ski-Legende Egon Zimmermann in Lech am Arlberg zu Gast, betranken sich und machten anschließend »mindestens 500 Purzelbäume im Tiefschnee von Oberlech bis hinab ins Tal«, wo sie dann in den eisi-

400

Die Beziehung zu Udo Rudolf Protsch.

Die schrecklichen Laute kamen aus dem
Strassengraben.
In der Dunkelheit stolperten wir durch das
hohe Gras die Böschung hinunter.
Udo schaltete die Taschenlampe ein. Da
sah ich über mir, hoch in den Haselbüschen
das Fahrrad hängen. Es sah aus wie ver-
logener Blumendraht. Ein Schlauch quoll
aus dem Reifen zu einer riesigen roten Blase
die jäh mit einem flachen Knall zerplatzte.

Da war wieder das schreckliche Stöhnen –
Endlich fanden wir ihn. Gut 20 Meter weiter
im Gebüsch stand er. Zog sich – verschämt
wie mir schien – die Hosen hoch. "Bauer, lebst
noch?" fragte Udo. "Jo, scheissn hob i miassn"
sagte der keuchend, spuckte sich in die Hand
und wischte sie ins Gras.

Ich hatte hart bremsen müssen. Die Scheinwerfer des Entgegenkommenden nahmen mir
die Sicht. Etwas war über die Strasse gehuscht.
Der Aufprall erfolgte mit dem rechten Kotflügel.
Das Fahrrad katapultierte den Menschen
wie ein riesiger Tennisschläger in die Luft.
Da hatten wir ihn nun gefunden. Vor

401

Sicher ist nur eines: Ich würde nie
mehr für Udo arbeiten, nicht auch
nur einen Bleistiftstrich.
Vielleicht habe ich ihn 20 Jahre meines
Lebens gebraucht um die Erfahrungen
zu sammeln, um den Glauben zu
haben, um die Liebe und das Licht
nehmen und geben zu können, wie
ich es heute kann.
Ist O.R.P. mein Freund? Er hat mich
oft ausgenützt, betrogen, einen langweiligen Armleuchter genannt, beschimpft, verbal geprügelt, er hat mich
benützt wie viele andere, bis er bemerkt
hat, dass er wohl selbst benützt wurde,
bis er weinte und ich ihm wenigstens
ein Taschentuch geben konnte, um seine
Tränen zu trocknen.
Er ist ganz langsam, fast unmerklich,
am Ende doch mein Freund geworden.
Bin ich sein Freund? In seinen letzten
Tagebüchern hat er mich so bezeichnet:
Der Daimler, das arme Schwein, —
mein Freund.

P. Daimler, Dez 80

gen Bach fielen. Die Gendarmerie fischte sie wieder heraus, und Daphne Wagner kochte den beiden heißen Tee. Mit einem Wort: »Mit Udo war immer etwas los!«

Freilich mußte Daimler für das aufregende Leben, daß er an der Seite Udos führen durfte, gelegentlich auch Opfer bringen. Als Erika Pluhar einmal bei den Salzburger Festspielen mitwirkte und in der Mozartstadt kein Zimmer fand, mußte Daimler für sie Herbergsvater spielen. Da hat die schlimme Katze der Pluhar, dieses Biest, den Lieblingssessel seiner Mutter vollständig zerkratzt. Die Staatsanwälte sind bei der Lektüre dieser und anderer Passagen ähnlicher Dramatik zweifellos berührt.

Den späteren Außenminister Leopold Gratz lernte Daimler 1969 kennen. In der Trinkerheilanstalt, wo Udo damals lag und von den beiden zufällig zur gleichen Zeit Besuch erhielt.

Auf St. Pietro vor Venedig fanden zweimal große Essen mit Udos italienischen Partnern statt, an denen, wie Daimler stolz betont, auch Bundeskanzler Bruno Kreisky teilgenommen hat.

Dann war da noch die Hafenbesichtigung in Chioggia, bevor man zur Beladung der »Lucona« schritt. Bei dieser Gelegenheit lernte Daimler auch den Bundesheer-Major und Sprengspezialisten Hans Edelmaier kennen. Leopold Gratz, der an der Hafeninspektion ebenfalls teilnahm, war damals gerade Wiener Bürgermeister.

Einen besonderen Eindruck hinterließ auf ihn Karl Freiherr von Lütgendorf. Nicht nur, daß der Verteidigungsminister sich bemüht habe, daß Proksch und er mit der Zapata auch die Hirtenberger Patronenfabrik übernehmen, stellte Lütgendorf auch noch in anderer Hinsicht »viele Weichen auf politischer und wirtschaftlicher Ebene – bis hin zur ›konsortialen Werksversicherung‹, damit jeder der beiden Großparteien eine Spende von der Provision erhalten konnte«.

Ab Seite 28 geraten Daimler die Memoiren endgültig zur Verteidigungsschrift: »Mein Verhältnis zu U. R. P. war das eines gut bezahlten Befehlsempfängers.«

Nie sei er dabei gewesen, wenn Udo mit den großen Tieren aus Politik und Wirtschaft über das Geschäft parlierte. Jedesmal habe man ihn, »wenn die wirklichen Gespräche losgingen«, sofort aus dem Raum geschickt. Was für ein Glück für ihn! – Wenn wahr wäre, was er dichtet.

Daß Hans Peter Daimler »nach dem Verlust der ›Lucona‹ sehr bestürzt (war)«, versteht sich ganz von selbst. Nur den österreichischen Verteidigungsminister traf das Unglück offenbar noch mehr, denn: »Lütgendorf war fassungslos. Er hatte immer abgeraten, Djibouti anzulaufen.«

Zum Schluß unternimmt Hans Peter Daimler – vielleicht auch nur der Staatsanwaltschaft zum Gefallen – den Versuch einer Abgrenzung:

»Ist U. R. P. mein Freund? Er hat mich oft ausgenützt, betrogen, einen langweiligen Armleuchter genannt, beschimpft, verbal geprügelt . . .

Er ist ganz langsam, fast unmerklich, am Ende doch mein Freund geworden.

Bin ich sein Freund? In seinen letzten Tagebüchern hat er mich so bezeichnet: Der Daimler, das arme Schwein – mein Freund.«

*

Udo Proksch scheint schon gewußt zu haben, wovon er sprach: Am 11. März 1991 wird Hans Peter Daimler in Hannover verhaftet, wegen Fluchtgefahr in Untersuchungshaft genommen und nach Schleswig-Holstein überstellt, wo am 15. Juli 1992 vor der VIII. großen Strafkammer des Landgerichtes Kiel nun auch gegen ihn das Schwurgerichtsverfahren beginnt.

Viel Lärm um nichts

Viel ist – wohl aus prozeßtaktischen Gründen – von seiner früher gern zur Schau getragenen Großspurigkeit nicht mehr geblieben. Der »Daimler von Mercedes«, der auch immer gern als »Vizepräsident der Zapata SA Suisse« auftrat, scheint nun total verarmt zu sein.

So muß ihm das Gericht in Kiel zwei Pflichtverteidiger beistellen – Armenvertreter nannte man sie früher. Es sind dies die Kieler Rechtsanwältin Katrin Lausen, die im Hauptberuf an der Universität Kiel tätig ist und an der im Fall Daimler die meiste Arbeit hängenbleibt, während ihr Kollege, der »Revisionsspezialist« Gerald Goecke, mehr die großen Linien des Prozeßgeschehens im Auge hat.

Die Kosten beider Pflichtverteidiger trägt der Staat. Das hat für den Angeklagten den Vorteil, daß er es sich – obwohl »nur kleiner Angestellter der Zapata« und Udos »Befehlsempfänger« – auf diese Weise leisten kann, außerdem noch zwei der teuersten deutschen Staranwälte als weitere Verteidiger zu engagieren: Prof. Erich Samson ist uns als Daimlers Rechtsbeistand bereits hinlänglich bekannt. Neu hinzugekommen ist schließlich ein Advokat, der sich als Politiker schon einen Namen gemacht hat, der schleswig-holsteinische FDP-Vorsitzende Wolfgang Kubicki (»Na hören Sie mal: Das ist der Prozeß dieses Jahrhunderts – da kann ich doch nicht fehlen!«).

Den Herren Goecke, Samson und Kubicki obliegt vor allem die Öffentlichkeitsarbeit: Information der Medien, Pressekonferenzen und Vermittlung von Interviews mit Zeugen der Verteidigung.

Den armen Daimler haben sie allerdings »entmündigt« und ihm das Reden im Gerichtssaal untersagt. Er darf seinen Richtern und dem Staatsanwalt nur noch seinen Namen nennen und sein Geburtsdatum bekanntgeben.

Auf alle anderen Fragen muß er schweigen, um sich selbst nicht noch mehr zu belasten, als dies ohnehin bereits im Vorverfahren geschehen ist.

Dafür führen seine Rechtsanwälte jetzt das große Wort:

Für Gerald Goecke waren die Österreichischen Ermittlungen im »Fall Lucona« und das Beweisverfahren im Wiener Proksch-Prozeß erstens einmal »rechtsstaatswidrig« und zweitens »unter aller Sau«.

Auch Wolfgang Kubicki ließ schon vor Prozeßbeginn über die Deutsche Presseagentur verbreiten, wie der Ausgang des Wiener Verfahrens in Kiel bewertet werde, wo schließlich jedem Ostfriesen bekannt sei, daß es sich bei Österreich um eine »Bananenrepublik« handelt.

Von Pauschalurteilen dieser Art ist Erich Samson weit entfernt. Er bezweifelt lediglich, ob überhaupt bewiesen sei, daß das »Lucona«-Wrack tatsächlich auf dem Grund des Ozeans gefunden wurde.

»Wer soll das bestätigen«, fragt der Rechtsprofessor am ersten Prozeßtag in einer improvisierten Pressekonferenz vor dem Verhandlungssaal, »dieser Wiener Richter etwa, der die ganze Zeit besoffen war?«

Aber es soll trotzdem niemand sagen, daß Daimler nicht hervorragend vertreten würde. Der größte Erfolg der Verteidigung sei es bisher gewesen, meldet Samson stolz, »daß es uns gelungen ist, dafür zu sorgen, daß Herr Pretterebner während des Prozesses nicht im Gerichtssaal anwesend sein darf«.

Tatsächlich: Die Verteidigung will mich, wenn es nicht nur ein billiger Trick war, im Verlaufe des Verfahrens als Zeugen nominieren.

Anschließend spezialisiert sich Daimlers hochkarätiges Verteidigerteam auf das Einbringen von Ablehnungsanträgen, um den Beginn des Beweisverfahrens zu verzögern: Ablehnung von Schöffen, Ablehnung des Vorsitzenden, Richter Uwe Martensen, Ablehnung des gesamten Gerichtes wegen Befangenheit.

Der Vorsitzende   2300 Kiel, den 9. März 1992
der VIII. gr. Strafkammer   Schützenwall 31/35
des Landgerichts   Rufnummer: (0431) 604-1
VIII Ks (8/91)   Durchwahl: (0431) 604-2254

Landgericht Kiel, 2300 Kiel 1

An den
Bundesbeauftragten für die
Unterlagen des Staatssicherheitsdienstes
der ehemaligen DDR

Postfach 1199

O-1086 BERLIN

Betr: Strafverfahren gegen Hans-Peter Daimler, geb. am 31.12.1934
      in Mannheim
      hier: Ersuchen um Auskunft aus den Unterlagen des Staatssicherheits-
            dienstes der ehemaligen DDR.
Bezug: - ohne -

Vor dem Landgericht Kiel wird zur Zeit ein Strafverfahren gegen den
Angeschuldigten

            Hans Peter Daimler
            geb. am 31. 12. 1934 in Mannheim,
            zuletzt wohnhaft in 2300 Kiel, Eichhofstr. 24 a,
            z. Zt. in Untersuchungshaft in der JVA Kiel,

407

Sein Bekannter aus der DDR habe das von ihm erarbeitete Konzept der Anlage
selber direkt der rumänischen Firma Uzinexportimport übergeben. Nach
dieser Kontaktaufnahme habe es unter seiner, Eggers, Beteiligung ver –
schiedene Besprechungen in der DDR, Berlin, der Bundesrepublik, Italien
und Rumänien gegeben. Zeugen geben dagegen an, daß Egger erst in den Jahren
1977/78 mehrfach in die DDR gereist sein soll.

Träfe dieser geschilderte Sachverhalt zu, ist zu vermuten, daß es sowohl
über Egger selbst als auch über seinen Bekannten in der DDR sowie ins –
besondere über das Uranerzanlagengeschäft Unterlagen der Staatssicherheit
der DDR gibt, die für das vorliegende Verfahren von erheblicher Bedeutung,
auch im Sinne einer möglichen Entlastung der Beschuldigten, sein könnten.

Ich bitte deshalb um Auskunft zu folgenden Fragen:

1.) Liegen personenbezogene Unterlagen des MfS über folgende Personen vor:

    a) Udo Rudolf Proksch, geb. am 29. Mai 1934 in Rostock,
       österreichischer Staatsbürger, Aliasname: Serge Kirchhofer

    b) Hans-Peter Daimler, geb. am 31.12.1934 in Mannheim

    c) Erwin Egger, geb. am 24.06.1937 in Düdingen/Schweiz, Schweizer
       Staatsbürger, wohnhaft in CH-1630 Bulle, Chemin des Bouleyres 48

    d) Greta Fischer, geb. am 22.09.1938 in Grosswangen, Schweizer
       Staatsbürgerin, wohnhaft in CH-6232 Geuensee, Oeberdorf-Oele

2.) Kann der von dem Beschuldigten Egger genannte Maschinenbauingenieur
    ermittelt werden? Er käme als wichtiger Entlastungszeuge in Betracht,
    so daß Name und Anschrift dieser Person von Bedeutung wären.

3.) Ist die Anschrift des MfS-Offiziers Peter Bertag, Deckname Peter Ber-
    tram, ca. 1976 Leiter des Referates 1 der HVA-Abteilung VIII, und
    Leiter der "Wiener Residentur" des MfS bekannt? Auch er kommt als
    Zeuge in Betracht.

4.) Gibt es nichtpersonenbezogene Unterlagen des MfS über den Fall Lucona?

Für eine baldige Bearbeitung meiner Anfrage wäre ich sehr dankbar. Der
Angeschuldigte befindet sich seit dem 11.03.1991 in Haft. Der Beginn
der Hauptverhandlung ist für den 15. Juli 1992 in Aussicht genommen.

Hartensen
Vorsitzender Richter am Landgericht

geführt. Die Staatsanwaltschaft Kiel wirft dem Angeschuldigten mit der
Anklage vom 24. Juni 1991 Mord in sechs Fällen, versuchten Mord in sechs
Fällen, Herbeiführen einer Sprengstoffexplosion und versuchten
Betrug vor. Er soll gemeinsam mit dem in Österreich abgeurteilten
Udo Proksch für die Verladung von Schrott auf das Schiff "Lucona"

Der Bezug zur DDR und zur Vermutung, daß möglicherweise für das Verfahren
bedeutsame Umstände aus Unterlagen des Staatssicherheitsdienstes der ehemaligen DDR hervorgehen könnten, ergibt sich aus folgenden Einzelheiten:

Der später übergelaufene frühere MfS-Mitarbeiter Stiller berichtet,
daß der Personenkreis um Udo Proksch, insbesonders einige Anteilseigner
der genannten Firmen, enge Beziehungen zum MfS gehabt haben sollen. Danach
soll der MfS-Offizier Peter Bertag, Leiter des Referates 1 der
HVA-Abteilung VIII, ca 1975/76 die Leitung der sog. "Wiener Residentur"
übernommen und unter dem Decknamen Peter Bertram diese Verbindungen auf -
rechterhalten haben. Angeblich soll Bertag nach dem Untergang der Lucona
auch Gespräche mit Proksch geführt haben, die eine Ionenimplantationsan -
lage betrafen. Diese Anlage soll - angeblich im Auftrag der DDR - von
der Firma Sachertechnik entwickelt und gebaut und später an die Zapata AG
verkauft worden sein. Sie soll Bestandteil der Ladung der Lucona
gewesen und mit dieser untergegangen sein.

Der angebliche oder tatsächliche Hersteller der auf die "Lucona" verla -
denen Uranerzaufbereitungsanlage ist nicht bekannt. Proksch behauptet,
er habe sie für die ZAPATA AG über die Fa. Decobul AG, CH, und die rumänische Außenhandelsfirma Uzinexportimport bezogen. Der eigentliche Hersteller
sei nicht bekannt. Als Herstellungsort von Teilen der Anlage werden ver -
schiedene Ostblockländer angedeutet, u.a. auch die DDR.

Der Beschuldigte Egger ist Verwaltungsrat der Fa. Decobul AG in CH-Bulle,
Schweiz. Er hat angegeben, er habe von einer Stelle, die er nicht nennen
wolle, den Auftrag zur Planung einer Uranerzaufbereitungsanlage erhal -
ten. Im Laufe der Durchführung dieses Auftrages habe er sich an einen
Bekannten in der DDR gewandt, dessen Namen er ebenfalls nicht nennen
wolle. Es handele sich um einen Staatsbürger der DDR, von Beruf Ingenieur,
der im Schwermaschinenbau in einer Maschinenfabrik der DDR tätig gewesen
sei. Diesem Bekannten habe er die Pläne einer ähnlichen Anlage übergeben,
die jedoch unbrauchbar gewesen seien. Sein DDR-Bekannter habe daraufhin
einen Teil der Anlagepläne, insbesondere ein sog. Flußschema, selbst-
für ihn erstellt. Diese Pläne hätten ihm im Mai 1974 zur Verfügung gestanden. Dafür habe er seinem Bekannten später selbst eine Entschädigung von
20.000,- DM gezahlt.

Alexander S c h a l c k   Berlin, den 29. Dez. 1965

~~Mitglied des Politbüros~~
Genossen Hermann M a t e r n
_____

Werter Genosse M a t e r n !
Mit Abschluss des Jahres 1965 möchte ich Dich über zwei Komplexen
informieren:
   1. Erreichter Stand der im Jahre 1965 für die Partei
      erwirtschafteten Gelder;
   2. Einige Gedanken über die Fortführung der Arbeiten
      im Jahre 1966.

1. Insgesamt wurden im Jahre 1965 abgeführt:

   An das Zentralkomitee in bar: 1.239.500,— DM-West

───

den können, wenn man diese Arbeit hauptamtlich durchführen könnte
und wenn entsprechende Vollmachten durch den Minister für Aussenhandel und Innerdeutschen Handel sowie eine enge Zusammenarbeit
und Hilfe durch den zuständigen Bereich im MfS erfolgen würde. Diese Hilfe und Unterstützung ist deshalb notwendig, weil eine
Reihe von Operationen, wie illegale Warentransporte, Versicherungs-
betrug u. a. streng geheimzuhaltende Massnahmen, die nur einem
ausserordentlich kleinen Kreis –nicht mehr als zwei bis drei Mitarbeitern– bekannt sein dürfen und von ihnen durchgeführt werden
sollten. Der Genosse, der im Staatsapparat diese Aufgabe durch-
führt, sollte direkt Dir oder dem zuständigen Abteilungsleiter im
Zentralkomitee rechenschaftspflichtig sein.
Alle Massnahmen, die der Unterbringung von Funktionären in legale
Arbeitsverhältnisse dienen, sollten direkt durch im Parteiapparat
des Zentralkomitees dafür verantwortlich zu machende Genossen
durchgeführt werden. Ich bin der Meinung, dass eine strenge Tren-
nung zwischen der Erwirtschaftung von Geldmitteln und der Verwendung dieser Mittel sowie des Einsatzes von Kadern in Westdeutschland erfolgen sollte. Bei einer solchen Arbeitsteilung und Zusammenarbeit würde zweifellos die Möglichkeit bestehen, die notwendige Geheimhaltung abzusichern und darüber hinaus keine Überschnei-
dung der Arbeit einzelner Bereiche nach sich ziehen.

                              Alexander Schalck

Ich weiß nicht genau, wieviele Ablehnungsbegehren wegen Befangenheit bisher gestellt wurden. Nach dem achten Antrag habe ich mit dem Mitzählen aufgehört.

Inzwischen werden die »Sensationen« aufbereitet, die laut jüngsten Pressemeldungen dem »Fall Lucona« eine »völlig neue Wendung« geben.

Theorie Nummer 1 – die Geheimdienst-Theorie – ist freilich ein vergleichsweise schon alter Hut, auch wenn sie immer noch das Steckenpferd von Erich Samson ist.

Bundeskanzler Bruno Kreisky höchstpersönlich versuchte mir bereits im Jahre 1987 einzureden, die »Lucona« sei dabei gewesen, »atomare Hochtechnologie« für Pakistan zu liefern. Dies habe Israel nicht goutiert, weswegen vermutlich der israelische Geheimdienst Mossad ausgerückt sei, um das Schiff zu sprengen.

Als offiziell wurde danach eine Zeitlang jene Version angesehen, die auf den von Außenminister Gratz aus Bukarest beschafften »rumänischen Verträgen« beruhte.

Nachdem sich die politischen Verhältnisse dort geändert haben, wissen wir natürlich mittlerweile längst, daß diese Unterlagen Fälschungen im Auftrag des rumänischen Securitate-Mitarbeiters Hugo Weinstein waren, der wiederum ein langjähriger Geschäftspartner des Wiener Proksch-Anwaltes Karl Zerner ist.

Damals teilte Weinstein der österreichischen Botschaft in Bukarest mit, daß »die Maschinen« von Rumänien in Lizenz erzeugt worden seien. Der Lizenzgeber sei »der große Bruder, der stark ist«, also die Sowjetunion, gewesen, weshalb der Fall keine Publizität erlangen habe dürfen (Brief der österreichischen Botschaft in Bukarest an das Bundesministerium für Auswärtige Angelegenheiten in Wien vom 28. Februar 1985).

Nun ist die letzte Version an der Reihe: Die Ware war sowjetischen Ursprungs, wurde von der DDR unter der Aufsicht des MfS (Ministerium für Staatssicherheit) geliefert und war für die chinesische Volksrepublik bestimmt. Von welchem Geheimdienst in der Folge die »Lucona« torpediert wurde, bleibt der Fantasie jedes einzelnen überlassen.

Nachdem auch die DDR inzwischen nicht mehr existiert und alle »Stasi«-Akten in der sogenannten Gauck-Behörde in Berlin zur Einsicht aufliegen, kann man freilich heute auch das falsifizieren.

Schon am 9. März des Vorjahres fragte Daimlers Richter Uwe Martensen brieflich bei Pastor Joachim Gauck, dem »Bundesbeauftragten für die Unterlagen des Staatssicherheitsdienstes der ehemaligen DDR« in Berlin nach, ob in den »Stasi«-Akten irgend ein Hinweis auf die »Lucona«-Fracht zu finden sei.

Die Antwort, die das Kieler Gericht erhielt, war negativ, womit auch diese Version wohl endgültig gestorben sein sollte.

Wahr ist allerdings, daß das MfS bereits seit Ende der sechziger Jahre der DDR Deviseneinnahmen unter anderem auch durch den organisierten Versicherungsbetrug verschaffte. Niemand geringerer als der Chef des DDR-Wirtschaftsbereichs »Kommerzielle Koordinierung (KoKo)« und MfS-Oberst Alexander Schalck-Golodkowski schlug solche »Operationen wie illegale Warentransporte, Versicherunsbetrug u. a. streng geheimzuhaltende Maßnahmen« dem Mitglied des DDR-Politbüros, Genossen Hermann Matern, bereits am 29. Dezember 1965 in einem persönlichen Brief vor, der nur »in drei Exemplaren existiert«.

Schalcks rechte Hand, MfS-Oberstleutnant Günther Forgber, war wiederum schon ab dem Jahre 1969 nachweislich sehr oft in Wien und hatte persönlichen Kontakt mit Udo Proksch. Forgbers Wiener Hotelreservierungen wurden, wie unsere Staatspolizei erst kürzlich herausfand, jeweils von der Firma Wilhelm Anger durchgeführt, die auch die Rechnungen beglich.

Vieles spricht daher dafür, daß Udo Proksch die Idee der Schiffsversenkung zum Zwecke des Versicherungsbetruges in Wirklichkeit von seinen »Stasi«-Freunden einfach abgekupfert hat.

Die zweite »Sensation« ist das von der Kieler und der Wiener Verteidigung gemeinschaftlich bestellte Gutachten eines Schifffahrtssachverständigen aus dem norddeutschen Harsefeld (nahe Buxtehude).

Kapitän auf großer Fahrt   *Schiffahrtssachverständiger VDSS*   *Untersuchung von*
Roland Gutsche, Dipl.-Ing.   *Havariekommissar*   *Schadensursachen*
Dipl. Betriebswirt   Ruschwedeler Str.42   *im Seetransport,*
                       D W-2165 Harsefeld   *Gutachten, Beratung,*
                                      Lösch/Ladeüberwachung,
                                      Warenschäden, Regresse

Sept., Okt., Nov. 1992

Frau Rechtsanwältin   Frau Rechtsanwältin
Dr. Monika Pitzlberger   Dr. Katrin Lausen
Rooseveltplatz 13/2/15   Sternwartenweg 1 a
A 1096 Wien   W-2300 Kiel 1

M/V " L U C O N A "

G u t a c h t e n

über die Auswertung von 16 Stunden Video-Filmen
vom Wrack des o. a. Schiffes
auf dem Grund des Indischen Ozeans

413

für Korrosion und Korrosionsschutz durch
organische Beschichtung". Herr Dr. Kaiser
steht unter der o. a. ladungsfähigen Anschrift als Korrosionssachverständiger
zur Verfügung.

Zusammenfassung:

Nach 1 1/2 Jahrzehnten zivil- und straf-
rechtlicher Verfahren beweisen die Un-
terwasseraufnahmen, daß die **achteren,
senkrechten Außen-Teile** des Wracks an
Steuerbord von mehr als **150 Splittereinschlägen** getroffen wurden. Dies, obgleich
der SV Hemmer "Splitterregen" ausdrücklich ausschloß auf Befragen eines Richters. Die Splittereinschläge sind so
auffällig, daß sie auch nicht übersehen
werden konnten, es sei denn, die Augen
wurden geschlossen gehalten bei der Betrachtung der Videos.

Alle drei Expeditionsteilnehmer - aus-

drücklich: Alle drei! -wußten also, daß
der SV Hemmer - der als Oberstleutnant
ja kein Berufsanfänger mehr ist - ein
wissentlich falsches Gutachten erstattete, durch welches die Schöffen und die
übrigen richterlichen Mitglieder der

Täuschung Spruchkammer getäuscht wurden. Dies und
nichts anderes führte zur Verurteilung,
auch wenn das OLG Wien im Beschluß vom
27. August 1992 es nun gern anders hätte.
Nach diesen Unterwasserfotos mit ihren
Splittereinschlägen bleibt es wirklich
unerfindlich, welchen geringsten Wert
etwa die Gutachten Wimpissinger, Amersdorffer oder MBB noch haben sollten.

Der Fall "LUCONA" ist ein Waterloo des
Sachverständigenwesens, dessen Unsinn
und Tragweite man fassungslos und tief
deprimiert gegenübersteht.

Wie so oft in Deutschland blieb auch in
Wien durch die Gerichte ungeprüft, wieso
der Sachverständige gerade für diese
Beweisfrage sachverständig sein soll.

Der Mann heißt Roland Gutsche, ist gelernter Betriebswirt, war einmal als Wachoffizier auf Minensuchern und Zerstörern der Deutschen Bundesmarine eingesetzt und zuletzt als Havarie-kommissar beschäftigt.

Schon im Jahre 1991 wurde Gutsche von Proksch-Verteidiger Richard Wandl mit der Erstellung eines Gutachtens beauftragt, das für den ersten Antrag auf Wiederaufnahme des Verfahrens diente.

Bereits damals war der Sachverständige »überzeugt«, daß eine Außensprengung der »Lucona« stattgefunden habe, obwohl er »noch keine Gelegenheit gehabt« hatte, die Video-Aufnahmen vom »Lucona«-Wrack zu sehen.

Diese sieht er sich nun zwischen September und November 1992 an. Zwölf Stunden lang erscheint ihm das Material unergiebig, doch dann passiert es. Gutsche in seinem Gutachten wörtlich:

»Schlagartig aber wendete sich die Videoschau von Langeweile zur Sensation: Als die hintere Hälfte des Wracks ins Bild kam, war auf Anhieb eine Vielzahl von Splittereinschlägen zu erkennen an den Außenteilen des Wracks.«

Und dann kommt es knüppeldick: Weit mehr als 150 solcher Splittereinschläge, deren Entdeckung nun eine »Innensprengung mit absoluter Sicherheit ausschließt«, seien von den beiden österreichischen Sachverständigen Hemmer und Strasser »unterschlagen« worden.

Mehr noch: »Alle drei Expeditionsteilnehmer – ausdrücklich: alle drei (gemeint sind Hemmer, Wieser und Richter Leiningen-Westerburg)! – wußten also, daß der Sachverständige Hemmer ein wissentlich falsches Gutachten erstattete, durch welches die Schöffen und die übrigen richterlichen Mitglieder der Spruchkammer getäuscht wurden.«

Roland Gutsche weiß natürlich auch, was tatsächlich passiert sein muß: Eine noch aus dem Zweiten Weltkrieg stammende Seemine oder ein treibender Torpedokopf haben das Schiff zerstört.

Oberstleutnant Hemmer, von mir in der Zwischenzeit mit Gutsches »Sensationen« konfrontiert, bleibt cool und zerpflückt das offensichtliche Gefälligkeitsgutachten in einer dreiseitigen Stellungnahme, in der er überdies ankündigt, Gutsches Verleumdungen würden selbstverständlich gerichtliche Konsequenzen nach sich ziehen.

Erstaunlich ist auch, daß dieses Gutsche-Gutachten dem Gericht in Kiel bis heute noch nicht vorgelegt wurde. Der Grund mag darin liegen, daß unter den zahlreichen Verteidigern von Proksch und Daimler in der Zwischenzeit, um es gelinde auszudrücken, Mißstimmungen entstanden sind.

Zu deutsch: Die Fetzen fliegen. Aber nicht nur die Kieler und die Wiener Anwälte sind einander nicht mehr grün, auch untereinander wird in Daimlers Verteidigerrunde neuerdings auf Mord und Brand gestritten.

Pikanterweise mischt hiebei nun auch der von den Kielern selbst beauftragte Gutachter Gutsche mit, der es generell zu lieben scheint, Leute, die nicht seine Meinung teilen, mit Beleidigungen gröbster Art zu überziehen.

In einem Brief an Proksch-Verteidiger Wandl vom 7. Jänner 1993 läßt er beispielsweise kein gutes Haar am Kieler Rechtsprofessor Samson.

»Die Verteidigung in Kiel habe ich zwei Tage beobachtet«, schreibt Gutsche und berichtet nach St. Pölten: »Herr Samson ist für den Angeklagten die größte Gefahr. Wenn ich solch einen Verteidiger habe, brauche ich keinen Staatsanwalt mehr.« Professor Samson laufe, tadelt Gutsche, Hirngespinsten nach, die niemals zu beweisen seien, und lasse sich von einem »Trittbrettfahrer« inspirieren, womit er den Wiener Erwin Rainer Schönbauer meint.

Dann stellt er »die Kompetenz« seines Landsmannes »weit in den Bereich der Strafverteidigung hinein in Frage, vom Nautisch-technischen mal ganz abgesehen«, um schließlich eine rhetorische Bitte auszusprechen:

»Falls ich einmal im Koma angeklagt werden sollte – Herrn Samson für mich bitte nicht! Ganz abgesehen davon, daß jemand, der einen Stunden-Privatsatz von DM 600,– fordert, den

Kapitän auf großer Fahrt
Roland Gutsche
Dipl. Betriebswirt

Schiffahrtssachverständiger VDSS
Havariekommissar
Ruschwedel 42
D-2165 Harsefeld
Tel. 04164/3723

Untersuchung von
Schadensursachen
im Seetransport,
Gutachten, Beratung,
Lösch/Ladeüberwachung,
Regresse

07 - 01 - 93

Herrn Rechtsanwalt

Dr. Richard Wandl

Verteidiger in

Strafsachen

Kremserg. 19

A - 3100 St. Pölten

M/V"L U C O N A"

Sehr geehrter Herr Dr. Wandl,

finden Sie bitte beigefügt das Gutachten des Sprengsachverständigen
Reg.Dir.a.D Kinder/Kiel. Wie Sie diesem Gutachten zweifelsfrei entnehmen, werden meine Erkenntnisse gestützt, wonach die zahlreichen
Schadstellen beweisen, daß die "L" durch eine Außensprengung vernichtet wurde. Damit liegen ein führender Korrosionsexperte wie ein
m a r i n e k u n d i g e r   Sprengexperte auf meiner Linie, eben-

Die Verteidigung in Kiel habe ich 2 Tage beobachtet : Herr Samson
ist für den Angeklagten die gößte Gefahr; wenn ich solch einen Verte-
diger habe, brauch ich keinen Staatsanwalt mehr. Er läuft Hirngespinsten nach, die niemals zu beweisen sind, inspiriert von einem Trittbrettfahrer der Art, die sich bei allen größeren Schiffahrtsfällen
anzuhängen suchen. Daß Herr Samson nicht die Spreu vom Weizen zu
/ den   scheiden weiß, stellt für mich seine Kompetenz weit in /Strafvertei-
Bereich   digung hinein in Frage, vom Natisch-Technischen mal ganz abgesehen.
der   Falls ich einmal im Koma angeklagt werden sollte(nach"Lucona"möchte
ich nichts mehr ausschließen)......... Herrn Samson für mich bitte
nicht ! Ganz abgesehen davon, daß jemand, der einen Stunden-Privat-
-Satz von DM 600,- fordert, den Bezug zur Wirklichkeit verloren,
vulgo einen Dachschaden hat. Auch wenn sich das Gerücht bewahrheite:
sollte, daß er zum Staats-Förde-Schauspieler ernannt wurde, auch !
dann nicht.
Konnten Sie den "Vornehmen Weg" erfolgreich beschreiten ? GGf. wäre ic
für eine telefon. Kurznachricht dankbar. Das äußere Schriftbild bitte
ich zu entschuldigen, weil ich selbst schreiben mußte.
Mit verbindlicher Empfehlung,

R. Gutsche

418

Bezug zur Wirklichkeit verloren, vulgo einen Dachschaden hat ...«

Trotz dieser harschen Worte hat Prof. Samson allerdings bei den internen Auseinandersetzungen immer noch die beste Ausgangsposition, denn er ist der einzige der Kieler Verteidiger, bei dem Daimler mittlerweile ein Geständnis abgelegt hat und dem er – wie es sich dem eigenen Anwalt gegenüber auch gehört – seinen wahren Tatanteil bei der Versenkung der »Lucona« bereits offen einbekannte.

Die dritte – und bislang letzte – »sensationelle Neuigkeit« aus Kiel ist, jedenfalls nach Meinung der Verteidiger, ein neuer Zeuge, der dem »Fall Lucona« endgültig »eine Wendung gibt«. Der Zeuge heißt Emanuel Jesus de Correira, ist einer der zwei Portugiesen, die den »Lucona«-Untergang überlebten, und der einzige, der bisher noch nie gerichtlich einvernommen wurde. Auch mir war es seinerzeit nicht gelungen, ihn zu finden. Inzwischen fährt auch er nicht mehr zur See und lebt heute in Rotterdam. Der Kieler Kripo ist es in Zusammenarbeit mit der Amsterdamer Wasserpolizei geglückt, Correiras nunmehrigen Aufenthaltsort auszuforschen.

Ende Jänner 1993 sagt Correira erstmals in Kiel als Zeuge aus. Seine Aussage ist allerdings, weil es Probleme mit der Gerichtsdolmetscherin gab, ungültig und wird in der Zeit vom 30. März bis 2. April 1993 wiederholt. Und nun zu den angeblichen Enthüllungen:

Correira sagt, »Lucona«-Kapitän Puister habe während der letzten Fahrt die Anweisung gegeben, weder in noch über den Laderäumen Schweißarbeiten durchzuführen und daraus schließe er, Puister selbst könnte über die Sprengladung an Bord seines Schiffes informiert gewesen sein.

Vielleicht hat Puister dies tatsächlich getan. Ich weiß es nicht. Verwunderlich wäre es allerdings nicht, denn Proksch und Daimler haben ihm ja ausdrücklich besondere Sorgfalt beim Umgang mit der »besonders wertvollen und heiklen Fracht« ans Herz gelegt.

Correira sagt weiters aus, es sei ihm aufgefallen, daß eines der

5 gennaio 1977

Spett.le
COMMISSARIATO P.S.
C H I O G G I A

Pregasi apporre visto d'uscita sul
passaporto N. 0655/75 intestato al sig. VITO MARCOS PORTES,
il quale imbarca sulla M/n LUCONA di bandiera panamenco,
in partenza questa sera dal Porto di Chioggia con destinazione
HONK KONG, in qualità di " Marinaio ".-

DISTINTI SALUTI.

GOSPED s. r. l.
AGENZIA MARITTIMA
SPEDIZIONI INTERNAZIONALI
CHIOGGIA

LOCALITÀ SALONI 36/C
P.O. BOX 123
SEDE : 30015 CHIOGGIA (Ve) Italy
Telegrammi : GOSPED CHIOGGIA
Telef. (041) 40 08 22
e   405103 - 40 09 29 (P. O. Fosina)

C.C.I.A. VE nr. 136550
Iscriz. Tribunale VE nr. 1230 Soc.

Chioggia, 4/1/77

Vs. rif.

Ns. rif.

Ricevuto dalla Spett. GOSPED di
Chioggia la somma di lit. 80.000.=
per spese biglietto aereo marò
ROcha sabino Alb- (M/N LUCONA)

420

Rettungsboote schon Tage vor der Explosion losgetäut gewesen sei.

Tatsächlich meint er das Rettungsfloß. Aber es dürfte ihm entgangen sein, daß nicht nur eines, wie er meint, sondern alle beide nicht verankert waren, weil von den Matrosen während der Fahrt das Deck – und daher auch die Gestelle, auf welchen die Flöße liegen – frisch gestrichen wurden.

In Aden, berichtet der Hilfsmaschinist Correira weiter, habe die Überlebenden ein Superintendent der Reederei mit Vornamen René erwartet und ihnen allen aufgetragen, über das Geschehene Stillschweigen zu bewahren.

Das stimmt genau, der Mann hieß bloß Pieter Goris und war der Leiter der Befrachtungsabteilung der Ost-Atlantic-Linie.

Und die Aufforderung, mit niemandem über die Ursache des Untergangs bis zur Rückkunft in Rotterdam zu reden, war sogar schon Tage früher – per Funktelegramm an Bord des Rettungsschiffes Sapen 1 – bei Kapitän Puister eingelangt.

Zuletzt gibt Emanuel Jesus de Correira noch bekannt, daß in Port Said – während der letzten Reise der »Lucona« – der portugiesische Matrose Sabino Rocha von Bord gegangen sei. An seiner Stelle sei ein anderer Mann an Bord gekommen.

An diese Aussage knüpft Daimler-Anwalt Gerald Goecke prompt die abenteuerliche Spekulation, das müßte der Mann gewesen sein, der dann später für die Zündung der Sprengladung gesorgt habe.

Das Pech will es jedoch, daß sich Correira schlicht in der Geographie irrt. Er hat Chioggia mit Port Said verwechselt.

Ich bin im Besitz von Unterlagen, mit welchen sich unwiderlegbar nachweisen läßt, daß Sabino Rocha bereits vor Antritt dieser Reise abgeheuert hatte und nach Hause flog, während sein Ersatz, der capverdianische Matrose Vito Marcos Fortes, seine Ausreisepapiere als Besatzungsmitglied der »Lucona« schon am 5. Jänner 1977 von der Hafenpolizei in Chioggia ausgefolgt erhielt.

In einem Punkt könnte Gerald Goecke freilich Recht haben: Die Eigentümer der »Lucona« könnten in das Vorhaben der

Schiffssprengung eingeweiht gewesen sein. Es war ja auch nicht das erste Schiff – und auch nicht das letzte –, das dieser Reederei verlorenging.

Ich selbst bin schon seit langem überzeugt davon, daß die Panama-Briefkastenfirma »Lumin« spätestens zur Jahreswende 1976/1977 in den Besitz der Reederei »Coco del Mar« der venezianischen Proksch-Freunde Giulio Meotto und Amorino Scarpa überging, die demnach auch die 20 Millionen Schilling Versicherungsentschädigung für den Verlust des Schiffes kassiert haben dürften.

Das Gericht in Kiel, das diesen Fall mit sprichwörtlicher deutscher Gründlichkeit zur Zeit neu aufrollt, wird hoffentlich auch dafür die Beweise finden.

So könnte es durchaus sein, daß es demnächst in Europa noch zu weiteren »Lucona«-Prozessen kommt.

Am Ergebnis des Wiener Strafverfahrens gegen Udo Proksch ändert dies jedoch gar nichts.

Saubermann Vranitzky

Nie wieder, hatten die Politiker aller Couleurs am Höhepunkt der Enthüllungen über den »Fall Lucona« geschworen, dürfe und werde sich so etwas in Österreich jemals wieder ereignen.
Man habe aus dieser Affäre, die die Republik eine Zeitlang in ihren Grundfesten zu erschüttern drohte, gelernt.
Das war zu Jahresbeginn 1989. Doch schon ein halbes Jahr später waren alle guten Vorsätze, soweit diese überhaupt ehrlich gemeint waren, wieder vergessen.
Bis zum heutigen Tag wurde keine einzige der Empfehlungen des parlamentarischen Untersuchungsausschusses verwirklicht.
Gegen die involvierten Spitzenbeamten in den einzelnen Ressorts wurden in den meisten Fällen nicht einmal die angekündigten Disziplinarverfahren beantragt, geschweige denn eingeleitet und durchgeführt.
Auch der ehemalige FPÖ-Justizminister Harald Ofner behielt, so, als ob nichts gewesen wäre, sein Nationalratsmandat.
Einzig und allein im Falle der beiden SPÖ-Spitzenpolitiker Blecha und Gratz und des bereits suspendierten Gerichtspräsidenten Demel schien man handeln zu müssen, die Einleitung von Strafverfahren wurde erwogen. Die Oberstaatsanwaltschaften in Graz und Innsbruck begannen die Sachverhalte mit Zustimmung des Justizministers zu prüfen.
Dennoch war auch Egmont Foregger im »Fall Lucona« durchaus nicht von Anfang an jener Held, als der er sich später feiern ließ. Er beging in dieser Causa lediglich nie einen Amtsmißbrauch, um irgendeinen Politiker oder Politikerfreund vor der Strafverfolgung zu schützen. Man wird schon bescheiden in diesem Land.
Trotzdem war es letztlich Foregger zu verdanken, daß sich die

Rechtsprechung aus der parteipolitischen Umklammerung früherer Jahre langsam zu lösen vermochte. Die Justiz begann in der zweiten Hälfte seiner Ministerschaft endlich das schon viel früher nötig gewesene Selbstbewußtsein zu entwickeln.

Es wurde möglich, Ex-Bundeskanzler Fred Sinowatz und – in der Folge – eine Reihe weiterer prominenter Landespolitiker wegen falscher Zeugenaussagen in der sogenannten »Waldheim-Affäre« zu verfolgen. Und schließlich gab Foregger auch in der Noricum-Waffenaffäre für die strafrechtliche Verfolgung von Sinowatz, Gratz und Blecha grünes Licht.

Nach den Nationalratswahlen vom 7. Oktober 1990 mußte der unabhängig gebliebene Justizminister dafür mit dem Verlust seines Amtes büßen. Franz Vranitzky, dem ein politisch zahnloser Koalitionspartner und eine kritiklose und leicht zu blendende Medienlandschaft gestattet hatte, sich vor allem auch im »Fall Lucona« als »Saubermann« darzustellen, der er in Wahrheit nie war, wollte in Zukunft keinerlei Risiko mehr eingehen.

Der SPÖ-Kanzler entschloß sich, Otto Oberhammer als Trouble-Shooter zu engagieren, um die Justiz wieder in den parteipolitischen Griff zu bekommen.

Als solcher hatte sich der Sektionschef im Justizministerium schon einmal bewährt, als Bruno Kreisky 1974 die durch ein Volksbegehren wenige Jahre zuvor hergestellte Unabhängigkeit des ORF mit Hilfe des von Christian Broda empfohlenen Otto Oberhammer wieder zerschlug.

So wie Oberhammer sich an der Spitze der größten Medienorgel des Landes als willfähriges Instrument zur Durchsetzung sozialistischer Machtansprüche erwies, so sollte er nach »Lucona« auch im Justizressort »die Ordnung wieder herstellen«.

Die ÖVP stimmte dem von der Vranitzky-Partei vorgeschlagenen Deal zu: Sie darf in der neu zu bildenden Koalitionsregierung trotz 17 verlorener Mandate das Außenministerium behalten, dafür wird die SPÖ in Hinkunft in der Justiz wieder schalten und walten, wie es ihr gefällt.

Daß Otto Oberhammer, der schon unter den Ministern Broda und Klecatsky im Justizressort tätig war, der schon Ofner eingesagt und Foregger gedient hat, heute doch nicht selbst als Justizminister fungiert, sondern nur als »graue Eminenz« hinter Nikolaus Michalek steht, ist einer glücklichen Fügung zu verdanken – dem Umstand nämlich, daß ich in dem Chaos von Unterlagen, Notizen und Akten in meinem Büro manchmal doch etwas rasch genug finde.

Anfang Dezember 1990 plagte offenbar irgend jemanden im SPÖ-Team für die Koalitionsverhandlungen das schlechte Gewissen bei dem Gedanken, daß nach der kaum überstandenen politischen »Lucona«-Erschütterung ausgerechnet ein Mann zum Justizminister gemacht werden sollte, von dem bekannt war, daß er zumindest in einem Naheverhältnis zu Udo Proksch stand.

Kurz darauf erhalte ich von einem smarten jungen Herrn aus der Umgebung des Bundeskanzlers Besuch. Ob, und wenn ja, was es denn da Kompromittierendes geben könnte, werde ich gefragt.

»Nichts Schlimmes«, sage ich, »aber in einem zivilisierten Land wäre es dennoch undenkbar, daß ein Mann wie er in dieser Situation zum Justizminister bestellt wird.«

Der junge Mann glaubt mir wahrscheinlich kein Wort, will mir auch nicht sagen, wer ihn geschickt hat, und geht wieder.

Wenig später ist ein lieber alter Bekannter aus dem Dunstkreis der ÖVP bei mir im Büro. Man habe gehört, man wisse, da gäbe es etwas . . .

Fieberhaft wird bei SPÖ und ÖVP nach den Oberhammer angeblich belastenden Dokumenten gefahndet. Die Mitglieder des Untersuchungsausschusses werden befragt, auch diese erinnern sich dunkel an irgendein Papier und an einen Bericht der niederösterreichischen Sicherheitsdirektion, aber sie finden nichts mehr.

Franz Vranitzky fragt Oberhammer, dieser weist jeden Verdacht weit von sich, worauf der Kanzler Foregger ins Vertrauen zieht. Der scheidende Justizminister selbst gibt schließlich Entwarnung: die Anschuldigungen gegen Oberhammer hätten auf einem Mißverständnis beruht.

425

DR. OTTO OBERHAMMER
Sektionschef
Bundesministerium für Justiz

Wien, am 7. März 1989

Mit dem anonymen telefonischen Hinweis an die
Sicherheitsbehörden vom 17. Februar 1989, wonach Udo
PROKSCH im Juni/Juli 1988 bei mir in Hochneukirchen ge-

Bundesminister Dr. Foregger, meinem unmittelbaren Vorgesetzten im Bundesministerium für Justiz, bekannt gemacht
und darum ersucht erstatte ich folgende

ÄUSSERUNG:

1. Ich habe Udo PROKSCH, der mir aus der Zeit meiner beruflichen Tätigkeit beim Österreichischen Rundfunk (1974
bis 1978) der Person nach bekannt ist, weder im Sommer
1988 noch sonst zu irgend einem Zeitpunkt nach seiner
Flucht im Februar/März 1988 gesehen, habe auch sonst seither mit ihm keinen Kontakt gehabt und kann ebenso ausschließen, daß er sich seitdem in meiner in 2852 Hochneukirchen 85 (Niederösterreich) gemieteten Sommerfrische aufgehalten hat.

2. Udo PROKSCH habe ich nach meiner Erinnerung zuletzt
im Sommer, spätestens Herbst 1987, und dies tatsächlich in
Hochneukirchen, gesehen (als er dort an einem Sonntag
abend eine Bekannte meiner Frau abholte, die nachmittags
zu Besuch gekommen war). Der Urheber des anonymen Hinweises
erliegt einem Irrtum hinsichtlich des Jahres, in dem er
seine Beobachtung gemacht haben will.

3. Ich möchte diese Äußerung zum Anlaß nehmen festzuhalten:
Zu keinem Zeitpunkt vor und nach Bekanntwerden der strafrechtlichen Vorwürfe gegen Udo PROKSCH habe ich mit diesem
einen Kontakt gehabt, der - selbst bei Anlegung strengster
Maßstäbe - je die unbeeinflußte und korrekte Wahrnehmung
meiner dienstlichen Stellung im Bundesministerium für
Justiz in Zweifel ziehen ließe.

426

Tatsächlich war im Februar 1989, während der Untersuchungs-ausschuß tagte und Interpol seit einem Jahr erfolglos nach Udo Proksch fahndete, von einer anonymen Anruferin in Wiener Neustadt der Polizeinotruf gewählt worden und es entspann sich ein kabarettreifer Dialog:
»Polizeinotruf Wr. Neustadt.«
»Ja. Grüß Gott.«
»Bitte sehr, Sie wünschen?«
»Ja, herrn S', i hätt' folgendes zum Sogen.«
»Na, wenn Sie eine Anzeige machen am Gendarmerie...«
»Na. Es ist keine Anzeige. Ich will Ihnen nur etwas durchgeben, horchen'S, wegen dem Udo Proksch. Der is in Hochneukirchen beim Herrn Oberhammer. Voriges Jahr im Juni oder Juli wor der do.«
»Hmh.«
»Ich will Ihnen des nur sogn, Sie können des weiterleiten.«
»Bei mir san S' do nicht richtig.«
»Des waß i eh.«
»Bleim S' am Apparat, ich verbind Sie zur Gendarmerie.«
»Ja, danke.«
»Bleim S' am Apparat.«
Dann ist das Gespräch zu Ende, weil aus technischen Gründen keine Aufzeichnungen mehr am Tonband vorhanden sind.
Im Zuge der Übermittlung aller Proksch-Akten an den parlamentarischen Untersuchungsausschuß erhielt Justizminister Foregger im März 1989 Kenntnis von dieser seltsamen anonymen Anzeige und befragte seinen Sektionschef dazu.
Oberhammer äußerte sich am 7. März 1989 schriftlich. Er gab zu, mit Udo Proksch schon seit seiner Zeit als ORF-Generalintendant bekannt zu sein (sie waren Duzfreunde). Gesehen habe er ihn zuletzt tatsächlich in seinem Wochenendhaus in Hochneukirchen – dies allerdings mit Bestimmtheit vor dessen Flucht. Er verstecke ihn also nicht. Die Anruferin müsse sich im Zeitpunkt irren, was auch sicher der Fall war.
Im übrigen habe er mit Proksch »nie einen Kontakt gehabt, der je die unbeeinflußte und korrekte Wahrnehmung meiner dienst-

427

lichen Stellung im Bundesministerium für Justiz in Zweifel ziehen ließe«.

Das war's. Verschwiegen hat Oberhammer seinem Minister allerdings, daß er und seine Frau gerade seit einigen Tagen heftig damit befaßt waren, einer Ex-Freundin des Udo Proksch, der Gräfin Alexandra Colloredo-Mannsfeld, eine private Rechtsberatung und Hilfe angedeihen zu lassen, damit diese den ihr bekannten Aufenthaltsort des von Interpol weltweit Gesuchten der Polizei nicht preisgeben muß.

Am 11. Dezember 1990 wird das Koalitionsübereinkommen unterzeichnet und Vranitzkys Wunschkandidat Otto Oberhammer zum neuen Justizminister designiert. Die ÖVP stimmt zu. Oberhammers Angelobung soll am 17. Dezember erfolgen.

Am 13. Dezember bekniet mich mein Bekannter aus der ÖVP schon zum dritten oder vierten Mal, ihm mein »Oberhammer-Dossier« auszufolgen.

Weil ich schließlich einsehe, daß es unfair und der Reputation der Republik mehr als abträglich wäre, zuzusehen, wie Oberhammer am Montag als Justizminister angelobt wird und am Mittwoch wieder zurücktreten muß, gebe ich meine Unterlagen schließlich heraus.

Am Abend findet die ÖVP-Bundesparteivorstandssitzung statt. Irgendwer drückt dem Vorarlberger Landeshauptmann Martin Purtscher auf dessen Weg ins Palais Todesco meine Kopien in die Hand. Purtscher gibt sie an Heinrich Neisser weiter, und dieser an Josef Riegler. Der ÖVP ist rasch klar, daß sie die Koalition platzen lassen muß, wenn die SPÖ Oberhammer nicht zurückzieht.

Während Otto Oberhammer an diesem Abend gerade bei Ex-Justizminister Harald Ofner (»die Suppe im Fall Proksch ist zu dünn!«) zu Gast ist und sich schon als neuer Justizminister feiern läßt, verläßt der ÖVP-Obmann die Vorstandssitzung, um Vranitzky zu informieren.

Am nächsten Morgen gibt der Bundeskanzler bekannt, die von ihm eingesehenen Unterlagen – Telefon-Abhörprotokolle der Polizei über Gespräche der Proksch-Freundin Colloredo mit der Familie Oberhammer – seien in keiner Weise geeignet, Oberhammers Nominierung zu überdenken. Vranitzky glaubt tatsächlich allen Ernstes, die SPÖ hielte das aus.

Gut, denke ich mir, dann soll sich die österreichische Öffentlichkeit selbst ein Bild machen können, und ich faxe jeweils einige Auszüge der Polizeiprotokolle an den Aktuellen Dienst des Fernsehens und alle Zeitungsredaktionen im Land.

Am Samstag in der Früh haben sämtliche Medien in ganz Österreich die Geschichte samt Faksimile-Abdrucken im Blatt.

Am Nachmittag desselben Tages verzichtet Otto Oberhammer freiwillig auf das Justizministeramt, freilich nicht ohne von Vranitzky und dem ÖVP-Obmann eine gemeinsam verfaßte »Ehrenerklärung« nachgesandt zu erhalten.

Die Rache der Betroffenen bleibt nicht aus: Monatelang wird der arme Vorarlberger Landeshauptmann, der zu diesen Unterlagen gekommen sein dürfte, wie die Jungfrau zum Kind, über Weisung aus dem Justizministerium wegen des Verdachtes des »Amtsmißbrauchs« verfolgt.

Auch von einigen Zeitungen wird in der Folge nicht die Instinktlosigkeit Franz Vranitzkys gegeißelt, sondern die Tatsache kritisiert, daß ein untragbarer Minister verhindert wurde, um dem Land einen neuerlichen Skandal zu ersparen.

Die damals noch existierende »AZ« schäumt und schreibt, das sei nicht mehr »Medienjustiz«, das sei bereits »wirkliche Politjustiz«.

Auch »Presse«-Chefredakteur Thomas Chorherr kann nicht an sich halten und schmuggelt sogar einem seiner leitenden Redakteure knapp vor Andruck einen Satz in dessen Leitartikel, in dem er wegen der »abgehörten und hinterfotzig-hinterrücks zugespielten Telefonate« den Untergang des Abendlandes heraufdämmern sieht.

Für einen Kommentator der »Salzburger Nachrichten« war Oberhammers rascher Fall »das ekelhafteste Stück Politik seit erdenklichen Zeiten«, und von Michael Frank werden in der »Süddeutschen Zeitung« die veröffentlichten Protokolle schlicht als »Politpornos« bezeichnet.

27.12.1988   lo.42 Uhr   Aktivgespräch zwischen MANNSFELD (F
                               und LOHRMANN R-nate (L)
                               Anschluß:47 84 29

L: apropo, das wollte ich dir auch noch sagen, daß kann man
   alles am Telefon sagen, der Gustav (LOHRMANN Gustav) weiß
   es jetzt dezitiert, daß wir abgehört werden, ja, daß wir abgehört werden, daß ist jetzt ganz sicher.

25.2.1989   16.46 Uhr

Passivanruf durch Rudolf P r o k s c h sen. aus Salzburg
Gratuliert MANNSFELD zu ihrem Geburtstag und sie solle die
Zähne zusammenbeissen, denn die sind vom Charakter bösartig
und alles Affen.

20.3.1989 20.05 Uhr:

Passivgespräcj; POSTL ruft MANNSFELD an:
Vorerst nur belanglose Unterhaltung.

L: Ih was jo net welches Arschloch des schau wieder is
P: Asc
L: Dieser TANDINGER, dieser Trottel hat ma schon wieder
    a Vorladung gschickt, ih bin scho wieder geladen

lo.o3 bis lo.o4

Mannsfeld wählt 72 55 43 (Anschlußinhaber Marie Goess-Saurau
Dipl.Ing. (Karl) es meldet sich jener Mann vom Passivanruf des
ersten Gespräches . Mannsfeld willigt auf ein Frühstück ein, in ein
bestimmtes Lokal, welches sie umschreibt, da sie sonst wieder diese
" Scheißer" am Hals habe.

Passivanruf durch Frau LOHRMANN

MANNSFELD erzählt Frau LOHRMANN, daß sie am Freitag beim U-
Richter geladen war und sie müsse die Wohngemeinschaft sowie
Lebensgemeinsoft mit dem Udo PROKSCH beweisen. Sie beklagt sich
darüber, daß die Hausbesorgerin eine saudumme Aussage gemacht
Bei der Einvernahme durch den U-Richter sei auch der "Herr
Reitter von der niederösterreichischen Polizei dieses Arschloch, der wirklich nur die Informationen der Polizei immer
weiterverkauft hat und noch so ein grauslicher Inspektor
anwesend gewesen.
Man habe sie immer die gleichen blöden Fragen gefragt und
ihr auch eine Beugestrafe angedroht. Frau LOHRMANN könne
das sicher im Profil nachlesen, " weil der Herr REITTER und
der andere STINKER müssen ja ihre Taschen auffüllen".
MANNSFELD spricht noch darüber, daß sie mit PROKSCH drei
Wochen auf Urlaub in Spanien war und sich auch zuWeih-

430

Man hat offenbar nicht verstanden, worum es geht.

Den Ausgangspunkt der Affäre bildet eine frühere Freundin des Udo Proksch: die in der Wiener Semmelweis-Klinik als Ärztin beschäftigte Gräfin Alexandra Colloredo-Mannsfeld. Sie besucht im August 1988 zusammen mit ihrem siebenjährigen Sohn Nikolaus Luitpold Jurij Udo Proksch in dessen Versteck auf den Philippinen.

Der Sprößling tratscht nach der Rückkehr, der Ausflug wird ruchbar, und am 2. Dezember 1988 wird sie vom Polizei-Abteilungsinspektor Johann Böhm im Wiener Sicherheitsbüro als Zeugin befragt.

Sie behauptet, sie habe in der fraglichen Zeit in der Blockhütte ihres Bekannten Georg Postl in Gutenstein Urlaub gemacht und Österreich nie verlassen. Ihren Reisepaß wirft die Gräfin vorsorglich weg, um zu verhindern, daß Udo Proksch ausgeforscht und verhaftet wird.

Unmittelbar vor Weihnachten bewilligt das Gericht die Überwachung ihres Telefonanschlusses. Das hätte man sich allerdings sparen können, denn die Abhöreinrichtung ist noch nicht installiert, da weiß es schon Gustav Lohrmann, der ehemalige Kabinettchef von Vizekanzler Steger, und läßt der Gräfin durch seine Frau Renate sofort eine Warnung zukommen.

Am 8. Februar 1989 ist durch Interpol-Erhebungen erwiesen, daß die Gräfin vor der Polizei eine falsche Zeugenaussage abgelegt hat.

Am 17. Februar lädt sie Proksch-Untersuchungsrichter Wilhelm Tandinger vor. Da wurde sie in der Zwischenzeit jedoch schon beraten: Plötzlich sagt sie aus, sie sei die Lebensgefährtin von Udo Proksch gewesen (ihr Sohn Jurij ist tatsächlich von ihm, sie gab ihn nur nie als Vater an) und brauche daher überhaupt keine Zeugenaussage abzulegen. Sie verlangt vom Richter, sofort Mag. Gratz anzurufen, der das bestätigen werde. Gratz hütet sich und bestätigt es nicht.

Am nächsten Tag berichtet sie ihrer Freundin Renate Lohrmann von der Einvernahme und schlägt dabei gar keinen besonders gräflichen Umgangston an:

KAROLYI Helmut B.Insp.   Wien,am 08.05.1989

Gef.Haus I Wien

An den Anstaltsleiter

Betrifft: Widerstand der Frau Dr.COLLOREDO - MANNSFELD Alexandra
         geb.26.o2.1955 ,gegen die Inhaftnahme. G.zl. 20q Vr 8024/84

   Am 8.5.1989 um 14,4oUhr wurden Fr.B.Insp. VAVERA Vera und ich
vom Dienstführenden Beamten B.Insp.ZEGL Walter beauftragt,im
Gerichtsgebäude auf Zimmer 3o42 bei Mag.TANDINGER eine Inhaft=
nahme durchzuführen.Um 15,3oUhr gab mir Mag.Tandinger einen
Haftbefehl und den Auftrag die im Zimmer anwesende Frau
Dr.COLLOREDO - MANNSFELD zwecks Durchführung einer Beugehaft
in die U-Aufnahme abzuführen.
Fr.Colloredo wurde von uns mehrmals aufgefordert uns zu folgen,
verweigerte dies jedoch.Darauf drohte ich ihr an,sie auch not=
falls mit Gewalt abzuführen.Als sie trotzdem nicht der Aufforderung
nachkahm,eskortierten Fr.B.Insp.Vavera und ich Fr.Colloredo
mittels Festhaltegriff in die U-Aufnahme wo sie B.Insp FRAIS
übergeben wurde.
Unterwegs leistete Fr.Colloredo keinen nennenswerten Widerstand.

        Gesehen!
Der Leiter des Gefangenenhauses:

        Hofrat

»Der Reitter von der niederösterreichischen Polizei, dieses Arschloch, der wirklich nur die Informationen der Polizei immer weiterverkauft hat, und noch so ein grauslicher Inspektor« seien ebenfalls anwesend gewesen. Sie habe vom Richter eine Beugestrafe von 2.000 Schilling bekommen, »weil der Herr Reitter und der andere Stinker ja ihre Taschen auffüllen (müssen)«.

Am nächsten Tag wird die Proksch-Freundin von Otto Oberhammers Ehefrau Claudia angerufen. Auch ihr erzählt Colloredo, wer bei ihrer Vernehmung dabei war, »der Unsympathler, der schon die ganze Zeit in Piesting und überall herumgeschnüffelt hat, der Reitter, ein ganz mieser Polizist«. Dieser sei ein »besonders ekelhafter Uhu und so schleimig«, und er »verkauft die ganzen Informationen an die Presse, dafür gibt es Beweise«.

Angeregt hört ihr die Frau des ranghöchsten Beamten im Justizministerium zu und rät ihr dann, sollte sie noch einmal vorgeladen werden, keine Aussagen mehr zu machen: »Nicht einmal, wenn du über das Wetter befragt wirst, sagst du dem Tandinger etwas!«

Am 23. Februar beantragt die Staatsanwaltschaft die Einleitung der gerichtlichen Voruntersuchung wegen falscher Zeugenaussage gegen Alexandra Colloredo-Mannsfeld, worauf ihr der greise Vater von Udo Proksch telefonisch Mut zuspricht. Sie soll »die Zähne zusammenbeißen, denn die sind vom Charakter bösartig und alles Affen«.

Aus der Familie Oberhammer kommt nun der Rat an die Gräfin, sich einen offiziellen Rechtsbeistand zu nehmen. Sie erteilt der Anwältin Helga Prokopp eine Vollmacht.

Am 3. März 1989 ruft Colloredo-Mannsfeld den Privatanschluß 53 34 301 der Familie Oberhammer an. Sie erreicht wieder Claudia und es wird – weil man das am Telefon nicht besprechen könne – für den späteren Abend ein konspiratives Treffen in der City-Wohnung des Sektionschefs in der Landskrongasse 8 vereinbart.

Bei der Besprechung mit Otto und Claudia Oberhammer fällt

folgender Entschluß: Die Colloredo soll sich vom flüchtigen Udo Proksch eine Erklärung geben lassen, in der er die Vaterschaft des Kindes anerkennt und bestätigt, daß sie seine Lebensgefährtin gewesen sei. Dann habe sie das Recht, die Aussage zu verweigern – und die Polizei würde nie erfahren, wo sich Udo Proksch versteckt hält. Claudia Oberhammer wird sich um die Klärung einiger rechtlicher Fragen kümmern.

Am nächsten Morgen nimmt Colloredo gleich mit den Proksch-Anwälten Zerner und Lansky Kontakt auf, damit Udos Erklärung auf raschestem Weg beschafft werden kann. Am Abend desselben Tages meldet sie sich erneut bei Oberhammers und fragt den »Otto, ob die Claudia schon etwas erreicht hat«. Des Justizministers rechte Hand gibt das Telefon gleich an seine Frau weiter, sie soll selbst erzählen, er kümmert sich nicht um die Details.

Wohl aber bespricht Otto Oberhammer als Leiter der Präsidialsektion im Justizministerium mit dem Leitenden Oberstaatsanwalt Eduard Schneider die Möglichkeiten zur Anregung einer Nichtigkeitsbeschwerde zur Wahrung des Gesetzes, um auf diese Weise die Rechtsmeinung des Untersuchungsrichters, wonach Colloredo-Mannsfeld zur Aussage verpflichtet sei, aus den Angeln zu heben.

Vor allem aber will Otto Oberhammer über alle Schritte der Staatsanwaltschaftschaft Wien informiert sein und ersucht Schneider daher, deren Vorhabensberichte nicht nur an den dafür zuständigen Sektionschef Fleisch im Justizministerium, sondern auch an die Präsidialsektion zu übermitteln.

Somit weiß er jedenfalls immer sofort, was die untergeordneten Justizdienststellen gegen die Freundin des Hauses vorhaben. Die offizielle Begründung dafür lautet freilich: »Zur Informierung des Bundesministers.«

Am 20. März 1989 meldet sich die feine Gräfin Colloredo bei Georg Postl und berichtet: »Der Tandinger, dieser Trottel, hat mir schon wieder a Vorladung g'schickt.«

Aber erst nachdem U-Richter Tandinger über sie am 8. Mai die Beugehaft verhängt, sagt sie aus: »Ich war in Manila. Das war

M a n n s f e l d wählt den Anschluß 53 34 301 und wird
ein Treffen in der Wohnung der Anschlußteilnehmerin verein=
bart, da man am Telefon nicht sprechen könne. Die Anschluß=
teilnehmerin wird von M a n n s f e l d : mit dem Vornamen

Anschlußteilnehmer: 53 34 301

                Dr. O b e r h a m m e r   Otto.
                25.9.1934 Innsbruck geb.,
                seit 12.1.1976 Wien 1.,
                Landskrongasse 8/27 aufrecht gem.

                O b e r h a m m e r   Claudia,
                geb. PORSCHE, 17.4.1937 Wien geb.,
                gleiche Adr. wh.

4.3.1989   o9.11 Uhr

MANNSFELD wählt 8285249 und es meldet sich Dr. ZERNER

M: soll ich hinkommen morgen? Ist am gscheitesten
Z: okay

MANNSFELD wählt 36 89 73 (Geheimnummer)
Anschlußteilnehmer: Dr. LANSKY Gabriel, Wien 19.,
                    Hofzeile 19/4/11
es meldet sich jedoch niemand.

11.29 Uhr

MANNSFELD wählt 53 34 3o1 und es meldet sich OBERHAMMER CLAUDI
M. erzählt ihr, daß sie die Rechtsanwältin nicht erreichen
könne und sie es heute und morgen noch probieren werde.

2o.13 Uhr

MANNSFELD wählt 53 34 3o1 und es meldet sich Dr. OBERHAMMER
M. fragt den "Otto" ab die Claudia etwas erreicht habe. Das
Gespräch wird an OBERHAMMER Claudia weitergegeben. M. ersucht,
daß Claudia es noch mehrmals bei der Rechtsanwältin probieren
solle.

Passivanruf durch eine weibl. Person, welche von MANNSFELD
im Zuge des Telefongespräches mit "Mutter, Freundin und auch
mit dem Vornamen Claudia" angesprochen wurde.

MANNSFELD erzählt, daß sie bei der Einvernahme war. Die Ge=
sprächspartnerin rät MANNSFELD keine Aussagen zu machen.
Nicht einmal wenn sie über das Wetter befragt werden sollte.
Sie erzählt weiters, daß Mag. TANDINGER mit ihr in die Wohnung
gegangen sei. Er sei im Vorzimmer stehen geblieben und habe
sich korrekt verhalten. Eine Durchsuchung der Wohnung sei
von ihm nicht durchgeführt worden.
  MANNSFELD spricht dann über die Befragung und sei dabeigewesen:
" der Unsympatler, welcher schon die ganze Zeit in Piesting
  und überall herumgeschnüffelt hat, der REITTER, welcher
  ein ganz ein mieser Polizist ist. Der REITTER sei ihr
  vom Hörensagen ein Begriff als besonders ekelhafter Uhu
  und so schleimig, welcher auch die ganzen Informationen
  an die Presse verkauft, dafür gibt es Beweise."

"Claudia" rät MANNSFELD sie solle doch ihre Mutter und ihren
Vater als Zeugen für die Lebensgemeinschaft angeben. Dies
lehnt sie mit der Begründung ab, daß ihre Mutter vor kurzer
Zeit zu ihr gesagt habe, "sie hätte ein Enkelkind von einem
Schwerverbrecher". Sie soll daher bleiben wo der Pfeffer
wächst.
M. habe sich auch über den Generalintendanten des ORF ge=
ärgert denn dieser sei ohne dem UDO irgendwo ein kleiner
Sportreferent geblieben. Der Udo habe nur für den PODGORSKI
gearbeitet

MANNSFELD beklagt sich, daß sie jetzt dort sei, wo sie nicht hin=
kommen wollte und dies auch der Udo immer verhindern wollte.
Aus diesem Grunde habe er auch nie ihre Adresse angegeben.
Aber man dürfte etwas gefunden haben,"man weiß ja nicht ob
das echt ist".
  " Sie finden ja alles was sie wollen, weil die bestechen
    die Zeugen, fälschen die Beweise und die Presse ist immer
    hinter mir her, solange ich Aussagen muß."

  " Ich mein, warum soll ich mir unbedingt selber schaden,
    aber natürlich wenn ich mir selber schade in dem ich
    aussage verstehst, ich hätte ja bei dem Scheißpoli=,
    zisten nichts sagen brauchen, aber das war mir natürlich
    nicht klar, weil ich mir gedacht hab, ixixlieber sage
    ich was harmloses aus und hab dann mei Ruh, als wenn
    ich mich großartig dagegen wehre. Weil ich meinte das
    ist die bessere Taktik nicht ahnend, daß die dann doch
    irgendwie fündig werden auf irgendetwas und dann wirklich

DEMEL

K. u. K. HOFZUCKERBÄCKER

· WIEN ·

NEUE
TELEFON
NUMMERN
533-55-16/0
535-17-17/0
535-17-18/0
535-17-19/0
DEMEL

„*Erklärung*.

Für den Fall, daß mir etwas zustoßen
sollte, möchte ich folgendes festhalten,
ich habe (Oberst R. Proksch) mit meiner
langjährigen Lebensgefährtin M. Alexandra
Collorédo v. Mels ein *Kind* Graui – Villers
v. Glanapp (Luitpold Jury) geb. am 4.11.81
in Zürich (Suisse) (ich erkläre hiermit
ausdrücklich, daß ich sein Vater bin) diese
Erklärung kann auch die *zustehenden*
Schäden der Anerkennung oder *Vaterschaft*
vorgelegt werden!

Herzlichst Ihr

von R. Proksch.:
S. K.

CH. DEMEL'S SÖHNE GESELLSCHAFT M. B. H.
A · 1010 WIEN · KOHLMARKT 14 · TELEFON 535 17 0 · 66 17 17·0, 56 17 18·0, 56 17 19·0 · TELEX: 132293
BANKVERBINDUNG: ÖSTERR. LÄNDERBANK AG, FILIALE STOCK·IM·EISEN·PLATZ, WIEN I., KTO.·NR. 256·113·446/00
SPARKASSE INNSBRUCK IN WIEN I., KTO.·NR. 5000·001924

437

im August, September 1988. Ich habe dort Udo Proksch getroffen.«

Vorher erweist sie sich bei ihrer Einvernahme durch Untersuchungsrichter Gerhard Lugarycz allerdings noch als ganz besonderes Schätzchen, indem sie den Polizeibeamten, den sie im Dezember anlog, nun auch noch beschuldigt, sie bedroht und zu ihrer (falschen) Aussage genötigt zu haben.

Durchaus freiwillig erzählt sie hingegen der Frau jenes Mannes, den Vranitzky so gerne zum Justizminister gemacht hätte, wie es wirklich war: »Ich hätte ja bei diesem Scheißpolizisten nichts sagen brauchen.« Aber sie habe sich gedacht, »ich sag' halt irgendwas Harmloses aus und hab' dann mei' Ruh«.

*

Vielleicht wäre es auch unter Egmont Foregger nicht schneller als unter dem schließlich als Ersatz für Otto Oberhammer angelobten neuen Justizminister Nikolaus Michalek gegangen – die Anklageerhebung gegen Gratz, Blecha und Demel zog sich jedenfalls von Monat zu Monat immer länger dahin.

Erst im April 1992 kommt Ex-Gerichtspräsident Karlheinz Demel vor ein Schöffengericht und wird in erster Instanz wegen Mißbrauchs der Amtsgewalt und falscher Beweisaussage zu einer Geldstrafe und zu fünf Monaten Haft auf Bewährung verurteilt. Die schwerwiegendsten Vorwürfe wie etwa Begünstigung wurden erst gar nicht angeklagt.

Ab Juni 1992 steht Leopold Gratz vor Gericht. Auch in seinem Fall hat sich die Anklage auf das Faktum der falschen Beweisaussage vor Gericht reduziert.

Während in der Öffentlichkeit die Mär verbreitet wird, Gratz werde verfolgt, weil er »eine Telefonnummer vergessen« habe, stellt Einzelrichter Michael Danek in seiner Urteilsbegründung schließlich klar, daß er »keineswegs irgendein Detail vergessen, sondern unter Zeugenpflicht das genaue Gegenteil des wahren Vorganges angegeben« habe. Er sei »Teil eines Schutzschildes aus Politik und Justiz rund um Proksch« gewesen.

Seinen ehemaligen Freund, der als Zeuge aus der Strafhaft vorgeführt wird und der ihn im Gerichtssaal keines Blickes würdigt, erkennt der gestürzte Politiker kaum mehr wieder.

Am 5. Oktober 1992 wird Gratz, der nach wie vor seine politische Funktion als Ehrenpräsident der Wiener SPÖ ausübt und stolz darauf ist, daß er noch nie eine Präsidiumssitzung versäumt hat, in erster Instanz zu einer Geldstrafe von 450.000 Schilling verurteilt.

Bei Ex-Innenminister Karl Blecha ist alles viel komplizierter. Das beginnt schon mit dem Motiv. Während bei Gratz vermutlich tatsächlich nur die langjährige persönliche Freundschaft für dessen Handlungen zugunsten des Sechsfachmörders ausschlaggebend war, konnte dies bei Blecha nicht der Fall sein. Die beiden waren nie so gut miteinander befreundet.

Was aber war dann der Grund dafür, daß sich der Innenminister zu den ihm vorgworfenen Proksch begünstigenden Handlungen hinreißen ließ? War im Fall Blecha, wie selbst in bestimmten Abteilungen seines eigenen Ressorts vermutet wurde, tatsächlich Erpressung im Spiel?

Schon in den siebziger Jahren wurden Karl Blecha immer wieder seltsame Kontakte bis hinein in Kreise der Wiener Unterwelt nachgesagt. Die Staatspolizei wiederum ermittelte gegen den eigenen Ressortchef wegen dessen möglicher Involvierung in Waffengeschäfte. Dabei wurde festgestellt, daß Karl Blecha pro Monat oft mehr Geld für die Bezahlung privater Flugtickets aufwenden mußte, als er als Innenminister verdiente. Bewiesen konnte freilich weder das eine noch das andere jemals werden. Ab dem Spätsommer 1988 war ein weiteres Gerücht innerhalb des Wiener Polizeicorps Tagesgespräch:

Die Geschichte ist so unglaublich und abenteuerlich, daß man sie einfach nicht für wahr halten kann. Und dennoch ermittelten Beamte des Wiener Sicherheitsbüros monatelang, Untersuchungsrichter waren engagiert, und schließlich hatte sich auch Staatsanwalt Sepp-Dieter Fasching mit der behaupteten Affäre rund um den damals noch amtierenden Innenminister zu befassen:

Demnach soll Karl Blecha (was selbst als Innenminister sein

439

gutes Recht wäre) gelegentlich ein bordellähnlich geführtes Etablissement am Wiener Währinger Gürtel frequentiert haben. Dort wurde er eines Tages angeblich von den Betreibern des Lokals ohne sein Wissen in einer kompromittierenden Situation gefilmt.

Nachdem mit dem Video ein erster Erpressungsversuch stattgefunden habe, sei Blecha in den Morgenstunden in das Lokal gestürmt und habe die mit ihm befaßt gewesene junge Dame (deren Name einmal als Babsi und ein anderesmal als Ursula angegeben wird) mittels Faustschlägen zur Herausgabe des Videos zu animieren versucht, wobei sie erheblich verletzt worden sei.

Die Beschützer der Prostituierten hätten daraufhin den ihnen natürlich bekannten Innenminister überwältigt, verprügelt, ihn bis auf die Unterhose entkleidet, gefesselt, auf die Straße gezerrt und ihn vor dem Lokal an eine Halteverbotstafel gebunden. Anschließend sei die Polizei angerufen worden und die Aufforderung an die Funkstreifenpolizisten ergangen: »Holt euren Chef ab!«

Der Einsatzbericht der amtshandelnden Polizeibeamten sei in der Folge verschwunden und der Vorfall unter der Mitwirkung des damaligen Polizeipräsidenten Dr. Bögl polizeioffiziell vertuscht worden, so wie schon Jahre vorher eine Polizeiintervention in der seinerzeitigen Wohnung des Innenministers in der Wiener Burggasse vertuscht worden sei.

Auch damals sei Blecha die Hand ausgerutscht, sodaß er seine Ehefrau Burgunde verletzte, worauf sie die Funkstreife rief. Als die Polizei ankam, gab die Frau des Innenministers an, im Badezimmer ausgerutscht zu sein.

Später konnte Burgunde Blecha den Vorfall als Mißverständnis aufklären: Sie habe irrtümlich anstelle der Nummer der Rettung (die sie rufen wollte, weil sich ihr Mann im Zuge eines »Spieles« totgestellt habe) den Polizeinotruf erwischt.

Hingegen konnten die Hintergründe des angeblichen Vorfalls am Währinger Gürtel nie geklärt werden. Die Oberstaatsanwaltschaft sprach sich im Jahre 1991 für die Einstellung der wegen

GZ 31.525/24-IV 2/91

I n f o r m a t i o n
für den Bundesminister

Betrifft: Strafsache gegen u.T. wegen §§ 63 Abs.1,
105 Abs.1 bzw. § 302 Abs.1 StGB
(Gerüchte betreffend BM a.D. Karl BLECHA,
Polizeipräsident Dr. BÖGL und LOSta Dr. SCHNEIDER)

Gegenstand der zum AZ 23 b Vr 12.167/89 des LGSt Wien - nominell
gegen u.T. - geführten gerichtlichen Vorerhebungen sind mehrere, ge-
rüchteweise bekanntgewordene Sachverhalte. Es handelt sich in erster

Nachdem im Dezember 1990 hinsichtlich einzelner Sachverhalte (angebliche Mißhandlung und Verletzung der Burgunde Blecha durch den Gatten BM a.D. Karl Blecha im Jahr 1985, behauptete Vernichtung oder
sonstige Unterdrückung des diesbezüglichen Polizeiberichts durch
Polizeibeamte sowie angebliche Behinderung eines Polizeieinsatzes
bei der Geburtstagsfeier des "Unterweltlers" Heinz Bachheimer am
7.6.1989 durch Weisungen des Polizeipräsidenten Dr. Bögl) jeweils
aus Beweisgründen, teils auch wegen Verjährung, die Einstellungserklärung (§ 90 Abs.1 StPO) abgegeben worden ist, beziehen sich die
Erhebungen im wesentlichen noch auf das Gerücht, Karl Blecha sei im
Jahr 1988 in einem als Bordell geführten Lokal in Wien erschienen,
nachdem er in Erfahrung gebracht habe, daß anläßlich eines seiner
früheren Besuche ohne sein Wissen eine kompromittierende Video-Auf-
nahme hergestellt worden sei, und habe im Zuge des Versuchs, herauszufinden, wer gefilmt hätte, bzw. zur Erwirkung der Herausgabe des
Videobandes eine Prostituierte mißhandelt und verletzt. Nach einer
Version soll die Frau sogar schwer verletzt worden sein (Kieferbruch
bzw. Verletzung des Schläfenbogens).

Diesen Sachverhalt betreffende sicherheitsbehördliche Erhebungser-
gebnisse sollen durch Polizeipräsident Dr. Bögl oder andere Beamte

hörden übereinstimmend, hinsichtlich sämtlicher oben zusammengefaß-
ter Sachverhalte die Einstellungserklärung abzugeben. Dieses Vorhaben soll dem Erledigungsentwurf der Abt. IV 2 zufolge zur Kenntnis
genommen werden.

26. September 1991

Landl

441

des Verdachtes der Körperverletzung, der Nötigung und des Mißbrauchs der Amtsgewalt unter der Aktenzahl 23b Vr 12.167/89 »nominell gegen unbekannte Täter« geführten gerichtlichen Vorerhebungen aus.

Nach einem letzten diesbezüglichen Bericht der Abteilung IV/2 des Bundesministeriums für Justiz vom 26. September 1991 ist auch Justizminister Michalek mit der Einstellung der gerichtlichen Vorerhebungen einverstanden.

Ebenfalls eingestellt werden im Laufe des Jahres 1991 die »Lucona«-Strafverfahren gegen Karl Blecha wegen Amtsmißbrauch, Verleitung zum Amtsmißbrauch, Verleitung zur falschen Beweisaussage und Begünstigung.

Anklage wird schließlich lediglich wegen des Verdachtes der Urkundenunterdrückung und der falschen Beweisaussage erhoben. Der Prozeß soll am 26. Februar 1992 beginnen, doch da erscheint der Ex-Minister nicht, weil er eine Geschäftsreise nach Kuba nicht absagen will.

Zum nächsten Verhandlungstermin am 26. März 1992 erscheint Blecha wieder nicht, schickt aber ein ärztliches Attest, das ihm bestätigt, am Vorabend plötzlich an »Rotlauf« erkrankt zu sein. Das Virus habe er sich einige Tage vorher vermutlich in Libyen geholt.

In der ersten Verhandlung am 3. August 1992, die Blecha nicht platzen läßt, erklärt sich Einzelrichter Friedrich Fischer für unzuständig. Seiner Meinung nach sei beim ehemaligen Innenminister der Tatbestand des Verbrechens des Amtsmißbrauchs gegeben und daher ein Schöffengericht zuständig. Seither ruht das Verfahren.

Nachwort

Man hat den Eindruck, daß nur eine politische Konsequenz aus dem »Fall Lucona« gezogen wurde. Sie lautet: Wir werden uns bessern – beim Vertuschen.

Tatsächlich wurden in der Zwischenzeit zwar keinerlei politische Anstrengungen unternommen, um das Entstehen von Skandalen solchen Ausmaßes in Hinkunft zu vermeiden oder wenigstens zu erschweren, wohl aber wurden Maßnahmen ergriffen, um deren Aufdeckung zu verhindern.

Dazu zählt das demnächst in Kraft tretende neue Mediengesetz ebenso wie die Reform der Strafprozeßordnung, durch welche die Stellung des unabhängigen Untersuchungsrichters bei Ermittlungen wesentlich zugunsten weisungsgebundener Beamter geschwächt werden soll.

Nach dem neuen Mediengesetz hätte weder ein Buch »Der Fall Lucona« geschrieben werden können, noch wird es in Zukunft in vergleichbaren Fällen einen »Untersuchungsrichter Tandinger« geben, wobei es schon jetzt als symptomatisch gelten kann, daß sich das Tätigkeitsfeld des echten Wilhelm Tandinger mittlerweile tatsächlich nur noch auf das Bezirksgericht Favoriten erstreckt.

Auch ein »Fall Noricum«, der nur mit Hilfe von Zeitungen und Zeitschriften aufgedeckt werden konnte, bleibt Österreich in Hinkunft möglicherweise »erspart«.

Seit 10. März 1993 stehen mit Sinowatz, Gratz und Blecha drei der prominentesten und einstmals mächtigsten Politiker wegen des Verdachtes des Verbrechens des Mißbrauchs der Amtsgewalt vor Gericht.

In einem Wochenmagazin wurde zu Prozeßbeginn ein Leserbrief folgenden Inhalts veröffentlicht:

443

»Bei Sinowatz, Gratz und Blecha handelt es sich um ehrenwerte Leute, die von einer Schandjustiz in deren Machtstreben vor den Kadi gezerrt werden. Hier werden von parteiischen Richtern, die meistens Haider nahestehen, menschliche Existenzen vernichtet. Ich werte dies als einen stillen Staatsstreich einer Juristenclique, die auf diese Weise zum Schaden Österreichs an die Macht kommt.«

Der Wiener Bürgermeister Helmut Zilk plädiert für die Niederschlagung des Verfahrens, und in der auflagenstärksten Wochenzeitung des Landes wird der Justizminister gescholten, weil er »nicht den Mut hatte, einen diesbezüglichen Antrag zu stellen, obwohl er wie kein anderer um die Überlastung und die Geldnöte seiner Gerichte wissen müßte«.

So wie Finanzminister, die Steuern hinterziehen, Gewerkschaftsfunktionäre, die in die Kassa greifen, politische Spitzenverdiener, die Arbeitslosenunterstützung beziehen, wie hohe und höchste Staats- und Parteifunktionäre, die lügen, betrügen und stehlen, können auch Sinowatz, Gratz und Blecha auf die Solidarität mancher Mitbürger zählen.

Wer wundert sich da noch, daß in der Bevölkerung das Unbehagen über die politischen Zustände immer mehr zunimmt, vor allem unter der Jugend Politik- und Parteienverdrossenheit steigen und das Vertrauen der Bürger in die Selbstreinigungskräfte der Demokratie langsam, aber sicher zu schwinden beginnt?

ANHANG

DER FALL LUCONA

ZEITTAFEL

Dezember 1969   Udo Proksch und Hans Peter Daimler gründen in der Schweiz die Zapata SA.

Dezember 1970   Proksch gründet in der Schweiz die Lylac AG.

Juni 1971   Proksch und Daimler gründen die Firma Optico und kaufen ein altes Kohlenbergwerk in Oberhöflein.

April 1972   Proksch kauft das Café Demel.

Juli 1972   Proksch gründet den „Club 45".

Mai 1974   Proksch kauft eine aufgelassene Harzfabrik in Piesting.

Juni 1974   Der Sitz der Zapata SA wird in das Bauernhaus der Proksch-Freundin Greta Fischer in Geuensee/Luzern verlegt. Sie wird alleinzeichnungsberechtigte Verwaltungsrätin.

September 1974   Die Zapata SA kauft um S 80.000,– den Firmenmantel der Pinosa Handelsges. m. b. H. und Proksch wird Geschäftsführer.

Dezember 1974   Die Firma Optico geht in Konkurs.

Jänner 1975   Proksch und Daimler lassen die seit 1971 in Oberhöflein lagernden Kohlebergwerksanlagen nach Piesting transportieren.

Februar 1975	Der Venezianer Renzo Vianello bringt italienische Hilfsarbeiter illegal über die Grenze nach Piesting. Die Kohlebergwerksteile werden entrostet, frisch gestrichen und mit der Aufschrift „Zapata SA" versehen.
März 1975	Fayez Chlache, Syrer, Chemiestudent und Nachtwächter im Demel, erstellt das Flow-Sheet einer Yellow-Cake-Anlage.
Juli 1975	Proksch mietet in Hongkong eine Wohnung und veranlaßt Owen Corrigan, als Treuhänder für ihn den Firmenmantel North Pacific Trading Ltd. mit einem Stammkapital von 20 Dollar zu erwerben.
Ab Juli 1975	Die Konstruktionspläne des Kohlebergwerks werden umkopiert und mit dem Plankopf „Zapata SA" versehen.
Juli 1975	Owen Corrigan und Greta Fischer unterzeichnen einen Schein-Kaufvertrag zwischen der Zapata SA und der North Pacific Trading Ltd. Der Kaufgegenstand: Maschinen einer Uranerz-Aufbereitungsanlage zur Herstellung von Yellow Cake. Kaufpreis: 31 Millionen Schweizer Franken.
Oktober 1975	Proksch besucht einen Sprengkurs beim österreichischen Bundesheer unter der Leitung des Sprengspezialisten Major Hans Edelmaier.
Dezember 1975	In Hongkong täuschen Proksch und Daimler durch ein Geldringelspiel Anzahlungen des unbekannten Endabnehmers der Yellow-Cake-Anlage vor.

448

Jänner 1976	Die Venezianer Giulio Meotto und Amorino Scarpa gründen in Lugano die Reederei Coco del Mar Pacifico SA. Renzo Vianello wird zum Generalbevollmächtigten bestellt.
März 1976	Proksch bezieht aus Bundesheerbeständen namens seines Vereins CUM ausgeschiedene Heeresgüter und läßt diese nach Piesting transportieren. Aus der Piestinger Harzfabrik werden alte Maschinen demontiert.
Ab Mai 1976	Sämtliche Industrieabfälle werden von Piesting nach Italien transportiert und im Hafen Chioggia eingelagert. Der Zolldeklarant Otto Kölbl fälscht die Ausgangszollpapiere.
Juni 1976	Daimler schließt namens der Zapata SA bei der Bundesländer-Versicherung den Transportversicherungsvertrag ab.
Juli 1976	Auf dem Truppenübungsplatz Hochfilzen (Tirol) führen Proksch und Daimler Sprengübungen durch. Major Edelmaier überläßt Proksch eine größere Menge Sprengstoff.
November 1976	Die Sprengübungen werden auf dem Truppenübungsplatz Bruckneudorf wiederholt. Bei dieser Gelegenheit werden rund 250 kg Sprengstoff entwendet.
Dezember 1976	Die Coco del Mar chartert für die Zapata SA von der Rotterdamer Oost Atlantic Lijn das Frachtschiff „Lucona", deren Eigentümer die in Panama registrierte Lumin Compania Naviera SA ist.

Jänner 1977	Die Lucona wird in Chioggia mit den in Containern verpackten Industrieabfällen beladen und läuft in Richtung Hongkong aus. Im Indischen Ozean explodiert das Schiff nahe der Malediven und sinkt innerhalb von 2 Minuten. Sechs Besatzungsmitglieder kommen ums Leben. Sechs werden von dem türkischen Öltanker Sapen 1 gerettet. Die Zapata SA meldet der Versicherung den Untergang und beansprucht Schadenersatz in Höhe von 31 Millionen Schweizer Franken.
Mai 1977	Auf Verlangen der Versicherung nennt die Zapata SA als Lieferanten der Anlage die Firma Decobul des Schweizers Erwin Egger. Rechnungen und Lieferscheine werden gefälscht.
August 1977	Weil die Versicherung Verdacht schöpft und nicht zahlt, bringt die Zapata SA die Klage ein.
Februar 1978	Das Handelsgericht Wien weist die Klage der Zapata SA ab.
November 1978	Der Oberste Gerichtshof hebt die Abweisung der Klage auf und trägt dem Handelsgericht auf, ein Beweisverfahren durchzuführen.
Februar 1981	Das Handelsgericht Wien weist die Zapata-Klage zum zweitenmal ab.
Oktober 1981	Ein Senat des Oberlandesgerichtes Wien, der unter dem Einfluß des Gerichtspräsidenten und Proksch-Freundes Karlheinz Demel steht, hebt das Urteil wieder auf.

Oktober 1981	Verteidigungsminister Karl Lütgendorf, der Aktien der Zapata SA besitzt, wird vor seinem Jagdhaus erschossen aufgefunden.
Mai 1982	Das Handelsgericht Wien weist die Zapata-Klage zum drittenmal ab.
Februar 1983	Das Oberlandesgericht Wien hebt das Urteil des Handelsgerichts erneut auf und fällt selbst ein Urteil: Die Versicherungssumme sei zur Zahlung fällig. Die Versicherung engagiert den Schweizer Privatdetektiv Dietmar Guggenbichler, der den Sachverhalt in der Folge der Salzburger Polizei mitteilt.
Juli 1983	Der Salzburger Kriminalbeamte Werner Mayer beginnt gegen Proksch und Daimler zu ermitteln.
August 1983	Innenminister Karl Blecha gibt die Weisung, die Ermittlungen sofort einzustellen. Für den Fall der Nichtbefolgung der Weisung wird dem Kriminalbeamten Mayer ein Disziplinarverfahren angedroht. Dieser erstattet sofort Strafanzeige gegen Proksch und Daimler wegen Versicherungsbetruges und Mordes.
November 1983	Der Oberste Gerichtshof hebt das Urteil des Oberlandesgerichtes Wien, das der Zapata SA den Versicherungsanspruch zusprach, wieder auf und enthebt in der Folge den gesamten Obergerichtssenat seiner Funktion wegen Befangenheit. Die Staatsanwaltschaft Wien leitet Erhebungen wegen des Verdachtes von Betrugshandlungen ein.

Mai 1984	Der niederösterreichische Kriminalbeamte Franz Reitter schließt seine Ermittlungen ab und ersucht um Haftbefehle gegen Proksch, Daimler und andere. Der Staatsanwaltschaft wird die Beantragung von Haftbefehlen untersagt.
Juli 1984	Die Staatsanwaltschaft Wien schaltet Untersuchungsrichter Wilhelm Tandinger ein. Dieser läßt bei Proksch und Daimler Hausdurchsuchungen durchführen. Der Zolldeklarant Otto Kölbl legt ein Geständnis ab.
August 1984	Der Speditionsangestellte Jakob Bartos legt ein Geständnis ab. Die Kripo ersucht neuerlich um Haftbefehle, deren Beantragung die Oberstaatsanwaltschaft wieder untersagt.
September 1984	Otto Kölbl wird tot in seinem Landhaus aufgefunden. Die Todesursache: Herzversagen.
Oktober 1984	Die Staatsanwaltschaft Wien beabsichtigt die Einleitung einer gerichtlichen Voruntersuchung gegen Proksch und Daimler, erhält jedoch keine Zustimmung seitens der Oberstaatsanwaltschaft.
November 1984	Innenminister Blecha erteilt die Weisung an die Polizei, die Ermittlungen mit sofortiger Wirkung einzustellen, muß diese jedoch später widerrufen, weil sie gesetzwidrig ist.
Dezember 1984	Ein Oberlandesgerichtssenat, der ebenfalls unter dem Einfluß des Richters Karlheinz

Demel steht, spricht der Zapata SA neuerlich die Versicherungssumme zu.

Jänner 1985	Justizminister Harald Ofner erteilt die Weisung, der Staatsanwaltschaft keine Einleitung einer gerichtlichen Voruntersuchung zu gestatten.
Februar 1985	Weil sie sich der Einvernahme entziehen, läßt Untersuchungsrichter Wilhlem Tandinger Proksch und Daimler verhaften. Außenminister Leopold Gratz stellt sich als Zeuge zur Verfügung, entlastet Proksch und Daimler und läßt über das Außenamt in Bukarest Entlastungspapiere beschaffen, die vom rumänischen Geheimdienst gefälscht sind. Proksch und Daimler werden wieder enthaftet.
März 1985	Die Staatsanwaltschaft Wien beantragt neuerlich die Einleitung einer gerichtlichen Voruntersuchung, die Justizminister Ofner erneut ablehnt.
Dezember 1985	Proksch läßt durch gezielte Informationen an Journalisten den Bundesländer-Versicherungsskandal platzen.
März 1986	Der Generaldirektor der Versicherung, Kurt Ruso, und ein weiterer Spitzenmanager werden verhaftet. Zwei Manager begehen Selbstmord.
Oktober 1986	Untersuchungsrichter Tandinger läßt Proksch und Daimler zum zweiten Mal verhaften. Nach vier Tagen sind sie wieder frei.

Dezember 1987	Das Buch „Der Fall Lucona" erscheint. Die Oberstaatsanwaltschaft Wien erteilt im Einvernehmen mit dem Bundesministerium für Justiz die Weisung, ein Strafverfahren gegen Buchautor Hans Pretterebner wegen Verleumdung und Verletzung des Amtsgeheimnisses einzuleiten und das Buch gerichtlich beschlagnahmen zu lassen.
Jänner 1988	Gegen das Buch werden in der Folge insgesamt 22 Beschlagnahmeanträge gestellt und mehr als 50 Prozesse angestrengt. Sämtliche Beschlagnahmeanträge werden abgewiesen. FPÖ und GRÜNE bringen im Parlament eine Dringliche Anfrage zum Buch „Der Fall Lucona" ein. Justizminister Foregger erklärt, alle Maßnahmen gegen den Autor seien ergriffen.
Februar 1988	Lucona-Kapitän Jacob Puister erhebt in Zürich öffentlich Mordanklage gegen Udo Proksch und Hans Peter Daimler. Die Oberstaatsanwaltschaft Wien widersetzt sich der Absicht der Staatsanwaltschaft, Proksch und Daimler verhaften zu lassen. Proksch flüchtet über Washington auf die Philippinen. Daimler taucht in Italien unter. Ein in der Schiffsbautechnischen Versuchsanstalt Wien durchgeführter Sinkversuch mit einem Modell der Lucona bestätigt die Aussagen der Überlebenden. Jacob Puister und Lucona-Steuermann Jacobus van Beckum erstatten in Wien Strafanzeige gegen Proksch und Daimler wegen Mordes.

März 1988	Justizminister Foregger stimmt den Antrag der Staatsanwaltschaft Wien auf Einleitung der gerichtlichen Voruntersuchung gegen Proksch und Daimler zu.
	Proksch unterzieht sich in Manila einer Gesichtsoperation.
	Die Staatsanwaltschaft Wien erhebt Anklage gegen Proksch und Daimler wegen Versicherungsbetruges und Gefährdung durch Sprengmittel.
	Das Gericht erläßt internationale Haftbefehle gegen Proksch und Daimler. Die Interpol-Fahndung bleibt ohne Erfolg.
	Daimler flüchtet von Italien nach Deutschland.
April 1988	Buchautor Pretterebner startet eine mehrmonatige Vortragstournee durch ganz Österreich und fordert den Rücktritt von Innenminister Blecha und Nationalratspräsident Gratz sowie die Einsetzung eines parlamentarischen Untersuchungsausschusses.
	Innenminister Blecha setzt die Staatspolizei zur Überwachung des Buchautors ein.
Oktober 1988	Lucona-Kapitän Puister erstattet in Wiesbaden Strafanzeige gegen Daimler wegen Mordes.
	Der österreichische Bundesheer-Major Hans Edelmaier gesteht, Udo Proksch im Auftrag von Verteidigungsminister Lütgendorf Sprengstoff aus Heeresbeständen überlassen zu haben.
	Generalkonsul Bernhard Maier-Thurnwald, der Konstrukteur der Lucona, wird unter einer Autobahnbrücke zwischen Lausanne und Genf tot aufgefunden.

	Das Parlament beschließt die Einsetzung eines Untersuchungsausschusses über den „Fall Lucona".
Jänner 1989	Der Untersuchungsausschuß nimmt seine Tätigkeit auf. Innenminister Karl Blecha und Nationalratspräsident Leopold Gratz müssen zurücktreten. Der Salzburger Sicherheitsdirektor Karl Thaller wird vorzeitig pensioniert.
März 1989	Gerichtspräsident Karlheinz Demel wird kurzzeitig verhaftet und suspendiert.
April 1989	Hans Peter Daimler stellt sich den Behörden in Kiel.
Mai 1989	Die Staatsanwaltschaft beim Landgericht Kiel leitet gegen Daimler ein Ermittlungsverfahren ein. Er bleibt auf freiem Fuß.
Juni 1989	Der Untersuchungsausschuß beendet seine Tätigkeit.
September 1989	Proksch bereitet seine freiwillige Rückkehr nach Österreich vor. Richter Hans-Christian Leiningen-Westerburg holt Offerte für die Wracksuche ein.
Oktober 1989	Udo Proksch wird am Schwechater Flughafen verhaftet.
Dezember 1989	Über Major Hans Edelmaier wird die Untersuchungshaft verhängt.
Jänner 1990	Der Schwurgerichtsprozeß gegen Proksch beginnt. Die Staatsanwälte dehnen die Anklage auf sechsfachen Mord und sechsfachen Mordversuch aus.

Mai 1990	Das Gericht beschließt die Wracksuche für Anfang 1991.
Juni 1990	Erwin Egger und Greta Fischer werden in der Schweiz wegen Beihilfe zum Versicherungsbetrug und Dokumentenfälschung in erster Instanz zu drei bzw. zweieinhalb Jahren Haft verurteilt. Das Landesgericht Wien stellt alle Strafverfahren gegen Buchautor Pretterebner wegen Verleumdung und Verletzung von Amtsgeheimnissen ein.
Juli 1990	Major Hans Edelmaier wird wegen Beihilfe zum Mord angeklagt.
Dezember 1990	Bundeskanzler Vranitzky schlägt Sektionschef Otto Oberhammer als Justizminister der neuen Koalitionsregierung vor. Die ÖVP stimmt zu. Buchautor Pretterebner veröffentlicht Telefonprotokolle, die ein Naheverhältnis des designierten Justizministers zu Proksch dokumentieren, worauf dieser zurücktritt.
Jänner 1991	Die US-Bergefirma Eastport International beginnt mit der Suche nach dem Wrack der Lucona.
Februar 1991	Das Wrack der Lucona wird am letzten Suchtag in 4.200 Meter Tiefe entdeckt und gefilmt.
März 1991	Die Geschworenen sprechen Udo Proksch wegen Versicherungsbetruges einstimmig und wegen Mordes mit 6 zu 2 Stimmen schuldig. Das Gericht verurteilt ihn zu 20 Jahren Haft.

Major Edelmaier wird von den Geschworenen mit 4 zu 4 Stimmen im Zweifel von der Mordanklage freigesprochen und enthaftet.
Daimler wird in Hannover verhaftet und nach Kiel überstellt.
Udo Proksch ruft die Europäische Menschenrechtskommission in Straßburg an.

Juni 1991   Die Staatsanwaltschaft Kiel erhebt Anklage gegen Daimler wegen Versicherungsbetruges, vorsätzlicher Gefährdung durch Sprengmittel und sechsfachen Mordes.

Oktober 1991   Der Oberste Gerichtshof weist die von Proksch erhobene Nichtigkeitsbeschwerde ab.

Jänner 1992   Das Oberlandesgericht Wien ändert das Urteil gegen Proksch ab und verhängt die lebenslange Haft.

Februar 1992   Proksch beantragt die Wiederaufnahme des Verfahrens.

März 1992   Das Landesgericht Wien eröffnet den Strafprozeß gegen Ex-Innenminister Karl Blecha.
Das Landgericht Kiel beschließt die Zulassung der Anklage gegen Daimler.

April 1992   Ein Wiener Schöffengericht verurteilt den suspendierten Gerichtspräsidenten Demel wegen Amtsmißbrauch und falscher Zeugenaussage zu einer Geldstrafe und 5 Monaten Haft auf Bewährung.
Das Landesgericht Wien lehnt Prokschs Antrag auf Wiederaufnahme ab.

Juni 1992	Der Strafprozeß gegen den ehemaligen Nationalratspräsidenten Gratz wegen falscher Zeugenaussage beginnt.
Juli 1992	Der Mordprozeß gegen Daimler in Kiel beginnt.
August 1992	Der Einzelrichter des Landesgerichtes Wien erklärt sich in der Strafsache Karl Blecha für unzuständig, weil er eine Anklageerhebung wegen Amtsmißbrauchs für nötig hält. Das Oberlandesgericht Wien weist Prokschs Beschwerde gegen die Abweisung des Wiederaufnahmeantrages ab.
Oktober 1992	Ex-Nationalratspräsident Leopold Gratz wird in erster Instanz wegen falscher Zeugenaussage zu einer Geldstrafe von 450.000 Schilling verurteilt.
November 1992	Der schleswig-holsteinische Schiffssachverständige Roland Gutsche erstellt im Auftrag von Proksch und Daimler ein Gutachten, laut welchem eine Innensprengung der Lucona ausgeschlossen wird.
Jänner 1993	Der Verteidiger von Proksch regt bei der Generalprokuratur eine Nichtigkeitsbeschwerde zur Wahrung des Gesetzes mit dem Ziel einer Wiederaufnahme des Verfahrens an.

Beschlagnahmeversuche

Beschlagnahmeversuche und Prozesse gegen Hans Pretterebner und den Verlag wegen der Veröffentlichung des Buches »Der Fall Lucona«:

21. 10. 1986 Leopold Gratz	ZRS Wien	Unterlassung abgewiesen am 7. 7. 1992
10. 12. 1986 Leopold Gratz	LG Wien	Privatanklage Freispruch am 21. 3. 1988
18. 12. 1987 Udo Proksch	BH Korneuburg	Antrag/Verfall abgewiesen am 3. 1. 1988
18. 12. 1987 Leopold Gratz	StA Wien	Verleumdung eingestellt am 26. 6. 1990
20. 12. 1987 Harald Ofner	StA Wien	Beschlagnahme abgewiesen am 22. 12. 1987
20. 12. 1987 Harald Ofner	StA Wien	Verleumdung eingestellt am 26. 6. 1990
20. 12. 1987 Wolfg. Höllrigl	LG Wien	Beschlagnahme abgewiesen am 22. 12. 1987
20. 12. 1987 Wolfg. Höllrigl	LG Wien	Kreditschädigung Freispruch am 6. 3. 1990
20. 12. 1987 Wolfg. Höllrigl	LG Wien	Privatanklage zurückgezogen am 18. 3. 1991
21. 12. 1987 Otto F. Müller	StA Wien	Verleumdung eingestellt am 4. 5. 1988
21. 12. 1987 W. Wasserbauer	StA Wien	Verleumdung eingestellt am 4. 5. 1988
21. 12. 1987 StA Wien	Verletzung d. Amtsgeheimnis	eingestellt am 26. 6. 1990
21. 12. 1987 Kristian Bissuti	LG Wien	Beschlagnahme zurückgezogen am 23. 12. 1987

461

21. 12. 1987 Wolfg. Höllrigl	HG Wien	Einstw. Verfüg.
	zurückgezogen am 18. 3. 1991	
29. 12. 1987 G. Voglstätter	LG Wien	Beschlagnahme
	abgewiesen am 25. 2. 1988	
29. 12. 1987 G. Voglstätter	StA Wien	Verleumdung
	zurückgelegt am 26. 1. 1988	
29. 12. 1987 G. Voglstätter	LG Wien	Kreditschädigung
	eingestellt am 21. 3. 1990	
22. 01. 1988 Karl Blecha	StA Wien	Verleumdung
	eingestellt am 26. 6. 1990	
22. 01. 1988 Richard Jäger	StA Wien	Verleumdung
	eingestellt am 26. 6. 1990	
22. 01. 1988 Karlheinz Demel	StA Wien	Verleumdung
	eingestellt am 4. 5. 1988	
22. 01. 1988 Peter Schiemer	StA Wien	Verleumdung
	eingestellt am 4. 5. 1988	
22. 01. 1988 Alfred Fleck	StA Wien	Verleumdung
	eingestellt am 4. 5. 1988	
22. 01. 1988 Leopold Gratz	StA Wien	Verleumdung
	eingestellt am 26. 6. 1990	
22. 01. 1988 Rudolf Sacher	ZRS Wien	Einstw. Verfüg.
	abgewiesen am 24. 6. 1988	
22. 01. 1988 Rudolf Sacher	ZRS Wien	Unterlassung
	eingestellt am 12. 3. 1990	
24. 01. 1988 Rudolf Sacher	HG Wien	Einstw. Verfüg.
	eingestellt am 12. 3. 1990	
26. 01. 1988 Rudolf Sacher	LG Wien	Beschlagnahme
	abgewiesen am 15. 3. 1988	
26. 01. 1988 Rudolf Sacher	LG Wien	Kreditschädigung
	zurückgezogen am 12. 3. 1990	
28. 01. 1988 Gabriel Lansky	LG Wien	Privatanklage
	eingestellt am 8. 6. 1989	
28. 01. 1988 Karl Zerner	LG Wien	Privatanklage
	eingestellt am 8. 6. 1989	
18. 02. 1988 Karlheinz Demel	StA Wien	Verleumdung
	eingestellt am 26. 6. 1990	
18. 02. 1988 Leopold Gratz	StA Wien	Verleumdung
	eingestellt am 26. 6. 1990	

18. 02. 1988 Karl Blecha	StA Wien	Verleumdung
		eingestellt am 26. 6. 1990
21. 02. 1988 Heinz Egli	BG Zürich	Einstw. Verfüg.
		eingestellt am 22. 3. 1988
23. 02. 1988 Fayez Chlache	StA Wien	Verleumdung
		zurückgelegt am 2. 3. 1988
23. 02. 1988 Fayez Chlache	StA Wien	Verb. Veröffentl.
		zurückgelegt am 2. 3. 1988
23. 02. 1988 Fayez Chlache	LG Wien	Beschlagnahme
		abgewiesen am 2. 3. 1988
23. 02. 1988 Fayez Chlache	LG Wien	Kreditschädigung
		Freispruch am 11. 6. 1990
23. 02. 1988 Fayez Chlache	ZRS Wien	Unterlassung
		eingestellt am 28. 11. 1990
02. 03. 1988 Leopold Gratz	LG Wien	Privatanklage
		zurückgezogen am 28. 3. 1990
02. 03. 1988 Heinz Damian	LG Wien	Privatanklage
		zurückgezogen am 28. 3. 1990
02. 03. 1988 Karlheinz Demel	LG Wien	Privatanklage
		zurückgezogen am 28. 3. 1990
30. 03. 1988 Heinz Damian	LG Wien	Privatanklage
		eingestellt am 6. 6. 1989
26. 04. 1988 Heinz Egli	BG Zürich	Einstw. Verfüg.
		abgewiesen am 31. 5. 1988
27. 05. 1988 Leopold Gratz	LG Wien	Privatanklage
		Freispruch am 11. 9. 1989
27. 05. 1988 Heinz Damian	LG Wien	Privatanklage
		Freispruch am 11. 9. 1989
13. 07. 1988 Karl Blecha	StA Klgft.	Verleumdung
		eingestellt am 26. 6. 1990
13. 07. 1988 Leopold Gratz	StA Klgft.	Verleumdung
		eingestellt am 26. 6. 1990
09. 09. 1988 Heinz Egli	BG Zürich	Unterlassung
		abgewiesen am 30. 8. 1990
27. 10. 1988 Karl Blecha	StA Graz	Verleumdung
		eingestellt am 26. 6. 1990
23. 12. 1988 Karl Blecha	StA Wien	Verleumdung
		eingestellt am 26. 6. 1990

08. 02. 1989 Josef Buchinger	ZRS Wien	Schadenersatz
		eingestellt am 29. 5. 1990
16. 02. 1989 Wr. Städtische	ZRS Wien	Schadenersatz
		eingestellt am 2. 11. 1989
16. 02. 1989 Wr. Städtische	StA Wien	f. Beweisaussage
		eingestellt am 26. 6. 1990
30. 03. 1989 Enrico Tucci	LG Wien	Privatanklage
		abgewiesen am 26. 4. 1989
26. 07. 1989 Eduard Golech	ZRS Wien	Unterlassung
		eingestellt am 19. 3. 1990
19. 12. 1989 Josef Buchinger	LG Wien	Mißbr. v. Tonband
		eingestellt am 29. 5. 1990

*

Gegen das Buch »Der Fall Lucona« wurden insgesamt 22 Beschlagnahmeanträge und Anträge auf Einstweilige Verfügung eingebracht. Gegen Hans Pretterebner bzw. den Verlag wurden mehr als fünfzig Prozesse angestrengt (Zivilklagen auf Unterlassung, Schadenersatzklagen, Privatanklagen, Strafverfahren wegen Verleumdung und Verletzung des Amtsgeheimnisses usw.).

Alle Beschlagnahmeanträge wurden abgewiesen. Kein einziger endete mit einem Schuldspruch oder einer Verurteilung. In zwei Verfahren erfolgte der Freispruch erst in zweiter Instanz.

Der letzte aller »Lucona«-Prozesse gegen Hans Pretterebner endete am 7. Juli 1992. Eine von Mag. Leopold Gratz eingebrachte Unterlassungsklage wurde vom OLG Wien kostenpflichtig abgewiesen.

*

Verurteilt wurde Hans Pretterebner am 21. Oktober 1992 wegen »Verbotener Einflußnahme auf ein Strafverfahren«, weil er in einem Zeitungsinterview am 1. 1. 1991 richtig prophezeite, Udo Proksch werde zu einer lebenslangen Haftstrafe verurteilt werden.

"Zur Vermeidung ökonomischer Verluste und zur Erwirtschaftung zusätzlicher Devisen im Bereich Kommerzielle Koordinierung des Ministeriums für Außenwirtschaft der Deutschen Demokratischen Republik"

D i s s e r t a t i o n

Eingereicht zur Erlangung des wissenschaftlichen Grades eines Dr. jur. an der Juristischen Hochschule Potsdam

vorgelegt: Genosse Alexander Schalck-Golodkowski

                  Genosse Heinz Volpert

Betreuer:

Generaloberst Mielke
Minister für Staatssicherheit

Oberstleutnant Dr. Janzen
Major   Dr. Abisch

Gutachter:

Generalmajor   Mittig
Oberstleutnant Dr. Janzen   Potsdam, im Mai 1970

Nach unserer Kenntnis liegt von seiten des Sekretariats der
Bezirksleitung Rostock und des Leiters der Bezirksverwaltung
Rostock eine prinzipielle Befürwortung zur Errichtung einer
Freihandelszone im Überseehafen Rostock vor. Bei Befürwortung
eines solchen Vorgehens müßten das Sekretariat des ZK und
das Präsidium des Ministerrates der DDR einen entsprechenden
Beschluß fassen.

Zusammenfassend kann festgestellt werden, daß bei Nutzung
aller hier aufgezeigten ökonomischen und kommerziellen Reser-
ven reale Möglichkeiten bestehen, im Zeitraum 1970 - 1975
ca. 120 - 150 Mio VM über das festgelegte Normativ zu er-
wirtschaften.
Es muß aber mit allem Nachdruck festgestellt werden, daß die
Lösung dieser Aufgabe nur durch die spezielle Unterstützung
des Sekretariats des ZK der SED und der zentralen Staats-
organe bei der Auswahl und dem Einsatz von ca. 80 der Partei
treu ergebenen Kadern mit speziellen Außenhandels- und In-
dustrieerfahrungen in der Intrac (50) und Zentral-Kommerz (30)
möglich ist.

3.5   Zur Gründung eigener abgedeckter Firmen bzw. Beteiligungen
      an bereits bestehenden Firmen im nichtsozialistischen Wirt-
      schaftsgebiet

Es hat sich sowohl vom kommerziellen als auch vom operativen
Standpunkt als ein genereller Mangel erwiesen, daß die DDR
über keine eigenen oder von ihr kontrollierten abgedeckten
Firmen im kapitalistischen Ausland verfügt. Unter Berücksichtigung der Tatsache, daß die DDR - besonders von den NATO-
Staaten - diplomatisch nicht anerkannt und ständigen politischen und ökonomischen Diskriminierungen ausgesetzt ist,
sind nach unseren gegenwärtigen Erfahrungen Firmen, die von
Beginn der Aufnahme der Tätigkeit klar als DDR-Eigentum über

Gesellschafteranteile o.a. Eigentumsformen erkenntlich sind,
in ihrer Geschäftstätigkeit in diesen Staaten Grenzen gesetzt. Das trifft für den Schutz des DDR-Volkseigentums, den
ungehinderten Reiseverkehr der DDR-Bürger, der ständigen
Überwachung der Firmen und ihrer Verbindungen, der Gewinnung
von ausländischen Angestellten und im großen Maße auch für
die nicht volle Inanspruchnahme aller Geschäftsvorteile -
einschließlich der Auswahl des Kundenkreises - zu. Ausgehend
von diesen Erfahrungen ist es zweckmäßig, verschiedene Arten
von abgedeckten Firmen in ausgewählten kapitalistischen Län-
dern zu gründen.

1. DDR-eigene abgedeckte Handelsfirmen, die auf lange Sicht
   auf dem internationalen Markt wirksam sind bzw. abgedeckte Beteiligung in führenden Handelshäusern.

2. Abgedeckter Kauf bzw. Beteiligung an lukrativen Pro-
   duktionsfirmen im kapitalistischen Ausland.

3. Gründung von abgedeckten DDR-eigenen Handelsfirmen,
   die unter Einsatz von wenig Grundkapital speziell
   für risikovolle Geschäfte eingesetzt werden.

4. Briefkastenfirmen - die ausschließlich zur Abdeckung
   risikovoller Geschäfte und Sonderoperationen eingesetzt werden. [1]

Das Ziel der Gründung von vorwiegend DDR-eigenen Handelsfirmen und der abgedeckten Kapitalbeteiligung an bestehenden
Firmen im NSW, entsprechend den Arten 1 - 3, besteht darin,
durch Ausnutzung der kapitalistischen Produktions- und Zirku-
lationssphäre und der Handelspraxis, in verschiedenen kapitalistischen Ländergruppen zusätzliche Deviseneinnahmen für
den Staat und Ausgangsbasen für die politisch-operative Arbeit im Operationsgebiet zu schaffen. Das kann nach Ansicht

----

1) siehe Anlage 12

der Verfasser erreicht werden durch:

- die volle Ausnutzung des gesamten Potentials der DDR und
  der sozialistischen Länder zum Aufbau von ökonomisch
  interessanten, gewinnbringenden Handelsverbindungen,

- das Eindringen mittels Kapitalbeteiligung in kapitalistischen Firmen, die vorwiegend DDR-Erzeugnisse im Ausland,
  Westdeutschland oder Westberlin vertreten, als Ergänzung
  der Tätigkeit offizieller Gemischter Gesellschaften der
  DDR im Ausland,

  das Führen von riskanten Geschäften mittels eigener, dazu
  geschaffener abgedeckter Firmen, die nach Abwicklung der
  Geschäfte ohne finanzielle Verluste und ohne Diskri-
  minierung der DDR wieder liquidiert werden können (Schein-
  und Tarnfirmen).

Nachdem die Hauptziele der Gründung von abgedeckten Firmen
sowie der Beteiligung an Firmen dargelegt worden sind, werden nachstehend die generellen Voraussetzungen und Etappen
beim Aufbau DDR-eigener abgedeckter Firmen dargestellt. In
der Phase der Vorbereitung der Gründung von solchen Firmen
sind vor allem nachstehende Probleme und Fragen zu beachten,
zu klären und zu entscheiden:

- Welche strategische Zielsetzung liegt der Tätigkeit der
  Firmen zugrunde und welcher Sitz ist zu deren Durchführung der günstigste?

- Was soll gehandelt oder produziert werden und mit welchen
  optimalen Umsatzgrößen muß man für eine positive Geschäfts-
  bilanz rechnen?

Privatbanken stehen und fallen mit dem Leiter und seiner
fachlichen Qualifikation auf dem Gebiet des Bankwesens und
seiner internationalen Bankverbindung. Als erste abgedeckte
Beteiligungsgröße der DDR an solchen Banken würden ca. 2.5 Mio
US-$ ausreichen, denn mit dieser Größe kann bereits ein be-
stimmter Einfluß in der Privatbank garantiert werden.

Nicht unbedeutend für die Lebensfähigkeit der abgedeckten
Firmen sind die territoriale Auswahl des Standortes (Sitz)
der Firma, ihre internationalen Aktionsradien zur Abwicklung
der Geschäfte sowie die zu wählende Eigentumsform. Die Entscheidung über diese Fragen wird hauptsächlich durch operative,
steuerliche und Gewinnfaktoren beeinflußt. Das setzt eine grund-
legende Prüfung der für das Land gültigen Rechtsnormen, die bei
der Gründung der Firma und der Abwicklung ihrer Geschäfte zu
beachten sind, voraus. Dazu ist die Konsultation einheimischer
Notare durch vertraute Juristen aus der DDR unvermeidlich.
Als Eigentumsform eignet sich für abgedeckte Firmen, die den
speziellen Auftrag der Gewinnerwirtschaftung haben und evtl.
auf lange Sicht gesehen auch zur Lösung operativer Aufgaben
im Operationsgebiet der Firma eingesetzt werden können, nach
den bisherigen Erfahrungen z. B. in der Schweiz eine annonyme
Gesellschaft mit einem 3-köpfigen Verwaltungsrat, von denen
mindestens 2 Schweizer Bürger sein müssen. Diese Gesellschafts-
form hat eine günstige Besteuerung, wenn sie in einem steuer-
begünstigten Kanton bzw. Stadtgebiet - z. B. in Zug - liegt und
von diesem Sitz aus vorwiegend ihre Tätigkeit im Ausland durch-
führt. Die Aktien der neugegründeten abgedeckten Firma können
nach Gründung derselben zu 97 % durch die DDR-Vertrauensperson
übernommen werden und bei einem Schweizer Notar oder bei der
Vertrauensbank in der Schweiz hinterlegt werden. Damit haben
wir - in der Firma vertreten über den Notar bzw. der Vertrauensperson - in der Aufsichtsratssitzung der Firma bzw. in der Ver-
sammlung der Aktionäre ständig die notwendige Mehrheit und können durch Erteilen einschränkender Vollmachten für die Tätigkeit des Verwaltungsrates und seines Präsidenten unnötige ge-

schäftliche Risiken abgrenzen und vermeiden.

Es ist zweckmäßig, daß bei der Neugründung von abgedeckten Firmen
bereits bestehende Firmenmäntel aufgekauft werden. Der Vorteil
eines solchen Vorgehens liegt darin, daß man aus bestimmten Gründen ruhende Firmen mit relativ wenig Kapital aktivieren kann
und selbst dabei auf Personen zurückgreifen kann, die sich bereits als Mitglieder bzw. Präsidenten des Verwaltungsrates bewährt haben und über Geschäftsbeziehungen verfügen. Durch ein
derartiges Vorgehen kann DDR-eigenes Vermögen zur Gründung der
Firma eingespart werden, das geschäftliche Risiko herabgesetzt
werden sowie, was besonders wesentlich ist, die Aufnahme umfangreicher Geschäfte wesentlich verkürzt werden. Es kommt zu
einer schnelleren Amortisierung des eingebrachten Kapitals und
zeitigerer Gewinnerwirtschaftung.
In der Regel ist es so, daß ein Rechtsanwalt oder Notar in
der Schweiz Präsidentenposten bzw. Verwaltungsratsposten von
mehreren Gesellschaften wahrnimmt.

Daraus ergeben sich nach unseren Erfahrungen keine Nachteile,
sondern insgesamt sogar Vorteile für die Abwicklung von Geschäften sowie für die Herstellung geschäftlicher Verbindungen.
Es muß jedoch gewährleistet sein, daß der ausländische Notar,
der als Vertrauensperson der DDR tätig ist, seine Haupteinn-
nahmen und somit Existenzgrundlage aus abgedeckten DDR-eigenen
Firmen bezieht.

In der westdeutschen Bundesrepublik und der selbständigen
politischen Einheit Westberlin könnten als Gesellschaftsformen
der zu gründenden DDR-eigenen abgedeckten Firmen die GmbH und
Co. KG oder die reine Kommanditgesellschaft mit einem geschäfts-
führenden Kommanditisten oder die Aktiengesellschaft als interessante Formen, die sich besonders bewähren, angesehen werden.

So können bei der Kommanditgesellschaft die Komplementäre als
stille Teilhaber auftreten. Dabei können auch Familienange-
hörige ins Spiel gebracht werden. Diese Eigentumsform hat speziell, was die Finanzierung der Einlagen z. B. über die Schweiz
betrifft, außerordentliche Vergünstigungen bei der Gewinnbe-
steuerung.

Die Erfahrungen der Tätigkeit zeigen bei der Form der GmbH -
Co.KG, speziell im spekulativen Baugeschäft in Westberlin,
außerordentlich hohe Gewinnsätze, gemessen an dem eingebrachten Grundkapital, erzielt worden sind. Dabei wird davon
ausgegangen, daß die GmbH, vertreten durch 1 - 2 Gesellschafter,
mit einem relativ kleinen eingesetzten Vermögen Grund und
Boden aufkauft und danach über die Co.KG stille Teilhaber mit
hohen Geldeinlagen wirbt. Diese hohen Geldeinlagen sind besonders steuerbegünstigt und haben günstige Abschreibungs-
möglichkeiten. Diese Firmenform ist speziell beim Neubau von
Hotels, Einkaufszentren, Wohneinheiten usw. einzusetzen. Es
ist nach Ansicht der Verfasser nicht uninteressant, eine
solche Firmengründung in der Gesamtkonzeption in Westberlin mit
vorzusehen, weil hier die günstigsten Besteuerungsvorteile liegen
und durch solche Firmen mit relativ wenig Grundkapital in
der Perspektive hohe Gewinne erwirtschaftet werden können.
Bei einem evtl. eintretenden Konkurs einer solchen Firma, kann
das eingebrachte DDR-eigene Kapital durch verschiedene mögliche
Manipulationen sogar mit Gewinn für die DDR zurückgezogen werden. Die Verlierer wären in diesem Falle die Kreditgeber für
den vorgesehenen geplanten bzw. begonnenen, aber nicht zu
Ende geführten Bau, der Gewinner aber die DDR.

Bei der Gründung abgedeckter Aktiengesellschaften besteht in
Westberlin der Vorteil darin, daß man über die Konzentration der
Aktien in der Hand einer Vertrauensperson, große Einflußmög-
lichkeiten über den Vorstand und Aufsichtsrat auf die Firma
hat. Aktiengesellschaften sollten dann gegründet werden, wenn
Firmengründungen auf dem Produktionssektor vorgesehen sind.
Über diesen Weg besteht auch eine günstige Möglichkeit, eine
größere Anzahl Kader an bestimmten Abschnitten zu konzentrieren. Es wäre auch möglich, Konstruktionsbüros auf bestimmten
Gebieten, z. B. des Maschinenbaues, des Bauwesens, als GmbH
zu entwickeln, die als freie Verbindung von Ingenieuren,
Architekten, besonders unter dem Aspekt der Wirtschaftsinfor-
mation, eine interessante Tätigkeit zum Nutzen der DDR in
kapitalistischen Staaten und in Westberlin ausüben könnten.

- Die Steuerung und Leitung der Auslandsfirmen erfolgt vom
  Bereich Kommerzielle Koordinierung. Die Revision muß über
  entsprechende Revisoren - evtl. auch als ausländische
  Bürger abgedeckte - durchgeführt werden. Aus Gründen der
  Geheimhaltung sollte außerhalb des MfS (Revision) kein
  anderes Organ der DDR - bei abgedeckten Firmengründungen -
  informiert und eingeschaltet werden.

- Für die Gründung bzw. Beteiligung an kapitalistischen
  Firmen sind für den Zeitraum 1970 - 1972 ca. 10 Mio VM
  als Grundmittel bereitzustellen.[1]

- Für die Durchführung der gestellten Aufgaben ist der Bereich Kommerzielle Koordinierung in enger Zusammenarbeit
  mit dem MfS verantwortlich zu machen.

Im folgenden wollen die Verfasser ihre Auffassungen zu einigen
Fragen der operativen Nutzung von abgedeckten Firmen darlegen.
Die Verfasser gehen bei dieser Einschätzung von dem Grundge-
danken aus, daß in der kapitalistischen Gesellschaftsordnung
eine Vielzahl von Personen käuflich sind und bei entsprechenden
hohen Gewinnaussichten zu jeder Art von Geschäften legaler
und illegaler Art und auch zur nachrichtendienstlichen Tätigkeit bereit sind. Die Gründung der abgedeckten Firmen, wie sie
hier dargelegt wurde, darf nicht in erster Linie unter der Sicht
der späteren operativen Nutzung erfolgen. Das Hauptanliegen
der Gründung der abgedeckten Firmen sehen die Verfasser in der
Erwirtschaftung zusätzlicher außerplanmäßiger Freier Devisen.
Dieses Hauptziel darf durch keinerlei riskante, operative Auf-
gabenstellungen gefährdet werden. In der Phase der Gründung der
abgedeckten Firmen und darüber hinaus bis zu ihrer vollen Existenz-
fähigkeit durch eigene Geschäfte, hat eine politisch-operative
Nutzung zur Lösung von Aufgaben im Operationsgebiet generell zu
unterbleiben. Der Beginn einer operativen Nutzung sollte im
begrenzten Rahmen erst dann erfolgen, wenn die Firmen allgemein

[1] Bei der Anlage des Kapitals muß davon ausgegangen werden,
daß die Verwertung durch Gewinnerwirtschaftung in der Regel
nicht vor 3 - 4 Jahren möglich ist.

im Geschäftsleben einen festen Platz erworben haben und von
einschlägigen Geschäftskreisen und Banken anerkannt werden.
Das trifft besonders für die Firmen zu, die auf lange Sicht zum
Zwecke des kommerziellen Vorteils aufgebaut werden. Für einmalige operative wichtige Zwecke eignen sich Firmen der genannten Arten 3 und 4. Sie sollten aber erst dann eingesetzt werden, wenn die riskanten Geschäfte abgeschlossen sind bzw.
diese durch operative Aufgaben nicht gefährdet werden.

Wir schätzen ein, daß eine operative Nutzung der Firmen, vor
allem auf dem Gebiet der Sammlung von Wirtschaftsinformationen
in anderen kapitalistischen Staaten, möglich ist. Entsprechend
den konkreten Begebenheiten können diese Firmen, ohne in den
Verdacht einer nachrichtendienstlichen Tätigkeit zu kommen, für
nachfolgende Aufgaben eingesetzt werden:

-   Wichtige Forschungsergebnisse bestimmter Industriezweige
    oder Teilergebnisse sammeln oder aufkaufen.

-   Aufkauf neuentwickelter Spitzenerzeugnisse, ihre Zusammen-
    setzung und ihre vielseitige Anwendung.

-   Beschaffung von Erzeugnissen und Produkten, die der
    strengen Embargobestimmung unterliegen und die die DDR
    offiziell nicht aufkaufen kann.

Eine Ausnutzung in vorgenannter Richtung könnte den Vorteil
haben, Forschungs- und Entwicklungsgelder in der DDR in großem
Umfange einzusparen und auf bestimmten Teilgebieten zu helfen,
das Weltniveau zu bestimmen oder vorhandenen Tempoverlust bei der
Erreichung des technisch-wissenschaftlichen Höchststandes aufzu-
holen.
Die Beschaffung von Embargowaren hat für die weitere Stärkung
der militärischen Überlegenheit des sozialistischen Lagers Bedeutung. Die Ausrichtung der abgedeckten Firmen auf solche
speziellen Teilgebiete der operativen Arbeit bringt einen großen
zusätzlichen ökonomischen aber auch militärischen Nutzen für die
DDR. Dadurch kann eine relativ lange Lebensdauer der Firma möglich

- 13o -

sein. Die kommerzielle und operative Nutzung solcher Firmen
setzt im MfS eine federführende Abteilung voraus. Inwieweit
die bestehenden Abteilungen dafür in Frage kommen, bedarf
einer gesonderten Prüfung. Für die operative Nutzung der abgedeckten Firmen trifft in noch weit größerem Maße die Feststellung zu, daß die Auswahl der Kader für diese Aufgaben aus
dem Bereich der Firmen die entscheidende Frage ist. Es sollen
deshalb einige Kriterien für die Personenauswahl aus dem Bereich der Firmen für die Durchführung operativer Aufgaben dargelegt werden. Dabei sollte in zwei Etappen vorgegangen werden.
In der ersten Etappe sind folgende Hauptfragen zu klären:

- Prüfen und analysieren des Personenkreises, der bis zum
  jetzigen Zeitpunkt dem Bereich Kommerzielle Koordinierung
  bei der Abwicklung von Geschäften im NSW bekanntgeworden
  ist. Die Einschätzung der beruflichen Qualitäten, der
  Charaktereigenschaften und der Verbindungen dieser Personen,
  Einschätzung, inwieweit läßt sich ihr gegenwärtiger Status
  in der Zusammenarbeit erweitern, umgruppieren oder verändern.
  Welche Bindungen haben diese Personen zur DDR, aus welchen
  Motiven heraus sind sie stark ausgeprägt. Waren die Personen
  in der Abwicklung von Geschäften mit der DDR zuverlässig.
  Bestehen materielle Abhängigkeiten von der DDR?

- Das systematische Suchen und Aufbauen von Personen, die
  für eine bestimmte Funktion in einer Firma herangebildet
  werden können. Perspektivische Auswahl und Schulung dieses
  Personenkreises. Welche IM im Ausland können für einen zweck-
  mäßigen Einsatz in der einen oder anderen Firma in Frage
  kommen?

Die für den operativen Einsatz vorgesehenen Personen in abgedeckten Firmen müssen folgende Charaktereigenschaften haben, die
sich in der ersten Etappe der Sondierung des Personenkreises

bestätigen müssen:

- Es muß ein echtes Vertrauensverhältnis der Personen zur
  DDR bzw. zum MfS vorhanden sein.

- Es müssen echte Garantien gegeben sein, die die Einschätzung
  zulassen, daß eine solche Person der DDR bzw. dem MfS treu
  ergeben ist.

- Die Person muß charakterlich, kontaktfreudig, anpassungsfähig
  beweglich und mit einem soliden Fach- und Sachwissen ausge-
  rüstet sein, über eine gute Allgemeinbildung, vor allem
  Sprachkenntnisse, eine gute und saubere äußere Erscheinung
  verfügen.

- Die zum Einsatz vorgesehenen Personen müssen über eine einwandfreie Vergangenheit verfügen.

Erst wenn diese Fragen in der ersten Etappe der Vorsondierung
für den Einsatz in abgedeckten Firmen geklärt sind, darf zur
zweiten Etappe, dem Einbau vorhandener IM in die Firmen - hier
evtl. schon bei Firmengründung - aber in diesem Stadium mit
vorwiegend kommerzieller Aufgabenstellung bzw. der Nutzung von
neuen Kandidaten aus dem Bereich des Firmenpersonals überge-
gangen werden. Die Werbung neuer IM-Kandidaten aus dem Personenkreis der Firmen darf in der Regel erst dann erfolgen, wenn die
gegründete abgedeckte Firma bereits auf eigenen Füßen steht und
existenzfähig ist. Als Hauptmethode der operativen Nutzung der
Firmen ist nach Ansicht der Verfasser der Weg des Abschöpfens
der Firmenmitarbeiter unter dem Vorwand geschäftlicher Notwendig-
keiten durch die Verbindungspersonen der DDR zu gehen.

Der kommerzielle, als auch operative Erfolg von zu gründenden
Firmen oder Firmenbeteiligungen im kapitalistischen Ausland
hängt in großem Maße von der einheitlichen Leitung des Aufbau-
prozesses und während der gesamten Tätigkeit derselben ab.
Darüber hinaus hat sich speziell bei den offiziellen Gemischten
Gesellschaften gezeigt, daß eine Firma nur überdurchschnitt-
lichen kommerziellen Erfolg haben wird, wenn sie von Beginn an mit

Bildquellennachweis

AP/Archiv (12, 16, 41, 72, 74); AP/Rudi Blaha (46, 47, 48, 49, 50, 52, 53, 54, 55); AP/Walter Swistelnicki (73); AP/Ronald Zak (19); APA/Robert Jäger (30, 36, 71); APA/Kurt Keinrath (4); APA/Michael Leckel (37); APA/Erich Spieß (40); BASTA/Georg Biron (6, 7, 8, 9); BASTA/Gregor Wagner (10); Christof Birbaumer (13); Freiburger Nachrichten/Charles Ellena (61, 62); Harald Hofmeister (59); Hopi-Pressefoto/Bernhard J. Holzner (15, 22, 25, 26, 27, 29, 60, 69); Ocke H. H. Peters (67); Gerhard Kunze (31); Candid Lang (3); Fred Langenhagen (5); Verlag Pretterebner (51); Volker Rebehn (64, 65, 66, 68); Gerhard Sokol (18, 28, 32, 33, 34, 35, 38, 43, 44, 45, 75, 76); Votava (1, 2, 17, 20, 21, 23, 24, 57, 58, 63, 70); Gilbert Waldner (14); Archiv (11, 39, 42); Bernd Stracke (56).

Zeichnungen im Textteil (S 360, S 361): Oliver Schopf

Personenregister

478